高等学校交通运输与工程类专业教材建设委员会规划教材

Electromechanical System of Highway Tunnel

公路隧道机电系统

许世燕　赵　亮　钱　超　主编
赵忠杰　主审

人民交通出版社股份有限公司
北　京

内 容 提 要

本书为高等学校交通运输与工程类专业教材建设委员会规划教材,主要内容包括公路隧道通风系统、照明系统、监控系统、计算机控制系统、火灾报警系统、视频监视系统、供配电系统、消防设施以及交通安全设施等。

本书反映学科教学和科研最新进展,对公路隧道机电系统做了全面介绍,通过工程案例将理论与实践紧密结合,由浅入深,结构严谨,实操性强。

本书不仅可作为交通设备与控制工程、城市地下空间工程、交通运输工程等专业本科生及研究生的教学用书,也可供从事公路隧道机电工程建设和运营管理的工程技术人员使用参考。

图书在版编目(CIP)数据

公路隧道机电系统 / 许世燕, 赵亮, 钱超主编. —北京: 人民交通出版社股份有限公司, 2022.2

ISBN 978-7-114-17839-9

Ⅰ.①公… Ⅱ.①许… ②赵… ③钱… Ⅲ.①公路隧道—机电系统 Ⅳ.①U459.2

中国版本图书馆 CIP 数据核字(2022)第 022744 号

Gonglu Suidao Jidian Xitong

书　　名: **公路隧道机电系统**
著 作 者: 许世燕　赵　亮　钱　超
责任编辑: 杨　思
责任校对: 孙国靖　魏佳宁
责任印制: 刘高彤
出版发行: 人民交通出版社股份有限公司
地　　址: (100011)北京市朝阳区安定门外外馆斜街 3 号
网　　址: http://www.ccpcl.com.cn
销售电话: (010)59757973
总 经 销: 人民交通出版社股份有限公司发行部
经　　销: 各地新华书店
印　　刷: 北京虎彩文化传播有限公司
开　　本: 787×1092　1/16
印　　张: 16.5
字　　数: 402 千
版　　次: 2022 年 2 月　第 1 版
印　　次: 2022 年 2 月　第 1 次印刷
书　　号: ISBN 978-7-114-17839-9
定　　价: 49.00 元
(有印刷、装订质量问题的图书由本公司负责调换)

前言

公路隧道机电系统是保障公路隧道运营安全和服务水平的关键系统。为了更好地培养高素质的工程建设和运营人才，满足交通设备与控制工程、城市地下空间工程、交通运输工程等专业本科生、研究生的教学需求，本书在总结公路隧道机电工程研究、设计、建设和管理方面所取得成果的基础上，紧密结合现行的公路隧道设计技术规范编写而成。

本书遵循教育教学规律和人才培养规律，结构严谨、逻辑性强、体系完备，反映学科教学和科研最新进展。考虑公路隧道机电工程建设和运营管理的实际工程应用，本书引入了实际工程案例，旨在为公路隧道机电工程建设和运营管理的从业者呈现一本内容较为全面的参考书。

全书共分十章。第一章主要介绍隧道的基本概念、种类以及公路隧道的构造特点和设施配置；第二章主要介绍公路隧道的通风方式、通风计算、通风控制以及通风节能技术；第三章主要介绍公路隧道的照明方式、照明计算以及照明控制；第四章主要介绍公路隧道交通流基本理论、交通流检测设备、交通诱导及控制方案；第五章主要介绍公路隧道计算机控制系统的构成、原理和应用；第六章主要介绍公路隧道火灾的特点、火灾探测原理以及火灾报警系统；第七章主要介绍公路隧道视频监视系统的构成、设备选型及布设；第八章主要介绍公路隧道供配电方案、负荷计算及动力监控；第九章主要介绍公路隧道消防设施；第十章主要介绍公路隧道交通安全设施。

本书第一章、第四章、第五章、第七章由许世燕主笔，第三章、第八章、第九章、第十章由赵亮主笔，第二章、第六章由钱超主笔。全书由赵忠杰担任主审。本书的编写，参考了许多国内外资料，引用了国内学者著作的相关内容，在此向相关作者表示衷心的感谢。

由于编者水平有限，加之时间较紧，书中疏漏、不足之处在所难免，敬请读者批评指正。

编　者

2021 年 10 月

目录

第一章

绪论

第一节 隧　　道

一、隧道的基本概念和种类

经济合作与发展组织(Organization for Economic Cooperation and Development,OECD)在1970年的隧道会议中,从技术方面将隧道定义为:以任何方式修建,最终在地表面以下使用的条形建筑物,其空洞内部净空断面在$2m^2$以上者。由此,隧道是挖筑于山体内或地面以下的工程建筑物,是人们利用地下空间的一种重要形式。

隧道种类繁多,根据用途或功能上的差异,其可以分为交通隧道、水工隧道、市政隧道、矿井隧道等。交通隧道是隧道中数量最多的一种。它的作用是提供交通运输和人行的通道,以达到交通线路通畅的目的。交通隧道一般包括以下几种:

1. 铁路隧道

铁路隧道是专供火车运输行驶的地下通道。铁路穿越山岭地区时,往往会遇到高程障碍。当限于地形又无法绕避时,开挖隧道直接穿山而过是最为合理的选择。隧道既可使线路顺直,避免许多无谓的展线,缩短线路;又可以减小坡度,改善运营条件,提高牵引定数,缩短行程时间。

2. 公路隧道

公路隧道是指供汽车及非机动车和行人通行的地下通道,一般分为汽车专用隧道和汽车、非机动车与行人共同通行的隧道。以往低等级山区公路的坡度和最小曲线半径都没有严格限制,所以,为节省工程造价,常常绕山而行,多延长一些距离,而不愿修建费用高昂的隧道。但随着社会生产的发展,高等级公路增多,其要求线路顺直、平缓,路面宽阔,于是在穿越山区时,常采用隧道方案。此外,在城市附近,为避免平面交叉,利于高速行车,也常采用隧道方案。这类隧道在改善公路技术状态和提高运输能力方面起到很好的作用。

3. 地下铁路

地下铁路修建于城市地层中,既能快速运送大量乘客,又能解决城市交通堵塞问题。它可以使很大一部分地面客流转入地下而不占用地表空间。目前,地下铁路由于其快速和准时的特点,吸引了城市中大量的通勤者,成为解决交通矛盾的有力手段。在战时,地下铁路还能起到人防的作用。

4. 水底隧道

水底隧道修建于江、河、湖、海下，供汽车和火车运输行驶。当交通线需要横跨水道时，一般可以架桥或是轮渡通过。但是当架桥受净空限制，轮渡又受天气和通行量制约时，采用水底隧道就可以较好地解决上述问题。而且水底隧道在战时不易暴露交通设施目标，是国防上的较好选择。但水底隧道的造价较高。

5. 航运隧道

航运隧道是专供轮船运输行驶的地下通道。当运河需要越过分水岭时，难题之一就是要克服高程障碍。如果层层设立船闸，则建设投资很大，运转和维修的费用也很高，而且过往船只延误时间多。如果修建航运隧道，把分水岭两边的河道联通起来，则既可以缩短航程，又可以省掉船闸的费用，便于船只迅速而顺直地通行，大大改善航运条件。

6. 人行隧道

人行隧道是专供行人通过的地下通道。在城市市区行人众多且车辆密集的区域中，修建人行隧道供行人穿越街道、跨越铁路和高速公路，可缓解地面交通压力，大大减少交通事故。

二、隧道工程的发展历程

早在上古时代，人们就已经学会利用天然洞穴作为栖身之所了，并且逐步学会在平原地区挖掘类似天然洞穴的窑洞来居住。公元前 2180—前 2160 年，在古巴比伦城幼发拉底河下修筑的人行隧道，是迄今已知的最早用于交通的隧道，为砖砌构造物，长 190m。它是奴隶们在极危险的作业条件下完成的。古罗马时代，利用棚架支护和卷扬提升方法，开挖了数量较多的军用隧道和水工隧道，开挖方法是火烧开挖面，烧热后急速泼冷水使岩石开裂再掘进。

现代隧道开挖技术是在火药的发明和 19 世纪的产业革命后出现的，尤其是铁路的出现对隧道建造起到了很大的推动作用。第一座供蒸汽机车通行的铁路隧道是 1826—1830 年在英国利物浦至曼彻斯特的铁路线上修建的，全长 1190m。之后又陆续修建了更多的铁路隧道。火药和钻眼工具的改进，使隧道修建技术有了显著的提高，其中比较有影响力的是 1906 年建成的穿越阿尔卑斯山的辛普朗隧道。在该座隧道中，第一次应用了 TNT 炸药和凿岩机。1857—1871 年间，建成了连接法国和意大利的仙尼斯峰隧道，长为 12850m；1971 年日本新干线上修建了大清水隧道，全长 22280m，是目前世界上最长的铁路山岭隧道之一。除了山区的铁路隧道以外，还修建了一些在城市附近跨越河海的水底隧道。如美国修建了宾夕法尼亚东河水底隧道，长为 7190m；日本修建了新关门隧道，长达 18675m。1984 年又建成了自日本本州的青森至北海道的函馆间的青函海底隧道，长达 53850m，海底部分就有 23300m，这是目前世界上最长的水底隧道之一。此外，比较著名的还有 1994 年建成通车的英法海峡隧道，长50. 50km。由于欧洲运输量急剧增长，迫切需要扩大公路网，因而随之出现了不少的公路隧道。如奥地利修建了阿尔贝格公路隧道，长 13980m；瑞士修建了圣哥达公路隧道，长 16. 32km。

我国春秋时代的古籍《左传》中，有“隧而相见”的记载，说明当时已经有通道式的隧道了。最早用于交通的隧道为“石门”隧道，位于今陕西省汉中市褒谷口内，建于东汉明帝永平九年(公元 66 年)。

19 世纪以来，帝国主义争相在我国修建铁路，于是出现了铁路隧道。第一座铁路隧道是清朝时期在台湾修建的狮球岭隧道，建造时间为 1887—1891 年，长 261. 4m，最大埋深 61m，位于台北至基隆线上。而完全由中国人自行设计和修建的隧道则是1908年在京包线上建成的八达岭隧道，它是由我国著名铁路工程师詹天佑主持施工的。中华人民共和国成立之初，处于国民经济恢复时期。在短短的三年内，把全国原有铁路线上被破坏的和发生了病害的所有隧道都一一修复。在成渝线上修复了13座隧道，在宝天线上改建了136座隧道，并完成了天兰线上48座隧道的修复，修整好了当时支离破碎、断断续续的铁路，使全国铁路畅通无阻。

1952年修建丰沙一线，线路通过险峻的山区，需要修建密集的隧道。该线全长100.6km，有56座隧道，总延长为27.03km，占全线长的27%；稍后，在宝成线上修建了总延长为84.4km的隧道304座，其中在三个马蹄形和一个"8"字形的复杂展线区段上，就集中修建了48座隧道，占全线总长的37.7%，成为以隧道克服山区高程障碍，完成复杂展线的典型范例。20世纪50年代建成的最长隧道是上鹰线上的加马石隧道，长2387m；60年代建成的最长隧道是川黔线上的凉风垭隧道，长4270m；70年代建成的最长隧道是京原线上的驿马岭隧道，长7032m。

我国公路隧道多建于盘山峻岭地区，20世纪70年代末，千米级隧道不足10座，技术落后，标准较低。跨入21世纪，随着我国高速公路的建设，公路隧道的建造也取得了迅猛的发展。2007年建成的秦岭终南山公路隧道长18km，是当时世界上最长的高速公路隧道，其采用的三竖井送排纵向通风模式受到了很高的评价。崇明长江盾构隧道、翔安海底钻爆隧道、港珠澳大桥海底沉管隧道的建成，标志着我国在水底隧道方面的建设成就。秦岭终南山公路隧道、明湖泉公路隧道、南京老山公路隧道、上海崇明长江隧道，每一座隧道背后都有着精彩的故事。根据我国《2020年交通运输行业发展统计公报》，截至2020年底，全国已建成公路隧道21316处，总长度达2199.93万延米。其中特长隧道1394处，共623.55万延米；长隧道5541处，共963.32万延米。

第二节　公路隧道

公路隧道在山岭地区可克服地形或高程障碍，改善线形，提高车速，缩短里程，节约燃料，节省时间，减少对植被的破坏，保护生态环境；还可减少落石、塌方等危害；在城市可减少用地，构成立体交叉，解决交叉口的拥堵问题；在水下可不影响水路通航。在修建公路隧道时，对其线形、建筑限界与净空、横断面、附属设施等都有相应的要求。公路隧道按长度分类见表1-1 。

公路隧道分类表　　　表1-1

隧道分类	特长隧道	长隧道	中隧道	短隧道
长度 L(m)	$L>3000$	$1000<L\leqslant3000$	$500<L\leqslant1000$	$L\leqslant500$

一、公路隧道线形

公路隧道是整条公路的一个区段，设计时隧道位置应满足公路功能和发展的需要，符合公路路线总体要求。在地形、地貌、地质、气象、社会、人文环境等调查的基础上，综合比选隧道各轴线方案的走向、平纵线形、洞口位置、洞外接线条件等，提出推荐方案。根据公路等级和设计速度确定建筑限界，在满足隧道功能和结构受力要求的前提下，确定经济合理的隧道内轮廓。

1.公路隧道线形设计

公路隧道线形是越直越好，线形顺直，则距离短，行车速度快。隧道如果位于曲线上，会有下列缺点：

(1)隧道的建筑限界需要加宽，开挖尺寸相应加大，不但增加了开挖土石方数量，而且增加了衬砌的圬工量；

(2)曲线上隧道的断面是变化的，不同断面上的支护和衬砌的尺寸不一致，因而施工时，技术上较直线段复杂；

(3)因为洞身弯曲，洞壁对气流的阻力加大，使通风条件变差；

(4)洞内进行施工测量时，操作变得复杂，精度也有所降低；

(5)曲线隧道的维修养护工作条件不如直线隧道，而反向曲线隧道的维修养护工作条件比同向曲线隧道更差。

鉴于上述缺点，隧道内的线形最好采用直线。但当受到地形的限制，或是地质的原因，特别是路线走向需要时，往往不得不采用曲线。隧道中曲线设置的总原则是应采用较大的曲线半径和较小的曲线长度，以减少其不利影响。根据《公路隧道设计规范　第一册　土建工程》(JTG 3370.1—2018)第4.3.1条，设曲线时，不宜采用设超高和加宽的圆曲线。隧道不设超高的圆曲线最小半径应符合表1-2的规定。

隧道不设超高的圆曲线最小半径(m)　　表1-2

路　拱	设计速度(km/h)					
	120	100	80	60	40	30
≤2.0%	5500	4000	2500	1500	600	350
>2.0%	7500	5250	3350	1900	800	450

设置隧道平面线形时，如遇到小半径曲线或超高，采用小半径曲线将会出现以下三个问题：一是产生视距问题，为确保视距，需要加宽断面，断面加宽后施工变得困难，而断面不统一，各断面相互过渡也增加了施工难度，这些都将增加工程费用；二是增加隧道内噪声和振动；三是为了确保行车安全，必须限制行车速度。车辆通过曲线部分时，由于离心力的作用，有向曲线外侧抛出的趋势，为了防止车辆向外倾覆，需要抬高曲线外侧路面，就是设置所谓的“超高”。设置超高也会导致断面加宽。隧道平面线形需采用设超高的圆曲线时，其超高值不宜大于4.0%。当设计速度为20km/h时，圆曲线半径不宜小于250m。隧道内每条车道的视距均应符合《公路路线设计规范》(JTG D20—2017)的视距要求。

2.公路隧道线形纵断面

根据《公路隧道设计规范　第一册　土建工程》(JTG 3370.1—2018)第4.3.5条及其条文说明，隧道内纵坡最小值以隧道建成后洞内水(包括渗漏水、涌水、隧道清洗水、消防用水等)能自然排泄为原则，要求最小纵坡不应小于0.3%，以利排水；对长隧道、特长隧道，隧道内排水距离长，排水量相对较大，纵坡不小于0.5%较好，最大纵坡不应大于3%；短于100m隧道可不受此限制。近年来，在山区公路建设中，由于受地形限制，隧道纵坡如果强制要求不大于3%，展线将变得非常困难，也会增加路线长度。根据这一实际情况，高速公路、一级公路的中、短隧道或独立明洞(包括棚洞结构)在线形布置非常困难的情况下可以适当放宽纵坡，但需增加运营安全措施。增加的运营安全措施包括设置警示标志、限速标志、减速带，改善路面防滑条件，上坡隧道增加车道数等。

公路隧道的基本坡道形式有单向坡和双向坡两种。对单向通行的隧道，设计成单向坡（下坡）对通风是非常有利的，因为汽车都是下坡行驶，发动机处于低功率状态，产生的有害气体少，但坡度不能大于3%，否则，高位洞口施工时会有困难。对采用自然通风的隧道，因为两端洞口的高差是决定通风效果的重要因素之一，所以坡度可尽量采用上限值，但也不能大于3%。采用双向坡的隧道，施工时隧道两端的出渣与排水都有利，但通风较差，所以一般将坡度控制在1%以下为宜。

二、公路隧道建筑限界与净空

公路隧道建筑限界是指为保证公路隧道内车辆行驶、人员通行所要求的限定空间。公路隧道净空是指公路隧道衬砌内轮廓所包围的空间，包括公路隧道建筑限界、通风、照明及其他所需面积。

三、公路隧道横断面

公路隧道的建筑限界确定以后，就可以据此进行横断面的初步拟定。由于隧道衬砌是一个超静定结构，不能直接用力学方法计算出应有的断面尺寸，而必须先拟定一种断面尺寸，按照这个断面尺寸来验算在荷载作用下的内力。如果断面强度不足，或是断面富裕太多，就得调整断面，重新计算，直至合适为止。所以，在设计隧道衬砌时，需要根据经验初步拟定一个用于计算的结构断面形状及其尺寸。初步拟定结构断面形状和尺寸可以采取经验类比的方法，或是规范给出的方法。在设计公路隧道断面形状时需考虑的因素有以下几点：

(1)隧道的内轮廓必须符合隧道建筑限界要求，结构的任何部位都不应侵入限界以内。同时，隧道内轮廓还应考虑通风、照明、安全、监控等设施所必需的富裕量。

(2)采用的施工方法能确保断面形状及尺寸有利于隧道的稳定。

(3)从经济观点出发，内轮廓线应尽量减小洞室的体积，即使土石开挖量与圬工砌筑量为最省。因此，轮廓线一般紧贴隧道建筑限界。但其形状又不能如隧道建筑限界般曲折，要平顺圆滑，以保证结构在受力及围岩稳定方面均处于有利条件。

(4)结构的轴线应尽可能地符合在荷载作用下所确定的压力线。若是两线重合，结构的各个断面都只承受单纯的压力而无拉力，则最为理想。

山岭隧道衬砌的断面形状根据围岩压力的性质和目前的一些施工方法，通常采用圆拱直墙式或曲墙式、全断面圆形或接近圆形等形式。当围岩的侧压力较小时，可采用直墙式侧壁断面，在地质条件差时可采用接近圆形的断面。

公路隧道建筑限界取决于公路等级、地形、车道数等条件；公路隧道附属设施如通风、照明、消防、报警等设施都需要占用一定的空间，且每一座隧道均会因交通流量和隧道长度不同而要求不同。因此，公路隧道横断面需根据其具体的要求进行单独设计。目前公路隧道大多采用单心圆或三心圆的拱形断面。

四、公路隧道附属设施

公路隧道仅有主洞还不能保证车辆的安全通行，为了其安全运营，还必须修建一些附属设施，主要包括：紧急停车带、人行横通道和车行横通道、设备洞室、电缆沟、排水沟等。

1. 紧急停车带

当隧道中行驶的车辆发生故障时，应及时离开干道避让车流，以免发生交通事故，紧急停车带就是专供紧急停车使用的停车位置。尤其在长大隧道中，故障车必须尽快离开干道，否则必然引起交通阻塞，甚至导致交通事故。

紧急停车带向行车方向右侧加宽不小于3m，有效长度不宜小于40m。单向行车隧道紧急停车带设置间距不宜大于750m，双向行车隧道紧急停车带应两侧交错设置，同一侧间距宜采用800～1200m。

2. 人行横通道和车行横通道

行车方向分离的双洞公路隧道，当长度超过400m时，宜设置人行横通道，长度超过800m时，宜设置车行横通道，以供巡查、维修、救援及车辆转换方向之用。《公路隧道设计规范　第一册　土建工程》(JTG 3370.1—2018)第4.5.1条规定，人行横通道设置间距宜为250m，不应大于350m；车行横通道设置间距宜为750m，不应大于1000m，中、短隧道可不设。

3. 设备洞室

长大公路隧道，特别是高速公路隧道和一级公路隧道均设置有诸如消防设备、供电设备、通信设备、控制设备和检测设备等，这些设备都需要一个空间来安装，因此，需要预留相应的洞室，且应该对这些洞室做统一规划，尽量使其分布均匀，几何尺寸一致，讲究美观，避免杂乱。

4. 电缆沟

根据《公路隧道设计规范　第一册　土建工程》(JTG 3370.1—2018)第18.3条规定，电缆沟宜布置在两侧检修道下。一般情况下，放置通信电缆的电缆沟尺寸不小于500mm×500mm，主要放置电力电缆的电缆沟尺寸不小于700mm×600mm。电缆沟盖板所承受的荷载主要为自重、行人以及小型推车重量。隧道电缆沟侧壁上一般均设有托架。为避免失控车辆撞坏电缆，电缆沟外侧壁需考虑车辆撞击影响，具备一定的防撞击能力。

5. 排水沟

根据《公路隧道设计规范　第一册　土建工程》(JTG 3370.1—2018)第10.3.2条规定，路面两侧应设路侧边沟。路侧边沟排水坡度宜与隧道纵坡一致。路侧边沟宜采用矩形断面。路侧边沟为暗沟时，应按25～30m间距设滤水箅和沉沙池。当隧道内不设中心水沟时，衬砌背后的地下水可引入路侧边沟，路侧边沟沟底低于路面结构层底不宜小于50mm。

电缆沟积水将对设备运行产生影响，寒冷地区会结冰，需采取措施防止电缆沟积水。根据多年经验，在电缆沟底部设50mm×50mm～80mm×80mm的纵向凹槽，能将电缆沟积水汇集槽内，在电缆沟与路侧边沟之间沿隧道纵向间隔10～20m设排水孔，将电缆沟内的积水引入路侧边沟。

在严寒地区，为了不使流水冻结而堵死水沟，应采取防寒措施。一般可修筑浅埋保温水沟，即将水沟加深，用轻质混凝土做成上下两层，各自设钢筋混凝土盖板。两层盖板之间用保温材料充填密实，其厚度不小于70cm。但当浅埋保温水沟不足以防止冻害时，可考虑设置中心深埋渗水沟，即利用地温本身的作用，达到保温防冻害之目的。在公路隧道中，除了要排除衬砌后面的地下水外，还要排除道路清洁冲洗后的废水和下雨时汽车带进去的雨水，因此，水沟一般设置于靠车道一侧，而电缆沟设置于靠衬砌一侧，衬砌背后的地下水则由排水暗管排入水沟。

第三节　公路隧道机电工程

公路隧道机电工程是保证车辆安全通行的必要条件。公路隧道由于车速高、车流量大、光线较差、空气质量低、环境噪声大，比一般路段更容易发生交通事故；因迂回空间有限，隧道内的事故处理起来比较困难，中断交通时间较长，若发生火灾，危害性更大。因此，设立完善的隧道机电工程设施是十分必要的。

一、公路隧道机电工程的组成

公路隧道机电工程是指在公路隧道这一特殊路段上根据交通工程学原理和方法为使车辆快速、安全、舒适通过而设置的通风、照明、监控、消防、安全及管理等系统和设施。公路隧道机电工程主要由下列子系统和设施组成：

(1)公路隧道通风系统；

(2)公路隧道照明系统；

(3)公路隧道监控系统；

(4)公路隧道计算机控制系统；

(5)公路隧道火灾报警系统；

(6)公路隧道视频监视系统；

(7)公路隧道供配电系统；

(8)公路隧道消防设施；

(9)公路隧道交通安全设施。

二、公路隧道机电工程等级划分

公路隧道机电工程按照隧道单洞长度(L)和设计年度预测隧道单洞年平均日交通量(q)两个因素，划分为 A+、A、B、C、D 五个等级，如图 1-1 所示。

三、公路隧道机电工程设施配置

隧道是公路运输网的瓶颈路段。完善的公路隧道机电工程设施可以改善洞内环境、减少污染、减少事故，增强隧道的通行能力，延长隧道的使用寿命，保证隧道的安全运营，给驾乘人员提供一个顺畅、安全、舒适的行车环境。公路隧道机电工程等级确定以后，可根据《公路隧道照明设计细则》(JTG/T D70/2-01—2014)、《公路隧道通风设计细则》(JTG/T D70/2-02—2014)和《公路隧道设计规范　第二册　交通工程与附属设施》(JTG D70/2—2014)配置相应的系统和设施，这里根据《公路隧道设计规范　第二册　交通工程与附属设施》(JTG D70/2—2014)第 3.0.3 条高速公路隧道交通工程与附属设施配置表，给出部分设施的配置情况，见表 1-3。

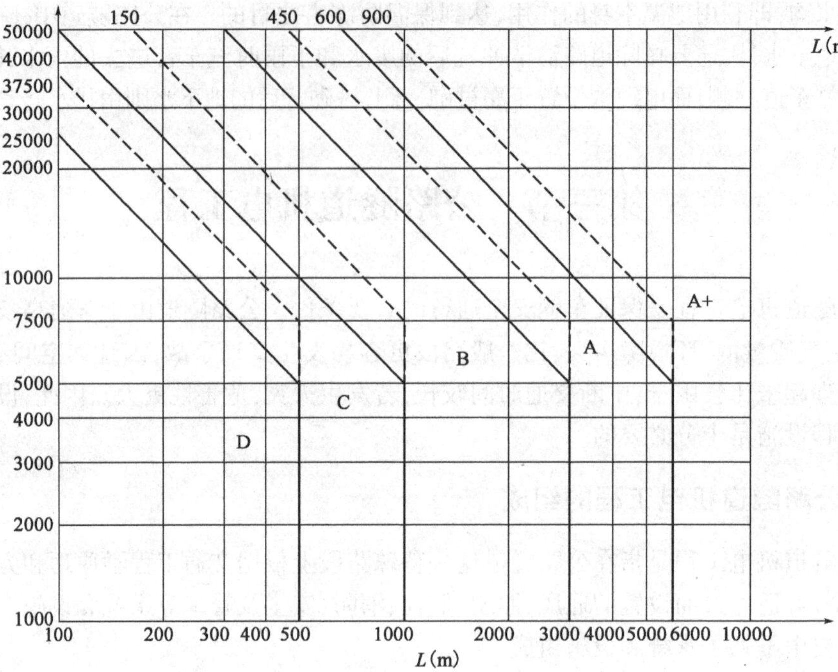

╲单洞两车道　╲单洞三车道及以上

图 1-1　公路隧道机电工程等级划分(摘自 JTG D70/2—2014)

高速公路隧道交通工程与附属设施配置表　　表 1-3

设施名称		各类设施分级				
		A+	A	B	C	D
通风设施	能见度检测器	★	★	■	▲	—
	CO 检测器	★	★	■	▲	—
	NO_2检测器	■	■	■	▲	—
	风速风向检测器	★	★	★	▲	—
照明设施	亮度检测器	★	★	★	■	—
交通监控设施	车辆检测器	★	★	■	▲	—
	视频事件检测器	★	★	■	▲	—
	摄像机	●	●	★	■	—
	可变信息标志	★	★	▲	▲	—
	可变限速标志	★	★	■	▲	—
	交通信号灯	★	★	★	■	—
	车道指示器	●	●	★	★	▲
	交通区域控制单元	★	★	▲	▲	—
紧急呼叫设施	紧急电话	★	★	★	▲	—
	隧道广播	★	★	★	▲	—
火灾探测报警设施	火灾探测器	●	●	★	▲	—
	手动报警按钮	●	●	●	▲	—

续上表

设施名称		各类设施分级				
		A+	A	B	C	D
火灾探测报警设施	火灾声光警报器	设置火灾探测器且未设置有线广播的隧道应设置火灾声光警报器;同时设置火灾探测器和有线广播的隧道宜设置火灾声光警报器				
中央控制管理设施	计算机设备	★	★	★	▲	—
	显示设备	★	★	★	▲	—
	控制台	★	★	★	▲	—

注:1. ●代表必须设;★代表应设;■代表宜设;▲代表可设;—代表不做要求。

2. 采用机械通风的隧道,应按表中所列要求设置能见度检测器、CO 检测器、NO_2 检测器、风速风向检测器;不采用机械通风的隧道则不做要求。

本章习题

1. 交通隧道可细分为哪些类型?

2. 简述航运隧道的功能。

3. 在设计公路隧道内的线形时,除了满足公路路线设计所规定的技术指标以外,为了适应隧道的特点,还要附加哪些技术要求?

4. 在设计公路隧道横断面形状时需考虑哪些因素?

5. 公路隧道除了有主洞外,为了保证其安全运营,还必须修建哪些附属设施?

6. 公路隧道机电工程由哪些子系统和设施组成?

本章参考文献

[1] 阳东,蒋亚强,李乐. 隧道通风与火灾排烟理论基础及应用[M]. 北京:中国建筑工业出版社,2018.

[2] 张丽,和秀岭,晏杉. 隧道工程[M]. 3 版. 北京:人民交通出版社股份有限公司,2015.

[3] 中华人民共和国交通运输部. 公路隧道设计规范 第一册 土建工程:JTG 3370.1—2018[S]. 北京:人民交通出版社股份有限公司,2019.

[4] 赵忠杰. 公路隧道机电工程[M]. 北京:人民交通出版社,2007.

[5] 陈秋南,安永林,李松. 隧道工程 [M]. 2 版. 北京:机械工业出版社,2017.

[6] 中华人民共和国交通运输部. 公路隧道设计规范 第二册 交通工程与附属设施:JTG D70/2—2014[S]. 北京:人民交通出版社股份有限公司,2014.

第二章

公路隧道通风系统

在隧道运营期间,为了有效排放隧道内的有害气体及烟尘,保证驾乘人员及洞内工作人员的身体健康,提高行车的安全性和舒适性,通常需要按一定的方式不间断地向隧道内送入新鲜空气,此即隧道通风。本章主要内容包括隧道通风的基本概念、通风标准、通风方式、通风计算、通风控制、通风供电与节能等。

第一节　公路隧道通风

隧道通风需考虑的因素很多,只有充分考虑各种因素在隧道运营期间造成的最不利影响,经过综合分析后才能制订出经济、有效的通风方案。隧道通风方式的选择主要考虑隧道的长度、通过隧道的交通量、隧道的平纵半径、隧道横断面面积等,同时还要考虑自然环境、隧道海拔、地形地质条件等因素。

一、隧道通风的目的和要求

1. 隧道通风的目的

隧道是个相对封闭的区域,车辆行驶时排出的废气、烟尘容易在隧道内累积。汽车行驶过程中排放的废气含有 CO、NO、SO_2、醛类、有机化合物、碳氢化合物等多种有害成分,污染隧道内的空气,对人体的健康也构成重大的威胁。同时,空气污染物的积累和扬尘会使隧道内的能见度降低,威胁行车安全。隧道通风就是通过向隧道内送入新鲜空气改变隧道内空气的化学组成和气候条件,使之满足人员工作和车辆运行的卫生标准和安全要求,以保证隧道正常运营。隧道通风的目的在于:

(1)为在隧道内工作的人员和过往隧道的驾乘人员提供足够的氧气。

(2)把隧道内有害气体和烟尘稀释到安全浓度以下,并排出隧道。

(3)保证隧道内有适宜的温度、湿度和风速,营造舒适的行车环境。

(4)当隧道内发生火灾时,限制火灾蔓延,并为灭火工作创造条件。

2. 隧道通风的要求

根据《公路隧道通风设计细则》(JTG/T D70/2-02—2014)第 4.2 节的规定:

(1)单向交通隧道的设计风速不宜大于 10.0m/s,特殊情况不应大于 12.0m/s;双向交通隧道的设计风速不应大于 8.0m/s;设有专用人行道的隧道设计风速不应大于 7.0m/s。

(2)双向交通隧道设计风向宜与行车上坡较长方向一致,洞内通风气流组织方向不宜频繁变化。

(3)连拱或小净距特长隧道的左右洞相邻洞口间宜采取措施避免污染空气窜流;当不可避免污染空气窜流时,通风设计应考虑窜流带来的影响。

(4)上游隧道行车出口排出洞外的污染空气对下游隧道产生二次污染时,应根据污染程度综合考虑上、下游隧道的通风方式。

二、隧道气候

隧道气候是隧道内温度、湿度和风速的总称。

1. 温度

山体中大埋深的隧道受地热影响,隧道内空气温度明显高于地表大气温度,或浅埋深的隧道,由于通风,隧道内空气温度明显低于地表大气温度。有时隧道内空气温度与地表气温差别可能很大,当这种差别过大时,会引起人体的不良反应。隧道内空气降温可通过增大风量来实现,增温则需要采取空气加热的方式。在国内现有隧道中,由于受地热影响不大,隧道内温度随其他环境指标满足而自然满足,不需要专门增大风量。增温则需要增加专门的设施(隧道采暖设施),同时费用也随之增加。

2. 湿度

在隧道内,由于通风风速大,空气湿度小,人在隧道内工作会因干燥而感到不适。增加隧道空气湿度的办法是洒水或喷水,可结合防尘、降尘综合考虑。

3. 风速

隧道内空气和地表大气的交换是通过空气流动来实现的,空气流动的速度(风速)直接影响通风的效果。风速与通风量成正比。在机械通风中,通过提高风速来增大风量,因此,隧道内的风速经常大于地表大气的正常风速。隧道内风速大是隧道的气候特征。风速大会引起以下不良后果:

(1)扬起隧道内积聚的尘土和车辆上装载物的尘粒,形成尘烟,降低能见度和舒适性。因此,要求隧道内做好防尘和降尘工作。防尘应做好隧道的定期清扫和载尘(如煤、土等)车辆的管理,降尘则采取洒水、喷水或安装专门的除尘设备的方式。

(2)加快隧道内水分蒸发,使空气干燥。

(3)引起人体不适。

(4)增大风阻,从而增加通风费用。

因此,改善隧道气候是隧道运营管理的一个重要课题。

三、隧道内空气的组成

1. 新鲜空气

新鲜空气来自大气,主要成分见表 2-1。新鲜空气是隧道空气的主要成分。单位时间内进入隧道新鲜空气的量叫隧道通风量,用 Q 表示,单位为 m^3/s。隧道通风量影响隧道内空气中氧和有害气体的相对含量及隧道内气候。隧道通风量按隧道内要求的环境指标计算确定,当隧道通风量自然满足时,隧道的通风方式为自然通风,否则,隧道通风量需要借助通风机来满足,这种通风方式称为机械通风。

空气的主要成分及其所占比例　　表 2-1

主要成分	体积百分比(%)
氧	20.90
氮	78.10
二氧化碳	0.031

2. 有害气体

隧道内产生的有害气体使隧道内空气与地表大气出现差异。有害气体产生量越大,这种差异就越明显。隧道内有害气体主要来自运行车辆、隧道围岩和火灾,其中运行车辆产生的有害气体量比较大且危害严重。

汽车排放的气体,含有一氧化碳(CO)、氮氧化物(NO_x)、氧化氢、碳化氢、氧化硫、醛等对人体有害的成分。其中,一氧化碳具有高度毒性,且在排放的气体中所占比例极大,是最危险的成分。大部分的氮氧化物(NO_x)由 NO 组成,NO 在氧气存在的情况下被氧化成 NO_2,NO_2 是有害气体,会刺激肺部并降低人体对呼吸道感染(如流感)的抵抗力。柴油机车辆除排放对人体有害的气体外,还排放大量的游离碳素(煤烟),严重影响隧道内的能见度和舒适性。

在山体隧道中,围岩会释放出各种有害气体,如 CH_4、H_2S 等,这些气体的散放量与围岩中有害气体含量及支护对围岩的封闭性有关。一般隧道围岩中有害气体含量低、散放量小,所以,目前在运营通风中尚未考虑。

火灾会产生大量的 CO 和烟尘。隧道火灾会使隧道环境急剧恶化、造成交通中断,如处置不及,则会引发交通事故,造成人员伤亡。一旦火灾发生,需改变通风方式和通风风量,使环境暂时得到改善,起到控制火灾蔓延、减少灾害损失、缩小事故范围的作用,同时也为灭火创造条件和提供便利。

不论哪种原因产生的有害气体,也不论是何种有害气体,在隧道中都可能直接对人体产生危害,同时使空气中氧气的含量降低,影响人的正常活动与身体健康。所以,保证隧道内空气中有足够的氧含量是隧道通风的一项重要任务。

四、隧道自然风

隧道自然风是指在无机械通风的条件下,隧道内空气定向流动的一种现象。隧道自然风受隧道内外自然条件影响。隧道内外的自然条件主要有隧道外自然风、隧道穿越山体的形态、隧道内外温度差、进出风口高差等。山体的形态引起隧道两洞口的超静压差,隧道内外温度差引起进出风口的热位差,两者影响着隧道自然风的大小和方向。

地表自然风是引起隧道两洞口超静压差,形成隧道自然风的直接原因之一,因此研究隧道自然风必须掌握地表自然风产生和分布的规律。地表自然风是地表大气的水平运动,大气运动的能量来自被地表反射到大气中的太阳辐射能。然而,地表接收太阳的辐射热量是随纬度的升高而减少的,再加上各地气温不同,因此各地空气的密度和气压都不相同。同一水平面上两点的气压不相等,就会引起空气的水平运动,这就是地表自然风产生的原因。

当隧道自然风稳定时,就可以利用其进行隧道通风,这就是隧道自然通风。隧道自然通风是一种最经济的通风方式。由于隧道两洞口的超静压差和热位差都随着气象条件而经常发生变化,因此除了对通风要求低的短隧道,在一般情况下,隧道自然风难以用于隧道内稳定的自然通风。在设计机械通风时,必须考虑与机械风(即风机送出来的风)逆向的自然风的不利影响。

根据《公路隧道通风设计细则》(JTG/T D70/2-02—2014)第 7.2.2 条,自然通风力应按式(2-1)计算。当自然通风力作为隧道通风阻力时,式(2-1)应取"+";当自然通风力作为隧道通风动力时,式(2-1)应取"-"。

$$\Delta p_{m} = \pm \left(1 + \zeta_{e} + \lambda_{r} \cdot \frac{L}{D_{r}}\right) \cdot \frac{\rho}{2} \times v_{n}^{2} \tag{2-1}$$

式中:Δp_{m}——隧道内自然通风力,N/m^2;

ζ_{e}——隧道入口局部阻力系数,可取 0.5;

λ_{r}——隧道沿程阻力系数,取 0.02;

L——隧道长度,m;

ρ——空气密度,kg/m^3;

v_{n}——自然风作用引起的洞内风速,m/s,可取 2.0 ~ 3.0m/s;

D_{r}——隧道断面当量直径,m,$D_{r} = \frac{4 \times A_{r}}{C_{r}}$;

A_{r}——隧道净空断面积,m^2;

C_{r}——隧道断面周长,m。

五、隧道交通风

隧道内行驶的车辆会带动隧道内空气沿隧道流动,这种由交通车辆引起的风叫交通风,由于它类似活塞的作用,因此也叫活塞风。

交通通风力与工况车速相关,不同工况车速形成的交通通风力不同。工况车速是指设计速度以下按 10km/h 为一挡划分的车速。当工况车速小于设计风速时,车辆影响空气流动,如交通堵塞或车辆慢速行驶,交通通风力应作为阻力考虑,否则会产生通风能力不足的问题。为了避免发生通风能力不足或过剩的问题,应按设计速度小于以下各工况车速分别计算交通通风力。

单向行驶隧道交通通风力 Δp_{t} 可按式(2-2)计算:

$$\Delta p_{t} = \pm \frac{A_{m}}{A_{r}} \cdot \frac{\rho}{2} \cdot n_{c} \cdot (v_{t} - v_{r})^2 \tag{2-2}$$

式中:A_{m}——汽车等效阻抗面积,m^2;

n_{c}——隧道内车辆数,辆,$n_{c} = \frac{N \cdot L}{3600 \cdot v_{t}}$;

N——隧道内设计高峰小时交通量,辆/h;

L——隧道长度,m;

v_{t}——各工况车速,m/s;

v_{r}——隧道设计风速,m/s,$v_{r} = \frac{Q_{r}}{A_{r}}$;

Q_r——隧道设计风量,m^3/s。

当 $v_t > v_r$ 时,Δp_t 取"+";当 $v_t < v_r$ 时,Δp_t 取"-"。

汽车等效阻抗面积可按式(2-3)计算:

$$A_m = (1 - r_1) \cdot A_{cs} \cdot \xi_{c1} + r_1 \cdot A_{cl} \cdot \xi_{c2} \tag{2-3}$$

式中:A_{cs}——小型车正面投影面积,m^2,可取 $2.13m^2$;

A_{cl}——大型车正面投影面积,m^2,可取 $5.37m^2$;

r_1——大型车比例;

ξ_{ci}——隧道内小型车或大型车的空气阻力系数,可按式(2-4)计算:

$$\xi_{ci} = 0.0768x_i + 0.35 \tag{2-4}$$

式中:x_i——第 i 种车型在隧道行车空间的占积率,%。

六、隧道通风阻力

当空气沿隧道流动时,风流的黏滞性和惯性,隧道壁面等对风流的阻滞,以及扰动作用而形成的通风阻力,造成了风流能量损失。

隧道通风阻力应该按式(2-5)~式(2-7)计算:

$$\Delta p_r = \Delta p_\lambda + \sum \Delta p_{\zeta i} \tag{2-5}$$

$$\Delta p_\lambda = \lambda_r \cdot \frac{L}{D_r} \cdot \frac{\rho}{2} \cdot v_r^2 \tag{2-6}$$

$$\sum \Delta p_{\zeta i} = \zeta_i \cdot \frac{\rho}{2} \cdot v_r^2 \tag{2-7}$$

式中:Δp_r——隧道通风阻力,N/m^2;

Δp_λ——隧道内沿程摩擦阻力,N/m^2;

$\Delta p_{\zeta i}$——隧道内局部阻力,N/m^2。

ζ——隧道局部阻力系数,可按表2-2和《公路隧道通风设计细则》(JTG/T D70/2-02—2014)的附录B、附录C取值。

常用阻力系数表　　表2-2

阻力系数	取值
隧道沿程阻力系数 λ_r	0.02
主风道(含竖井)沿程阻力系数 λ_b、λ_e	0.022
连接风道沿程阻力系数 λ_d	0.025
隧道入口局部阻力系数 ζ_e	0.5
隧道出口局部阻力系数 ζ_{ex}	1.0

第二节　公路隧道通风标准

公路隧道有其特殊的卫生要求,不仅要考虑人的生理承受能力,还要考虑隧道内的行车安全和舒适性。隧道通风是对一氧化碳(CO)、烟尘和空气中的异味进行稀释,我国《公路隧道通风设计细则》(JTG/T D70/2-02—2014)第5章对此做出了具体规定。

一、有害气体及烟尘浓度

1. 有害气体浓度

被污染空气中有害气体的含量用有害气体的浓度表示。有害气体浓度有两种表示方法：一种是单位体积被污染空气中含某种有害气体的质量（mg/m^3）；另一种是单位体积被污染空气中含某种有害气体的体积，常采用百万分体积浓度（ppm）计量。1ppm 是指在常温、常压下，$1m^3$被污染空气中含有 $10^{-6}m^3$有害气体，即按体积计算的浓度为百万分之一。

1mol 气体在常温、常压（25℃，101325Pa）下占有 24.45L 的体积，因此，ppm 和 mg/m^3之间的换算关系为

$$1(\text{ppm}) = \frac{M}{22.45}(\text{mg/m}^3) \tag{2-8}$$

式中：M——该气体的分子量。

在隧道内的有害气体中，CO 的排放量最大，对人体的危害最严重。

国内有关单位研究表明，CO 对人体的危害与 CO 的浓度 C（mg/L）和人体与 CO 接触的时间 T（h）有关。CO 的中毒程度可用 C 与 T 的积来估算。

当 $CT \leqslant 0.35$ 时，无中毒症状；

当 $0.35 < CT \leqslant 0.7$ 时，刚出现微弱中毒症状；

当 $0.7 < CT \leqslant 1.0$ 时，出现头痛、恶心等中毒症状；

当 $CT \geqslant 1.7$ 时，发生休克、严重中毒、死亡。

CO 浓度和接触时间与中毒症状关系见表 2-3。

CO 浓度和接触时间与中毒症状关系 表 2-3

CO 浓度（ppm）	接触时间	症状	CO 浓度（ppm）	接触时间	症状
100	1h	有特殊感觉，但尚可忍耐	1500	1h	危险
500	1h	晕眩、中等程度头痛	2000	1h	危险
700	1h	头痛较重，手足有麻木感	3000	30min	死亡
1000	1h	能忍耐，但超过 1h 即危险	5000	10min	死亡

2. 烟尘浓度

为了保证停车视距，必须控制烟尘浓度。隧道内的停车视距不仅取决于车速，而且与路面亮度、路面材料的种类、烟尘浓度有关，通常要综合考虑。随着对道路服务水平的要求不断提高，在保证停车视距的同时，还要求保证舒适度，因而需要把烟尘浓度控制在容许标准之内。

实用的方法是用光的透光率（透过率）表示烟尘浓度。透光率是光线在被污染空气中的透过量与在洁净空气中的透过量之比。一般用式（2-9）表示：

$$\tau = \frac{E}{E_0} \tag{2-9}$$

式中：E、E_0——分别为一光源的光通过被污染空气和洁净空气后的照度，lx。

透过率随光源与受光部之间距离的改变而改变，同时还因烟尘浓度的不同而不同。因此把光源光通过单位距离（1m）后受光部所接收到的减至光源通过量的 1/10 的光通量定义为烟

尘浓度为1,当然,其余光通量均被烟尘吸收和散射了。假定烟尘浓度为1,则经过1m后光通量减至$\left(\frac{1}{10}\right)^1$,再经过1m后光通量减至$\left(\frac{1}{10}\right)^2$。同理,经过$l$m后,光通量减至$\left(\frac{1}{10}\right)^l$。假定烟尘浓度是变化的,当烟尘浓度为2时,在1m距离处光通量减至$\left(\frac{1}{10}\right)^2$;同理,浓度为$k$时,光通量减至$\left(\frac{1}{10}\right)^k$。因此,光源光穿过1m厚的烟尘浓度为1的被污染空气后,透过率$\tau=\left(\frac{1}{10}\right)^{1\times 1}$,光源光穿过烟尘层厚度为$l$、烟尘浓度为$k$的污染空气后,透过率为

$$\tau=\left(\frac{1}{10}\right)^{l\times k}(\%) \tag{2-10}$$

式中:k——烟尘浓度,m^{-1};

l——烟尘层厚度,m。

式(2-10)还可以表示为

$$k=-\frac{1}{l}\lg\tau \tag{2-11}$$

式中:τ——光源光穿过烟尘层厚度为l的烟尘浓度的容许透过率。

在隧道通风与照明中,取$l=100$m,故其容许浓度$k=-\frac{1}{100}\lg\tau$。

二、被污染空气的稀释标准

《公路隧道通风设计细则》(JTG/T D70/2-02—2014)第5.2~5.4节中对烟尘设计浓度、有害气体设计浓度以及换气要求规定如下:

1. 烟尘设计浓度

为保证隧道内的停车视距和舒适性,必须控制烟尘浓度。

(1)烟尘设计浓度K取值应符合下列规定:

①采用显色指数33≤Ra≤60、相关色温在2000~3000K的钠光源时,烟尘设计浓度K应按表2-4取值。

烟尘设计浓度K(钠光源) 表2-4

设计速度v_t(km/h)	≥90	$60\leq v_t<90$	$50\leq v_t<60$	$30<v_t<50$	$v_t\leq 30$
烟尘设计浓度K(m^{-1})	0.0065	0.0070	0.0075	0.0090	0.0120*

注:*表示此工况下应采取交通管制或关闭隧道等措施。

②采用显色指数Ra≥65、相关色温在3300~6000K的荧光灯、LED灯等光源时,烟尘设计浓度K应按表2-5取值。

烟尘设计浓度K(荧光灯、LED灯等光源) 表2-5

设计速度v_t(km/h)	≥90	$60\leq v_t<90$	$50\leq v_t<60$	$30<v_t<50$	$v_t\leq 30$
烟尘设计浓度K(m^{-1})	0.0050	0.0065	0.0070	0.0075	0.0120*

注:*表示此工况下应采取交通管制或关闭隧道等措施。

(2)双洞单向交通临时改为单洞双向交通时,隧道内烟尘允许浓度不应大于0.012m^{-1}。

(3)隧道内养护维修时,隧道作业段空气的烟尘允许浓度不应大于0.0030m^{-1}。

2. CO和NO_2设计浓度

(1)隧道内CO和NO_2设计浓度取值应符合下列规定：

①正常交通时，隧道内CO设计浓度可按表2-6取值。

CO设计浓度δ_{CO} 表2-6

隧道长度(m)	≤1000	>3000
δ_{CO}(cm^3/m^3)	150	100

注：隧道长度1000m<L≤3000m时，可按线性内插法取值。

②交通阻滞时，阻滞段的平均CO设计浓度δ_{CO}可取150cm^3/m^3，同时经历时间不宜超过20min。

③隧道内20min内的平均NO_2设计浓度δ_{NO_2}可取1.0cm^3/m^3。

(2)人车混合通行的隧道，隧道内CO设计浓度不应大于70cm^3/m^3，隧道内NO_2设计浓度60min内不应大于0.2 cm^3/m^3。

(3)隧道内养护维修时，隧道作业段空气的CO允许浓度不应大于30 cm^3/m^3，NO_2允许浓度不应大于0.12cm^3/m^3。

3. 换气要求

隧道空间最小换气频率不应低于3次/h。采用纵向通风的隧道，隧道换气风速不应低于1.5m/s。世界道路协会(Permanent International Association of Road Congress，PIARC)在1995年技术报告中提出：隧道空间不间断换气频率，不宜低于5次/h；交通量较小或特长隧道，可采用3~4次/h。采用纵向通风的隧道，隧道内换气风速应不低于2.5m/s。

第三节 公路隧道通风方式

隧道通风方式是指隧道内风流在行车空间的流动方式，它包含两个方面的内容：一个是风流在行车空间的流动方向；另一个是通风机的工作方式。按风流的流动方向，通风方式分为纵向、横向和半横向式三种；按通风机的工作方式，其分为送风式和排风式两种，也有采用既送风又排风的混合式。当把不同的风流流动方向和通风机工作方式相结合时可形成许多种通风方式。

从世界各国的隧道实例看，长度在200m以下，甚至在200~500m之间的对向交通隧道，在一定的交通量以下可以考虑采用自然通风。可以用下列经验公式作为大体上区分自然通风与机械通风的限界：

双向交通隧道在符合式(2-12)的条件时，可设置机械通风：

$$L \cdot N \geq 6 \times 10^5 \tag{2-12}$$

式中：L——隧道长度，m；

N——设计交通量，辆/h。

单向交通隧道在符合式(2-13)的条件时，可设置机械通风：

$$L \cdot N \geq 2 \times 10^6 \tag{2-13}$$

一、自然通风

自然风的变化是复杂而不稳定的，用它来作为通风计算的依据，可靠性自然很差。但是其对机械通风所起的辅助作用，却不容忽视，至少可以调节通风机的转数，有利于节能。车道空间有风速在2m/s左右的自然风是较佳的情况。另外，双向交通时，机械通风装置应为可逆式；单向交通时，机械通风应具有克服自然通风逆压的能力。

不稳定的自然风对单向交通的隧道影响较小，例如对水底隧道影响较小。如前所述，若车速能稳定在50～60km/h，则交通风的风速可达6m/s，不能忽视。车行道断面积为40～45m^2，交通风的通风量可达240～275m^3/s。这样大的通风量完全可以满足数百米长的隧道的通风需要。

二、纵向通风

纵向通风是从一个洞口直接引进新鲜空气，由另一洞口把被污染空气排出的方式，与自然通风的原理是相同的。此时，隧道内沿纵向流动的空气速度，可以认为从入口至出口都是匀速的。这种方式的空气污染浓度，由入口向出口方向呈直线增加趋势。如果自然风从出口吹入隧道（单向交通），洞内空气污染浓度会增加。双向交通没有交通风，由自然风吹入隧道进行自然通风时，在下风方向空气污染浓度也会增加。既没有自然风也没有交通风时，为了使隧道有风速为 v_r 的空气流动，则需要进行机械通风。

纵向通风有多种形式，如全射流式、洞口集中送入式、通风井排出式、通风井送排式和吸尘式，根据交通方式不同又可以有不同的具体设计，下面简要介绍全射流式通风和有竖井的纵向式通风。

1. 全射流式通风

全射流式通风是在车道空间上方直接吊设射流式通风机，用以升压而进行通风的方式，通常根据需要，沿隧道纵向以适当的间隔吊设数组射流式通风机，每组1至数台。射流式通风机具有体积小、风量大的特点，其喷射风速能达到25～30m/s。

双向交通时，上下行的交通量比值经常变化，但是气流又具有一定的惯性，为了避免因交通量的变化需要而频繁改变风向，应该有一定的备用系数，一般取为1.2。在射流式通风机台数计算过程中应四舍五入。

射流式通风机应安装在隧道建筑限界以外的顶部，并且喷出的气流对交通无不良影响。若为拱形顶棚，由拱脚至拱顶均可吊设，若为平顶则应安装在墙顶角部。

射流式通风机的安装间隔，应考虑射流的能量和气流的搅动，使空气能充分混合。因此，沿纵向最外面一台通风机与洞口距离可取100m左右，内部间隔取70m左右为宜，至少要保持40～50m的间隔。

全射流式通风，双向交通时一般适用于1000m以下的隧道，单向交通时，其适用隧道长度可达2000m左右。不过通常要根据所需通风量和车道风速限界允许的最大通风量检算。如果交通量小，即使隧道很长也仍可使用。射流式通风机价格便宜，但噪声较大。

2. 有竖井的纵向式通风

纵向式通风是最简单的通风方式，它以自然通风为主，当自然通风不能满足需要时，用机械通风加以补充，这种方式是最经济合理的。但是，通风所需动力与隧道长度的三次方成正比，所以用机械通风时，隧道越长就越不经济。如果在隧道中间设置竖井就可以克服这个缺点。因而，常常用竖井对隧道进行分段。

竖井用于排气时，有烟囱作用，能收到好的效果，不过很不稳定，通常仍需安装通风机进行机械通风。双向交通时，竖井宜设置在中间；单向交通时，竖井则应靠近出口侧设置。前者新风是从两个洞口进入的，而且数量差不多；后者新风主要是从隧道入口一侧进入的。

对国内采用通风井送排式纵向通风方式的已建隧道工程的调研统计表明：长度满足 $5000m < L \leq 8000m$ 的隧道通常设置 1 座通风井；长度满足 $8000m < L \leq 12000m$ 的隧道通常设置 1 座或 2 座通风井；长度满足 $12000m < L \leq 16000m$ 的隧道通常设置 2 座或 3 座通风井；长度 $L > 16000m$ 的隧道通常设置 3 座或以上通风井。

纵向式通风沿车道纵向风速较大，通常为 8 ~ 10m/s。后文将要叙述的半横向式通风，在发生火灾时，对下风方向的车辆威胁较大。不过这种威胁对单向交通的车辆将小得多，因为下风方向的车是与烟火同方向，车辆驶出隧道就没有问题了。单向交通时和双向交通时纵向式通风的特点分别如表 2-7 和表 2-8 所示。

单向交通时纵向式通风的特点 表 2-7

代表形式	全射流式	洞口集中送入式	通风井排出式	通风井送排式
形式特征	由射流风机群升压	由喷流送风升压	洞口两端进风、中部集中排风	由喷流送风升压
通风系统略图	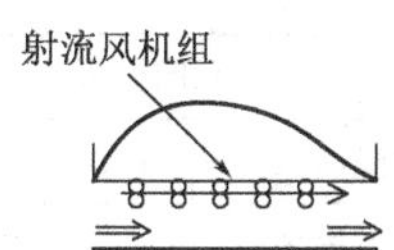	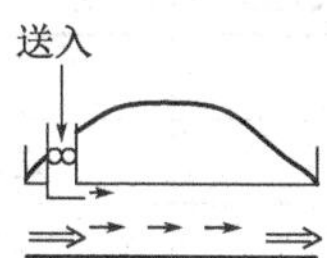	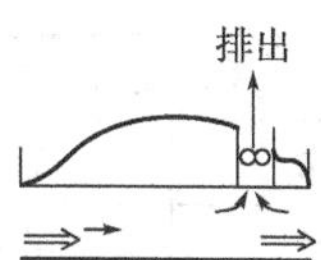	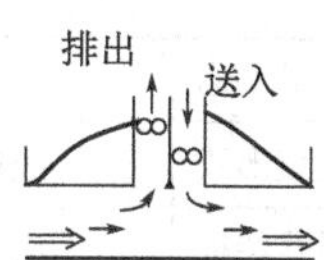
隧道内压	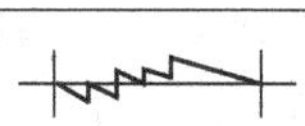	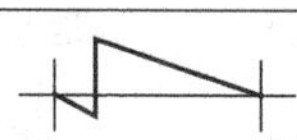		
隧道风速	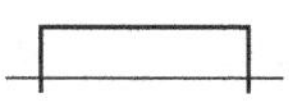		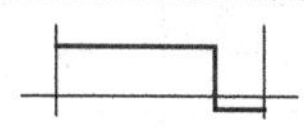	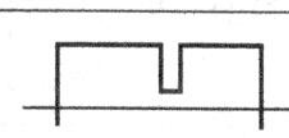
浓度分布	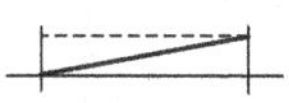	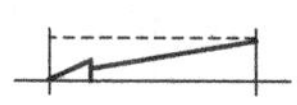	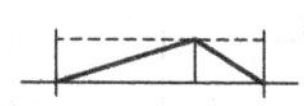	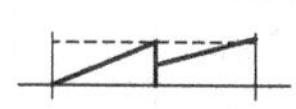

双向交通时纵向式通风的特点 表 2-8

代表形式	全射流式	洞口集中送入式	通风井排出式
形式特征	由射流风机群升压	由喷流送风升压	洞口两端进风、中部集中抽风
通风系统略图	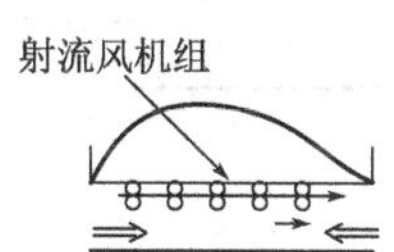	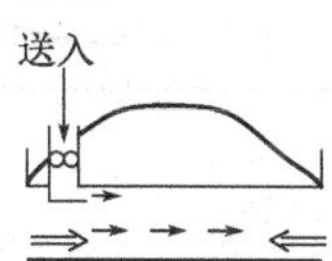	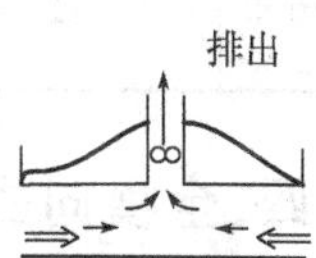
隧道内压	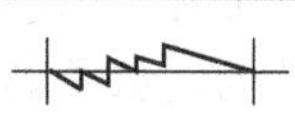	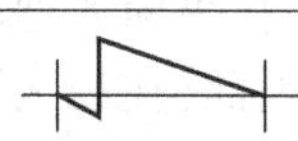	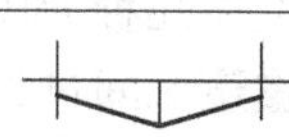
隧道风速		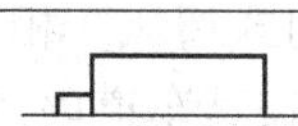	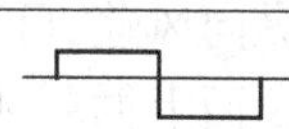
浓度分布	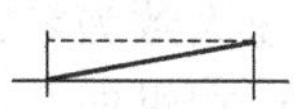	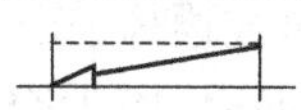	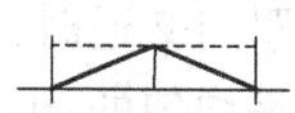

三、半横向式通风

纵向通风的污染浓度不均匀，入口最低，出口最高。为使出口处的浓度保持在容许限度以下，只好加大通风量，但此时其他地方的污染浓度则更低了。这样既不经济，又使隧道内风速过大。而半横向式通风，可使隧道内各处的污染浓度大体上接近一致。送风式半横向通风是半横向式通风的标准形式，新鲜空气经送风管直接吹向汽车的排气孔高度附近，对汽车尾气直接稀释，这对后续车辆很有利。如果有行人，人可以吸到最新鲜的空气。被污染空气是在隧道上部扩散，经过两端洞门排出洞外。

双向交通时，不论送风式半横向通风还是排风式半横向通风，如果交通流强度相等，两洞口的气象条件也相同，隧道内的风压分布为中央最大，两洞口排出或送入等量的空气。因此在隧道中点，空气是静止的，风速为零，这一点称为中性点。除这一点以外，风速向两洞口呈直线增加趋势。污染浓度，送风式半横向通风各处是相同的，排风式半横向通风中性点处最大。如果交通流强度不相等，或两洞口的气象条件发生变化，则中性点的位置也随之变动。

单向交通时，送风式半横向通风的中性点多半移至入口之外；排风式半横向通风的中性点则靠近出口，污染浓度和双向交通时一样，中性点附近污染浓度最高。

单向交通和双向交通时半横向式通风的特点见表 2-9。

半横向式通风的特点　　表 2-9

隧道交通	单向交通		双向交通	
代表形式	送风半横向式	排风半横向式	送风半横向式	排风半横向式
形式特征	由送风道送风	由排风道排风	由送风道送风	由排风道排风
通风系统略图	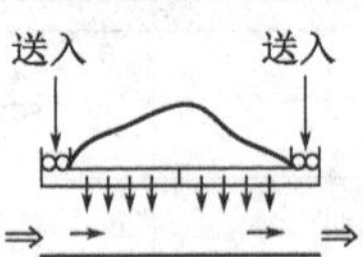	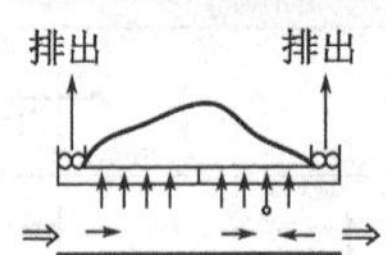	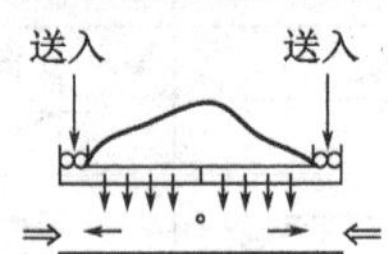	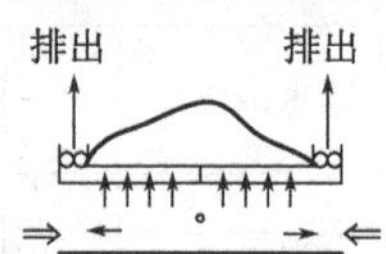
隧道内压	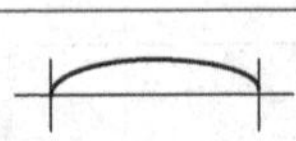	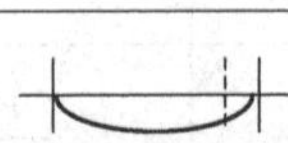	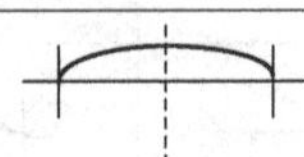	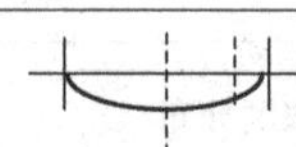
隧道风速	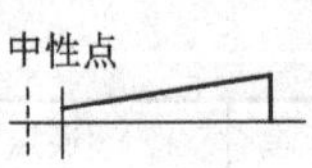		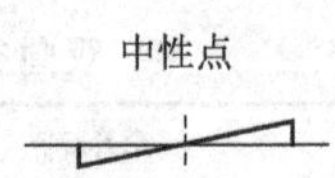	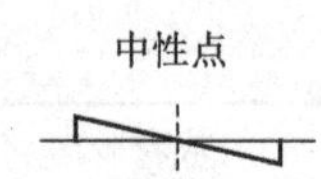
浓度分布	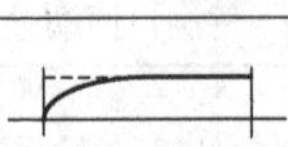	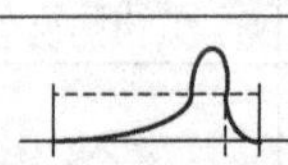	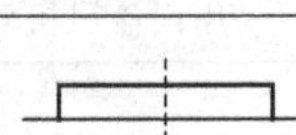	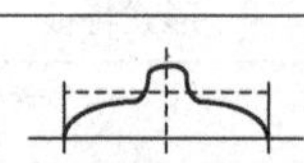

四、全横向式通风

上述几种通风方式，都存在纵向风速较大和火灾时对下风侧不利，以及火灾发生点下风方向的隧道区间过长的问题。因此，在长大隧道、重要隧道、水底隧道中，为了使隧道内不产生过大的纵向风速，可采用全横向式通风。相对于纵向通风方式，全横向式通风方式的气流是在隧道横断面上循环，以进行换风，其车道内风速较低，排烟效果良好，特别适用于双向交通特长隧道。双向交通时，采用全横向式通风，车道的纵向风速大致为零，污染浓度的分布沿全隧道大体上是均匀的；但是，单向交通时，因为交通风的影响，在纵向会产生一定风速，污染浓度由入口至出口有逐渐增加的趋势，一部分被污染空气能直接由出口排向洞外。

全横向式及半横向式通风系统中的环节比较多。一般的送风系统是由送风塔吸入新鲜空气，经过通风机升压，然后通过连接风道将空气送入隧道的送风管道，再经过送风孔将空气送入车道空间。被污染的空气由洞口或排风孔排出洞外。因而此时计算通风机压力是比较烦琐的。若送风时的通风机全压用 P_{btot} 表示，则

$$P_{btot}=1.1\times(\text{隧道风压}+\text{送风道所需末端压力}+\text{送风道静压差}+\text{送风道始端动压}+\text{连接风道压力损失})$$

排风系统是把车道内空间的被污染空气，经排风孔、排风管道、连接风道由通风机加负压经排风塔排入大气。若排风时的通风机全压用 P_{etot} 表示，则

$$P_{etot}=1.1\times(\text{排风道所需始端压力}+\text{排风道静压差}-\text{排风道末端动压}+\text{连接风道压力损失})$$

隧道通风计算中的各种系数，确定时比较困难，必要时应做一系列试验，甚至是整个通风系统的模拟试验，才能得到准确的数据。做这些试验是很必要的，因为隧道运营是长期的，不合理的设计会造成浪费及通风效果差。

全横向式通风造价高，设计时一般需要调整通风道断面面积，反复试算才能得到经济的设计。单向交通时和双向交通时全横向式通风的特点见表 2-10。

全横向式通风的特点 表 2-10

隧道交通	单向交通	双向交通
通风系统略图	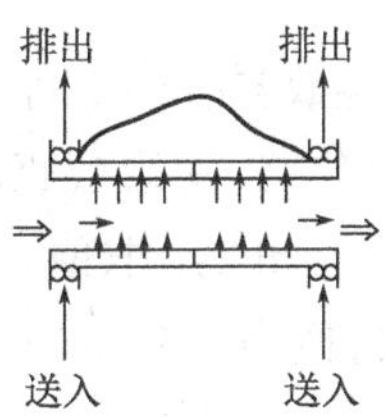	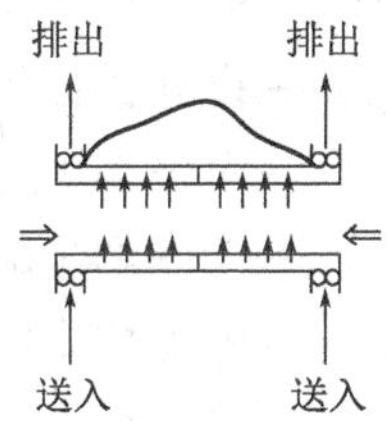
隧道内压	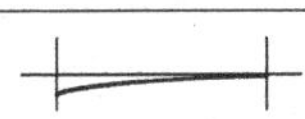	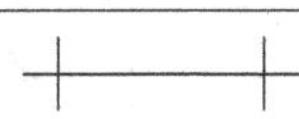
隧道风速	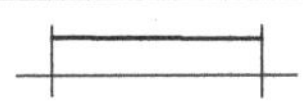	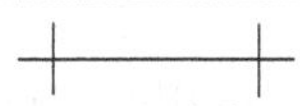
浓度分布	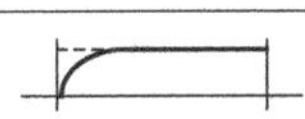	

五、通风方式选择

选择通风方式时，应该综合考虑隧道长度、交通条件、地质条件、地形和气象等诸多因素。合理的通风方式应安全、可靠性高、建设安装方便、投资小、隧道内环境好、对灾害的适应能力强、运营管理方便、运营费用低。但是，各种通风方式既有优点又有缺点，一种通风方式不可能完全满足这些要求。因此，实际上的合理是在给定条件下尽可能做到既安全可靠，又经济方便。对于任何一座隧道，可供选择的通风方式可能有几种，就同一种通风方式，其风井、风道的布置方案也会有多种。所谓的经济是相对的，就是在诸多方案中选择建设安装投资最少、运营管理费用最低、综合经济效益最好的一个。而要实现这一点，就需要掌握各种通风方式的特点，了解隧道所处环境及各种条件的特殊性，尽可能全面地提出各种可行方案，最后进行技术分析和经济比较。

第四节　公路隧道需风量

隧道需风量即隧道所需的新鲜空气量，新鲜空气能稀释隧道内的有害气体与烟尘，使隧道内空气质量达到安全卫生标准。隧道需风量与隧道交通量、交通组成、车况、隧道长度与坡度及允许的有害气体浓度和能见度等有关，它是隧道通风设计计算的核心。隧道需风量计算是一项实践性很强的工作，设计计算中确定的隧道需风量由于受诸多因素的影响，需要在长期运营实践中进行调整。根据《公路隧道通风设计细则》(JTG/T D70/2-02—2014)第6.1.4条，确定隧道需风量时，应对稀释烟尘、CO按隧道设计速度以下各工况车速10km/h为一档分别进行计算，并计算交通阻滞和换气的需风量，取其较大者作为设计需风量。

一、按稀释烟尘浓度计算需风量

烟尘排放量是以柴油车作为计算依据，当交通流组成中柴油车比例大到某一限度以后，烟尘危害超过CO危害，因此，根据烟尘排放量计算所需通风量成为重要问题。烟尘排放量按式(2-14)计算：

$$Q_{\mathrm{VI}}=\frac{1}{3.6\times10^{6}}\cdot q_{\mathrm{VI}}\cdot f_{\mathrm{a(VI)}}\cdot f_{\mathrm{d}}\cdot f_{\mathrm{h(VI)}}\cdot f_{\mathrm{iv(VI)}}\cdot L\cdot\sum_{m=1}^{n_{\mathrm{D}}}\left[N_{\mathrm{m}}\cdot f_{\mathrm{m(VI)}}\right] \tag{2-14}$$

式中：Q_{VI}——隧道烟尘排放量，$\mathrm{m^2/s}$；

q_{VI}——设计目标年份的烟尘基准排放量，$\mathrm{m^2/(辆\cdot km)}$；

$f_{\mathrm{a(VI)}}$——考虑烟尘的车况系数，高速公路、一级公路取1.0，二级及以下公路取1.2～1.5；

$f_{\mathrm{h(VI)}}$——考虑烟尘的海拔高度系数，按图2-1取值；

$f_{\mathrm{iv(VI)}}$——考虑烟尘的纵坡-车速系数，按表2-11取值；

$f_{\mathrm{m(VI)}}$——考虑烟尘的柴油车车型系数，按表2-12取值；

f_{d}——车密度系数，按表2-13取值；

n_{D}——柴油车车型类别数；

N_{m}——相应车型的交通量，辆/h；

L——隧道长度，m。

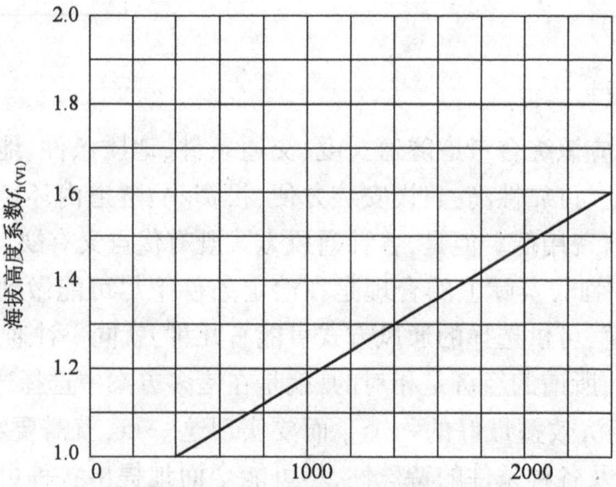

图2-1　考虑烟尘的海拔高度系数$f_{\mathrm{h(VI)}}$

考虑烟尘的纵坡-车速系数 $f_{iv(VI)}$ 表 2-11

工况车速(km/h)	隧道行车方向纵坡 i(%)								
	-4	-3	-2	-1	0	1	2	3	4
80	0.30	0.40	0.55	0.80	1.30	2.60	3.70	4.40	—
70	0.30	0.40	0.55	0.80	1.10	1.80	3.10	3.90	—
60	0.30	0.40	0.55	0.75	1.00	1.45	2.20	2.95	3.70
50	0.30	0.40	0.55	0.75	1.00	1.45	2.20	2.95	3.70
40	0.30	0.40	0.55	0.70	0.85	1.10	1.45	2.20	2.95
30	0.30	0.40	0.50	0.60	0.72	0.90	1.10	1.45	2.00
10 ~ 20	0.30	0.36	0.40	0.50	0.60	0.72	0.85	1.03	1.25

考虑烟尘的柴油车车型系数 $f_{m(VI)}$ 表 2-12

柴油车			
小客车、轻型货车	中型货车	重型货车、大型客车	拖挂车、集装箱车
0.4	1.0	1.5	3

车密度系数 f_d 表 2-13

工况车速(km/h)	100	80	70	60	50	40	30	20	10
f_d	0.6	0.7	0.85	1	1.2	1.5	2	3	6

稀释烟尘的需风量按式(2-15)计算：

$$Q_{req(VI)} = \frac{Q_{VI}}{K} \tag{2-15}$$

式中：$Q_{req(VI)}$——隧道稀释烟尘的需风量，m^3/s；

K——烟尘设计浓度，m^{-1}，按表 2-4、表 2-5 取值；

Q_{VI}——隧道烟尘排放量，m^2/s。

二、按稀释 CO 浓度计算需风量

通风设计中，车辆有害气体的排放量以及与之对应的交通量都应有明确的远景设计年限，二者应相匹配。计算近期的需风量时应采用相应年份的交通量。

为了计算将 CO 稀释到容许浓度的需风量，必须首先计算隧道内汽车排放的 CO 量，汽车 CO 排放量按照式(2-16)计算：

$$Q_{CO} = \frac{1}{3.6 \times 10^6} \cdot q_{CO} \cdot f_a \cdot f_d \cdot f_h \cdot f_{iv} \cdot L \cdot \sum_{m=1}^{n} (N_m \cdot f_m) \tag{2-16}$$

式中：Q_{CO}——隧道 CO 排放量，m^3/s；

q_{CO}——设计目标年份的 CO 基准排放量，m^3/(辆 · km)；

f_a——考虑 CO 的车况系数，对高速公路、一级公路取 1.0，对二级及二级以下公路取 1.1 ~ 1.2；

f_d——车密度系数，按表 2-13 取值；

f_h——考虑 CO 的海拔高度系数，按图 2-2 取值；

f_m——考虑 CO 的车型系数，按表 2-14 取值；

f_{iv}——考虑 CO 的纵坡-车速系数,按表 2-15 取值;

n——车型类别数;

N_m——相应车型的交通量,辆/h;

L——隧道长度,m。

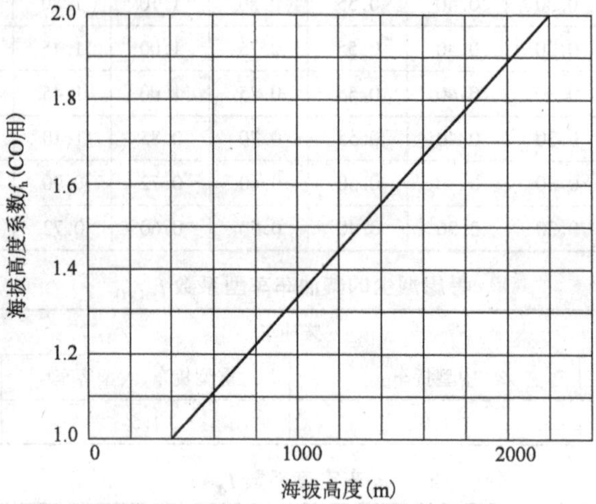

图 2-2　考虑 CO 的海拔高度系数 f_h

考虑 CO 的车型系数 f_m　　表 2-14

车型	柴油车	汽油车			
		小客车	旅行车-轻型货车	中型货车	大型客车-拖挂车
f_m	1.0	1.0	2.5	5.0	7.0

考虑 CO 的纵坡-车速系数 f_{iv}　　表 2-15

设计车速(km/h)	隧道行车方向纵坡 i(%)								
	-4	-3	-2	-1	0	1	2	3	4
100	1.2	1.2	1.2	1.2	1.2	1.4	1.4	1.4	1.4
80	1.0	1.0	1.0	1.0	1.0	1.0	1.2	1.2	1.2
70	1.0	1.0	1.0	1.0	1.0	1.0	1.0	1.2	1.2
60	1.0	1.0	1.0	1.0	1.0	1.0	1.0	1.0	1.2
50	1.0	1.0	1.0	1.0	1.0	1.0	1.0	1.0	1.0
40	1.0	1.0	1.0	1.0	1.0	1.0	1.0	1.0	1.0
30	0.8	0.8	0.8	0.8	0.8	1.0	1.0	1.0	1.0
20	0.8	0.8	0.8	0.8	0.8	1.0	1.0	1.0	1.0
10	0.8	0.8	0.8	0.8	0.8	0.8	0.8	0.8	0.8

机动车有害气体基准排放量 q_{CO} 宜均以 2000 年为起点,按每年 2.0% 的递减率计算至设计目标年份获得的排放量,作为隧道通风设计目标年份的基准排放量,最大折减年限不宜超过 30 年。

根据式(2-16)计算的 CO 排放量,稀释 CO 到容许浓度的需风量按式(2-17)计算:

$$Q_{\mathrm{req(CO)}}=\frac{Q_{\mathrm{CO}}}{\delta}\cdot\frac{p_0}{p}\cdot\frac{T}{T_0}\cdot 10^6 \tag{2-17}$$

式中：$Q_{\mathrm{req(CO)}}$——隧道稀释CO的需风量，m^3/s；

Q_{CO}——隧道CO排放量，m^3/s；

δ——CO浓度；

p_0——标准大气压，kN/m^2，取$101.325kN/m^2$；

p——隧址大气压，kN/m^2；

T_0——标准气温，K，取273K；

T——隧道夏季的设计气温，K。

第五节　公路隧道通风计算

隧道通风压力计算（或叫通风阻力计算）是在隧道各种条件（自然条件、交通条件、长度、断面、风道布置以及风井）确定后，选择风机时必须进行的一项十分复杂的工作。本节介绍纵向通风计算。

一、纵向通风方式的通风计算

1. 通风压力

当隧道风流稳定后，隧道内压力平衡满足式(2-18)的要求。

$$\Delta p_{\mathrm{r}}+\Delta p_{\mathrm{m}}=\Delta p_{\mathrm{t}}+\sum\Delta p_{\mathrm{j}} \tag{2-18}$$

式中：Δp_{r}——隧道内通风阻力，N/m^2，具体计算参见式(2-5)～式(2-7)；

Δp_{m}——隧道内自然通风力，N/m^2，具体计算参见式(2-1)；

Δp_{t}——隧道交通通风力，N/m^2；

$\sum\Delta p_{\mathrm{j}}$——射流风机群总升压力，$N/m^2$。

单向交通时Δp_{t}的计算参见式(2-2)；双向交通时，Δp_{t}的计算参见式(2-19)：

$$\Delta p_{\mathrm{t}}=\frac{A_{\mathrm{m}}}{A_{\mathrm{r}}}\cdot\frac{\rho}{2}\cdot n_{+}\cdot[v_{\mathrm{t(+)}}-v_{\mathrm{r}}]^2-\frac{A_{\mathrm{m}}}{A_{\mathrm{r}}}\cdot\frac{\rho}{2}\cdot n_{-}\cdot[v_{\mathrm{t(-)}}+v_{\mathrm{r}}]^2 \tag{2-19}$$

式中：n_{+}——隧道内与v_{r}同向的车辆数，辆，$n_{+}=\dfrac{N_{+}\cdot L}{3600\cdot v_{\mathrm{t(+)}}}$；

n_{-}——隧道内与v_{r}反向的车辆数，辆，$n_{-}=\dfrac{N_{-}\cdot L}{3600\cdot v_{\mathrm{t(-)}}}$；

N_{+}——隧道内与v_{r}同向的设计高峰小时交通量，辆/h；

N_{-}——隧道内与v_{r}反向的设计高峰小时交通量，辆/h；

v_{r}——隧道设计风速，m/s，$v_{\mathrm{r}}=\dfrac{Q_{\mathrm{r}}}{A_{\mathrm{r}}}$；

$v_{\mathrm{t(+)}}$——与v_{r}同向的各工况车速，m/s；

$v_{\mathrm{t(-)}}$——与v_{r}反向的各工况车速，m/s；

Q_r——隧道设计风量,m^3/s;

A_m——汽车等效阻抗面积,m^2。

2. 射流风机的台数

隧道通风主要靠射流风机实现,所以要计算风机台数。

(1)每台射流风机所产生的升压力:

$$\Delta p_j = \rho \cdot v_j^2 \cdot \frac{A_j}{A_r} \cdot \left(1 - \frac{v_r}{v_j}\right) \cdot \eta \tag{2-20}$$

式中:Δp_j——单台射流风机的升压力,N/m^2。

v_j——射流风机的出口风速,m/s。

A_j——射流风机的出口面积,m^2。

η——射流风机位置摩阻损失折减系数,当隧道同一断面布置 1 台射流风机时,可按表2-16取值;当隧道同一断面布置 2 台及以上射流风机时,可取 0.7。

单台射流风机位置摩阻损失折减系数 η 表 2-16

Z/D_j	1.5	1.0	0.7	图　示
η	0.91	0.87	0.85	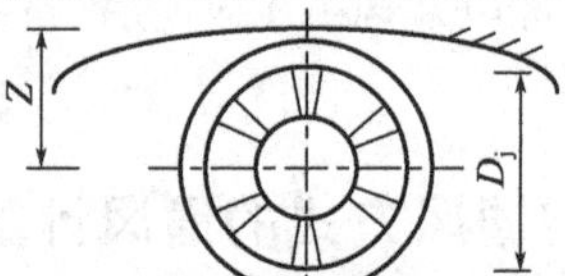

注:表中 D_j 表示射流风机的内径,Z 表示风机中心与隧道拱顶距离。

(2)在满足隧道设计风速 v_r 的条件下,射流风机的台数可按式(2-21)计算:

$$i = \frac{\Delta p_r + \Delta p_m - \Delta p_t}{\Delta p_j} \tag{2-21}$$

式中:i——所需射流风机的台数,台。

二、集中排风方式的风压计算

集中排风是指大型风机集中设置在隧道洞口附近。纵向排风是从一个洞口直接引进新鲜空气,风流沿着隧道纵向流动,并从另一个洞口排出污浊空气的通风方式。由于运动车辆产生的交通风亦会影响隧道内的空气流向,因此必须分双向交通和单向交通分别说明。

1. 双向交通隧道

通风井底部合流后的全压可按式(2-22)计算:

$$\begin{aligned} p_{tot3} &= \Delta p_{g1} + \Delta p_{t1} - \left(\zeta_e + \lambda_r \cdot \frac{L_1}{D_r}\right) \cdot \frac{\rho}{2} \cdot v_1^2 - \zeta_{1-3} \cdot \frac{\rho}{2} \cdot v_3^2 \\ &= \Delta p_{g2} + \Delta p_{t2} - \left(\zeta_e + \lambda_r \cdot \frac{L_2}{D_r}\right) \cdot \frac{\rho}{2} \cdot v_2^2 - \zeta_{2-3} \cdot \frac{\rho}{2} \cdot v_3^2 \end{aligned} \tag{2-22}$$

$$\Delta p_{t1} = \frac{A_m}{A_r} \cdot \frac{\rho}{2}\left[n_{+1} \cdot (v_t - v_1)^2 - n_{-1} \cdot (v_t + v_1)^2\right] \tag{2-23}$$

$$\Delta p_{t2} = \frac{A_m}{A_r} \cdot \frac{\rho}{2}\left[n_{-2} \cdot (v_t - v_2)^2 - n_{+2} \cdot (v_t + v_2)^2\right] \tag{2-24}$$

式中：p_{tot3}——通风井底部全压，N/m^2；

Δp_{g1}——第Ⅰ区段隧道口与通风井出口之间的气象压差，N/m^2，自然风与隧道通风方向一致时为正；

L_1——第Ⅰ区段长度，m；

ζ_{1-3}——以通风井内风速为基准第Ⅰ区段的损失系数；

Δp_{g2}——第Ⅱ区段隧道口与通风井出口之间的气象压差，N/m^2，自然风与隧道通风方向一致时为正；

L_2——第Ⅱ区段长度，m；

ζ_{2-3}——以通风井内风速为基准第Ⅱ区段的损失系数；

v_1——第Ⅰ区段①-①断面平均风速，m/s；

v_2——第Ⅱ区段②-②断面平均风速，m/s；

v_3——通风井内③-③断面平均风速，m/s；

Δp_{t1}——第Ⅰ区段的交通通风力，N/m^2；

n_{+1}——第Ⅰ区段内由第Ⅰ区段往第Ⅱ区段行驶的车辆数，辆；

n_{-1}——第Ⅰ区段内由第Ⅱ区段往第Ⅰ区段行驶的车辆数，辆；

Δp_{t2}——第Ⅱ区段的交通通风力，N/m^2；

n_{+2}——第Ⅱ区段内由第Ⅰ区段往第Ⅱ区段行驶的车辆数，辆；

n_{-2}——第Ⅱ区段内由第Ⅱ区段往第Ⅰ区段行驶的车辆数，辆。

双向交通隧道（是指一条隧道中同时有两个方向的隧道）合流型通风井排出式纵向通风方式的压力模式如图 2-3 所示。

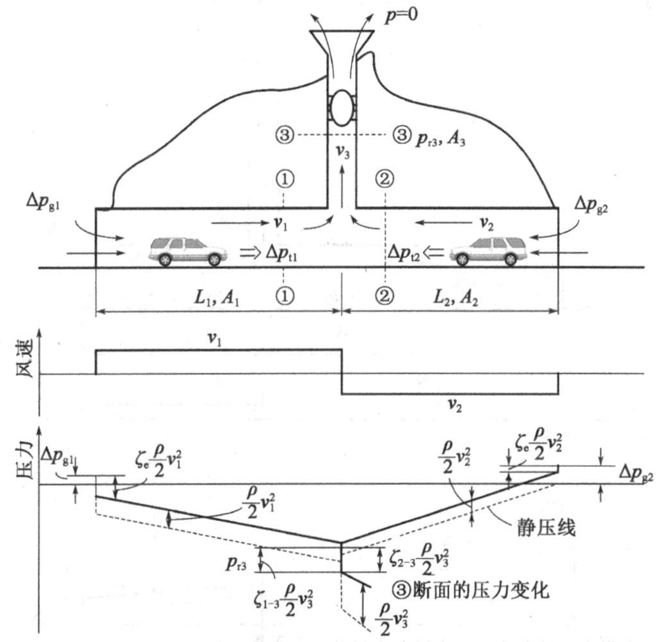

图 2-3 双向交通隧道合流型通风井排出式纵向通风方式的压力模式

2. 单向交通隧道

当通风井排出式纵向通风方式应用于单向交通隧道时，可采用合流型或分流型通风井排出式纵向通风,通风井宜设置在隧道出口侧位置。

隧道第Ⅰ区段末端的全压可按式(2-25)计算:

$$p_{\mathrm{tot1}} = \Delta p_{\mathrm{g1}} + \Delta p_{\mathrm{t1}} - \left(\zeta_{\mathrm{e}} + \lambda_{\mathrm{r}} \cdot \frac{L_1}{D_{\mathrm{r}}}\right) \cdot \frac{\rho}{2} \cdot v_1^2 \tag{2-25}$$

式中:p_{tot1}——第Ⅰ区段末端的全压,$\mathrm{N/m^2}$。

隧道第Ⅱ区段始端的全压(分岔后的全压)可按式(2-26)计算:

$$p_{\mathrm{tot2}} = \Delta p_{\mathrm{tot1}} - \zeta_{1-2} \cdot \frac{\rho}{2} \cdot v_1^2 \tag{2-26}$$

式中:p_{tot2}——第Ⅱ区段始端的全压,$\mathrm{N/m^2}$;

ζ_{1-2}——分流型风道主流分岔损失系数,可按《公路隧道通风设计细则》(JTG/T D70/2-02—2014)附录C取值。

隧道第Ⅱ区段末端(出口)的全压可按式(2-27)计算:

$$\Delta p_{\mathrm{g2}} + \frac{\rho}{2} \cdot v_2^2 = p_{\mathrm{tot2}} - \lambda_{\mathrm{r}} \cdot \frac{L_2}{D_{\mathrm{r}}} \cdot \frac{\rho}{2} \cdot v_2^2 + \Delta p_{\mathrm{t2}} \tag{2-27}$$

通风井底部的全压可按式(2-28)计算:

$$p_{\mathrm{tot3}} = \Delta p_{\mathrm{tot1}} - \zeta_{1-3} \cdot \frac{\rho}{2} \cdot v_1^2 \tag{2-28}$$

式中:p_{tot3}——通风井底部的全压,$\mathrm{N/m^2}$;

ζ_{1-3}——分流型风道支流分岔损失系数,可按《公路隧道通风设计细则》(JTG/T D70/2-02—2014)附录C取值。

分流型通风井排出式纵向通风压力模式如图2-4所示。

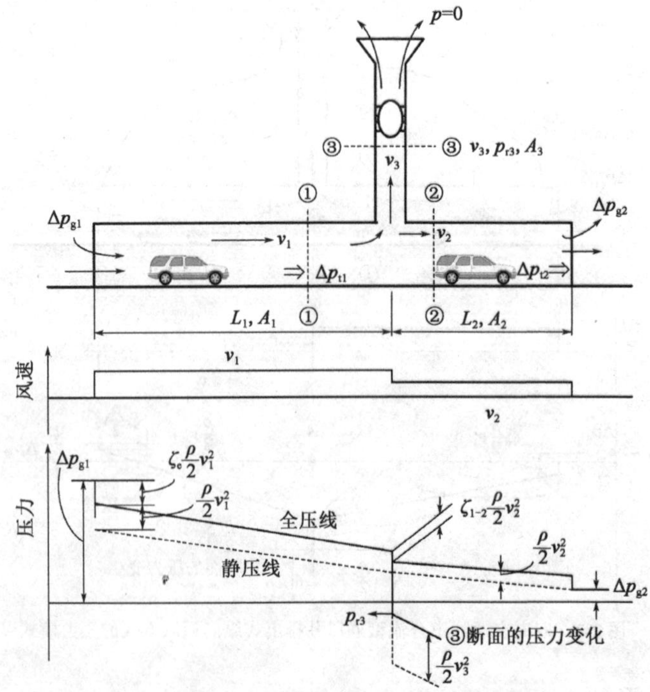

图2-4 分流型通风井排出式纵向通风压力模式

第六节　公路隧道通风控制

科学设置通风设备是重要的，如何使通风设备正常运行也是同样重要的，通风控制系统的作用就是保证这些通风设备在满足隧道洞内环境要求的情况下，安全、经济、可靠地运行，既可节约能源，又能延长设备的使用寿命，确保隧道正常运营。

一、通风控制的作用

隧道是公路上的一个特殊路段，它的管状结构决定了其具有相对封闭的特点。在公路其他路段，汽车行驶时产生的各种废气（如 CO、CO_2、NO）和烟尘会随着自然风、交通风扩散到大气中，不会对驾乘人员构成威胁。在较短、交通量较小的隧道中，汽车产生的废气及烟尘也会被自然风和交通风带出隧道，隧道内环境可以满足安全行车的要求。而对于长大隧道，自然风和交通风对隧道内空气置换作用相对较小，必须采取适当的机械通风方式将隧道内的有害气体及烟尘浓度控制在容许限度之内。在隧道通风设计时一般是按照最不利情况考虑的，在交通量较小的情况下，往往不需要将所有通风机开启，而在交通拥挤或有火灾发生时，风机必须按照相应的要求运转。通风控制的作用就是依据洞内的环境情况（主要是 CO 浓度、NO_2 浓度、VI 值）合理地使用隧道内的通风设备，使其既能提供清洁、舒适的行车环境，又有利于节能，还可以延长自身的使用寿命。

二、通风控制方式

无论何种通风控制方式，均以最小电力消耗来维持隧道内良好的视觉环境，将空气污染状态控制在规定的限度内，并能及时、有效处理火灾等紧急事件为目标。目前，国内外在隧道通风控制中采用的主要方式有手动控制、时序控制、实时控制、智能模糊控制等。

1. 手动控制

手动控制是最简单和最直接的一种方式，该方式就是通过操作员在现场或通过远程操作对隧道风机的运行状态进行手动控制。

2. 时序控制

时序控制时，一般不考虑实时 CO 浓度、VI 值及交通量变化情况，而是按时、日、月、年交通量的历史数据和经验，结合隧道本身固有的影响因素，编排风机运转的程序来实施对其的控制。

3. 实时控制

实时控制可分为直接控制和间接控制。

（1）直接控制。

直接控制是通过布设在隧道内的 CO 检测器检测的 CO 浓度和烟尘透过率检测器检测的 VI（能见度）值，将隧道内当前的污染浓度（CO 浓度、VI 值）与控制目标值相比较，以不超过目标值为原则，经计算处理后，给出控制方案（确定开启风机的数量），实施通风控制。基于 CO 浓度、VI 值的实时控制法较简单直接，目前我国大部分隧道通风控制都采取这种方式。

(2)间接控制。

间接控制是根据洞内车辆检测器检测到的交通量数据作为基本的控制参数进行决策,确定开启风机数量,实施通风控制。还可以与直接控制结合使用,即先根据交通量进行决策(确定开启风机数量),然后用实时的CO浓度、VI值进行校正,再对开启通风机数量进行增减,使通风系统的运行更加合理。

4.智能模糊控制

智能模糊控制是将CO浓度和VI值作为模糊控制系统的两个输入变量,风机的运行数量作为模糊控制器的输出,这种方式充分利用模糊控制善于表达人的经验性知识的优点,将CO浓度和VI值结合起来,CO浓度和VI值的语言值所覆盖的相邻整数论域范围有交叠,克服了简单的门限控制方式的缺点,可有效缓解风机频繁启停的问题,既节约能源,又有利于设备维护。

三、通风控制的原则及要求

1.通风控制的原则

通风控制应遵循以下基本原则:

(1)保持隧道内环境指标在标准范围内。主要指隧道内CO浓度、VI指标及风速指标应在规定的范围之内。

(2)将CO浓度和能见度(VI)的数值分为若干个等级,与投入运行的风机台数及运转时间建立对应关系,此对应关系可在实际运营过程中根据实际情况不断优化和完善。

(3)隧道内某一段的CO浓度或VI值达到门限值时,本段或最靠近此段的风机应首先启动。

(4)累计运行时间最短的风机应首先启动,以便平衡各台风机的劳逸程度,延长风机的使用寿命。

(5)因风机启动瞬间冲击电流很大,故各台风机的启动时间应有短暂的间隔,以减少对电网的冲击。

(6)当一条隧道因事故关闭,另一条隧道改为双向运行时,交通量增长很多,若全部风机启动环境指标还达不到正常值,则应和洞口交通信号灯配合,利用信号灯控制进入隧道的车辆,以达到正常的环境指标。

(7)正常运行状态下,风机为正向运转(即沿行车方向吹风),当火灾或双向行驶正向交通量小于逆向交通量时,风机才可能逆向吹风。当需要逆向吹风时,应先停机再启动逆向运转。

(8)根据对隧道火灾时受难人员心态测询,发现弃车逃生者占多数,其平均奔跑速度为1.5m/s。因此,对于中短隧道火灾应采取双向排烟通风措施,且风速不大于3m/s;对于长大隧道火灾应采用风速零化措施,以抑制在火灾发生情况下烟雾的扩散速度和范围,使交通空间下半部保持无烟状态,以确保良好的避难环境。

(9)每台(组)风机应间隔启动,时间间隔大于30s。

(10)电机不应频繁启停,以免造成喘振。

(11)风机控制周期不宜小于10min。

2. 通风控制的要求

隧道通风控制系统是对隧道通风系统中风机的状态、隧道环境等进行实时控制及历史数据查询的系统。对通风控制系统主要有以下基本要求:

(1)稳定性。

稳定性是对通风控制系统最重要和最基本的要求。因为如果通风控制系统不稳定,整个系统就会容易混乱,从而产生严重的后果。因此,在选购和设计硬件时应充分考虑隧道环境(温度、湿度、烟尘、电磁干扰等)对控制设备的影响,保证控制设备在特定的工作环境下工作可靠、性能稳定。

(2)易操作性。

通风控制系统应具备良好的人机操作界面,尽量降低对操作人员的要求,这样可缩短操作人员的培训时间。操作人员采用的人机界面应使用中文,并有帮助和提示功能。

(3)智能化。

通风控制系统的设计应该尽量提升智能化程度,最大限度地减少人工干预,对可能出现的交通事故和火灾应制订相应的紧急预案。

(4)可维护性。

在通风控制系统的设计中,要从系统的硬件构成、硬件布局、硬件诊断、软件结构等方面考虑系统的可维护性。系统中利用报警与故障诊断功能以缩短系统维护时间和减少操作员的工作量。

(5)可扩充性。

通风控制系统选取的设备应具有一定的富裕度和兼容性,以备系统的扩展需要。

四、通风控制系统构成及设备

1. 系统构成

隧道通风控制系统由通风控制计算机、隧道区域控制器、隧道通风机、CO 检测器、能见度检测器、风速风向检测器、通风配电柜、通风控制箱以及通风供电电缆等组成。通风控制系统是隧道监控系统的一个子系统,它与照明控制子系统、交通控制子系统等共同集成为一个隧道监控系统,完成所有数据采集、设备控制和数据传输任务。

2. 控制及检测设备

控制设备主要为风机控制柜,检测设备主要为环境检测设备。

1)风机控制柜

风机控制柜可设置在隧道内相应的风机下方隧道侧壁内,中心高度为 1.3~1.5m,以便于操作和维修。为避免设备在隧道内受到侵蚀,也可设置在隧道口洞外变配电所内。有竖井的隧道,主风机控制柜应设置在竖井风机房控制室内。风机控制柜内应有风机启停按钮及指示灯显示,当转换开关处于遥控位置时,接收隧道区域控制器的控制指令;当转换开关处于现场控制位置时,只执行现场人工控制命令,不执行遥控指令。风机控制柜具有自检和故障报警功能,可将风机故障信号反馈给中控室通风控制计算机。

2)环境检测设备

(1)一氧化碳(CO)检测器。

CO检测器可快速、准确、连续地自动测定给定点的CO浓度,同时将检测结果以数字形式显示出来,量程一般取0~300ppm。分辨率1ppm自动校正。具有4~20mA标准信号输出,输出信号与CO浓度成正比。精度一般不大于±5%,响应时间不大于25s。目前使用的CO检测器主要有两种形式:

①电化学检测器。

此种检测器将取样点滤清器与电化学传感器及电子元件装于同一箱体中,采用整体型电化学分析法连续测定方式。此种CO检测器价格较便宜,但使用约两年后要更换探头。

②红外检测器。

此种检测器由一个红外发射器和一个红外接收器组成,利用红外吸收原理,发射/接收头发射特定红外线,通过一段测量通道(3m、10m),再由反射头反射回发射/接收头,通过测量特定红外波的衰减,计算CO浓度;探头安装在隧道侧壁上,安装高度为3~5m。主机可输出4~20mA标准信号,同时也可提供串行通信接口。此种CO检测器寿命较长,但价格也较高,一般和能见度检测器共用一组探头。

CO检测器的技术指标:

测量距离:3~10m;

测量范围:0~300ppm;

平均时间:1~60min;

精度:±1ppm;

电源:76V~265VAC,50Hz/60Hz;

模拟输出:4~20mA隔离输出,负载最大500Ω;

防护等级:IP67;

环境温度:-30~50℃;

接口输出:RS232/485。

(2)能见度(VI)检测器。

此种检测器测定内容为隧道内高压钠灯照明下的合成能见度,与CO浓度一样,能见度为通风控制的重要参数。能见度检测器由发射/接收头和反射头组成,发射/接收头发射光波,通过测量通道(3m、10m),再由反射头反射回发射/接收头,通过测量光波的衰减,计算能见度值。测量结果通过隧道区域控制器送至监控中心计算机,即完成了对隧道内照明情况下烟尘透过率的自动检测。

能见度检测器的技术指标:

测量距离:3~10m;

测量范围:0~0.015m^{-1};

平均时间:1~60min;

精度:±0.0002m^{-1};

电源:76V~265VAC,50Hz/60Hz;

模拟输出:4~20mA隔离输出,负载最大500Ω;

防护等级:IP67;

环境温度：-30～50℃；

接口输出：RS232/485。

(3)风速风向检测器。

风速风向检测器为自动测定隧道内风速、风向的装置，用于测量平行于隧道壁面的水平风速，测量方式一般为机电转换连续测定。测量范围为0～10m/s和0～25m/s两种，输出信号为DC4～20mA，分辨能力为±0.1m/s，应答时间小于1s，承受风速能力为35m/s，能自行诊断故障，工作异常时电源自行中断。

3)检测设备布设

(1)CO检测器、NO_2检测器、能见度检测器等通风环境检测设备，宜设置在隧道侧壁；

(2)采用全射流方式时，通风环境检测设备宜设置在相邻两组风机的中间部位；

(3)风速风向检测器的设置位置与洞口的距离应不小于隧道断面当量直径的10倍。

通风环境检测设备配置数量不宜低于表2-17的要求。

通风环境检测设备配置数量表(每个通风段)　　表2-17

通风方式	CO检测器(套)	能见度检测器(套)	风速风向检测器(套)	NO_2检测器(套)
纵向通风	2	2	1	2
全横向式通风	1	1	1	1
半横向式通风	2	2	1	1

通风环境检测设备应能满足隧道洞内外长期工作的需要，所以测量范围和最大允许范围不应低于表2-18的要求。

通风环境检测设备技术要求　　表2-18

设备	测量范围	最大允许范围
能见度检测器	25～1000m	±10%示值
CO检测器	$0\sim250cm^3/m^3$	$\pm2cm^3/m^3$
风速风向检测器	0～30m/s	±0.2m/s
NO_2检测器	$0\sim10cm^3/m^3$	±5%示值

五、通风控制流程

通风控制必须按照不同工况编制相应的运行程序，不管是手动控制还是自动控制都需要相应的控制策略以及与之相对应的算法。通常情况下，通风控制流程如图2-5所示，以供参考。

六、通风供电

根据隧道通风设计所提供的资料和对通风机的控制要求，确定通风机供电方式，确定配电线路路径及线路结构形式，选择配电导线或电缆及配电设备和保护设备。这里仅以射流通风机为例，介绍隧道通风供电的几个主要问题。

(1)隧道通风机通常采用放射式供电，干线由变配电所0.4kV侧引出，接至隧道内的风机控制箱，再以支线接到通风机上。按干线供电，根据通风机台数的不同，通风供电又分为单台供电和成组供电(2台)两种方式。

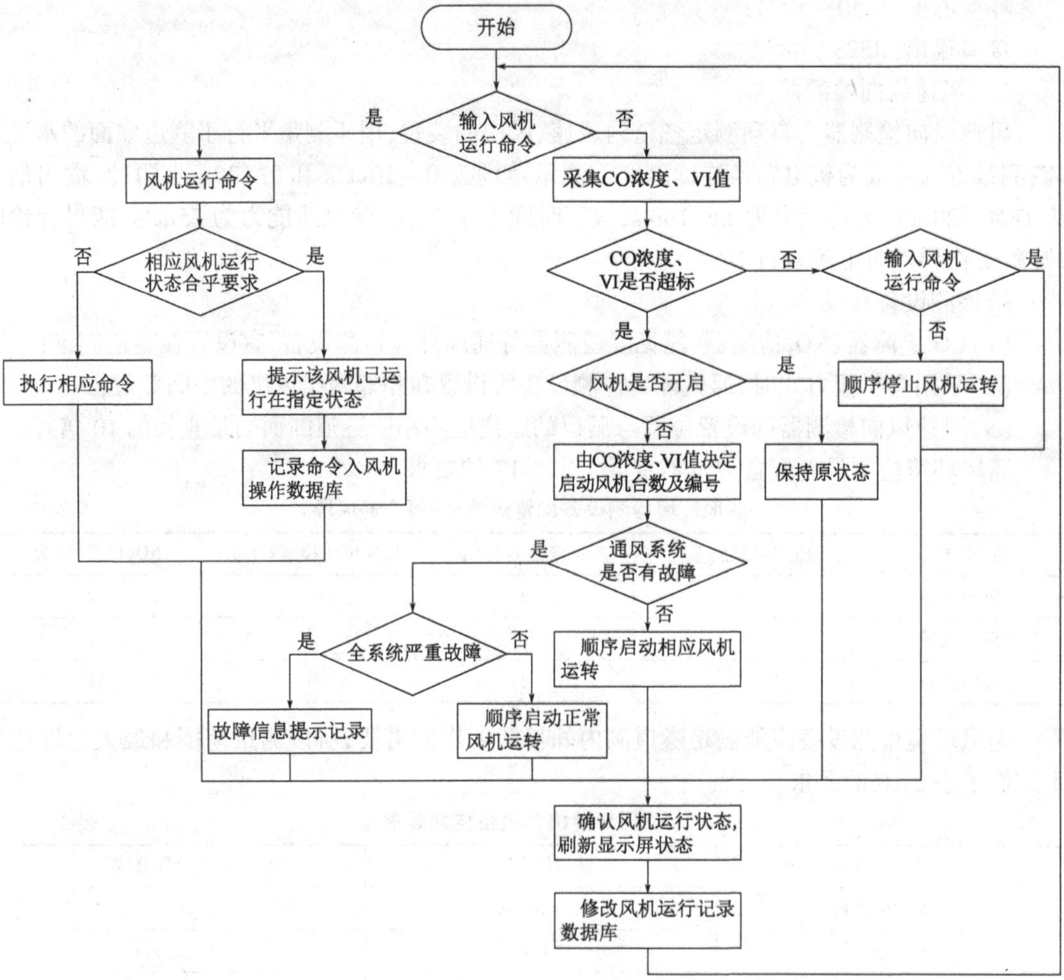

图 2-5　通风控制流程图

(2)隧道通风机配电线路干线通常采用铜芯铠装塑料电力电缆沿隧道左侧电缆沟敷设，也可采用耐火型铜芯塑料电力电缆沿安装在隧道上部的电缆桥架敷设;支线通常采用耐火型铜芯塑料电力电缆或耐火型铜芯绝缘导线穿预埋管敷设。

(3)隧道通风机配电线路的特点是距离长，负荷电流较大，故一般先按允许电压损耗条件来选择线路截面，再校验放热条件和机械强度。

(4)每路通风机配电线路的配电设备和保护设备一般应包括:负责操作和短路保护的低压断路器或刀熔开关，负责控制通风机正反转的 2 台交流接触器(兼作零压保护)，负责过载和短路保护的热继电器，负责监测的电流互感器等。以上设备根据通风机额定功率、额定电流选择和整定，并校验与配电线路的配合情况。

第七节　公路隧道通风节能

隧道通风系统在注重其有效性和可靠性的同时，也要考虑其在运行中的节能效果，以节约能耗,降低运营成本。把变频调速技术应用到隧道通风控制中以实现无级调速,从而达到高效、节能的目的,有着广阔的应用前景。

一、变频调速的基本原理

变频调速就是利用异步电动机的同步转速随电源频率变化的特性,通过改变电动机的供电频率来改变其同步转速,从而实现调速这一目的。用于传动调速的变频技术有以下特点:可使电动机连续调速,并可选择最佳速度;启动电流小,可延长设备的使用寿命,低速时定转矩输出;最高速度不受电源影响,即最大工作能力不受电源频率影响等。在各种异步电动机调速系统中,效率最高、性能最好的系统是变压变频调速系统。在变压变频调速系统中,须同时调节定子的电压和频率,在这种情况下,机械特性基本上平行移动,而转差功率不变,它是当前交流调速的主要发展方向。电动机转速与输入频率的关系为

$$n = \frac{60f(1-s)}{p} = n_0 - \Delta n \tag{2-29}$$

式中:f——输入频率,Hz;

s——转差率;

p——极对数;

n——电动机转速,r/min;

n_0——电动机的同步转速,r/min;

Δn——电动机的同步转速和实际转速之差,r/min。

因此,通过改变供给电动机电源的频率值,可以达到改变电动机转速的目的。

二、变频调速在隧道通风中的应用

由于隧道通风控制系统的建模比较困难,一个良好的通风控制系统必须在满足隧道内空气卫生标准的情况下,尽量减少风机开启组数,并尽量减少风机的频繁启停,因此其控制任务是确定风机开启的最小组数,使得 CO 浓度、VI 值满足要求。在一定风量变化范围内,可以进行转速调节从而实现风量控制,以达到节能目的,在转速调节无法满足风量变化时,应该增加风机开启组数,当车流量较小时风机开启组数应该少些,在车流量很少时可以不打开风机,甚至将一个洞关闭,使另一个洞在双向行驶方式下工作。由于最终的控制目标是洞内的 CO 浓度、VI 值,因此其控制策略应该采用前馈 + 反馈的方式,即用车流量信息决策风机开启组数以及风机转速,根据现场 CO 浓度、VI 值来修正风机开启组数和风机转速。

控制系统的工作流程为,车流量检测器和 CO 检测器、能见度检测器将当前的车流量 q 和 CO 浓度、VI 值输入控制器中,并且由控制器计算出当前控制周期所要开启的风机组数以及风机转速,然后向执行器发出控制指令来确定风机开启组数,并发信号给变频器;变频器则根据信号改变电源频率,进而调节电动机转速,即风机转速,从而达到调节风量的目的。风机运转的变化,引起隧道内污染物浓度的变化。到下一控制周期时,控制器根据当前车流量和 CO 浓度、VI 值来确定当前周期的风机开启组数以及风机转速。重复上述工作流程,得到各个控制周期的风机开启组数以及风机转速。

在控制系统中,直接启动和停止电动机将会影响电网以及其他用电设备的正常工作,而通过设定电动机的软启动可以避免以上弊端,控制电动机启动电流在额定电流的 1.5 倍以内。

所谓电动机的软启动,就是使电动机外施电压自动平滑上升,同时电动机的输出力矩随电压的增加而增加,从而使电动机从停止状态向满载运行状态逐步加速。采用软启动技术可以避免全电压直接启动时对电网的冲击。

变频器参数预置:

(1)上限频率。由于风机的机械特性具有二次方律特性,故当转速超过额定转速时,阻转矩将增大很多,容易使电动机和变频器处于过载状态。因此,上限频率 f_H 不应超过额定频率 f_N。

(2)下限频率。从特性或工况来说,风机对下限频率 f_L 没有要求。

假定稀释一段隧道内 CO 和烟尘所需的风量为 Q,风机的额定风量为 $Q_{额定}$,开启风机时的最小需风量为 Q_{min},现以 A、B 两组风机为例进行说明。

系统采用 PLC(可编程控制器)的继电器输出端口,通过中间继电器实现对工作风机的变频软启动、变频调速运行、变频/工频切换以及停止运行,两组风机轮流循环使用。根据现场数据,如果需风量较小,只需开启一组风机,则根据预先选定的分组启动 A 组风机,在 PLC 的信号指令下,A 组风机在变频器的拖动下从 0Hz 开始变频启动运行,电动机开始加速,使其处于变频运行状态以适应需风量变化;如果 A 组风机频率达到工频频率,需风量仍然不能满足要求,则 PLC 发出信号将 A 组风机切换为工频运行状态,同时启动 B 组风机,使其处于变频运行状态。如果需要使两组风机同时处于额定状态,则继续加速直至达到额定频率状态,PLC 发出信号将其切换为工频运行。如果需风量减小,则保持 B 组风机工频运行,A 组风机变频运行直至停止运行。总之,通过使隧道内所有风机的运行时间基本相等来延长风机的使用寿命。

本章习题

1. 公路隧道主要通风方式有哪些?
2. 公路隧道通风控制方式有哪些?
3. 如何计算隧道内各类需风量?

本章参考文献

[1] 中华人民共和国交通运输部. 公路隧道通风设计细则:JTG/T D70/2-02—2014[S]. 北京:人民交通出版社股份有限公司,2014.

[2] 中华人民共和国交通运输部. 公路隧道设计规范　第一册　土建工程:JTG 3370. 1—2018[S]. 北京:人民交通出版社股份有限公司,2019.

[3] 中华人民共和国交通运输部. 公路隧道设计规范　第二册　交通工程与附属设施:JTG D70/2—2014[S]. 北京:人民交通出版社股份有限公司,2014.

[4] PIARC. Road tunnels: vehicle emissions and air demand for ventilation[R]. La Défense:

PIARC Technical Committee D. 5 Road Tunnels,2019.
[5] 中华人民共和国交通运输部. 公路工程技术标准:JTG B01—2014[S]. 北京:人民交通出版社股份有限公司,2014.
[6] 中华人民共和国交通运输部. 公路隧道养护技术规范:JTG H12—2015[S]. 北京:人民交通出版社股份有限公司,2015.
[7] 何川,方勇,李祖伟. 公路隧道前馈式智能通风控制系统[M]. 北京:科学出版社,2014.
[8] 车轮飞. 公路隧道通风系统设计工程实录[M]. 北京:中国建筑工业出版社,2015.

第三章

公路隧道照明系统

第一节　隧道视觉

一、隧道的视觉特点

公路隧道的照明系统，是为了把必要的视觉信息传递给驾驶员，防止驾驶员因视觉信息不足而发生交通事故，从而提高驾驶上的安全性和舒适性。隧道照明与道路照明的显著不同是隧道白天也需要照明，而且白天照明问题比夜间更加复杂。从理论上讲，隧道照明与道路照明一样，也应考虑路面具有一定的亮度水平，同时还应进一步考虑设计速度、交通量、线形等影响因素，并从驾驶上的安全性和舒适性等方面综合确定照明水平，特别是在隧道入口及其相邻区段需要考虑人的视觉适应过程。

驾驶员在白天从明亮的环境接近、进入和通过隧道时，与行走在一般道路上不同，前者将产生种种特殊的视觉问题：

(1)进入隧道前的视觉问题(白天)：由于隧道内外的亮度差别极大，因此从隧道外部去看照明很不充分的隧道入口时，会看到黑洞(长隧道)及黑框(短隧道)现象。

(2)进入隧道立即出现的视觉问题(白天)：汽车由明亮的外部进入即使不太暗的隧道以后，也要经过一定时间才能看清隧道内部的情况，这称为“适应的滞后现象”，这是急剧的亮度变化，使人的视觉不能迅速适应所致。

(3)隧道内部的视觉问题(白天、夜间)：与一般道路不同，隧道内部主要由于汽车排出的废气无法迅速消散，形成烟尘。烟尘会将汽车头灯和道路照明器发出的光吸收和散射，从而降低能见度。

(4)隧道出口处的视觉问题：白天，汽车穿过较长的隧道接近出口时，由于通过隧道出口看到的外部亮度极高，出口看上去就是个亮洞，出现极强的眩光，驾驶员在这种极强的眩光效应下会感到十分不舒服；夜间与白天正好相反，隧道出口看上去是黑洞，这样就看不出外部道路的线形及路上的障碍物。

二、驾驶员的视觉

1. 视野

人眼的视野是比较广的，但也有一定的范围，双眼视野范围为左右各约 100°，上约 50°，下约75°。在注视一个方向物体的形状、色彩、亮度时，能看清楚的仅为视线中心1°~2°范围，若要感知该范围以外的物体，视线需要在那个方向上固定0.1~0.2s。

2. 驾驶员的注视范围

由于视觉取决于亮度，因此隧道照明质量以视场内的亮度为依据。国际照明委员会(Commission Internationale De L' Eclairage, CIE)建议：驾驶员观察路面的平均视点高度为1.5m，大体相当于汽车驾驶员的眼睛高度，若向前注视的视角约为1°，则注视的范围为正前方60~160m。

3. 驾驶员的看视条件

驾驶员的看视条件与一般人的不同，其几乎完全是在动态条件下进行观察的，比静态条件下观察困难得多。

此外，驾驶员的视觉还与物体的形状、轮廓的清晰度、在视野中的位置，以及是否出现在预料的位置上，或是突然出现在非预料的位置上等有关。视觉是以生理量度量的，受驾驶员的精神、视力等的影响，还受气象(如雨、雾等)和空气混浊程度的影响。

三、影响视觉的主要因素

1. 适宜的亮度

适宜的亮度是物体在视网膜成像引起视觉的基本条件。物体的表面亮度大，视网膜上像的照度就高，就看得清楚，视觉与亮度的对数成正比。通过试验得知，人眼可以感觉到亮度为$\frac{1}{\pi}\times10^{-5}cd/m^2$的物体，该值称为最低亮度阈。当亮度为$\frac{1}{\pi}\times10^{4}cd/m^2$时，人眼识别物体的灵敏度最高，超过此值后，灵敏度开始下降。亮度超过$\frac{1}{\pi}\times10^{5}cd/m^2$时，视力极度下降，甚至引起视觉损伤，该值称为视觉上限。这种刺眼的视觉状况称为眩光。

在隧道照明中，光线投射到粗颗粒路面材料上时，可观察到漫反射；投射到具有光泽的墙面材料上时，可观察到定向漫反射。实际上没有100%的反光材料，任何表面上的反射亮度在数值上永远小于投射到同一表面上的亮度。路面和墙面是隧道中的背景，改善路面和墙面的反射率在照明效果上是非常有益的。

2. 对象的大小

"对象"就是能够看到的物体或物体的一部分。能否看清对象，除了依赖于照明条件外，还取决于对象的大小。由日常经验可知，当观察距离很小时，对象的外形轮廓及细部都是清晰的，随着观察距离的增大，对象逐渐变得模糊不清，并且失去棱角，产生显著的变形。眼睛分辨对象细部的能力是由它所区别出相近两点的能力决定的。对象上两点对人眼的视角大，在视网膜上成像也大，看得就清楚。

一般情况下，视力达到1.0的观察者可以看到的60m、100m、160m处对象的最小尺寸分别为0.02m、0.03m、0.05m。

3. 对象和背景的亮度对比

在观察方向上，若对象的表面亮度为L_0，背景亮度为L_b，则对象与背景的亮度对比可用C

表示,见式(3-1)。

$$C=\frac{L_b-L_0}{L_b} \tag{3-1}$$

C 值表示对象与背景亮度差别的大小,C 值越大,对象可以识别得越清楚。当 C 值小到某一值以下时就不能识别对象了,人眼开始不能分辨对象与背景的亮度对比值,称为亮度对比阈,以 ε 表示。当 $L_b>L_0$ 时,C 为正值,称为正对比度;当 $L_b<L_0$ 时,C 为负值,称为负对比度。无论对比度为正还是负,效果是相同的。但是识别对象时,必须满足 $|C|\geqslant\varepsilon$。对象和背景的亮度对比是决定对象可见性的主要因素。对象和背景的亮度对比越小,对应的视角阈就越大。但是当对象和背景的亮度对比 $|C|\leqslant0.02$ 时,对象的视角阈将趋于无穷大,即无论怎样增大对象的视角,也无法满足可见性的要求了。

4. 对象和背景的颜色对比

人眼所观察到的世界,暗视觉时色调是灰色的,只有在亮度达到适当值,明视觉发挥作用之后,世界才不仅仅是灰色的,而是五彩缤纷的。所以在大多数情况下,对象与背景之间不会单纯地存在亮度对比,而是伴随颜色对比,即存在着颜色上的差别。

亮度对比是识别对象的主要因素,颜色对比则为其辅助因素。实际观察表明,一个亮度与背景相同,仅仅存在颜色对比的斑点,只有在距离很近时才能把它和背景区分开,而在距离很远时,就会观察到它和背景发生混色现象从而融合到一起了。当它和背景既存在颜色对比又存在亮度对比时,混色现象就难以发生,并且与亮度对比相同的黑色斑点的视角阈几乎相等。

5. 环境亮度

照明的目的是照被照对象及其所在环境或对象的背景。这里主要有两个问题:一是光过分地集中在行车道上,驾驶员的眼睛就只能适应这个亮度水平,从而削弱了对较暗区域的观察能力;二是观察对象时需要有背景衬托,如果背景没有足够的照明,对象将缺乏立体感,从而变得难以识别。前者可选择合适的照明器,使道路外延约 5m 处的照明水平,不低于其毗邻的车道内 5m 处的亮度值的 50%。在隧道内谈不上外延,但应加强墙面的照明,提高墙面材料的反射系数。后者可通过提高背景亮度来改善,对背景亮度的要求是足以识别背景。

6. 空气对能见度的影响

1)空气对光通量的衰减和光幕

发光(或反光)物体的光通量,必须经过空气才能到达人的眼睛。光通量在传播的过程中必然受到两种作用:一种是吸收作用,即空气把其中一部分光通量转换成其他形式的能量;另一种是散射作用,即空气使另一部分光偏离了原来的传播方向,散向任意方向。空气的散射是造成定向传播的光通量衰减的最主要原因。空气不仅会把来自对象的光通量散射出去,使对象的亮度降低,而且会把日光散射到观察方向上来,使对象与观察者之间形成一层明亮的光幕,使对象的亮度得到增强。

2)空气的散射作用

散射是指光学介质的不均匀性使入射光波能量不只沿定向,同时还沿若干其他方向传播的现象。空气中不同的组成成分对不同波长光线的散射作用不同。

3)透过率

在公路隧道内的空气中,或多或少地存在着污染物质,如汽车卷起的尘埃、柴油车发动机产生的煤烟、氮氧化物所构成的烟尘、水蒸气及其凝结而成的雾等，其中最主要的是尘埃和煤烟。光通过被污染空气时，入射光通量中的一部分被吸收，一部分被散射，其余部分得以通过。分别把这三部分光通量和入射光通量之比称为吸光系数(a)、反光系数(ρ)和透光系数(τ)。显然，$a+\rho+\tau=1$，所以τ是小于1的系数。在公路隧道中，为了描述光透过空气的能力，用E、E_0分别表示同一光源所发出的光线通过100m的污浊空气和清洁空气后的照度，用τ_{100}表示光通过100m的透过率，则：

$$\tau_{100}=\frac{E}{E_0} \tag{3-2}$$

行驶速度不同时，对τ_{100}有不同的要求，PIARC提出：

$v=80\text{km/h}$时，$\tau_{100}=0.6$；

$v=60\text{km/h}$时，$\tau_{100}==0.48$；

$v=40\text{km/h}$时，$\tau_{100}=0.4$。

并指出$\tau_{100}<0.3$是不允许的。有的国家，如日本，把$\tau_{100}=0.5$作为国家标准。由于烟尘的浓度不同，同一光源的透过率不同。烟尘浓度相同时，不同类型光源的效果不同，其视距也不同，如$\tau_{100}=0.5$时，钠光源视距为80m，荧光灯视距为45m。

7. 观察时间的长短

观察尺度大的物体只需很短的时间，当驾驶员眼睛不停地注视视野内的物体时，发现视野内障碍物的时间不少于0.1～0.2s。物体照度越高（背景亮度越大），发现物体的时间越短。对处于运动状态的驾驶员来说，辨别障碍物的时间受到限制，驾驶员从发现障碍物，到进行判断和采取制动措施的反应时间，总共只有0.5s，是相当短的，所以应该保证有足够的照度。

第二节　道路照明的质量

一、路面平均亮度

驾驶员观察障碍物的背景，在道路照明中主要是路面，在隧道照明中，虽然墙面也作为背景，但路面仍然是主要背景。只有当路面平均亮度达到一定值以后，驾驶员才能获得立体感。在此基础上，亮度对比越大，越容易察觉障碍物。路面（背景）平均亮度越高，眼睛的对比灵敏度越好。

二、路面亮度均匀度

保证路面亮度均匀度是为了给驾驶员提供良好的能见度和视觉上的舒适性。如果路面亮度高，则其均匀度要求可以不那么严格。而对比干燥路面和潮湿路面，亮度有很大变化，均匀度也相应有很大变化。严格的均匀度要求，一般限于干燥路面和路面平均亮度较低的情况。

1. 亮度总均匀度(U_0)

照明灯具保证提供良好的路面平均亮度后，路面上一些局部区域还可能出现最小亮度$L_{\min}$。通常较差的亮度对比都发生在路面较暗的区域，往往影响对障碍物的辨认。为了使路面上所有区域都有足够的亮度和对比度，提供令人满意的能见度，需要规定路面最小亮度和平均亮度比值的范围，即亮度总均匀度。

$$U_0 = \frac{L_{min}}{L_{av}} \tag{3-3}$$

式中：L_{av}——距车道边缘1/4宽度处（左或右）测得的路面平均亮度，cd/m²；

L_{min}——距车道边缘1/4宽度处（左或右）测得的路面最小亮度，cd/m²。

隧道路面亮度总均匀度一般不小于0.4，交通量较小时不小于0.3。

2. 路面中线亮度纵向均匀度（U_L）

为了提高视觉舒适性，要求亮度沿各车道中心线有一定的纵向均匀度。路面中线亮度纵向均匀度是沿中心线的局部亮度的最小值和最大值之比。

$$U_L = \frac{L'_{min}}{L'_{max}} \tag{3-4}$$

式中：L'_{min}——车道中心线上的最小亮度，cd/m²；

L'_{max}——车道中心线上的最大亮度，cd/m²。

隧道路面中线亮度纵向均匀度包括路面两侧2m高范围的墙面，交通量较大时不小于0.6，交通量较小时不小于0.5。

连续的路面（墙面）上忽明忽暗对驾驶员干扰很大，称为"光斑效应"，当隧道较长时，驾驶员眼睛会很疲劳，影响对障碍物的识别。

三、眩光限制

道路照明的眩光可以分为两类：失能眩光和不舒适眩光。失能眩光是指使观察者的视觉观察能力降低的眩光，光源的亮度是失能眩光的主要影响因素。失能眩光效应是由于在眼睛里杂散光产生的等效光幕叠加到垂直影像上，从而减小了目标物的对比度，降低了目标物的可见度。不舒适眩光是指引起观察者视觉上不舒适感的眩光，是由眩光源的散射光线射入人眼而导致的不舒适性引起的，主要取决于进入眼睛的光线数量，这种眩光对人眼的视觉能力并不造成实质上的影响。

1. 失能眩光

这种眩光导致的视觉观察能力的下降，是由光在眼睛里发生散射造成的。来自眩光源的光在视网膜方向上的散射会产生光幕作用，在视网膜方向上的散射程度越大，光幕作用也越大。在眩光条件下的总视感，必须把光幕亮度叠加在无眩光时景物成像亮度之上。等效光幕亮度（L_v）按以下经验公式计算：

$$L_v = K\left(\frac{E_{眼1}}{\theta_1^2} + \frac{E_{眼2}}{\theta_2^2} + \cdots\right) = K\sum_{i=1}^{n}\frac{E_{眼i}}{\theta_i^2} \tag{3-5}$$

式中：$E_{眼i}$——第i个眩光源在眼睛（与视线相垂直的平面上）产生的照度，lx；

θ_i——视线与第i个眩光源入射到眼睛的光线之间形成的夹角，°；

K——年龄因素系数（平均值为10）。

该光幕会使驾驶员视觉感受到障碍物与背景的亮度对比比实际低得多。用光幕亮度的方法处理，把对象（障碍物）亮度和背景亮度两者都加到光幕亮度上，此时，有效的背景亮度（L_{beff}）由L_b增加为（$L_b + L_v$），即对比灵敏度增加，故有效对比度为

$$C_{有效}=\frac{|L_{beff}-(L_0+L_v)|}{L_{beff}}=\frac{|(L_b+L_v)-(L_0+L_v)|}{L_b+L_v}=\frac{|L_b-L_0|}{L_b+L_v} \tag{3-6}$$

式中：L_{beff}——有效背景亮度，cd/m²，$L_{beff}=L_b+L_v$；

L_0——物体亮度，cd/m²；

L_b——背景亮度，cd/m²；

L_v——等效光幕亮度，cd/m²。

失能眩光的发生机理是光幕亮度降低了目标物的可见度，当不存在眩光源时，目标物的对比度为 $C=\frac{L_0-L_b}{L_b}$。

由式(3-6)可以看出，只要 $L_v\neq0$，即存在眩光时，$C_{有效}<C$，光幕亮度的存在降低了目标物的对比度。

眩光作为一个十分重要的照明质量评价指标，在室内照明和室外照明中有着很广泛的应用。在公路照明领域主要使用阈值增量 TI 作为照明系统的质量评价指标。阈值增量 TI 表示失能眩光的程度，该参数是一个客观指标，可以通过测量其他照明指标计算得出，其计算公式为

$$\mathrm{TI}=\frac{C_{有效}-C}{C}\times100\% \tag{3-7}$$

通常的道路照明中，对 0.05～5cd/m²之间的平均亮度，阈值增量 TI 可由光幕亮度的数值和平均路面亮度值结合对比灵敏度确定：

$$\mathrm{TI}=65L_vL_{avg}\times0.8\% \tag{3-8}$$

式中：L_{avg}——路面的初始安装亮度平均值，cd/m²。

2. 不舒适眩光

眩光造成的不舒适感，目前还没有专门的测量仪器测量，常用眩光控制等级(G)表示，它是对所感到的不舒适程度的主观评价。这种主观评价取决于各种照明和其他照明装置的特性，可以用下列经验关系式描述：

$$G=f(I_{80},I_{88},F,\Delta C,L_{av},h',P) \tag{3-9}$$

式中：I_{80}，I_{88}——分别为照明器在同路轴平行的平面内，与垂直轴成 80°、88°方向上的光强值，cd；

F——照明器在同路轴平行的平面内，投影在 76°角方向上的发光面积，m²；

ΔC——光的颜色修正系数；

L_{av}——平均路面亮度，cd/m²；

h'——水平视线距灯的高度，m，h' = 灯的安装高度 −1.5m；

P——每 1km 安装的照明器个数。

经验计算公式：

$$G=13.84-3.31\lg I_{80}+1.3\left(\lg\frac{I_{80}}{I_{88}}\right)^{\frac{1}{2}}-0.081\lg\frac{I_{80}}{I_{88}}+1.29\lg F+\Delta C+0.87\lg L_{av}+4.41\lg h'+1.46\lg P \tag{3-10}$$

式(3-10)中各参数的调整范围是：

$50cd \leqslant I_{80} \leqslant 7000cd, 1 \leqslant \frac{I_{80}}{I_{88}} \leqslant 50, 0.007m^2 \leqslant F \leqslant 0.4m^2, 0.3cd/m^2 \leqslant L_{av} \leqslant 7cd/m^2, 5m \leqslant h' \leqslant 20m$,20 个$\leqslant P \leqslant$100 个,灯的排数为 1 或 2。

眩光控制等级 G 与主观上对不舒适感觉评价的相应关系为

$G=1$:无法忍受;

$G=2$:干扰;

$G=5$:允许的极限;

$G=7$:满意;

$G=9$:无影响。

四、诱导性

为了保证交通安全,道路的走向、界线、交叉点以及特殊地点都能清晰可见,这就要求有良好的诱导性。诱导性一般来自两个方面:视见诱导性和光学诱导性。诱导性通过各种诱导标志和照明设施获得,与照明设施等一起,同属交通工程范畴。

1. 视见诱导性

道路视线诱导标志,是沿行车带标明道路边缘和线形的一种设施,以便昼夜诱导驾驶员的视线,并根据需要设在某一路段上,如路面中心线、路缘或两侧路面标志、道路护栏与护桩等。隧道内墙面也可以起诱导作用。但隧道内墙面的诱导作用首先要求有足够的照明,使诱导标志可以视见。

2. 光学诱导性

在道路照明设施中,排列成行的照明器可以指示出道路走向、弯道、交叉和各种特殊场合,配合其他视线诱导标志,能在较远距离使驾驶员明显注意到有危险的地段。在隧道内的特殊场合,诸如紧急停车带等处,照明器在排列、光色、光强以及设置的方位和间隔的变化上,起到有效的光学诱导作用。在同一区段内注意保持照明的一致性(照明系列及光色等),以及在不同区段,尤其不同等级的道路,采用不同类型的光源等,都会起到有效的光学诱导作用。

第三节 隧道照明

《公路隧道照明设计细则》(JTG/T D70/2-01—2014)第 3.0.2 条规定,各级公路隧道照明设置条件应符合下列要求:

(1)长度 $L>200m$ 的高速公路隧道、一级公路隧道应设置照明。

(2)长度 $100m<L \leqslant 200m$ 的高速公路光学长隧道、一级公路光学长隧道应设置照明。

(3)长度 $L>1000m$ 的二级公路隧道应设置照明;长度 $500m<L \leqslant 1000m$ 的二级公路隧道宜设置照明;三级、四级公路隧道应根据实际情况确定。

(4)有人行需求的隧道,应根据隧道长度和环境条件设置满足行人通行需求的照明设施。

(5)不设置照明的隧道应设置视线诱导设施。

公路隧道照明设计应充分收集和了解隧道土建工程及交通工程设计相关资料,并应遵循下列原则:

(1)应调查洞口朝向及洞外环境。

(2)应初步判定或现场测定洞外亮度,必要时可制订洞外减光方案。

(3)应根据交通量变化分别确定各分期设计年限入口段、过渡段、中间段和出口段的亮度指标。

(4)应选择节能光源与高效灯具,结合隧道断面形式和灯具类型等因素确定灯具安装方式、位置。

(5)应根据路面材料与灯具光强分布表,计算各段灯具布置间距、路面均匀度等。

(6)洞口土建完工后,宜对洞外亮度进行现场实测验核。

一、亮度曲线

在隧道照明系统中,沿隧道路面中线,由接近段经入口段、过渡段、中间段直至出口段,驾驶员在白天所要求的路面亮度变化曲线,称为亮度曲线,如图 3-1 所示。其中,亮度包括自然光在路面反射引起的亮度和人工照明在路面反射引起的亮度。前者有可以利用的亮度和需要限制的亮度部分;后者是因自然光不足或根本没有自然光而需用人工照明加以弥补的亮度,人工亮度沿路轴线的变化曲线称为人工亮度曲线。自然光的影响范围很小,一般仅为 2 倍隧道入口高度(约 10m)的范围。除洞外散射光较强时,可以考虑不用人工照明外,在 10m 以后因自然光影响很小,不再考虑它的影响,所以此时只按人工亮度计算,这样做能使计算得到简化。要求隧道左右两侧墙面 2m 高度范围内的平均亮度,不应低于路面平均亮度的 60%。

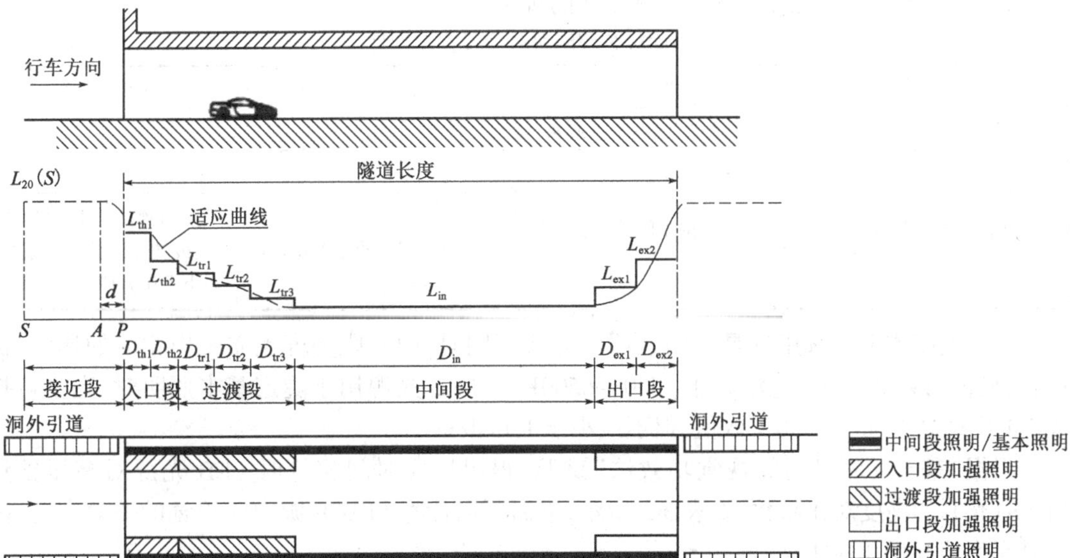

图 3-1 单向交通隧道照明系统分段图

P-洞口(或棚口);*S*-接近段起点;*A*-适应点;*d*-适应距离;$L_{20}(S)$-洞外亮度;L_{th1}、L_{th2}-入口段亮度;L_{tr1}、L_{tr2}、L_{tr3}-过渡段亮度;L_{in}-中间段亮度;L_{ex1}、L_{ex2}-出口段亮度;D_{th1} ~ D_{ex2}-各段长度

二、中间段照明

1. 基本段亮度(L_{in})

在公路隧道照明区段中,基本段照明也叫中间段照明,其任务是保证停车视距。基本段的照明水平与能见度、行车速度以及交通量等因素有关。《公路隧道照明设计细则》(JTG/T D70/2-01—2014)第6.1.1条规定,在正常条件下,中间段亮度 L_{in} 可按表3-1取值。

中间段亮度 L_{in}　　表3-1

设计速度 v_t(km/h)	L_{in}(cd/m²)		
	单向交通		
	$N \geq 1200$ 辆/(h·ln)	350 辆/(h·ln) $< N <$ 1200 辆/(h·ln)	$N \leq 350$ 辆/(h·ln)
	双向交通		
	$N \geq 650$ 辆/(h·ln)	180 辆/(h·ln) $< N <$ 650 辆/(h·ln)	$N \leq 180$ 辆/(h·ln)
120	10.0	6.0	4.5
100	6.5	4.5	3.0
80	3.5	2.5	1.5
60	2.0	1.5	1.0
20～40	1.0	1.0	1.0

注:表中 N 表示交通量。

行人与车辆混合通行的隧道,中间段亮度不应小于2.0cd/m²。

单向交通且以设计速度通过隧道的行车时间超过135s时,隧道中间段宜分为两个照明段,与之对应的长度及亮度不应小于表3-2的规定。

中间段各照明段长度及亮度取值　　表3-2

项　　目	长度(m)	亮度(cd/m²)	适用条件
中间段第一照明段	设计速度下30s行车距离	L_{in}	—
中间段第二照明段	余下的中间段长度	$L_{in} \times 80\%$,且不小于1.0cd/m²	
		$L_{in} \times 50\%$,且不小于1.0cd/m²	采用连续光带布灯方式,或隧道壁面反射系数不小于0.7时

当隧道基本照明选用灯具不同且照明方式不同时,中间段亮度也需要作相应的调整,例如:当显色指数 Ra≥65、色温介于3500～6500K的LED光源用于隧道基本照明时,亮度可按表3-1所列亮度标准的50%取值,但不应小于1.0cd/m²。

根据"基于反应时间的视觉功效法"试验,得出反应时间相等时LED光源对高压钠灯(HPS)光源的亮度对比系数,如表3-3所示,进而可以计算LED光源中间视觉的等效亮度,因此其亮度值要做相应折减。

LED光源对HPS光源的亮度对比系数值　　表3-3

背景亮度(cd/m²)	1.0	1.5	2.0	2.5	3.6	4.5
亮度对比系数	0.3107	0.3881	0.4777	0.4613	0.4031	0.3491

当显色指数 Ra≥65、色温介于 3500～6500K 的单端无极荧光灯用于隧道基本照明时，亮度可按表 3-1 所列亮度标准的 80% 取值，但不应小于 1.0cd/m^2。

当基本照明采用逆光照明方式时，亮度可按表 3-1 所列亮度标准的 80% 取值，但不应小于 1.0cd/m^2。

2. 亮度总均匀度(U_0)

路面亮度总均匀度应不小于表 3-4 所示值。

路面亮度总均匀度 U_0 表 3-4

设计小时交通量 N[辆/(h·ln)]		U_0
单向交通	双向交通	
≥1200	≥650	0.4
≤350	≤180	0.3

注：当交通量为其中间值时，按线性内插取值。

3. 亮度纵向均匀度(U_1)

路面中线亮度纵向均匀度应不小于表 3-5 所示值。

路面中线亮度纵向均匀度 U_1 表 3-5

设计小时交通量 N[辆/(h·ln)]		U_1
单向交通	双向交通	
≥1200	≥650	0.6
≤350	≤180	0.5

注：当交通量为其中间值时，按线性内插取值。

关于舒适性标准，难以用一个数值限界表示，除亮度之外还有许多其他影响舒适性的因素，如灯具布置、光色、光源等都影响驾驶员的主观感觉。

夜间没有白天那样明显的暗适应问题，交通量也大大减少，所以照明标准可以适当降低。其降低程度以不会因此而导致交通事故为限度，一般折减系数可取 0.5。夜间沿隧道全长按同一标准照明，但为了使出口处不产生黑洞效应，洞外连续道路应设计相应照明。

通过自行车和行人的隧道，在保证路面亮度的同时，还要保证侧墙有足够的亮度，避免行人在暗道中通行和可能因此导致的危险。

《公路隧道照明设计细则》(JTG/T D70/2-01—2014)第 6.2.4 条规定，当中间段位于曲线时，照明灯具的布置宜符合下列要求：

(1)平曲线半径不小于 1000m 的曲线段，照明灯具可参照直线段布置。

(2)平曲线半径小于 1000m 的曲线段，当采用两侧布灯方式时，宜采用对称布置；当采用中线侧偏布灯方式时，照明灯具应沿曲线外侧布置，间距宜为直线段照明灯具间距的 1/2～7/10，半径越小布灯间距应越小。

(3)在反向曲线段上，宜在固定的一侧设置灯具；若有视线障碍，宜在曲线外侧增设灯具。

隧道内交通分流段、合流段的亮度不宜低于中间段亮度的 3 倍。紧急停车带照明宜采用显色指数高的光源，其亮度不应低于 4.0cd/m^2。横通道亮度不应低于 1.0cd/m^2。

三、入口段照明

在通常情况下，当汽车驶近隧道，但至洞口尚有一定距离时，驾驶员的注意力会自然地集中在观察洞口附近情况上，开始注视之点称为注视点。继续接近洞口时，在驾驶员的视野里，亮度较高的外界景物（其亮度为洞外亮度）逐渐减少，而洞口低亮度外界景物逐渐增加。当汽车到达洞内某一点（约距洞口10m）时，驾驶员视野中的外界景物全部消失，开始适应洞内亮度的变化，不再为"感应现象"所困扰，该点称为适应点。

在照明设计中，车速与洞外亮度是两个主要基准值，车速由道路等级限定，洞外亮度要由道路照明设计者进行周密调查后确定。其取值等级升高一级对造价和运营费用都将产生很大影响，因而需要采取适当措施降低洞外亮度，以减少造价和运营费用。

1. 洞外亮度[$L_{20}(S)$]

洞外亮度是驾驶员驾车驶入隧道洞口前所看到的周围环境平均亮度，用$L_{20}(S)$表示。其取值对确定适应段、过渡段以及出口段亮度有很大影响，因此要求尽量符合实际情况，而不宜偏高。但在实际取值中存在一定难度，即用哪一点的亮度代表洞外亮度合适。洞外亮度不等于野外亮度，因为在洞外不同距离上的野外亮度不同。另外，在隧道施工前后，洞口环境往往变化很大，施工前所测得的某点亮度，常常与施工后该点亮度不同。《公路隧道照明设计细则》（JTG/T D70/2-01—2014）第4.2.1条规定，在隧道照明设计中，如无实测资料，洞外亮度可按表3-6取值。

洞外亮度 $L_{20}(S)$（cd/m^2） 表3-6

天空面积百分比	洞口朝向或洞外环境	设计速度 v_t（km/h）				
		20～40	60	80	100	120
35%～50%	南洞口			4000	4500	5000
	北洞口			5500	6000	6500
25%	南洞口	3000	3500	4000	4500	5000
	北洞口	3500	4000	5000	5500	6000
10%	暗环境	2000	2500	3000	3500	4000
	亮环境	3000	3500	4000	4500	5000
0	暗环境	1500	2000	2500	3000	3500
	亮环境	2000	2500	3000	3500	4000

2. 入口段亮度（L_{th}）

隧道交通中最重要的问题莫过于安全，没有可靠的安全性就谈不上通行能力，所以L_{th}值应满足安全的需要。汽车在入口段行驶时，驾驶员已经适应了该处的亮度水平，当他处于适应点观察隧道内部时至少应当满足在停车视距处能识别20cm×20cm的正方形障碍物的要求。由洞外亮度$L_{20}(S)$到入口段亮度L_{th}的减小速率受眼睛适应能力的限制。减小速率过快，眼睛将产生不适现象，出现黑洞效应，这是不容许的。相反，减小速率过慢，即L_{th}过高，是不经济的，也不符合要求。对近十年来建设的公路隧道的广泛调研表明，入口段后半段亮度偏高，所以入口段宜划分为TH_1、TH_2两个照明段，与之对应的亮度分别按式（3-11）、式（3-12）计算：

$$L_{th1}=k\times L_{20}(S) \tag{3-11}$$

$$L_{th2}=0.5\times k\times L_{20}(S) \tag{3-12}$$

式中：L_{th1}——入口段 TH_1 的亮度，cd/m^2；

L_{th2}——入口段 TH_2 的亮度，cd/m^2；

$L_{20}(S)$——洞外亮度，cd/m^2；

k——入口段亮度折减系数，可按表 3-7 取值。

入口段亮度折减系数 k 表 3-7

设计小时交通量 N[辆/(h·ln)]		设计速度 v_t(km/h)				
单向交通	双向交通	120	100	80	60	20～40
≥1200	≥650	0.070	0.045	0.035	0.022	0.012
≤350	≤180	0.050	0.035	0.025	0.015	0.010

注：当交通量为其中间值时，按线性内插取值。

《公路隧道照明设计细则》(JTG/T D70/2-01—2014)第 4.1.2～4.1.4 条规定：

长度 $L>500m$ 的非光学长隧道及长度 $L>300m$ 的光学长隧道，入口段 TH_1、TH_2 的亮度应分别按式(3-11)及式(3-12)计算。

长度 $300m<L\leq500m$ 的非光学长隧道及长度 $100m<L\leq300m$ 的光学长隧道，入口段 TH_1、TH_2 的亮度宜分别按式(3-11)和式(3-12)计算值的 50% 取值。

长度 $200m<L\leq300m$ 的非光学长隧道，入口段 TH_1、TH_2 的亮度宜分别按式(3-11)和式(3-12)计算值的 20% 取值。

3. 入口段长度(D_{th})

入口段长度和行车速度、坡度、隧道净空高度等因素有关，但是大体上都是经过 2s 即完成对 L_{th} 的适应过程，然后开始对下一段的适应。入口段长度 D_{th1}、D_{th2} 可按式(3-13)计算：

$$D_{th1}=D_{th2}=\frac{1}{2}\left(1.154D_s-\frac{h-1.5}{\tan10^{\circ}}\right) \tag{3-13}$$

式中：D_{th1}——入口段 TH_1 长度，m；

D_{th2}——入口段 TH_2 长度，m；

h——洞口内净高度，m；

D_s——照明停车视距，m，可按表 3-8 取值。

照明停车视距 D_s(m) 表 3-8

v_t(km/h)	纵坡(%)								
	-4	-3	-2	-1	0	1	2	3	4
120	260	245	232	221	210	202	193	186	179
100	179	173	168	163	158	154	149	145	142
80	112	110	106	103	100	98	95	93	90
60	62	60	58	57	56	55	54	53	52
40	29	28	27	27	26	26	25	25	25
20～30	20	20	20	20	20	20	20	20	20

4. 连续隧道的入口段照明

当两座隧道间的行驶时间小于 30s，且通过前一座隧道内的行驶时间大于 30s 时，后续隧道入口段亮度可做折减，其折减率可按表3-9取值。

后续隧道入口段亮度折减率 表3-9

两隧道之间行驶时间(s)	$t<2$	$2\leqslant t<5$	$5\leqslant t<10$	$10\leqslant t<15$	$15\leqslant t<30$
后续隧道入口段亮度折减率(%)	50	30	25	20	15

四、过渡段照明

在公路隧道照明中，介于入口段与基本段之间的照明区段称为过渡段。其任务是解决从入口段亮度 L_{th} 到基本段亮度 L_{in} 的剧烈变化给驾驶员造成的不适应问题，使之能有充分的时间过渡。过渡段由 TR_1、TR_2、TR_3 三个照明段组成，与之对应的亮度按30%的比例递减，按表3-10取值。过渡段 TR_1 的长度按4s内的行驶距离考虑，TR_2 的长度按4s内的行驶距离考虑，TR_3 的长度按6s内的行驶距离考虑，按表3-11取值。

过渡段亮度 表3-10

照明段	TR_1	TR_2	TR_3
亮度	$L_{tr1}=0.15L_{th1}$	$L_{tr2}=0.05L_{th1}$	$L_{tr3}=0.02L_{th1}$

过渡段长度 D_{tr} 表3-11

计算行车速度 v_t (km/h)	D_{tr1} (m) 隧道内净空高度 h(m)			D_{tr2} (m)	D_{tr3} (m)
	6	7	8		
120	139	137	135	133	200
100	108	106	103	111	167
80	74	72	70	89	133
60	46	44	42	67	100
40	26	26	26	44	67

长度 $L\leqslant300$m 的隧道，可不设置过渡段加强照明；长度 $300\text{m}<L\leqslant500$m 的隧道，当在过渡段 TR_1 能完全看到隧道出口时，可不设置过渡段 TR_2、TR_3 加强照明；当 TR_3 的亮度不大于中间段亮度的2倍时，可不设置过渡段 TR_3 加强照明。

(1)过渡段 TR_1 长度的计算：

$$D_{tr1}=\frac{D_{th1}+D_{th2}}{3}+\frac{v_t}{1.8} \tag{3-14}$$

式中：v_t——设计速度，km/h；

$\frac{v_t}{1.8}$——2s内的行车距离。

(2)过渡段 TR_2 长度的计算：

$$D_{tr2}=\frac{2v_t}{1.8} \tag{3-15}$$

(3)过渡段 TR_3 长度的计算：

$$D_{tr3} = \frac{3v_t}{1.8} \tag{3-16}$$

五、出口段照明

出口段宜划分为 EX_1 和 EX_2 两个照明段，每段长度宜取 30m，与之对应的亮度应按下式计算：

$$L_{ex1} = 3L_{in} \tag{3-17}$$

$$L_{ex2} = 5L_{in} \tag{3-18}$$

长度 $L \leqslant 300$m 的直线隧道可不设置出口段加强照明；长度 $300\text{m} < L \leqslant 500$m 的直线隧道可只设置 EX_2 出口段加强照明。

在双向交通的隧道中，两端均为入口，同时也均为出口，两端的照明情况完全相同，均按进口对待，也就不存在出口段照明的问题。

在单向交通的隧道中，需要对出口段照明作适当加强，以缓和白洞现象带来的不利影响。在隧道出口前的 20m 范围内，隧道内的亮度应由中间段亮度变化到 5 倍中间段亮度。

六、应急照明与洞外引道照明

1. 应急照明

《公路隧道照明设计细则》(JTG/T D70/2-01—2014)第 8.1.1 条规定，长度 $L > 500$m 的高速公路隧道应设置应急照明系统，并应采用不间断供电系统；长度 $L > 1000$m 的一级、二级公路隧道应设置应急照明系统，照明中断时间不应超过 0.3s；三级、四级公路隧道应根据实际情况确定。

应急照明灯具可利用部分基本照明灯具；应急照明供电电源维持时间不应少于 30min。

当处于应急照明状况时，宜及时发布洞内照明状况信息，有条件时可采用可变情报板发布信息。

应急照明亮度不应小于中间段亮度的 10%，且不应低于 0.2cd/m^2。

2. 洞外引道照明

以下路段可设置洞外引道照明：

(1)隧道外引道曲线半径小于一般值的路段；

(2)隧道设夜间照明且处于无照明路段的洞外引道；

(3)隧道与桥梁连接处、连续隧道间的路段。

洞外引道设置亮度与长度不宜低于表 3-12 所示值。

洞外引道设置亮度与长度 表 3-12

设计速度 v_t(km/h)	亮度(cd/m^2)	长度(m)
120	2.0	240
100	2.0	180
80	1.0	130
60	0.5	95
20 ~ 40	0.5	60

连续隧道间洞外路段长度小于表3-12规定值时，可按实际洞外路段长度设置引道照明。洞外引道照明灯具布置可按道路照明进行设计。

七、接近段减光设施及方法

隧道洞外亮度随季节、时间而变化，并且因隧道所处环境（如山区、平原区、建筑物密集区等）和所在地区而不同。如前所述，希望能把洞外亮度降到较低的程度，使驾驶员在进入洞内时感受到的亮度变化较为缓和。可以用建筑构造物达到减光目的，这类建筑称为减光建筑，常用的有遮阳棚、遮光棚、通透式棚洞。此外，还可以利用植被减光。

1. 遮阳棚

遮阳棚设置在洞口外，是为减弱自然光亮度而建筑的棚状构造物。其顶棚为透光结构，但不让阳光直接投射到地面上。设计遮阳棚时以当地日照图为依据，由太阳的高度角和方位角计算出遮阳板的尺寸、间隔和倾角。遮阳板一般设置两组：一组为以遮挡东西向阳光为目的的南北方向放置的遮阳板，因为太阳位于东西方向时高度角较小，所以遮阳板只需垂直放置；另一组为以遮挡东南、南、西南向阳光为目的的东西方向旋转的遮阳板，因为太阳位于这些方位时高度角较大，例如在南方的北回归线附近修建隧道，夏至时太阳高度角可达90°，显然遮阳板不应垂直放置，所以，需要根据高度角调整遮阳板的尺寸、间隔和倾角。两组遮阳板形成网状结构，网孔大多为透空的，称为开放式构造；也有用玻璃或透明塑料嵌砌的，称为封闭式构造。遮阳板宜用轻质材料制作，并应具有足够的刚度。遮阳棚的减光效果不是恒定的，烈日条件下效果较差。

2. 遮光棚

遮光棚是另一种减光建筑，也是棚状构造物，但构造较简单。其主要特点是允许日光直接投射到路面上，这是遮光棚与遮阳棚的根本区别。遮光棚的敞开式透光构造可以弥补遮阳棚受环境因素影响较大的缺点，工程投资较低，运营期间维护工作量小且通风透气性能好，可减少风机台数，降低运营成本。但遮光棚挡雨阻雪效果差，行车环境受洞外影响较大。另外，在遮光棚设计中，遮光格栅的间距在满足减光过渡要求的同时，还应考虑眩光问题。

3. 通透式棚洞

通透式棚洞能较好地与周围地势结合，最大限度地减小植被破坏面，与周围景观相协调，同时通风及采光效果较好。通透式棚洞可以说是对洞口减光措施的有效补充和完善，也是将隧道结构与附属减光结构有机结合的积极探索。但是，该类结构对地形条件要求较高。

4. 植被的减光作用

较为简单、经济地降低洞外亮度的方法是种植常绿植被，人类对植被的反射光感觉舒适，植被反射光比裸露的岩石、土坡、建筑物墙面等的反射光柔和得多。植被大致可以分为草地、农作物类和树木类。前者表面为毛状结构，由很多垂直面组成，所以亮度在光线的入射方向上最大，在反射方向上反而很小，而在法线方向上则最小；后者可以视为更大的毛状结构，亮度特性与前者大体相似。由此可见，在入口附近种植具有垂直表面的植被较为有利。如果洞口岩体基本稳定，不设洞门挡墙，改作保持原地形的有绿色植被坡面反而更好。

八、灯具的选择与布置

1. 隧道照明光源的选择

应根据隧道内的环境温度和通风情况来选择隧道内的照明光源，通常选用光效高、透雾性能好和使用寿命长的光源。隧道照明中一般选用的光源是高压钠灯、荧光灯、荧光高压汞灯以及 LED 灯具。

2. 隧道照明灯具的选择

隧道内空气污染严重,烟尘大,透明度低,空气湿度大,因此宜选用可靠性高的封闭型和密闭型照明灯具,具体要求如下。

(1)防护等级不低于 IP65;

(2)具有适合公路隧道特点的防眩装置;

(3)灯具结构便于更换灯泡和附件;

(4)灯具零部件具有良好的防腐性能;

(5)灯具配件易于安装,并能调整安装角度;

(6)气体放电灯的灯具效率不应低于 70%,功率因数不应小于 0.85;

(7)隧道 LED 灯具的功率因数不应小于 0.95。

3. 隧道照明环境

隧道内路面、墙面、顶棚面的亮度越高,分布越均匀,对驾驶员的视觉和舒适感越有保证。要使道路的线形清楚,隧道照明采用配光截止角较大的照明灯具,即不仅主光束射向车道路面,以保证路面上有足够的亮度,而且其他部分的光射到墙壁上,通常墙面采用高反射率的材料,可增加墙面亮度和墙面与路面的对比度,这样可以提高驾驶员对路的线形以及障碍物的识别能力。

4. 隧道照明灯具的布置

隧道照明灯具的布置应避免直接进入驾驶员眼睛的光线过多,否则将使驾驶员产生眩光和不舒适感。

1)照明灯具的布置依据

布置方式应根据灯具的配光、路面平均照度、均匀度及频闪和眩光要求,本着安全、经济、方便的原则进行综合决策。

2)照明灯具的布置形式

照明灯具安装通常采用贴顶式或嵌入式,其布置通常有三种形式,即对称布置、交错布置和中线布置,如图 3-2 所示。

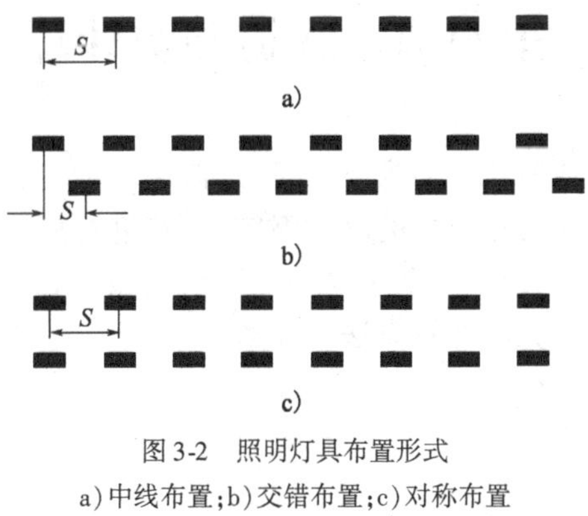

图 3-2 照明灯具布置形式

a)中线布置;b)交错布置;c)对称布置

为了避免灯具不连续的直射光由侧面进入驾驶室造成“闪光”不快感,应尽量将灯具装在墙面及天花板顶轴线之间的位置，以距路面以上4m为宜，采用对称布置或交错布置形式。采用中线布置形式的灯具维修较困难，故不常采用。考虑夜间降低照度，减少开灯数量，从亮度分布考虑，采用对称布置形式为好；为改善墙面亮度的均匀性，宜采用交错布置形式。

3）照明器安装间距

根据隧道内亮度分布的测定，照明器安装间距可按下述两点确定：

（1）考虑亮度分布时：

对称布置，$S\leqslant 2.5H$；交错布置，$S\leqslant 1.5H$；中线布置，$S\leqslant 1.5H$。

（2）考虑闪光时，$\frac{v}{36}\leqslant S\leqslant \frac{v}{18}$。

式中：H——安装高度，m；

S——安装间距，m；

v——设计行车速度，km/h。

5. 隧道内的亮度频闪效应

车辆通过设有电光照明的隧道时，驾驶员会感到一种与车速成正比的亮暗相间的闪光脉冲，对驾驶员的视觉造成干扰，此效应称为“频闪”。频闪来自间隔配置的光源和本车前罩及前车尾部的弱反应。这种干扰的严重程度取决于下列因素：

（1）闪光频率；

（2）视野中的平均亮度；

（3）相对于背景的光源亮度；

（4）光源相对间距；

（5）由隧道长短决定的闪光持续时间。

试验表明，闪光频率为2.5～15Hz时，驾驶员出现不舒适感；闪光频率为6～8Hz时，驾驶员出现较严重的烦躁感。

6. 隧道照明的诱导性

为反映路面本身的线形，除要增加墙与路面亮度对比外，还可用照明灯具的排列方式来加强诱导作用，特别在线路起伏、转弯等处。为此，要求照明灯具的形状和安装间距等必须能够看出连续的线形，勾画出隧道的轮廓。

第四节　隧道照明计算

根据视觉适应的要求，隧道照明分为入口段、过渡段、基本段和出口段。隧道照明计算自然也要分段进行。受烟尘影响，隧道壁的反射率较低，在进行照度和亮度计算时，可以只考虑光源的直射作用。隧道照明的质量目前主要是依据路面照度和亮度值来评价的，所以本节将简要介绍快速、实用的照度和亮度计算方法。

一、照度计算

1. 逐点计算照度

某一灯具在洞内路面计算点p产生的水平照度为

$$E_{pi}=\frac{I_{c\gamma}}{H^2}\cos^3\gamma\cdot\frac{\phi}{1000}\cdot M \tag{3-19}$$

式中：E_{pi}——灯具在洞内路面计算点 p 产生的水平照度，lx；

$I_{c\gamma}$——灯具在计算点 p 的光强值，cd；

γ——p 点对应的灯具光线入射角，°；

H——灯具光源中心至路面的高度，m；

M——灯具的养护系数；

ϕ——灯具额定光通量，lm。

数个灯具在计算点 p 所产生的照度为

$$E_p=\sum_{i=1}^{n}E_{pi} \tag{3-20}$$

式中：E_p——灯具在洞内路面计算点 p 产生的水平照度，lx；

n——灯具数量，计算时可取计算区域前后各一组。

2. 平均照度

当计算一部分路面上的照度时，可由式(3-21)得到这部分路面上的平均照度：

$$E_{\mathrm{av}}=\frac{\sum_{p=1}^{m}E_p}{m} \tag{3-21}$$

式中：E_{av}——路面平均水平照度，lx；

m——计算区域内计算点的总数。

很明显，所考虑的点数越多，计算出来的平均照度越精确。

由灯具利用系数曲线图，可按式(3-22)计算路面平均水平照度：

$$E_{\mathrm{av}}=\frac{\eta\cdot\phi\cdot M\cdot\omega}{W\cdot S} \tag{3-22}$$

式中：ω——灯具布置系数，对称布置时取 2，交错、中线及中央侧偏单光带布置时取 1；

η——利用系数，由灯具的利用系数曲线图查取；

W——隧道路面宽度，m；

S——灯具的间距，m。

在道路照明中，利用系数的定义为在一只路灯的照亮范围内，确定照到路面上的光通量 ϕ' 与光源所发出的额定光通量 ϕ 之比：

$$\eta=\frac{\phi'}{\phi} \tag{3-23}$$

在灯具的光度资料中灯具的利用系数用曲线和图表两种方式给出。

二、亮度计算

能否看清路面及路面上的障碍物，取决于路面及障碍物的亮度。路面的亮度与其反射特性有关。路面的反射特性用亮度系数 q 来表示，这个系数被定义为一点上的亮度与该点上的水平照度之比：

$$q=\frac{L}{E} \tag{3-24}$$

式中：L——路面一点上的亮度，cd/m^2；

E——该点上的水平照度，lx。

亮度系数取决于观察者和光源相对于路面上所考察点的位置，即 $q=q(\alpha,\beta,\gamma)$。

对于驾驶员，主要观察车前 60～160m 这部分隧道路面，此时 α 在 1.5°～0.5°范围内变化，所以可将 α 假定为一个固定值 1°（CIE 标准），此时路面亮度系数取决于 β、γ 两个角度的值。

根据《公路隧道照明设计细则》（JTG/T D70/2-01—2014）第 10.3.2 条，路面某点 p 亮度可写成：

$$L_{pi}=\frac{I_{c\gamma}}{H^2}r(\beta,\gamma) \tag{3-25}$$

式中：L_{pi}——灯具 i 在计算点 p 产生的亮度，cd/m^2；

$I_{c\gamma}$——灯具在计算点 p 的光强值，cd；

$r(\beta,\gamma)$——简化亮度系数，按《公路隧道照明设计细则》（JTG/T D70/2-01—2014）附录 A 取值；

β——观察面与光入射面之间的角度。

所有路灯在 p 点产生的亮度总和即为 p 点的总亮度：

$$L_p=\sum_{i=1}^{n}L_{pi} \tag{3-26}$$

实际上路面亮度及其分布，除照明条件、观测方向外，还与路面色彩的明暗程度、路表面粒度的粗细及干湿状态等有关，比较复杂，故一般用求其平均亮度的方法计算。路面平均亮度和平均照度可由式(3-27)求得：

$$L_r=QE_{av} \tag{3-27}$$

Q 称为照明设备的综合亮度系数，在照明器配光、配置、观测场所等确定后，在固定的光入射方向和观测方向上，Q 是个定值。Q 的倒数 $\left(\frac{1}{Q}=E_{av}/L_r\right)$ 称为平均照度换算系数。

第五节　隧道照明控制

隧道照明亮度主要取决于行车速度、通行交通量和洞外亮度，在照明设计过程中已经充分考虑了这些因素，而且一般都是按不利情况考虑的，所以能够满足设计车速、设计交通量和设计洞外亮度情况下的照明要求。然而洞外亮度在春、夏、秋、冬，在凌晨、中午、傍晚、深夜，在晴天、阴天、雨天、雪天是不相同的。隧道照明控制就是要依据这些不同情况，开启和关闭相应数量的照明灯具，既能满足安全行车的需要，又有利于节能。

一、照明控制的作用

照明控制是节约能源的重要手段，从早期的手动开关，到现在的智能控制，为人们提供了舒适的光环境。公路隧道照明控制就是既要为通过隧道的车辆提供良好的照明环境，满足安全行车的要求，又要达到节约能源、延长照明系统使用寿命、降低运营成本的目的。

二、照明控制方式

隧道照明系统是一个多光源系统，通常将这些灯具分组分回路进行控制，洞内亮度由开启灯具的数量来决定，不对单个灯具进行调光控制。为使驾驶员适应隧道内外亮度差，保证行车安全，并节约能源，一般应对隧道照明实施自动控制，控制方式有光控制、时序控制和智能控制三种。

1. 光控制

光控制实际上是一种实时控制，即根据实际测得的隧道洞内外亮度值，实时调节洞内照明系统，以满足驾驶员适应洞内外亮度差的需要。驾驶员的适应时间和距离，取决于洞内外的亮度差和车速。在隧道入口处洞内外各设一台检测装置，将自动检测到的洞内外光亮度值传送给照明监控计算机，计算机经数据处理后产生控制方案，并将控制指令下传到现场区域控制器，现场区域控制器按照指令要求，实时开启或关闭相应的照明灯具，从而形成一个闭环控制。

为方便照明自动控制，隧道内照明灯具可有两种配合形式，其一为将照明灯具分组分回路供电，依据洞内外光度计的比较值，确定点亮照明灯具的数量，使洞内亮度随着洞外亮度比例变化，此种方式应用最为广泛，且配线简单，控制单元少，故障率低；缺点为适配性不好，在换挡过程中会令驾驶员有不适感，且照明均匀度较差。其二为照明灯具采用调光控制装置的连续可变系统，以适应洞内外亮度实时的变化，可产生最好的效果，使隧道照明获得较佳的均匀度，但其控制单元多，照明器具须为调光型，价格较贵，在实际工程中很少采用。当然这两种配合形式在调节时均应考虑适当的时间延迟，以避免在临界状态下过于频繁的变化。

2. 时序控制

时序控制也叫定时控制，即将洞外亮度值按日、周、月、年实测得到的统计规律值输入计算机，计算机调节控制洞内的照明灯具去适应洞外亮度值的变化。此法的缺点是用于决策控制的参数是历史统计数据，不能与当时的实际气象条件完全吻合，可能造成能量浪费。因此，照明控制系统应当根据任一时间的实际情况来调节其运行状况。根据光度计检测到的实际亮度，对照明进行实时的控制是最为有效的方法，可以达到既保障安全又节约能源的目的。

3. 智能控制

智能控制是在自动控制方式的基础上，采用短时交通流预测理论，实现隧道内照明设施动态调光控制，达到安全、舒适、高效、经济的照明效果，重点突出节能控制的特点，体现绿色照明要求，追求“按需照明”的理想设计目标。

三、照明控制系统组成

隧道照明控制系统由光亮度检测器、隧道区域控制器、照明控制计算机、隧道照明灯具、照明配电柜、照明配电箱以及照明供电电缆等组成。

四、照明控制流程

隧道照明控制应该是自动控制的，也应该有手动功能。自动控制是依据亮度或时间区段进行的，图 3-3 给出了一个较为典型的照明控制流程，以供参考。

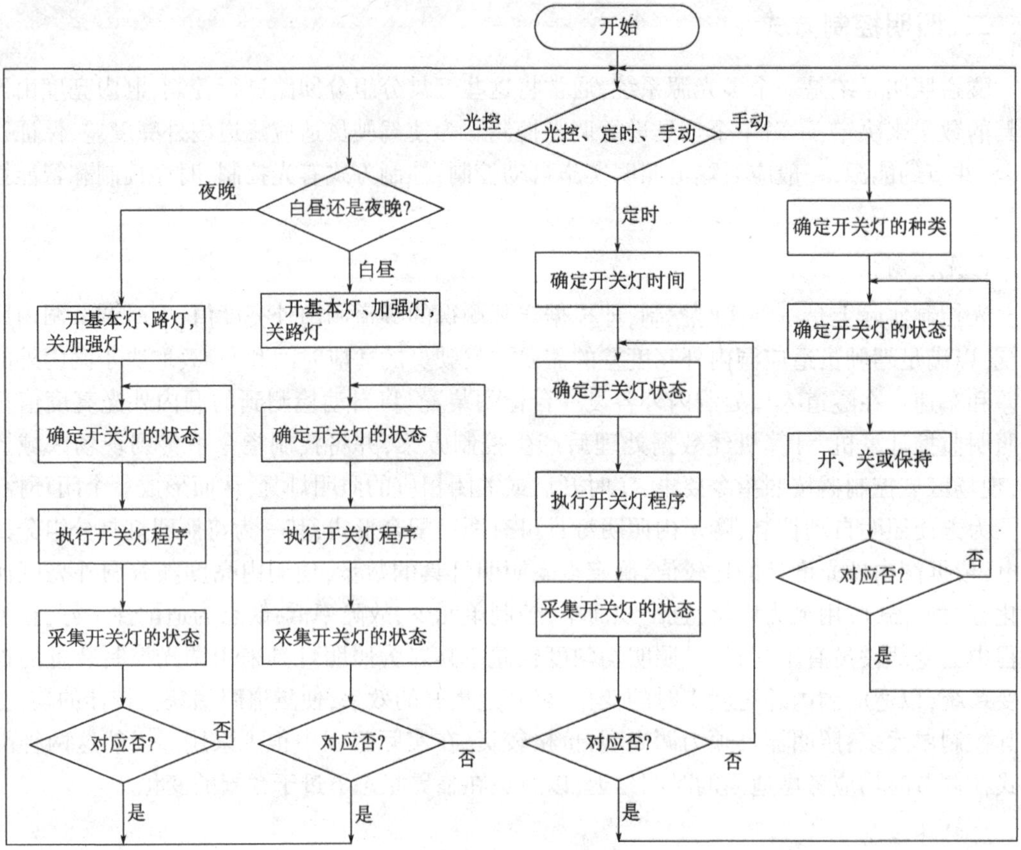

图 3-3　照明控制流程图

五、照明供电

根据隧道照明设计所提供的资料和隧道照明的控制要求,确定照明供电方式、配电线路路径及线路结构形式,选择配电导线或电缆及配电设备和保护设备。需编制设计说明书、设计材料清单及工程概算,绘制隧道照明配电线路系统图、平面图及其他施工图纸。为满足照明控制的要求,将照明灯具按其种类(加强或基本)分回路供电。

隧道照明供电可按分段实施控制设计,首先要根据上述要求,划分若干个回路并分别计算各回路的计算负荷。隧道照明通常采用放射式供电,每个回路干线由变配电所 0.4kV 侧引出,接至隧道内相应的照明控制箱(配电箱),再以支线接到隧道上方的各照明灯具上。中短隧道基本照明也可采用链式供电。

隧道照明配电线路路径、线路结构形式及配电导线或电缆的选择方式与隧道通风机供电方法类似。由于隧道灯具一般采用高压钠灯,其谐波含量较大,配电干线应选择四芯等截面电缆。

每路照明配电线路的配电设备和保护设备一般应包括低压断路器或刀熔开关、交流接触器、电流互感器等。以上设备应根据每个回路的计算负荷选择和整定,并校验与配电线路的配合情况。

六、检测与调光

1. 亮度检测

在隧道入口设置亮度检测器，为实施照明控制提供洞内外的实时亮度参数，如果隧道进出口气象条件差异较大或是特长隧道，应在上下行线的进口各设一组亮度检测器，设置位置及要求如下：

(1)洞外亮度检测器(L_a)宜设置在离洞口一个停车视距位置的行车右侧路肩边缘，高度以一个洞门高度为宜，检测器探头方向指向洞口中心。

(2)洞内亮度检测器(L_t)宜设置在洞内离洞门一倍隧道净高的行车道隧道侧墙上，检测器探头方向指向行车前进方向且离检测器一个停车视距位置的路面中心处，检测器安装高度不小于1.5m。

(3)亮度检测器应能满足洞内外长期工作条件，且技术要求不应低于如下规定：

①探头镜头立体视角20°。

②测量范围：洞外型，亮度1～7000cd/m^2、精度±1cd/m^2；洞内型，亮度1～500cd/m^2、精度±0.1cd/m^2。

③防护等级不低于IP65，洞外亮度检测器宜配备带雨刷的防护罩。

2. 调光

隧道白昼照明调光设计应满足下列要求：

(1)加强照明应根据洞外亮度和交通量变化，进行入口段、过渡段和出口段的调光方案设计。

(2)基本照明应根据交通量变化，并根据各段的亮度值进行调光方案设计。

根据《公路隧道照明设计细则》(JTG/T D70/2-01—2014)第9.3.5条规定，隧道夜间照明调光设计应满足下列要求：

(1)夜间应关闭隧道入口段、过渡段和出口段的加强照明灯具。

(2)长度$L \leqslant 500$m且设有自发光诱导设施和定向反光轮廓标的高速公路和一级公路隧道，夜间可关闭全部灯具。

(3)长度$L \leqslant 1000$m且设有定向反光轮廓标的二级公路隧道，夜间可关闭全部灯具。

(4)公路设有照明时，其路段上的隧道夜间照明亮度应与道路亮度水平一致；公路未设置照明时，高速公路和一级公路隧道夜间照明亮度可取1.0cd/m^2，二级公路隧道夜间照明亮度可取0.5cd/m^2。

(5)单向交通隧道夜间交通量不大于350辆/(h·ln)、双向交通隧道夜间交通量不大于180辆/(h·ln)时，可只开启应急照明灯具。

第六节　隧道照明节能分析

照明的经济性是照明技术经济效果的重要指标之一。研究照明系统设备的经济性，是为了在相同的照明效果条件下能尽量减少每单位照度的照明费用。因此，在进行经济性分析时，必须注意并非每年用电费用低的就是良好的照明系统。因为构成每年照明费用的不单是照明费用，还包括设备费、施工费、维护费等。显然，影响照明经济性的因素很多。因此，必须寻找一种好的分析计算方法，在照明设施的计划、设计中加以应用。

一、照明经济计算

照明经济计算主要是计算各个照明方式的初次设备投资费、寿命期内用电费用和维护费用。

1.光源的经济性

为了计算光源的经济性，必须采用一些适当的比较单位。这里，比较单位取为 C[元/(lm·h)]，即光源在额定寿命(经济寿命，以下相同)期内，每单位时间和单位光通量所需的照明费用。C 的计算方式如下：

$$C_{光源}=\frac{P+C_{L}}{\phi\times T} \tag{3-28}$$

式中：C_L——光源单价，元/只；

ϕ——光源光通量，lm；

T——光源寿命，h；

P——光源寿命期内所消耗的电费，元。

P 的计算公式为

$$P=\frac{(W_{L}+W_{B})\times T}{10^{3}}\times\rho \tag{3-29}$$

式中：W_L——光源输入功率，W；

W_B——镇流器或变压器损失功率，W；

ρ——电力费单价，元/(kW·h)。

2.灯具的经济性

影响灯具经济性的因素很多，包含使用照明灯具的数量、灯具的单价、灯具装配线的单价、折旧年数、灯具清扫费单价、灯具所耗电费等，因此，在比较灯具的经济性时必须将上述因素一起考虑。灯具产生单位光通量每月所需的照明费用 $C_{灯具}$ 为

$$C_{灯具}=\frac{C_{a}\times t+C_{c}}{\phi_{0}(1-gt/2)t} \tag{3-30}$$

式中：C_a——灯具的照明费，元/月；

C_c——平均每清扫一次所需费用，元；

t——清扫周期，月；

ϕ_0——光源初始光通量，lm；

g——由于污染灯具输出光通量减少的比例，%/月。

由式(3-30)可知，t 和 g 是一对矛盾参数。在灯具寿命期内我们想要得到尽量多的光通量而花费尽量少的费用。图3-4所示为光通量输出比例与灯具清扫周期的关系，不难看出增加

清扫次数即可增加光通量的输出，但同时也增加了费用。

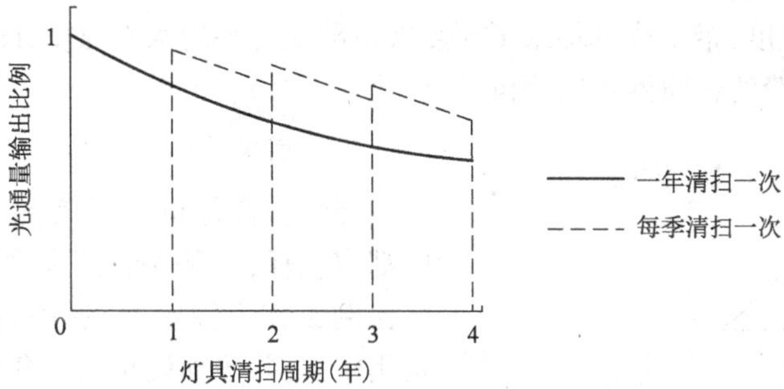

图 3-4　光通量输出比例与灯具清扫周期的关系

在求清扫周期时需将 $C_{灯具}$ 对 t 求导，并令其等于零，得：

$$\frac{dC_{灯具}}{dt}=0$$

则有

$$t^2+2\frac{C_c}{C_a}\times t-2\frac{C_c}{C_a g}=0$$

因其中第二项的值相当小，可省略，从而得：

$$t=\sqrt{2C_c/(C_a g)} \tag{3-31}$$

式中，光通量减少的比例 g 可实测得出或查表得到，它与使用地周围环境条件和灯具形状有关，对一般近似计算，开启式灯具取 $g=0.024$，密封式照明取 $g=0.020$。

式(3-31)表明，当清扫一次的费用 C_c 很低，并且比每月所需的照明费 C_a 少很多时，清扫周期 t 可短些。反之，若清扫一次的费用很高，则清扫周期应长些；污染严重时 g 值大些，清扫周期也应短些。可见，低于或高于用式(3-31)求出的 t 值，都是不经济的。

二、照明方案的经济比较

对两种或以上的照明设计方案做经济比较时，都应在照明条件近似和照明效果基本相同的前提下进行。如果两种方案的照明条件与照明效果相差很大，例如，某一方案的照明设备很简陋、灯具数量不足、照明效果很差、投资很低，而另一种方案的照明设备价格较高、灯具数量足够、照明效果相当好，但其投资较高，我们对这两种方案做经济比较就没有意义。

照明方案经济比较分析内容应包括照明设备投资、电力费和维护运行费。主要因素的计算方法详述如下。

进行照明经济比较分析时，由于不同照明方案的照度值不尽相同，因此必须采用单位照度的年照明费用来进行比较。

单位照度的年照明费 C_{TE} 为

$$C_{TE}=\frac{F+M+P}{\overline{E}}=\frac{C_T}{\overline{E}} \tag{3-32}$$

式中：C_T——年照度费，元；

F——年固定费，元；

M——年维护费，元；

P——年电力费，元；

$\overline{E}$——平均照度，指室内平均水平照度或道路上的平均水平照度，lx。

下面对年照明费的各项做相应分析。

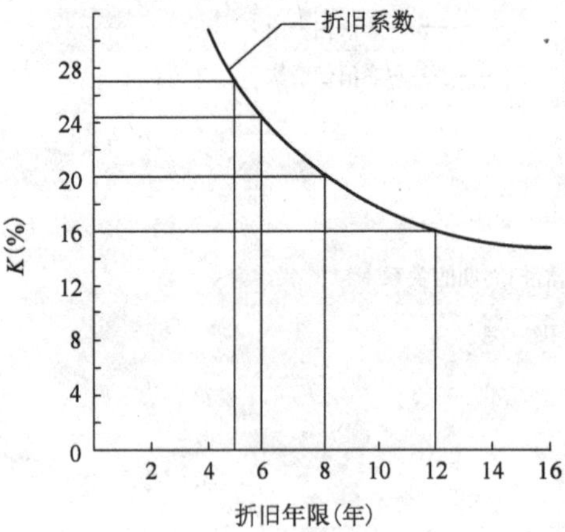

图 3-5　折旧系数 K 与折旧年限的关系

1. 年固定费(F)

照明设备是机电设备的一大类，在使用过程中都有损耗，一般情况下取照明设备初投资的一定比例 K 作为固定费，这些费用需计算到年投资费用中去，并按预设年份逐年回收，即为以后的设备更新费用。系数 K 也称为年折旧系数，它随折旧年限不同而变化。可根据照明设备的耐用性选取 K 值。从图 3-5 中可见，当折旧年限为 5 年时，K 取 0.27；当折旧年限为 6 年时，K 取 0.245；当折旧年限为 8 年时，K 取 0.20；当折旧年限为 12 年时，K 取 0.16；等等。

年固定费为

$$F = K(C_E + C_B + C_1) \tag{3-33}$$

式中：C_E——灯具价格，元；

C_B——镇流器或变压器及触发器等价格，元；

C_1——配线安装施工费，元。

而灯具中的光源和清洁剂等，则作为消耗品在年维护费中考虑。

2. 年维护费(M)

年维护费包括更换光源时的人工费和光源本身的价格，还包括清扫灯具所消耗的清洁剂等材料及人工费用。

$$M = E + D \tag{3-34}$$

式中：E——年更换光源费用；

D——年清扫费用。

$$E = (C_L + a)N_1 = (C_L + a)nN\frac{t_E}{T} \tag{3-35}$$

式中：C_L——光源单价，元/只；

a——平均每更换一支光源的人工费用，元；

N_1——一年内更换光源的次数；

n——每个灯具内的光源数；

N——整个设施内灯具的数量；

t_E——每年点灯的时间，h；

T——光源寿命（经济寿命），h。

式(3-35)中，C_L 通常要比 a 大得多，所以，成批更换光源和单个更换光源的人工费用对总的年照明费的影响较小，故不做讨论。

式(3-34)中,D为

$$D=(b+d)C_{\mathrm{f}}\times N \tag{3-36}$$

式中:b——每个灯具的平均清扫人工费,元;

d——每个灯具清扫时所需的材料费,元;

C_{f}——年清扫次数(即为$12/t$)。

3. 年电力费(P)

$$P=\rho\frac{W_{\mathrm{L}}+W_{\mathrm{B}}}{10^{3}}nNt_{\mathrm{E}} \tag{3-37}$$

式中:ρ——电力费单价,元/(kW·h);

W_{L}——光源输入功率,W;

W_{B}——镇流器或变压器损失功率,W。

根据上述各项费用,即可得年运行费R和照明设备初次投资费I:

$$R=M+P=E+D+P \tag{3-38}$$

$$I=N(C_{\mathrm{E}}+C_{\mathrm{B}}+C_{1}+nC_{\mathrm{L}}) \tag{3-39}$$

照明设备初次投资费I是照明经济分析中较为重要的数据。

三、照明节能

人工照明是现代社会文明的象征,照明事业的发展是衡量社会现代化程度的重要标志,而照明质量和灯具材料的水准更是反映一个国家工业化水平的重要依据。发达国家照明用电量占总用电量的15%~25%,占有的比例相当可观。20世纪90年代初,人们认识到照明节电不仅可以节约资源、减少污染、保护环境,而且成为人类社会可持续发展的重要途径。隧道照明领域节能主要从以下几个方面加以考虑:

(1)隧道照明光源的选择应遵循以下原则:

①宜选择发光效率高的光源,光源的使用寿命不应小于10000h。

②以稀释烟尘作为隧道通风控制工况的隧道,宜选择透雾性能较好的光源;不以稀释烟尘作为隧道通风控制工况的隧道,基本照明宜选择显色性好的光源。

③紧急停车带、横通道可选用显色性较好的光源。

(2)隧道照明采用中线或中线侧偏布置形式时,基本照明宜选用逆光型灯具;隧道照明采用两侧交错或两侧对称布置形式时,宜选用宽光带对称型照明灯具。

(3)接近段可采用以下减光措施:

①可采用削竹式洞门形式,并进行坡面绿化。

②洞口采用端墙形式时,墙面可采用暗色调,其装饰材料的反射率应小于0.17。

③经硬化处理的隧道洞口边仰坡可进行暗化处理。

④洞口外至少一个照明停车视距长度的路面可采用黑色路面。

洞外亮度$L_{20}(S)$对隧道加强照明规模的影响极大,若对洞门作明亮装饰,洞外亮度值将增大,加剧“黑洞效应”,导致照明能耗增加。在隧道接近段采取洞外减光措施,可以降低隧道洞外亮度,达到节能目的。

上述提出的洞外减光措施为常用办法,也可根据洞口现场情况采用其他减光措施,如在洞口种植常青树。此外,隧道洞口设计遵循“早进晚出”原则,采取前置洞口工法,实现零仰坡开挖以及大面积绿化洞口等,尽量降低隧道洞外亮度。

四、调光措施

合理的调光措施能有效降低能耗。

路面两侧2m高范围内墙面宜铺设反射率高的材料。墙面的反射与衬托作用在隧道照明中非常重要,当墙面反射率达到0.7时,路面亮度可提高10%。

隧道照明节能的方法和措施在国内隧道领域已有进一步的研究和应用。随着高速公路的建设越来越深入山岭地区,隧道建设日益增多,隧道照明节能将越来越受到社会公众及相关部门的重视,更需要及时、认真地研究和解决相关技术和管理问题,使节能效果真正在实际运营中得以显现。

本章习题

1. 公路隧道设置照明的作用和意义是什么?
2. 公路隧道洞外亮度是如何确定的?如果取值偏高或偏低会有什么后果?
3. 公路隧道照明灯具有几种布置形式?其各自的优缺点是什么?
4. 对于运营公路隧道,如果洞外亮度特别高,应采取什么样的管理对策?为什么?
5. 公路隧道照明控制常用的方式有哪些?哪种控制方式更有利于节能?
6. 高速公路隧道长度小于多少米而且设有什么设施的时候夜间可以关闭照明系统?

本章参考文献

[1] 赵忠杰. 公路隧道机电工程[M]. 北京:人民交通出版社,2007.

[2] 中华人民共和国交通运输部. 公路隧道设计规范　第二册　交通工程与附属设施:JTG D70/2—2014[S]. 北京:人民交通出版社股份有限公司,2014.

[3] 中华人民共和国交通运输部. 公路隧道照明设计细则:JTG/T D70/2-01—2014[S]. 北京:人民交通出版社股份有限公司,2014.

[4] 马非,吴梦军,谢洪斌. 隧道照明[M]. 北京:科学出版社,2018.

第四章

公路隧道监控系统

第一节　公路隧道监控系统概述

所谓隧道监控，就是指对隧道内外的交通状况、路面状况、天气状况、设备工作状态等参数进行实时观察和测量，以获得公路隧道交通流、隧道内环境、设备的工作状态等数据，并利用通信系统将信息传输到中心控制室。公路隧道监控系统利用先进的传感器技术，对隧道的交通和环境进行全面感知；通过数据挖掘和数据融合技术，对相关信息进行挖掘和整合，按照一定的计算模式生成控制决策，并将最终决策结果和控制命令通过通信系统传送到现场监控系统的相关设备，以保证行车安全，提高通行效率；对引起车辆受阻的事件，迅速响应，提供紧急服务，并快速排除事件，把事件引起的损失减至最小，从而确保隧道安全、高效运营。

公路隧道监控系统是为了解决公路隧道运营中存在的两个主要问题——拥挤与安全而建立起来的，其主要任务一般包括以下几项：

(1)减少公路隧道常发性拥挤产生的影响；

(2)减少公路隧道偶发性拥挤产生的影响；

(3)确保隧道运营安全；

(4)提供必要的信息，帮助使用者有效地利用公路隧道的各种设施，减少他们的脑力劳动、体力劳动和人为的失误；

(5)当有危险事故或事件发生时，给陷入困境的人员提供诱导信息；

(6)根据公路隧道实际的运营状态，制定合适的诱导策略诱导洞内有关驾乘人员驶离隧道；

(7)减少交通事故对人类和环境造成的危害。

为实现整个公路隧道监控系统的监视与控制功能，公路隧道监控设施主要包括车道指示器、交通信号灯、可变信息标志、摄像机、视频事件检测器、照度仪、亮度计、CO 检测器、能见度检测器、风速风向仪、车辆检测器、本地区域控制器等信息采集设备、信息发布和交通控制设备。

公路隧道根据公路等级的不同可分为高速公路隧道、一级公路隧道、二级公路隧道、三级公路隧道和四级公路隧道。根据公路隧道长度的不同，其可分为特长隧道、长隧道、中隧道、短隧道四类，见表 1-1。

公路隧道机电工程设施规模根据隧道单洞长度 L 和隧道单洞年平均日交通量 q 的不同也有所不同，一般分为 A +、A、B、C、D 五个等级，如图 1-1 所示。根据分级的不同，高速公路隧道交通工程设施配置见表 1-3。

第二节　交通流基本理论

一、交通流基本参数

交通流基本参数分为宏观参数和微观参数。宏观参数用来描述交通流作为一个整体表现出来的特性,具体参数有交通量、车速和交通流密度等;微观参数用来描述交通流中彼此相关的车辆之间的运行特性,具体参数有车头间距和车头时距等。

1. 交通量

交通量(traffic volume)又称交通流量或流量,是指在单位时间内,通过道路某一点、某一断面或某一条车道的交通实体数,通常用 Q 表示:

$$Q=\frac{n}{T} \tag{4-1}$$

式中:T——观测时间,s;

n——T 时间内通过的交通实体数(车辆数),辆。

由于车辆大小不同,混合计数时,须按一定换算方法统一单位计量,如城市道路统计交通量以小客车为标准车型,其他车型和混行的非机动车分别采用一定的折算系数转换成当量小客车数。

2. 车速

车速分为地点车速和平均车速。地点车速(spot speed)是微观车速,是指某辆车通过某一地点或短路段的瞬时车速,也称为即时速度、瞬时速度。单个车辆的瞬时速度可定义为

$$v=\frac{\mathrm{d}x}{\mathrm{d}y}=\lim_{t_2\to t_1\to 0}\frac{x_2-x_1}{t_2-t_1} \tag{4-2}$$

式中:x_1、x_2——分别为时刻 t_1 和 t_2 的车辆位置。

平均车速是宏观车速,是指一定时间或空间范围内所有车辆速度的平均值。

1)时间平均车速(time mean speed)

时间平均车速($\bar{v}_t$)是指观测时间内通过某断面所有车辆地点速度的算术平均值。

$$\bar{v}_t=\frac{1}{n}\sum_{i=1}^{n}v_i \tag{4-3}$$

式中:$\bar{v}_t$——时间平均车速,m/s;

v_i——第 i 辆车的地点车速,m/s;

n——单位时间内观测到的车辆数,辆。

2)空间平均车速(space mean speed)

空间平均车速($\bar{v}_s$)是指某一特定瞬间,行驶于道路某一特定长度内全部车辆的地点车速分布的平均值。

$$\bar{v}_s=\frac{1}{\frac{1}{n}\sum_i\frac{1}{v_i}}=\frac{L}{\frac{1}{n}\sum_i\frac{L}{v_i}}=\frac{L}{\frac{1}{n}\sum_i t_i} \tag{4-4}$$

式中：L——路段长度，m；

t_i——第 i 辆车通过距离 D 所用的时间，s；

n——行驶在长度 D 内的车辆数，辆；

v_i——第 i 辆车的行驶速度，m/s；

$\bar{v}_s$——空间平均车速，m/s。

3）时间平均车速和空间平均车速之间的关系

$$\bar{v}_s = \bar{v}_t - \frac{\sigma_t^2}{\bar{v}_t} \tag{4-5}$$

$$\bar{v}_t = \bar{v}_s + \frac{\sigma_s^2}{\bar{v}_s} \tag{4-6}$$

式中：σ_t^2——时间平均车速观测值的均方差；

σ_s^2——空间平均车速观测值的均方差。

3. 密度和占有率

1）密度

密度（density）是指某一瞬间单位道路长度上存在的车辆数，单位为辆/km，用符号 K 表示，可由式（4-7）计算：

$$K = \frac{n}{L} \tag{4-7}$$

式中：n——路段内的车辆数，辆；

L——路段长度，km。

2）占有率

占有率（occupancy）有空间占有率和时间占有率之分。

在观测路段之内，行驶车辆总长度与路段总长度之比称为空间占有率，通常以百分数表示，符号为 o_s，即

$$o_s = \frac{\sum_i L_i}{x} \tag{4-8}$$

式中：L_i——第 i 辆车的长度，m；

x——观测路段长度，m。

在道路的任一路段上，全部车辆通过某一断面所需时间的累计值与观测时间的比值称为时间占有率 o_t，即

$$o_t = \frac{1}{T}\sum_i t_i = \frac{1}{T}\sum_i (L_i/v_i) \times 100\% \tag{4-9}$$

式中：t_i——第 i 辆车通过观测路段所用的时间，s；

v_i——第 i 辆车的地点车速，m/s；

T——观测时间，s。

当所有车辆的车速相等时，显然 $o_s = o_t$；当所有车辆的长度相等时，令 $L = L_i$，可得：

$$o_t = \frac{\sum_i (L_i/v_i)}{T} \times 100\% = L \times \frac{Q}{\bar{v}_s} \times 100\% = LK \times 100\% \tag{4-10}$$

4. 车头间距与车头时距

1)车头间距

车头间距(distance headway)是指一列车流中相邻两车车头之间的距离。

2)车头时距

车头时距(time headway)是指相邻车辆的车头经过同一地点的时间差。

3)车头间距与车头时距的关系

简单地说,在同向行驶的一列车队中,车头间距是用距离表示相邻两辆车的车头之间的距离,车头时距是用时间表示车头之间的间隔。

从基本定义可以证明,平均车头时距 $\bar{h}_t$ 和平均车头间距 $\bar{h}_d$ 分别为流量和密度的倒数,即

$$\bar{h}_t = \frac{3600}{q}, \quad \bar{h}_d = \frac{1000}{\rho} \tag{4-11}$$

式中:3600 和 1000——仅用于单位换算;

q——路段上车流流量;

ρ——路段上的车流密度。

二、交通流参数之间的关系

根据上述定义及实际测量结果,人们发现,当车流均匀、车种单一时,交通量、交通密度和速度之间满足如下关系:

$$Q = Kv \tag{4-12}$$

这与流体力学中的流体特性相类似。式(4-12)也可用来近似地描述非均匀的交通流。

1. 速度和密度的关系

1963 年,格林希尔茨(Greenshields)提出了速度-密度线性关系模型:

$$v = v_f \left(1 - \frac{K}{K_j}\right) \tag{4-13}$$

其速度-密度曲线如图 4-1 所示,当车辆减少时,密度随之变小,速度增大。当密度 K 趋于零时,速度 v 可达最大值,这时车辆按自由速度 v_f 行驶。当车辆增多时,密度 K 增大,速度 v 随之减小。当密度 K 达到最大值 K_j 时,车流受阻,即速度 $v=0$。此时的密度 K_j 称为阻塞密度。

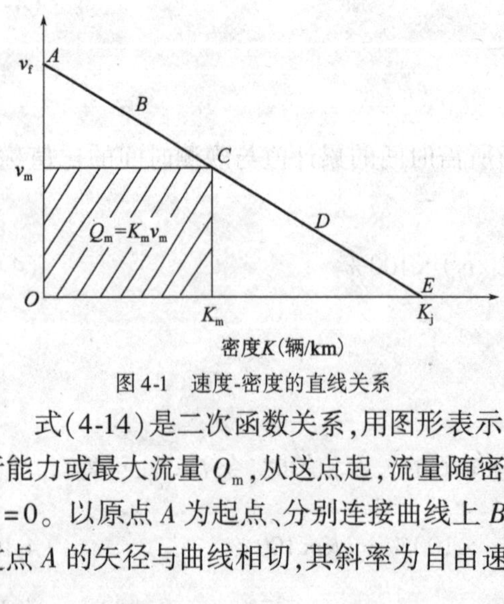

图 4-1 速度-密度的直线关系

根据速度-密度线性关系模型,可计算图 4-1 中某点的流量。

2. 流量和密度的关系

根据格林希尔茨模型[式(4-13)]和式(4-12)可以得到流量-密度的关系:

$$Q = Kv_f \left(1 - \frac{K}{K_j}\right) \tag{4-14}$$

式(4-14)是二次函数关系,用图形表示为一条抛物线,如图 4-2 所示。图中,点 C 代表通行能力或最大流量 Q_m,从这点起,流量随密度增加而减小,直至达到阻塞密度 K_j,此时,流量 $Q=0$。以原点 A 为起点、分别连接曲线上 B、C 和 D 点的矢径,这些矢径的斜率表示速度。通过点 A 的矢径与曲线相切,其斜率为自由速度 v_f。在流量-密度曲线上,对应流量为最大值的

密度称为最佳密度，用 K_m 表示。密度比 K_m 小的点表示不拥挤，密度比 K_m 大的点表示拥挤。

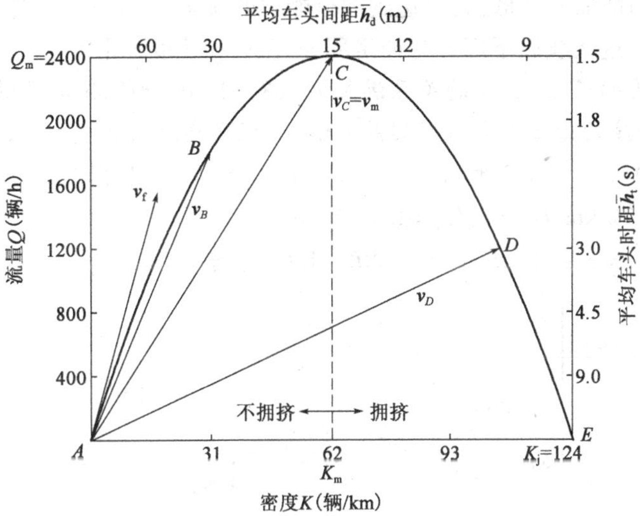

图 4-2 流量-密度关系

3. 流量和速度的关系

由式(4-13)知

$$K = K_j\left(1 - \frac{v}{v_f}\right) \tag{4-15}$$

将式(4-15)代入式(4-12)得

$$Q = K_j\left(v - \frac{v^2}{v_f}\right) \tag{4-16}$$

即得速度-流量关系曲线，如图 4-3 所示。当交通密度为零时，畅行交通流的车速就可能达到最高车速，如图中曲线的最高点 A 就是对应的畅行速度 v_f，而流量等于零。当交通密度等于阻塞密度时，速度等于零，流量也等于零，因此，曲线通过坐标原点 E。

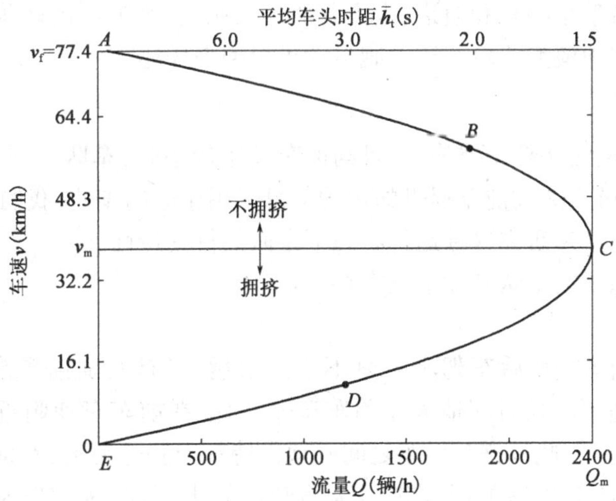

图 4-3 速度-流量关系图

过 C 点作一条平行于流量坐标轴的线，将曲线分成两部分，这条线以上的部分，为不拥挤部分，速度随流量的增加而降低，直至达到通行能力的流量 Q_m 为止，此时，v_m 是流量取最大值 $(Q=Q_m)$ 时的速度；这条线以下部分为拥挤部分，流量和速度都下降。

例 4-1 设车流的速度、密度的关系满足 $v=88-1.6K$，如限制车流的实际流量不大于最大流量的 4/5，求速度的最小值和密度的最大值。（假设车流的密度 $K<$ 最佳密度 K_m）

解：由题意可知，当 $K=0$ 时，$v=v_f=88\text{km/h}$，当 $v=0$ 时，$K=K_j=55$ 辆/km，则 $v_m=44\text{km/h}$，$K_m=27.5$ 辆/km，$Q_m=v_mK_m=1210$ 辆/h。

由式(4-12)和 $v=88-1.6K$，有 $Q=88K-1.6K^2$（图 4-4）。

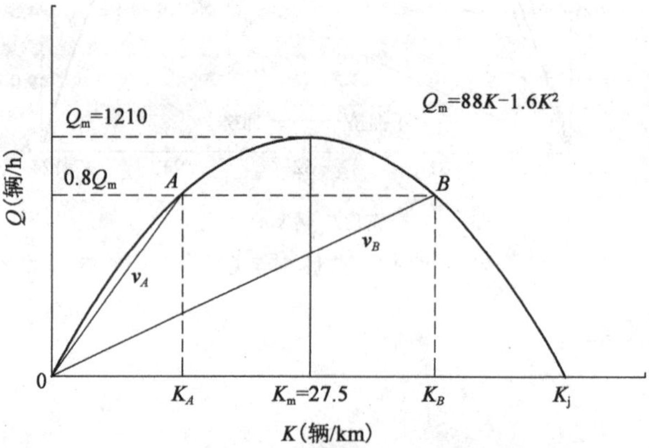

图 4-4 例 4-1 流量-密度关系

当 $Q=0.8Q_m$ 时，$88K-1.6K^2=0.8Q_m=968$，故有 $K_A=15.2$ 辆/km，$K_B=39.8$ 辆/km。由题意可知，所求密度小于 K_m，故为 K_A。则当密度为 $K_A=15.2$ 辆/km 时，其速度为

$$v_A=88-1.6K_A=88-1.6\times15.2=63.68(\text{km/h})$$

即 $K_A=15.2$ 辆/km，$v_A=63.68\text{km/h}$ 为所求密度最大值和速度最小值。

三、公路隧道交通流模型

公路隧道内一般禁止超车和换道，也无其他出入匝道，交通状况较为单一，其交通流模型完全可以借用车辆跟驰模型或单车道元胞自动机模型来描述。

1. 车辆跟驰特性

在道路上，当车辆无法超车或换道，且与前车间距较小时，车队中任一辆车的车速都受前车运动的制约，驾驶员只能按前车提供的运动信息采用相应的车速，我们称这种状态为非自由运行状态。跟驰理论就是研究这种运行状态下车队的行驶特性。

非自由运行状态下的车队有如下三个特性：

1）制约性

在一队运行的车辆中，后车驾驶员总不愿意落后，而是紧随前车前进，这就是“紧随要求”。同时，后车车速不能长时间地大于前车车速，只能在前车车速附近摆动，否则会发生碰撞，这就是“车速条件”。此外，前、后车之间必须保持一个安全距离，在前车制动后，两车之间有足够的距离，以保证有足够的时间供后车驾驶员做出反应，采取制动措施，这就是“间距条件”。

紧随要求、车速条件和间距条件构成了一队车辆跟驰行驶的制约性。

2)延迟性(也称滞后性)

当前车改变运行状态后,后车也要改变运行状态,由于驾驶员对前车运行状态的改变要有一个反应过程,需要反应时间,因此后车运行状态的改变滞后于前车。假设反应时间为 T,那么前车在 t 时刻的动作,后车在($t+T$)时刻才能做出相应的动作,这就是延迟性。

3)传递性

由制约性可知,一旦第一辆车改变运行状态,它的效应将会一辆接一辆地向后传递,直至车队的最后一辆,这就是传递性。这种具有延迟性的向后传递的信息不是平滑连续的,而是像脉冲一样间断连续的。

分析图 4-5 所示的无法超车的单一车道上车辆列队行驶,通过求解跟驰方程,不仅可以得到任意时刻车队中各车辆的速度、加速度、位置等参数,从而描述交通流的微观特性,还可以通过进一步推导,得到平均速度、密度、流量等参数,从而描述交通流的宏观特性。

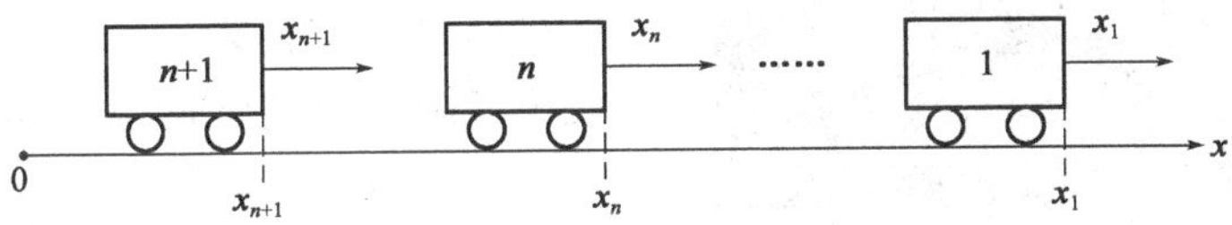

图 4-5　车辆跟驰运动示意图

2. 优化速度模型

在建立车辆跟驰模型时,每辆车的运动方程是基于这样的假设:每辆车的驾驶员以某种特定方式响应来自其他车辆的刺激。响应以加速度表示,这是驾驶员唯一可直接控制的量。通常,刺激和灵敏度可以是车辆位置、时间偏差等的函数。该函数成立的前提是车辆驾驶员始终遵守交通法规以避免交通事故。

1995 年 M. Bando 等提出优化速度模型(Optimal Velocity Model,OVM),通过物理学中运动方程的二阶微分方程来表示时滞的影响。在 OVM 中,刺激是关于跟驰距离的函数,灵敏度为常数。为了简化模型,OVM 忽略了车辆的长度,并认为所有驾驶员都具有相同的灵敏度。假设每辆车的优化速度为 v,且每位驾驶员对前车的刺激做出响应。他必须通过控制加速踏板或节气门和制动器来控制加速度,使当前车辆根据前车的运动保持合理的安全速度,其公式如下:

$$\ddot{x}_n = a\{v(\Delta x_n) - \dot{x}_n\} \tag{4-17}$$

式中:$\ddot{x}_n$——车辆 n 的加速度;

$\dot{x}_n$——车辆 n 的速度;

n——车辆标号[n 车跟随($n+1$)车];

Δx_n——车头间距,$\Delta x_n = x_{n+1} - x_n$;

a——驾驶员灵敏度常数;

$v(\Delta x_n)$——Δx_n 下的优化速度。

当车头间距减小时,后车速度随之减小,以免与前车发生碰撞;反之,当车头间距增大时,后车加速,但不能超过最大速度。

考虑实际驾驶情况下,驾驶员总希望能够快速到达目的地,试图以最大限速行驶,优化速

度函数 $v(\Delta x_n)$ 为单调递增函数且有最大上限（最大限速）。即当 $\Delta x_n \to 0$ 时，$v(\Delta x_n) \to 0$，以避免车辆碰撞；$\Delta x_n \to \infty$ 时，$v(\Delta x_n) = v_{max}$，车辆畅行，车辆间不发生相互作用。

研究给出了模拟实际车辆运动的优化速度函数：

$$v(\Delta x) = \tanh(\Delta x - 2) + \tanh 2 \tag{4-18}$$

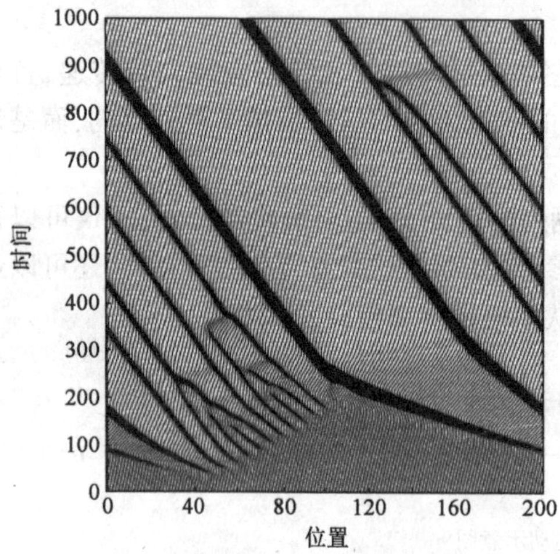

图 4-6　所有车辆随时间变化的时空图

数值分析显示，当车辆数 $N = 100$，环路长度 $L = 200$ 时，所有车辆的速度均在 0 和最大速度之间变化，没有出现负值的速度和车辆碰撞的现象。另外，通过绘制车辆的时空图（图 4-6），能观察到车队由均匀交通流向自发性拥堵演化的过程。

3. 元胞自动机模型

1）模型的定义

元胞自动机（Cellular Automaton，CA）在物理学中实质上是定义在一个由具有离散、有限状态的元胞空间上，按照一定的局部规则，在离散的时间维度上演化的动力学系统。在元胞自动机中，空间被一定形式的规则网格分割为许多单元。这些规则网格中的每一个单元都称为元胞（cell），并且它只能在有限的离散状态集中取值。所有的元胞遵循同样的作用规则，依据确定的局部规则进行更新。大量的元胞通过简单的相互作用而构成动态系统的演化。元胞的状态可以是二进制形式，如（0，1）、（黑，白）等。

184 号模型是由 Wolfram 命名的最简单的一维元胞自动机模型。在模型中，道路被划分为等距格子，每个格子表示一个元胞。在某一时刻，元胞或是空的，或者被一辆车占据。所有车辆的行进方向都是一致的（如向右），在每一个时间步内，若第 n 辆车前面的元胞是空的，则该车可以向前行驶一步；若前面的元胞被第（$n+1$）辆车占据，即使第（$n+1$）辆车在本时间步内离开此元胞，第 n 辆车也停在原地不动。

其演化规则为，如果在 t 时刻，一个元胞及其右侧元胞是黑色的，或者该元胞是白色的并且其左侧元胞是黑色的，那么该元胞就会在（$t+1$）时刻取黑色；否则，该元胞取白色。如图 4-7 所示，黑色代表元胞被一辆车所占据，白色表示该元胞上没有车辆。当 t 时刻一个元胞是空的而其左侧元胞上有车辆时，在（$t+1$）时刻，其左侧元胞上的车辆向右行驶，并占据该元胞；如果一个元胞上有车辆，而其右侧元胞上也有车辆，该元胞上的车辆因前方没有行驶空间而停留在原地不动；整个系统采用周期性边界条件以确保车辆数守恒。

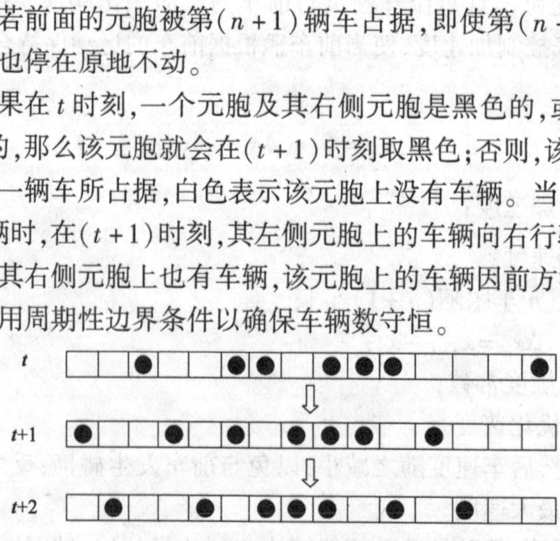

图 4-7　Wolfram 184 号模型规则

Nagel 和 Schreckberg 在 1992 年提出了一个模拟车辆交通的元胞自动机模型,即 NS 模型。在该模型中,时间、空间和车辆速度都被整数离散化,道路被划分为等距离的离散格子,即元胞。每个元胞或是空的,或者被一辆车占据,车辆速度可以在 $0 \sim v_{max}$之间取值。在时刻 t 到时刻 $(t+1)$ 的过程中,按照如下的规则进行更新:

加速:若某一车辆的速度 $v_n < v_{max}$,且它与前车之间的距离 $d_n > v_{n+1}$,则其车速加 1,$v_n \to v_n + 1$,此规则对应于现实中驾驶员期望以最大速度行驶的特点;

减速(与其他车辆有关):若某一车辆与前车之间的距离 $d_n < v_n$,则其车速 v_n 减速至 d_n,$v_n \to d_n$,此规则对应于驾驶员为了避免和前车发生碰撞而采取减速的措施;

随机慢化:以概率 p,每辆车速大于零的车辆,车速减 1,$v_n \to \max\{v_n - 1, 0\}$,此规则对应由于各种不确定因素(如路面状况不好、驾驶员的不同心态等)造成的车辆减速;

车辆位置更新:每辆车的位置 $x_n \to x_n + v_n$,此规则对应于车辆按照调整后的速度向前行驶。

2)模型边界条件

除系统更新规则外,完成单车道元胞自动机的数值模拟还需要确定边界条件。在交通流理论研究中,元胞自动机模型的边界条件通常有如下两种。

边界条件Ⅰ:周期性边界条件(periodical boundary),即在每次更新结束后,检测道路上的头车位置 x_{lead}是否驶出道路边界,若 $x_{lead} > L_{road}$,则这辆车从道路另一段重新进入系统,成为尾车,且 $x_{last} = x_{lead} - L_{road}$,$v_{last} = v_{lead}$。

边界条件Ⅱ:开放边界条件(open boundary),即在道路入口处设置长度为 v_{max}的车辆进入区,在每次更新结束后,检查道路上头车和尾车的位置 x_{lead}和 x_{last}。若 $x_{last} = v_{max}$,则一辆速度为 v_{max}的车将以概率 α 进入位置为 $\min\{x_{last} - v_{max}, v_{max}\}$ 的元胞;在道路出口处,若 $x_{lead} > L_{road}$,则该头车以概率 β 驶出路段,紧随其后的第二辆车成为新的头车。

第三节 交通流检测设备

交通流检测通常采用检测线圈、脉冲检测、雷达检测等手段,获得道路上交通流的交通参数。交通流检测设备用来检测交通量、车速、占有率、车头时距、车辆存在、长车比、车重、排队长度等,称其为车辆检测器。车辆检测器一般包括传感器和处理器两部分,传感器将被检测量(非电量)转换为电量,处理器负责电量采集、处理、存储和输出(显示、打印或通信)。下面介绍几种常用的车辆检测器,并着重介绍传感器部分。

一、环形线圈车辆检测器

目前,高速公路检测交通流状态常用的传感器之一是环形线圈,它可用以检测交通量、车速、占有率、车头时距、车长、车辆存在等多个项目。

1. 工作原理

环形线圈检测工作原理见图 4-8。线圈由专用电缆绕几匝及其馈线构成,它通过一个变压器接到被恒流源支持的调谐回路,有源环形线圈构成 LC 调谐回路的电感部分,并在线圈周围的空间产生电磁场。当含有铁金属的车体进入线圈磁场范围时,车辆铁构件内产生自成闭合回路的感应电涡流;此涡流又产生与原有磁场方向相反的新磁场,导致线圈的总电感变小,引起调谐频率偏离原有数值;偏离的频率被送到相位比较器,与压控振荡器频率相比较,确认其偏离值,从而发出车辆通过或存在的信号。

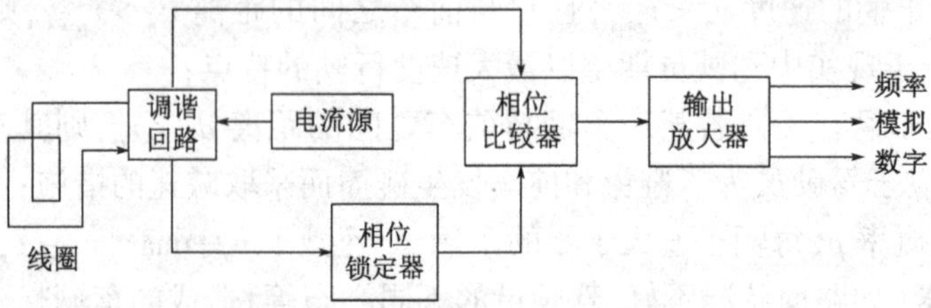

图 4-8　环形线圈检测工作原理

埋在路面下的有源环形线圈产生的电磁场有一定的作用范围,路面上部有效高度称为检测场高。检测场高取决于线圈的几何尺寸和匝数,约等于方形线圈边长的一半;若车辆底盘高度大于检测场高,车辆整体通过的有效输出将无法获得,小尺寸环形线圈只能得到与单个轮轴相对应的输出信号。因此,线圈的几何尺寸应由被检测车辆的底盘高度决定。

相位比较器由专用芯片组成,相位比较器发出的信号控制压控振荡器,使振荡器频率随线圈谐振频率的变化而变化,从而输出一脉冲信号,其宽度由锁相电路的充放电时间常数决定。

输出放大器将相位比较器输出的脉冲信号放大,并可以数字、模拟和频率三种形式输出,其中数字信号是将脉冲与一个基准电压相比较而得到的。频率输出可用来测速,数字信号便于车辆计数,模拟量还可用于计算车长和识别车型。

2. 线圈形状

根据电磁场理论,在线圈的平面上,磁力线在线圈的拐点附近比较集中,因此,线圈拐点处灵敏度比较高。线圈有多种切法,常用的有梯形线圈和平行四边形线圈。线圈安装方式如下。

(1)矩形安装。两条长边与行车方向垂直,两端距道路边缘或分道线 0. 35 ~ 1m,线圈宽度为 1m,如图 4-9 所示。

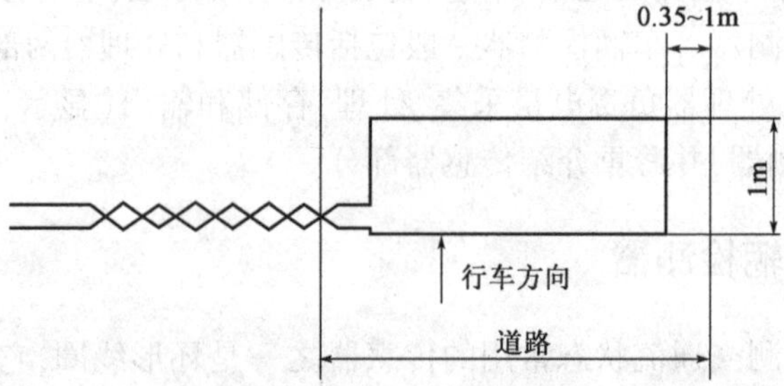

图 4-9　矩形安装示意图

(2)倾斜 45°安装。长边与行车方向成 45°角,两端距道路边缘约 0. 2m,宽度为 0. 8m,如图 4-10 所示。

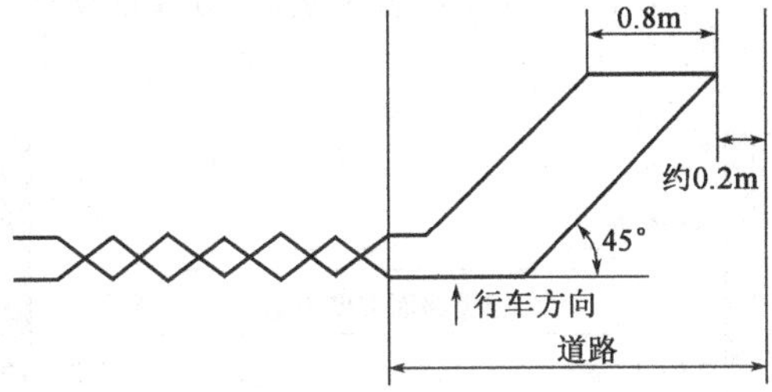

图 4-10　倾斜 45°安装示意图

(3)"8"字形安装。用于路面较宽(超过 6m)或滑动门检测的情况,该形状可分散检测点,提高灵敏度,如图 4-11 所示。

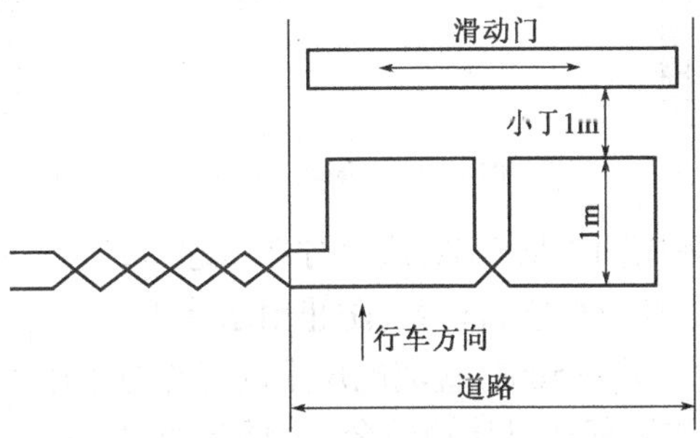

图 4-11　"8"字形安装示意图

3. 线圈匝数

检测器工作在最佳状态下,线圈的电感量应保持在 100 ~ 300μH 之间。线圈周长与线圈匝数的关系见表 4-1。

线圈周长与线圈匝数的关系　　表 4-1

线圈周长(m)	线 圈 匝 数
< 3	根据实际情况,使线圈的电感量保持在 20 ~ 2000μH 之间
3 ~ 6	5 ~ 6 匝
6 ~ 10	4 ~ 5 匝
10 ~ 25	3 匝
> 25	2 匝

4. 埋设方法及注意事项

环形线圈车辆检测器必须安装在离探测线圈尽可能近且防水的环境中。环形线圈具体埋设要求如下:

(1)按规格,采用切路机在路面切出槽,槽宽由电缆直径决定,一般为 5 ~ 15mm,深 40 ~ 50mm。槽底平直、无金属屑;槽内干燥清洁,除线圈本身外不得有其他任何导体。

(2)在四个角上进行 45°倒角,防止尖角破坏线圈电缆。从线圈至路边切一条引线槽,如图 4-12 所示。

(3)绕制线圈时,必须将线圈拉直。注意在线圈的绕制过程中,应使用电感测量仪实际测试线圈的电感值,并确保线圈的电感值在 100 ~ 300μH 之间。当线圈置于钢筋混凝土上时,线圈距钢筋至少 50mm。放入线圈后，将馈线穿过承重管，引到路肩外侧监控机箱内与检测单元相接。

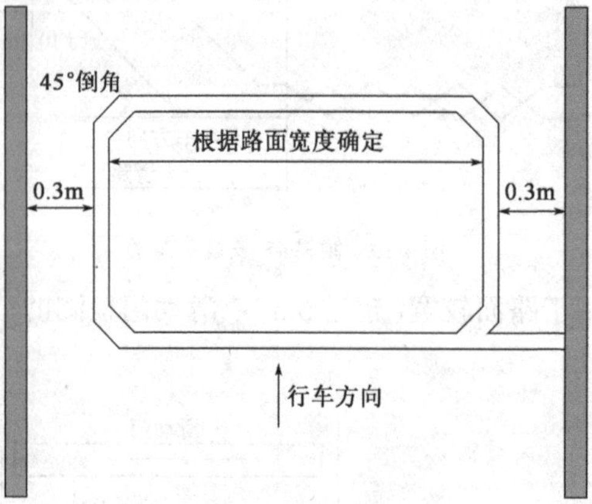

图 4-12　线圈埋设示意图

(4)馈线与线圈最好采用同规格电缆，成对拧在一起，每米在 20 绞左右，并应进行屏蔽。

(5)槽口用胶化沥青或环氧树脂料密封，防止雨水渗入。

(6)埋设后的环形线圈，其在 500V 直流电压下的绝缘电阻应不小于 10MΩ，线圈串联电阻小于 10Ω。埋设的线圈应当距任何可移动的金属物品至少 1.4m。

为精确测量车速，沿车道主轴连续布设两个线圈，线圈间距为 2 ~ 4m，相邻车道的环形线圈，间距应大于 1m。

5. 布设方法

参考国内外交通监控经验以及实际工程经验，在隧道中车辆检测器布设间距应该在 500 ~ 700m范围内(表 4-2)。这样，中央控制计算机就能依据交通量、行车速度和占有率数据判断交通阻塞和事故情况，并保证合理的系统响应时间。

事故自动检测车辆检测器布设间距建议表　　表 4-2

状　况	检测器配置形态	布设间距(m)
主线三车道	局部	300 ~ 750
主线四车道	局部	300 ~ 750
交织路段 300m	视检测模式而定	300
交织路段 600m	局部	300 ~ 750
交织路段 900m	局部	750
车道数增加	局部	300
车道数减少	局部	150 ~ 300
坡度 3%	局部	300
坡度 6%	局部	300 ~ 750
道路弯曲	局部	300 ~ 750

当隧道内单车道交通量小于 1000 辆/h 时，可只在隧道出、入口设车辆检测器，只统计通过隧道的交通参数。

二、超声波车辆检测器

1. 工作原理

超声波检测(ultrasonic testing)是一种非接触式检测方式,它不受光线的影响,在较恶劣的环境中具有较强的适应能力。超声波车辆检测器可以实现交通流量、速度、车辆排队长度、行程时间等的检测。

超声波车辆检测器主要有脉冲型、谐振型和连续波型三种类型。脉冲型超声波车辆检测器悬挂在车道的上方,向车道下方发射超声波脉冲,并接收回波。当有车辆从下方通过时,从车顶反射回波比从路面反射回波经历的路程短,基于这一原理可以检测车辆的通过性或存在性。使用谐振型超声波车辆检测器时,在车道两边分别安装相向对立的发射器和接收器,从发射器发射谐振型超声波,此超声波横越车道被车道对面的接收器接收,当车辆通过时就截断了波束,实现车辆的存在性检测。连续波型超声波车辆检测器发射一个连续的超声波波束,当射向驶近的车辆时,由于多普勒效应引起反射频率的变化,可以检测到车速等信息。

超声波车辆检测器由超声波发生器、接收器和时控电路三部分组成,其工作流程如图4-13所示。

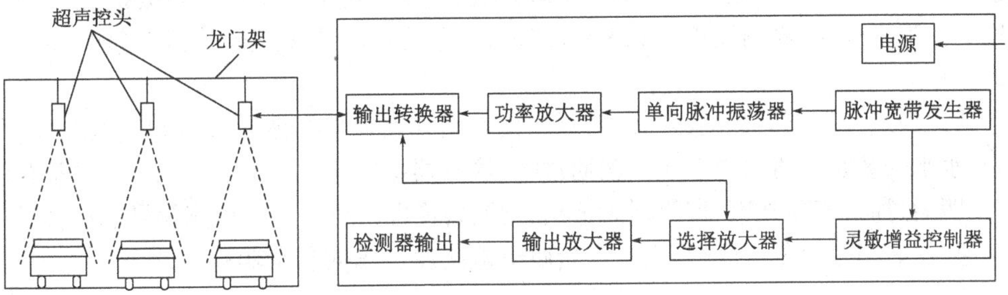

图4-13　超声波车辆检测器工作流程

发生器由高压脉冲发生器和换能器构成。高压脉冲发生器产生高压电脉冲,由换能器进行电→声转换,变成超声波发射出去。接收器的换能器产生反向转换(声→电),由输出放大器将电信号放大并输出。时控电路产生同步脉冲,控制高压电脉冲按一定的时间间隔传输给换能器,变成声脉冲发射出去;在发射声脉冲的间隙期内,时控电路又控制接收器接收反射回来的声波。接收的声强较发射时衰减,而且路面也会有反射声波传送到接收器。因此,要分别对其进行放大和滤除。

超声探头装在车道上方龙门架或路侧高杆悬臂(单车道)上,安装高度大于5.5m,用同轴电缆与装在路侧的检测器相连。通常一条车道安装一台探头。

安装在车道上方的收发式超声探头向下发射超声脉冲。无车时路面反射声波,由安装在同一个探头内的接收器接收,时控电路对发射至接收这段时间计时,作为基础时距;有车通过或存在时,由车辆上界面反射声波。显然,有车时,发射和反射距离缩短,时距减小,与基础时距的差异即为车辆出现信号。沿车道方向安装两个间距不大的传感器可对车速、时间占有率等变量和车长进行检测。

2. 特点

1) 优点

(1) 价格便宜,安装方便,维修容易,不破坏路面,不封闭车道,不受路面施工的影响。

(2) 使用寿命长,可以移动,易于更换检测地点。

(3) 不受车辆遮挡影响,对密集车辆适应性好。

(4) 能通过检测车辆高度区分车型。

(5) 对雨、雾、雪的穿透能力较强,可在恶劣气候条件下工作。

2) 缺点

(1) 仪器响应时间长、误差大、波束发散角大、分辨率低、衰减快、有效测量距离小。

(2) 性能受温度、气流等环境的影响较大。

三、红外车辆检测器

1. 工作原理

红外车辆检测器是波束检测装置的一种,有主动和被动两种形式。

1) 主动式红外车辆检测器

红外光是太阳光谱红光外侧的不可见电磁波,波长范围为 0.75 ~ 1000μm,在检测和通信中常用的是近红外光,检测波长为 0.8 ~ 1.6μm。主动式红外车辆检测器有遮断式和反射式两类。

主动遮断式红外车辆检测器的发射器和接收器分别为半导体激光器和光电二极管,将两者对中,水平安装在车道两边。无车辆通过时,接收器接收细束线状红外光,接收器有信号输出;有车辆通过时,遮断光束,接收器无输出,通断转换即是对车辆的检测信号。这种设备不能检测车速、占有率等变量,常使用它在收费匝道检测通过车数和车辆前轴处车身高度(车型分类用)。

新型主动反射式红外车辆检测器的原理为在相同红外光辐射下,反射物的大小、材料和结构不同,反射能量就不一样。车体表面反射能量大于路面(如金属与木材的反射率要比混凝土高出一倍),接收器接收不同的反射能量成为区分车辆和道路的标志。

浓雾、大雪、大雨等严重影响能见度的因素会降低红外检测效果。试验证明,在能见度为 3 ~ 5m 的浓雾下,不宜用红外方式检测车辆;而在能见度高的天气,红外检测距离可达到 40m。

2) 被动式远红外车辆检测器

被动式远红外车辆检测器检测的是波长在 8 ~ 14μm 范围内的远红外辐射源。通常,一个物体远红外辐射强度取决于该物体本身的尺寸、温度和表面的结构。

被动式远红外车辆检测器监控一定速度范围内的车辆、路面及其他物体自身散发的红外线和它们反射的来自太阳的红外线。当无车辆经过时,检测器检测到的红外能量主要源自路面返回的能量;当有车辆驶入检测区域时,由于汽车发动机上的热辐射明显与路面的热辐射不同,检测器检测到的红外线能量发生变化,从而可以判定有车辆存在或通过。同时,被动式远红外车辆检测器可以检测被测目标的温度与当前背景的热力学温度之间的差异,从而区分车辆及行人。

在交通监管应用中,在 6m 左右的距离内,大气不会造成被动式远红外车辆检测器的性能明显下降。而且,检测器能对与背景对应温度相差不到1℃的辐射变化做出响应。

2. 特点

1)优点

(1)安装简便,无须布线,无须破坏路面,无电源,使用寿命长。

(2)快速响应,抗干扰性强,可以准确实现车辆的分离。

(3)不受光线条件的影响,能在完全黑暗的情况下工作。

2)缺点

(1)受周围环境影响太大,如大气的温度和湿度。

(2)穿透灰尘、云雾、雨滴和雪花的能力相对较弱。

四、微波交通检测器

1. 工作原理

前面介绍的红外车辆检测器有一个严重缺点,就是穿透云雾、雨滴和雪花的能力较弱,而波长3cm左右的电磁波对云、雨的透射率达70% ~90%,为此,人们利用成熟的雷达测距、测速和成像技术开发出微波交通检测器。雷达测速仪根据多普勒效应对行驶中的车辆进行测速。远程交通微波检测器(Remote Traffic Microwave Sensor,RTMS)实际是一个在微波范围内工作的雷达,通过发射和接收反射雷达波来检测车辆,最多可检测8个车道的交通量、平均车速、占有率、按长度划分的车型和排队长度等参数。

微波交通检测器由三部分组成:微波发射、接收探头及其控制器,调制解调器和专用电源。发射器可安装在路侧灯杆或专用立柱上,安装高度大于5m,可采用侧视安装,微波波束俯仰角40°~50°,水平方位角15°,作用距离3~60m;也可像超声波车辆检测器一样安装在车道上方龙门架上,称为前视安装。调制解调器安装在同一根立柱上,通过连接盒与探头连接,将处理过的检测信号经调制后发射给接收单元。

检测器面对高速公路隧道车道行驶方向布设,称为前视检测。通常将一条车道划分为一个检测区,配置一台检测器。检测车速时,需要在检测区内沿行驶方向将检测区细分成几个窄区,并设定窄区的距离;对通过窄区的车辆计时,就可测出车速及其他交通参数。前视检测可延长纵向区(车道)检测长度,以提供更精确的数据。检测区及窄区的划分均由软件设定,修改软件可重新设定。

2. 特点

微波交通检测器的使用特点:

(1)多车道检测:一台检测器可完成多条车道交通流的同时检测。

(2)全天候工作:抗干扰能力强,能穿透雨滴、浓雾和大雪而不受影响;测速为非多普勒模式,安装杆的弯曲和振动不影响检测质量,因此大风下能正常检测。

(3)使用方便:安装维修不封闭车道,不破坏路面;运行模式由软件决定,便于扩展升级。

(4)检测精度高:前视——车辆计数和占有率,误差2%;平均车速,误差5%。侧视——车辆计数和占有率,误差5%;平均车速,误差10%。

(5)漏检率低:红外检测时,存在车辆相互遮挡问题。特别是小车紧邻着大车行驶,往往会出现漏检情况，1 ~2cm 波长的微波接触大型车车顶边缘时，边缘成为一个副天线，使微波形成衍射现象，仍可测出紧邻大车的其他车辆。据统计，使用一般车辆检测设备，被遮挡而未能测出的车辆约占被测总数的2%，使用微波交通检测器可使漏检率减小一半。

第四节　交通诱导与控制

一、交通诱导与控制系统的功能

高速公路隧道交通诱导与控制系统是高速公路隧道监控系统的一个子系统，它的主要任务是根据隧道内交通流信息处理结果，判断隧道的运营状态，并根据相应的运营状态做出处理，提供诱导信息以诱导洞内车辆和驾乘人员采取最佳方式驶离隧道，从而保证洞内车辆安全行驶，最终达到提高隧道通行能力的目的。

作为高速公路隧道监控系统的一个子系统，交通诱导与控制系统与行车人员的关系最为密切。交通诱导与控制系统用于隧道正常交通及火灾、事故、检修等特殊情况下的交通管制，通过切换交通信号可改变隧道运行方式，达到减少事故、充分有效地使用隧道的目的。

隧道的交通模式包括正常交通、双向交通、波动交通、夜间、事故、火灾、维护等多种情况。双洞单向隧道的运行模式一般可分为以下五种：

(1)双洞单向双车道运行模式(正常运行)；

(2)左洞单向单车道，右洞单向双车道；

(3)左洞单向双车道，右洞单向单车道；

(4)左洞双向单车道，右洞关闭；

(5)右洞双向单车道，左洞关闭。

交通诱导与控制系统根据不同的交通量和隧道运行工况条件，选择不同的运行模式，以达到隧道最佳经济运行的目的，控制流程如图 4-14 所示。

隧道内一旦发生火灾或重大交通事故，交通诱导与控制系统会控制隧道车行横通道和人行横通道的开启，有策略地进行事故条件下的交通诱导与控制，尽快地控制和疏散事故发生点后续车辆的进入，防止事故的进一步扩大和二次事故的发生，尽可能地减少人员伤亡和财产损失，并可视事故严重程度由原来的运行模式改为其他运行模式，直至关闭单洞或双洞，同时对洞外车辆进行疏导和控制，并指挥救援人员进行救灾。

二、交通诱导与控制的设施

交通诱导与控制的设施主要用于收集和处理交通信息，根据车辆检测数据分析、判断交通拥挤和阻塞等异常状况及其发生地点和时间，做出相应的报警处理，同时接收中央控制计算机传来的有关信息和命令，按照选定的方案或控制命令，实现对隧道内交通流和交通状态的有效控制，如向道路使用者提供道路交通状况信息，对行驶车辆发出限制、劝诱、建议性指令，向交通管理部门、事故救助机构提供交通事故和其他异常事件的处置指令，向信息媒体或社会提供更为广泛的交通信息。通常提供的交通信息包括：不同地域的交通状况，交通事件的发生地点、时间和事件类别等信息，流入和流出诱导信息，车道或行驶速度限制信息，路网上工程施工与管理信息等。

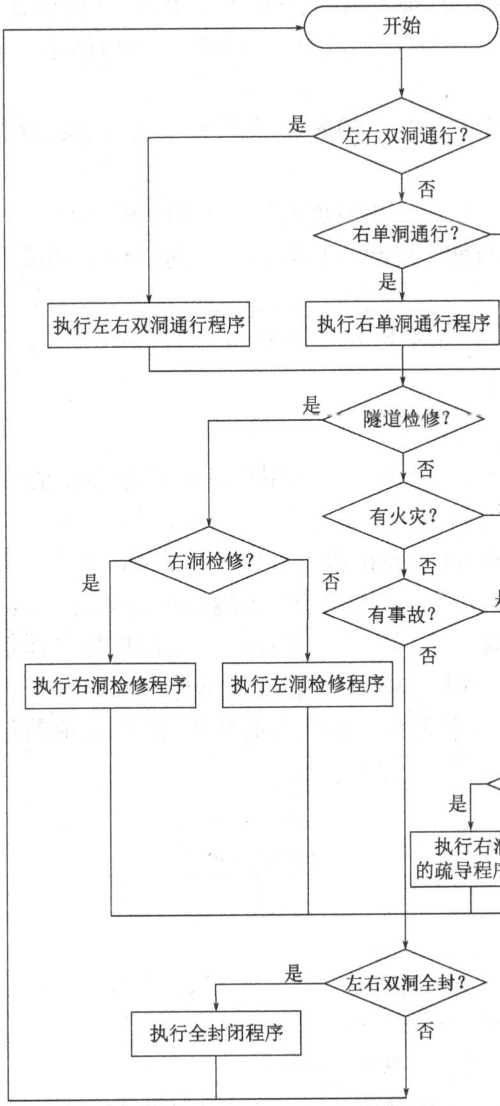

图 4-14 交通控制流程

交通诱导与控制的重要终端设备主要包括交通信号灯、车道指示器、可变信息标志、可变限速标志、交通区域控制单元等，隧道中还设置各种隧道标志作为交通诱导与控制的辅助设施。同时，火灾报警系统和紧急呼叫系统设备在隧道交通诱导与控制中也起到提供信息、引导交通和发布信息的作用。

1. 交通信号灯

隧道交通信号灯通过其距离较近的区域控制单元与中央控制计算机和控制台相连，根据隧道的运营状况，可自动或手动改变灯色显示，从而达到交通控制的目的。

隧道交通信号灯安装在隧道入口附近，实际中使用的信号灯主要有“×”“←”和“↑”三种方式。用“×”表示禁止车辆前进；用“←”表示左行信号；用“↑”且不闪烁表示隧道运行正常；用“↑”且闪烁表示注意行驶过渡信号。

隧道内一般配有专门的信号灯，具有密封良好、显示清晰、视距不小于200m的特点。

《公路隧道设计规范　第二册　交通工程与附属设施》(JTG D70/2—2014)第7.3.2条规定，隧道交通信号灯的设计应符合下列规定：

(1)交通信号灯应设置在隧道入口联络通道前20~50m处，信号灯应由红、黄、绿和左转箭头组成。

(2)隧道入口无联络通道时，交通信号灯应设置在距隧道入口一个停车视距处，且信号灯应为红、黄、绿三色信号灯。当后一隧道入口与前一隧道出口间距小于500m时，两隧道间可不设交通信号灯。

(3)交通信号灯应显示清晰，有效显示直径不应小于300mm，动态视认距离不应小于200m。

2. 车道指示器

由于隧道内的光线较暗、运营环境恶劣，车道指示器一般选用高亮度、高清晰度、密封性能良好的设备。车道指示器应设置在隧道内各车行道中心线上方，如图4-15所示，是只对本车道行驶车辆起指挥作用的交通信号。车道指示器一般在隧道入口进深3~10m处设置第一组，其他宜设置在隧道出口以及车行横通道等处。进入隧道后，依隧道纵剖面之曲线、高度及标志尺寸与可见性，直线段车道指示器设置间距不应大于500m，曲线段根据具体情况可缩短设置间距。结合土建中预留的人行横通道和车行横通道设置车道指示器。在长大隧道内，车道指示器的设置以能从一个看到下一个为准。在隧道曲线处，应在弯道前设置一组标志。

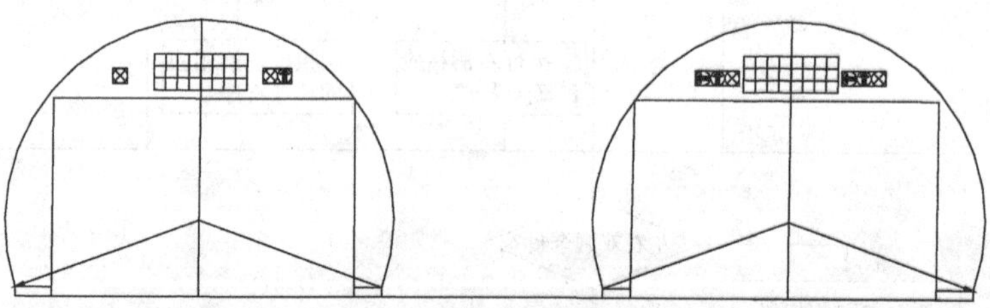

图4-15　车道指示器、洞内可变信息板安装位置示意图

车道指示器与区域控制单元相连接，通过区域控制单元接收来自中央控制计算机的控制命令，并传回状态信息。车道指示器一般由一组“×”“←”“↑”灯组成，可以提前提示驾驶员前方车道能否通行，使其及时避开交通障碍。车道指示器应具有双面显示功能，显示图案应清晰，动态视认距离不应小于200m。方形车道指示器有效显示尺寸不应小于350mm×350mm，圆形车道指示器有效显示直径不应小于300mm。

车道指示器应造型美观，密封性能良好，显示清晰，显色范围符合国际CIE标准。

3. 可变信息标志

可变信息标志可根据实际交通状况的变化动态自动或手动选择计算机已存储的情报显示信息，也能根据临时情况及时编辑监控计算机的显示内容，然后以文字或图案的形式显示各种信息，提醒道路使用者注意隧道内交通状况，使道路使用者对前方路况做好充分的心理准备，预防事故发生。它对维持隧道内外正常交通非常重要。

可变信息标志为驾驶员提供各种信息情报，包括：(1)气象及路面状况情报，包括雨、雪、雾、冰以及路面维护等；(2)交通运行情报，包括交通拥挤、阻塞、交通事故及其发生地点等；(3)实时的交通诱导信息。

可变信息标志的设置位置，洞内、洞外有所不同。洞外可变信息板一般为门架式可变信息板，也可为F形信息板。可变信息标志设置位置与洞口关系如图4-16所示。

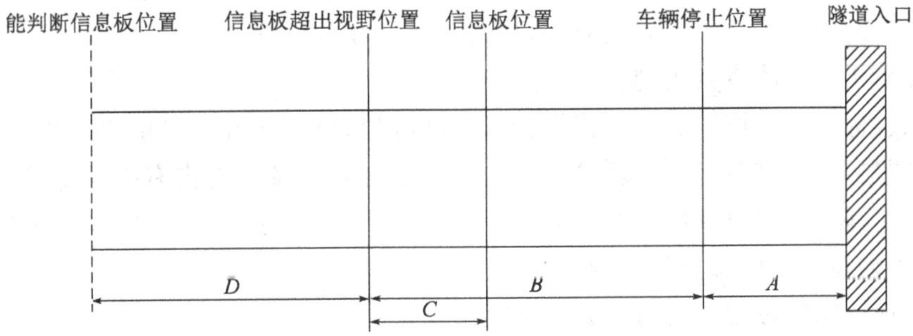

图4-16 可变信息标志设置位置与洞口关系示意图

因各个隧道洞口附近设计车速不同，制动距离也不同，所以可变信息板设置位置不能一概而论。对于高速公路(一般设计速度为100km/h)，以洞口前220m位置为准；对于山区路段(一般设计速度为80km/h)，以洞口前160m位置为准。门架式可变信息板设置在车道上方，F形信息板设置在行车方向右侧路肩上。可变信息标志设置标准见表4-3。

可变信息标志设置标准建议表(m) 表4-3

设计距离	高速公路	
	设计速度80km/h	设计速度100km/h
A：停止缓冲距离	50	60
B：车辆制动距离(反应距离+踩制动器至停止距离)	140	200
C：信息板超出驾驶人员视野距离	30~40	30~40
$A+B-C$：隧道洞口与信息板距离	150~160	210~220
D：判读所需距离	50	50
$C+D$：最低限度辨识距离	97~107	113~123

洞内可变信息板一般设置在车行横通道处，设置位置如图4-15所示。洞内可变信息板一般较小，放置在车道指示器之间。

可变信息板一般通过RS232口与就近的区域控制单元相连接，但隧道入口所设的可变信息板由于距离洞口处的区域控制单元较远，故要采用RS232/RS485转换接口。根据隧道内采集到的交通信息，中央控制计算机可发送编译的信息到可变信息板，及时将隧道内运行信息传递给驾驶员。

可变信息标志的设置应符合下列规定：

(1)可变信息标志应设置在隧道入口联络通道前200~300m处。

(2)隧道入口无联络通道时，可变信息标志宜设置在隧道入口前200~300m处。

(3)可变信息标志可在特长、长隧道内设置，并宜设置在车行横通道前10~30m处。

可变信息标志应满足下列技术要求：

(1)隧道内板面亮度不应小于3500cd/m^2,隧道外板面亮度不应小于8000cd/m^2。

(2)板面亮度应能根据环境照度自动调节,应无眩光现象,动态视认距离不应小于200m。

(3)应具有故障自检功能。

4. 可变限速标志

可变限速标志是根据隧道内实际交通运行状况和周围环境情况,改变洞内车道上车辆行驶速度限制值的动态标志,多用于隧道入口或内部。在发生交通拥挤、事故等情况时,可根据中央控制计算机指令改变其内容,确保行车安全。

可变限速标志与区域控制单元连接,通过区域控制单元接收来自中央控制计算机的控制命令,并返回显示状态信息,能与隧道内行驶车辆平均速度及车道占有率相适应,以缓解或避免隧道内拥挤、阻塞。当控制室的操作人员手动控制时,能按操作人员的意图灵活转换可变标志的显示,手动控制优先于自动控制。

可变限速标志的设置应符合下列规定：

(1)可变限速标志宜设置在隧道入口前50～100m处。

(2)可变限速标志可在特长、长隧道内设置,也可由洞内可变信息标志显示相应限速值代替。

5. 交通区域控制单元

交通区域控制单元一般由处理器单元、存储单元、通信单元构成,设置在区域控制器箱内,下端设备的数据,送到区域控制单元经过处理编排,上传到中央控制计算机。中央控制计算机的命令、数据等送到交通区域控制单元,再下发到各个下端设备,由下端设备执行。

交通区域控制单元可根据隧道内信息量和隧道监控模式合理设置。交通区域控制单元的设置应符合下列规定：

(1)应根据处理信息量和隧道监控模式确定交通区域控制单元规模及处理控制能力。

(2)交通区域控制单元设置间距应按可靠、经济的原则确定。

(3)交通区域控制单元宜设置在隧道两端洞口、横通道内、紧急停车带端部或隧道侧壁的预留洞室内。

(4)隧道内的各交通区域控制单元,宜通过光纤构成光纤自越控制环网。

6. 隧道标志

隧道标志为驾驶员提供线路指示和相关救援设施信息,并起到辅助交通诱导与控制的作用。其一般包括预告标志、紧急电话标志、消防设备指示标志、人行横通道指示标志、车行横通道指示标志、紧急停车带标志、疏散指示标志。这些标志我们将在第十章进行详细讲述。

三、交通诱导与控制方案

高速公路隧道交通诱导与控制方案可分为正常状态运行诱导与控制方案、拥挤(包括交通拥挤和小型事故引起的拥挤)状态下的诱导与控制方案和事故(包括大型事故和火灾事故)诱导与控制方案。下面就三种交通状况(正常、拥挤、事故)所应采取的诱导与控制方案进行分析,并对不同事故点的不同诱导与控制方案进行论述。

1. 正常状态下的交通诱导与控制

正常状态运行诱导与控制方案对于采用双洞单向四车道隧道来说有很多种，根据施工、维修、检测等的实际需要可按下面几种稳定状态考虑：

(1)左、右洞正常开放(单向双车道)；

(2)右洞各道正常，左洞单道(行车道开放、超车道关闭)；

(3)右洞各道正常，左洞单道(行车道关闭、超车道开放)；

(4)左洞各道正常，右洞单道(行车道开放、超车道关闭)；

(5)左洞各道正常，右洞单道(行车道关闭、超车道开放)；

(6)右洞关闭，左洞单洞双向行车(超车道反向，行车道正向)；

(7)左洞关闭，右洞单洞双向行车(超车道反向，行车道正向)；

(8)左洞单道运行(开放行车道)，右洞单道运行(开放行车道)；

(9)左洞单道运行(开放超车道)，右洞单道运行(开放超车道)；

(10)左洞单道运行(开放行车道)，右洞单道运行(开放超车道)；

(11)左洞单道运行(开放超车道)，右洞单道运行(开放行车道)；

(12)双洞关闭。

交通信号灯在允许行车方向上显示为绿灯，并且不闪烁，提示驾驶员隧道运营正常。

车道指示器根据相应的车道操作显示逻辑灯色，诱导车辆按照规定的路线行驶。

可变限速标志显示“限速××公里每小时”，将车速限制在设计的车速以内，保持隧道内车流运行通畅。

隧道入口处的可变信息标志显示一些正常状态下的运行信息，并根据气候等条件提示驾驶员“洞内路滑，请小心驾驶”等相关信息。

2. 拥挤状态下的交通诱导与控制

隧道拥挤的原因有很多种，包括隧道内的行驶车辆抛锚，货物掉落和隧道下游交通拥挤的蔓延，逆向波传递到隧道内造成的偶发性拥挤。当隧道内发生拥挤时，交通诱导与控制系统应根据采集的交通流信息并结合视频监视系统，判断隧道内交通状况的发展趋势，并根据分析结果控制可变信息标志和可变限速标志。将拥挤程度分为三级，并给出相应的诱导与控制方案：减速调节；暂时关闭单道或单洞；关闭单洞，诱导车辆左拐经过车行横通道和另一行车线超车道驶离隧道。下面具体讨论这三种诱导与控制方案的实施过程。

(1)减速调节。若因隧道内发生微型事故导致隧道内某段车流受阻，造成暂时的偶发性拥挤，此时隧道内可以继续通行，可变信息标志显示“前方路段事故，请减速慢行”，可变限速标志将车速限制在规定速度内。

若隧道内交通量过大，行驶车辆数超过隧道的通行能力，导致隧道内出现拥挤，但通过限制通行车辆速度，隧道内仍能通行。这种情况一般称为常发性拥挤，发生的时间具有规律性，特别是在高速公路交通高峰期较易出现。通过监控设施采集现场的交通流数据，并预测交通流量的发展方向，计算出合理的行车速度。中央控制室发送命令改变可变限速标志的显示内容，降低行驶车辆的行驶速度。可变信息标志提示驾驶员隧道内交通量较大，请减速行驶。

(2)暂时关闭单道或单洞。若隧道内因一些小型事故造成严重拥挤，车辆仍可以继续通行，但隧道内的 CO 等有害气体浓度超标，严重影响通行人员的健康，这时需暂时关闭某一条单道或单洞,待经过一段时间通风,有害气体浓度降低到正常指标后再完全开放隧道。

可变信息板根据关闭的车道显示"隧道暂时关闭,请等待"等信息,交通信号灯禁止车辆经关闭的车道驶入隧道,可变限速标志限制进入车辆速度。

车道关闭时间根据拥挤程度决定,而且洞外可变信息板显示最新的估计等待时间,以提高服务水平。

(3)关闭单洞。若车流量过大,即使所有风机开启,洞内有害气体浓度依然超标,或下游道路出现交通事故,逆向波传递导致洞内交通拥挤,如不控制或诱导,将导致阻塞并有可能引发事故,在这种条件下应关闭整个行车洞,对隧道内受阻车辆进行横通道诱导处理。

判断等待时间,在隧道关闭过久的情况下洞外可变信息板显示分流行车路线,避免洞口等待车辆排队过长、时间过久。洞内可变信息板显示"洞内拥挤,请按诱导方向行驶"信息。洞口交通信号灯显示红灯,禁止车辆驶入,并适时有"←"信号诱导车辆分流。

3. 事故状态下的交通诱导与控制

事故(包括大型事故和火灾事故)诱导与控制方案在满足交通诱导与控制条件(交通事故、交通堵塞、火灾事故、洞内环境指数超标、隧道内突然断电、冰雪路面等)时将进入准备状态。交通诱导与控制系统的操作画面可提供参考,但在实施时需经人工确认后方可进入诱导程序。高速公路长大隧道由于长度较大,可能发生事故点较多,因而具有同时发生两起事故的可能。根据事故发生点和发生事故数目的不同,其诱导与控制方案也有较大区别。

我们以薛公岭隧道为例,来讨论隧道发生事故时的交通诱导与控制方案。

薛公岭隧道位于青岛—银川国道主干线汾阳至离石段,上行线长 2140m,下行线长 2035m,两洞之间垂直距离为 50m。隧道设计为双洞单向双车道,设计速度 80km/h,隧道内设有三个人行横通道和两个车行横通道,人行横通道和车行横通道间隔分布。隧道内外设有车道指示器、车辆检测器、可变信息标志、可变限速标志、紧急出口标志等交通诱导相关设施,入口处的交通信号灯用一组车道指示器代替,人行横通道处未设置车道指示器。隧道是高速公路的一部分,为便于讨论,仍将隧道按照高速公路的形式分车道为行车道和超车道,以两个车行横通道为界将隧道分成六个区域(①、②、③、④、⑤、⑥),如图 4-17 所示。

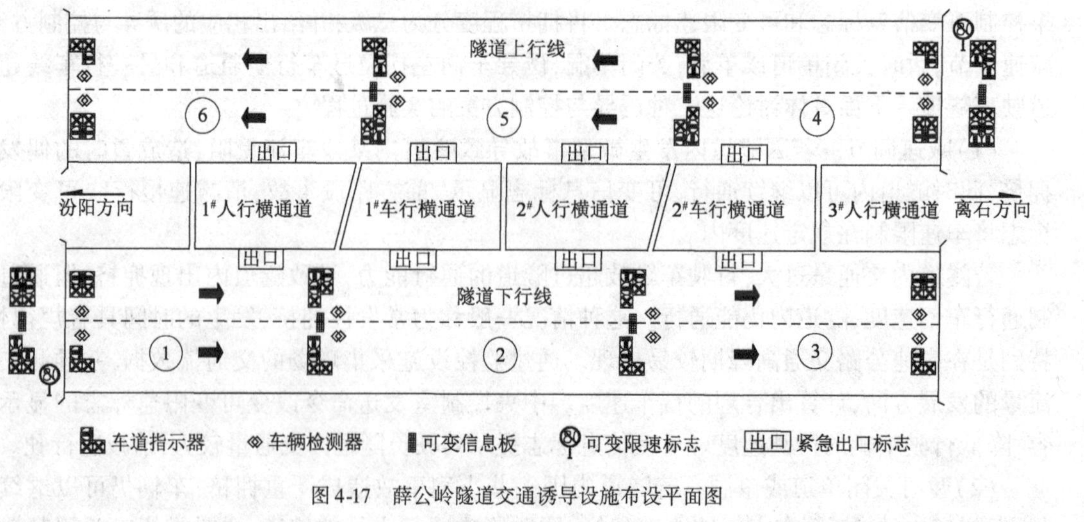

图 4-17 薛公岭隧道交通诱导设施布设平面图

根据事故类型和诱导特点的不同，事故可分为表4-4所示的七类情况。下面就单点事故和两点事故按类讨论在不同事故点、火灾点条件下薛公岭隧道的交通诱导与控制方案。

事故归类表 表4-4

编号	类型	事故区域	诱导特点	诱导车行横通道	按诱导特点归类
1	单点事故	①	不需开启车行横通道	无	Ⅰ
2		④		无	
3		②	诱导受阻车辆到另一行车道	$1^{\#}$车行横通道	Ⅱ
4		③		$2^{\#}$车行横通道	
5		⑤		$2^{\#}$车行横通道	
6		⑥		$1^{\#}$车行横通道	
7	两点事故	①和④	不需开启车行横通道	无	Ⅲ
8		①和②	诱导受阻车辆到另一行车道	$1^{\#}$车行横通道	Ⅳ
9		①和③		$2^{\#}$车行横通道	
10		②和③		$1^{\#}$、$2^{\#}$车行横通道	
11		④和⑤		$2^{\#}$车行横通道	
12		④和⑥		$1^{\#}$车行横通道	
13		⑤和⑥		$2^{\#}$、$1^{\#}$车行横通道	
14		③和⑥	诱导两洞受阻车辆分别到另一行车道	$1^{\#}$、$2^{\#}$车行横通道	Ⅴ
15		③和⑤	通过同一车行横通道分先后优先权诱导两洞受阻车辆分别到另一行车道	$2^{\#}$车行横通道	Ⅵ
16		②和⑥		$1^{\#}$车行横通道	
17		②和⑤	无法诱导	无	Ⅶ
18		①和⑤		无	
19		②和④		无	
20		①和⑥		无	
21		③和④		无	

(1)单点事故的交通诱导与控制。

a. Ⅰ类事故，该类事故不需要通过车行横通道引导车辆。如图4-18所示，以①区发生事故为例。交通信号灯禁止下行线入口外车辆进入隧道，关闭事故行车线入口。若无车行横通道，则说明事故点距离隧道入口较近，车道指示器引导事故点前车辆继续行驶。洞内可变信息板显示当前的事故信息，帮助诱导车辆驶离隧道。洞外事故行车线入口处可变信息板可提示等候车辆当前事故信息。开启$1^{\#}$人行横通道，已经进入隧道且在事故点上游车辆内的驾乘人员可由紧急出口标志诱导向入口或$1^{\#}$人行横通道方向逃离隧道。若救援时间较久，隧道上行线可暂时选择双向运行，下行线关闭进行事故处理和救援工作。下行线入口处可变信息板显示交通信息“前方事故，请耐心等待”；若上行线实行双向行驶，可变信息板显示交通信息“前方事故，绕道前行”。在上行线双向行驶情况下，可变限速标志显示信息“限速××公里每小时”。

b. Ⅱ类事故，该类事故诱导需要开启车行横通道诱导洞内受阻车辆左拐到另一行车线超车道。如图4-19所示，以②区发生事故为例。首先交通信号灯禁止两入口处准备进入的车辆进入隧道,关闭上行线的目的是为通过车行横通道疏散下行线交通流做准备,车道指示器禁止下行线事故点下游的受阻车辆通过 1#车行横通道指示器处。车辆长度一般都在 4m 以上,且有些大型客货车长度近10m,由于转弯半径过大,在通过横通道诱导时诱导车辆与上行线 1#车行横通道上游车辆将发生冲突,必须考虑给定等待时间,疏散上行线已经进洞车辆全部通过 1#车行横通道下游。若等待时间过长,可能引起二次事故。设定一阈值 h(建议取值 54 ~ 65s),比较等待时间 T 与 $\min\{d,h\}$ 大小。

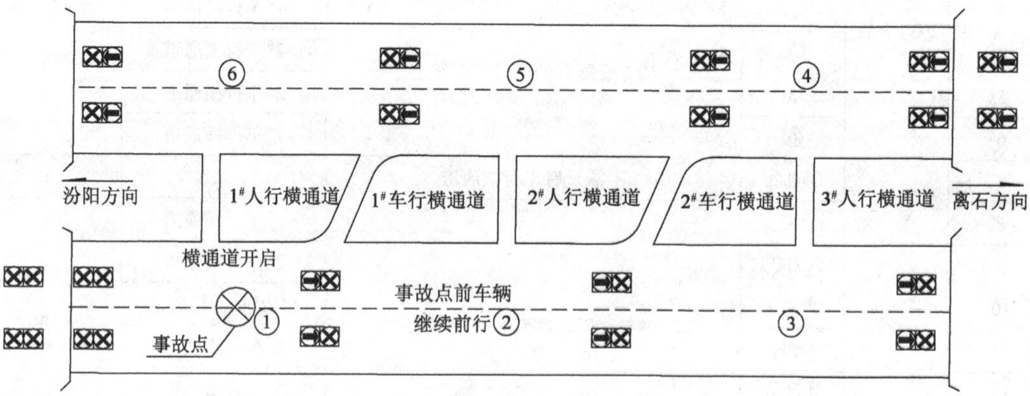

图 4-18　①区发生事故诱导图

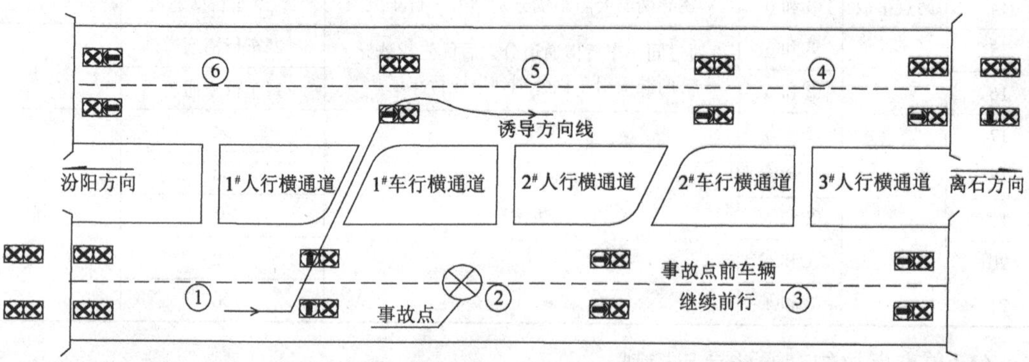

图 4-19　②区发生事故诱导图

其中等待时间:

$$T = \left(\frac{L}{v} - \frac{M}{v'}\right) \tag{4-19}$$

式中:L——诱导车辆方向行车线入口到诱导车行横通道的距离,m;

v——隧道平均车速,m/s;

M——诱导车行横通道长度,m;

v'——诱导车辆经车行横通道时的平均车速,m/s。

比较结果:

$$R = \mathrm{CMP}(T, \min\{d,h\}) \tag{4-20}$$

式中:R——比较结果;

CMP——比较符号;

d——火灾由火灾点扩散到诱导车行横通道的时间(非火灾事故取值$+\infty$),s;

h——设定阈值,s。

事故点以前车辆继续行驶出隧道。若R为$T<\min\{d,h\}$,则在确认上行线车辆已全部驶离1#车行横通道后,开启1#车行横通道,诱导下行线受阻车辆经1#车行横通道和上行线超车道驶离隧道。若R为$T>\min\{d,h\}$,则车道指示器禁止上行线1#车行横通道上游车辆前行,立即诱导下行线受阻车辆经1#车行横通道和上行线超车道驶离隧道。待下行线通道内受阻车辆清空后,上行线可双向运行,同时关闭下行线进行事故处理工作。

c. 高速公路隧道单点事故诱导与控制方案。

高速公路隧道单点事故诱导与控制方案因事故点后是否有车行横通道而有所不同。若有车行横通道,首先控制交通信号灯关闭双通道,事故点前车辆继续前行。然后利用式(4-19)和式(4-20)判断R。若R为$T<\min\{d,h\}$,等待无事故通道内车辆全部通过诱导用车行横通道处,车道指示器诱导事故点后车辆经车行横通道绕过事故点经另一行车线超车道驶离隧道。若R为$T>\min\{d,h\}$(主要出现在特长公路隧道中),应在不给等待时间状态下直接诱导事故点后车辆左拐,同时车道指示器禁止无事故行车线通道内车辆继续前行。待发生事故行车线通道内车辆诱导完毕,关闭事故行车线并处理事故,另一行车线可双向运行。人行横通道根据实际需要开启。洞内可变信息板显示当前运行信息,诱导车辆驶离隧道。洞外可变信息板可提示等候车辆当前事故信息。

若无车行横通道,则说明事故点距离隧道入口较近,只需要开启事故点附近的人行横通道供驾乘人员逃生,根据行车需要关闭事故发生点行车线入口,事故点前车辆仍继续前行。洞内可变信息板显示当前的事故信息,帮助诱导车辆驶离隧道。洞外事故行车线入口处可变信息板可提示等候车辆当前事故信息。

(2)两点事故的交通诱导与控制。

两点事故的交通诱导与控制相比单点事故较为复杂。实际上,两点同时发生事故的概率较小,但又不能排除,尤其在单点事故发生时由于驾乘人员心理恐慌可能引发二次事故。下面以薛公岭隧道为例对可能发生的各类两点事故状态下的诱导与控制方案进行归类介绍:

a. Ⅲ类事故,该类事故是两点事故中较为特殊的情况,交通诱导不需要开启车行横通道。只需要开启1#、3#人行横通道供驾乘人员逃生。禁止两入口处车辆进入隧道,两事故点前车辆继续前行驶离隧道,具体的车道指示器和交通信号灯诱导方式如图4-20所示。

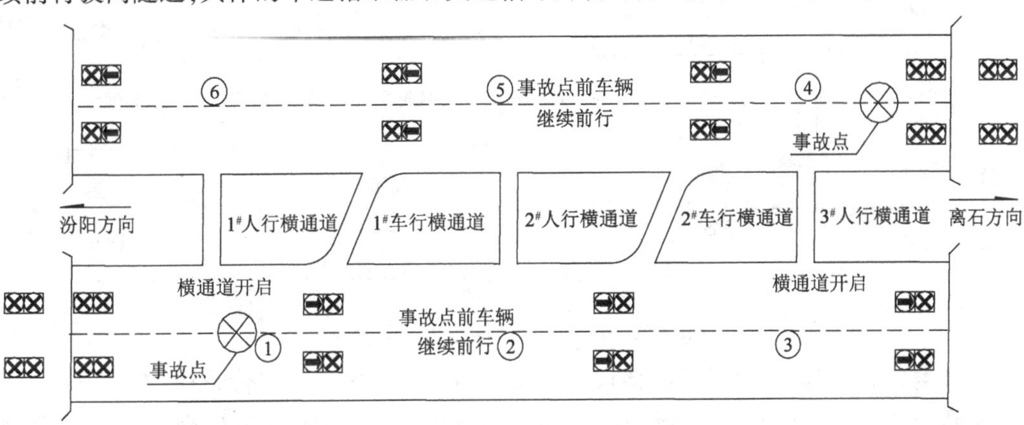

图4-20 ①区和④区同时发生事故诱导图

b. Ⅳ类事故，该类事故诱导的特点是诱导车辆经车行横通道和另一行车线超车道驶离隧道。比如①、②两区同时发生事故，如图 4-21 所示，首先禁止两入口处车辆进入隧道，②区事故点前车辆继续行驶出隧道。选择 L 为④区和⑤区长度和，利用式(4-19)和式(4-20)进行阈值比较。若 R 为 $T<\min\{d,h\}$，则首先确认上行线车辆全部驶离 1#车行横通道后，开启 1#车行横通道，诱导下行线事故点间受阻车辆经 1#车行横通道和上行线超车道驶出隧道，1#、2#人行横通道开启。若 R 为 $T>\min\{d,h\}$，车道指示器禁止⑤、⑥两区内车辆前行，1#车行横通道开启，立即诱导下行线受阻车辆。待下行线受阻车辆清空后，上行线可双向运行，下行线关闭并进行事故处理工作。对下行线车辆通过 1#车行横通道的诱导方式如图 4-21 所示。

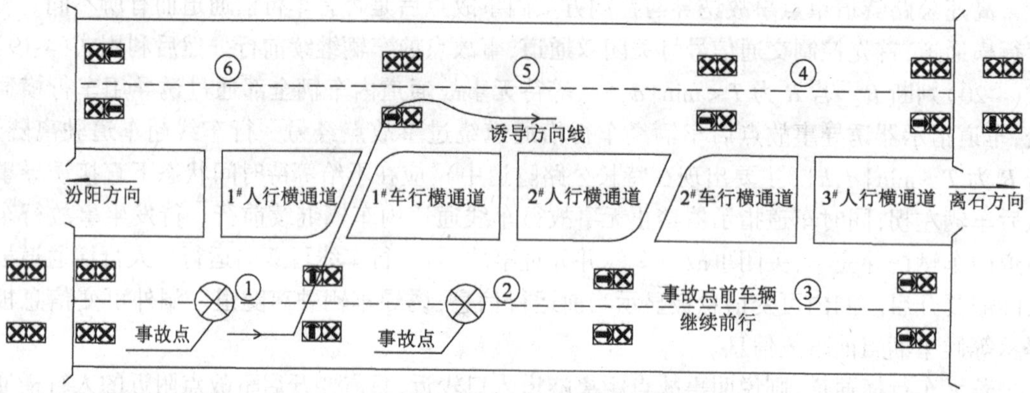

图 4-21 ①区和②区同时发生事故诱导图

c. Ⅴ类事故，该类事故诱导的特点是上行线和下行线分别将本行车线上的受阻车辆经两个不同的车行横通道诱导到另一行车线上。以③、⑥区同时发生事故为例，如图 4-22 所示，具体步骤是首先禁止两入口处车辆进入隧道，下行线 2#车行横通道处禁止车辆前行，上行线 1#车行横通道处禁止车辆前行。上行线和下行线分别利用式(4-20)进行阈值比较，决定是否立即开启车行横通道，并按照各自的判断结果进行诱导。交通信号灯和车道指示器具体诱导方案如图 4-22 所示。

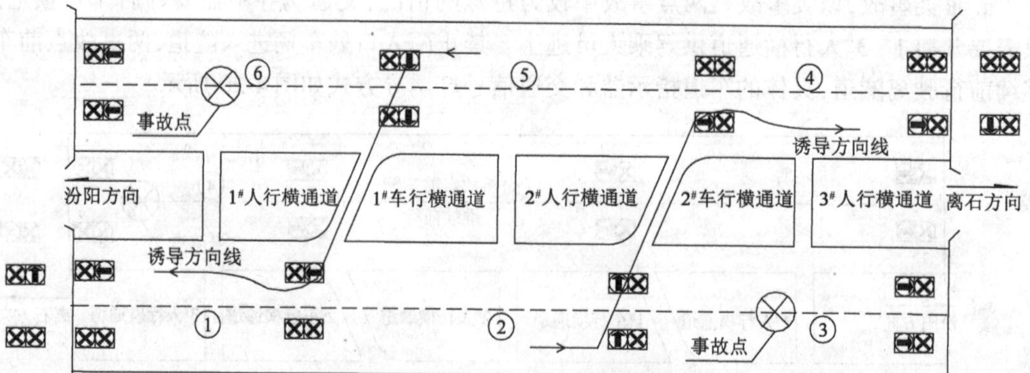

图 4-22 ③区和⑥区同时发生事故诱导图

d. Ⅵ类事故，该类事故诱导的特点是必须按照先后顺序，分别将两个行车线上事故点后受阻车辆经同一车行横通道诱导到另一行车线上。比如③、⑤两区发生交通事故，如图 4-23

所示，首先禁止两入口处车辆进入隧道，禁止事故点后的车辆前行。这里不需要进行阈值比较，应采用等待时间最短优先诱导方案，优先诱导上行线事故点后车辆经2#车行横通道和下行线超车道驶离隧道。待检测到上行线车辆行驶完毕后，诱导下行线车辆经2#车行横通道和上行线超车道驶离隧道。上行线优先诱导车道指示器具体诱导方案如图4-23所示。

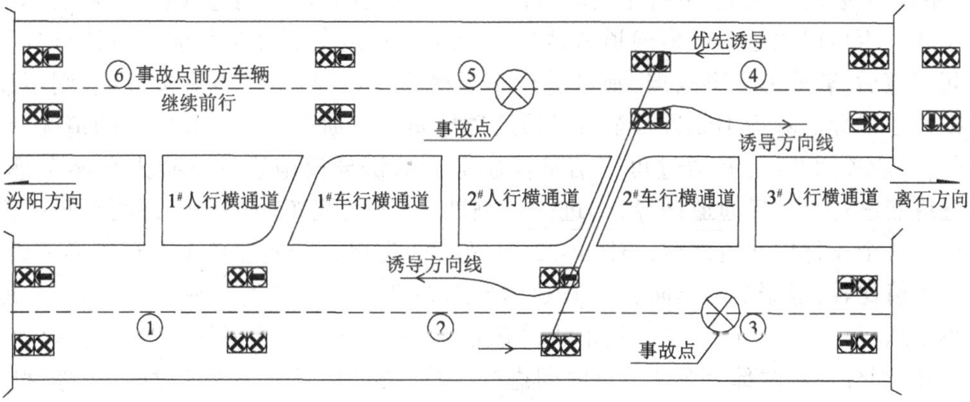

图4-23　③区和⑤区同时发生事故诱导图

e. Ⅶ类事故，该类事故从车辆诱导路线来看是无法诱导的。因为当受阻车辆经车行横通道诱导到另一行车线时必须左拐，由于转弯角度过大，车辆无法行驶。这一类事故属于比较特殊的情况，由于隧道在土建设计时的先天不足，隧道在发生该类事故时车辆无法诱导（图4-24），只能通过可变信息标志、紧急出口标志、广播等设备诱导驾乘人员弃车逃离隧道。通过关闭隧道，允许事故点前车辆继续行驶。②、⑤两点事故交通信号灯和车道指示器的具体诱导参考方案如图4-24所示。

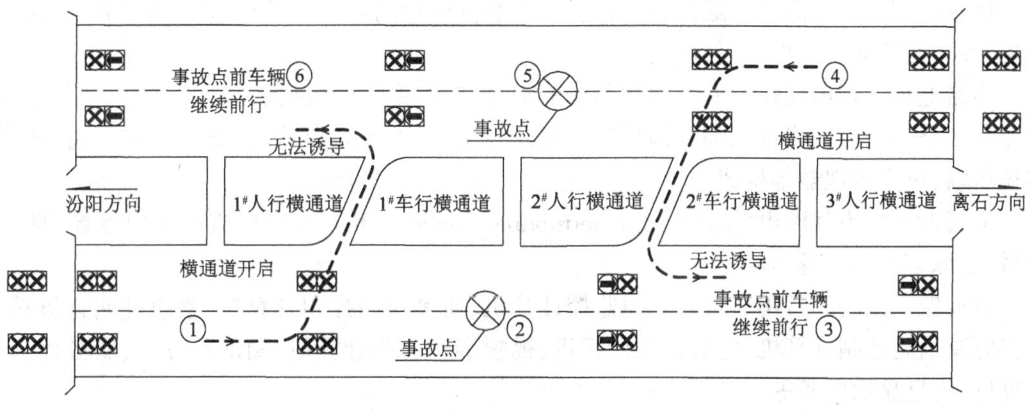

图4-24　②区和⑤区同时发生事故诱导图

f. 高速公路隧道两点事故诱导与控制方案。

公路隧道两点事故诱导较为复杂，一般可分两种情况考虑：两点事故发生在同一行车线；两点事故分别发生在上、下行线。

两点事故发生在同一行车线时，首先禁止车辆进入隧道，两事故点后的车辆分别经事故点上游第一个车行横通道绕过事故点经另一行车线超车道驶离隧道。在车道指示器给出左拐诱导信号之前，利用式(4-19)和式(4-20)分别计算等待时间并进行阈值比较。R为$T<\min\{d,h\}$

时给出等待时间，等待结束后诱导车辆左拐到另一行车线。R 为 $T>\min\{d,h\}$ 时不给等待时间，直接诱导车辆经车行横通道和目标行车线超车道驶离隧道。交通信号灯配合车道指示器做出相应车道操作处理，洞内可变信息板显示当前行车最新信息，洞外可变信息板显示等待信息。

两点事故发生在上、下行车线时，首先车道指示器禁止车辆进入隧道，然后判断事故点后车队是否可以通过车行横通道来诱导。判断依据是车辆经车行横通道诱导到另一行车线超车道后，若前方无事故点，则可进行车行横通道诱导；若前方有事故点，则不能进行车行横通道诱导。隧道不能进行车行横通道诱导属于交通事故中比较特殊的情况，与图 4-24 类似，只能关闭两洞，并通过可变信息标志等交通诱导设施诱导驾乘人员弃车逃离隧道。若隧道能进行车行横通道诱导，则进一步判断上、下行线车辆是需经过两个车行横通道诱导还是单个车行横通道诱导，与图 4-22 和图 4-23 类似。若经过单个车行横通道诱导，无须进行阈值比较，根据受阻车队长度确定诱导的两部分车队的优先权，优先诱导长度较小的受阻车队，另一车队等待，当优先车队诱导完毕，等待车队左拐诱导。若经过两个车行横通道诱导，则分别对两部分车队等待时间进行比较，决定是否给予等待时间，依据判断结果进行诱导。

第五节　中央控制及显示设备

隧道管理站必须设置计算机系统、闭路电视系统和附属设施。除此之外，根据所辖隧道长度、交通量以及运营管理实际情况，选择设置大屏幕显示系统和地图板系统。

计算机实现所辖隧道交通综合监控及各类数据信息的存储，系统由监控服务器、以太网交换机、各类监控业务工作站、打印机等构成。

闭路电视实现所辖路段所有视频图像的综合监控，系统由视频切换控制设备、视频管理服务器、视频交换机、网络视频编/解码器、视频监控工作站、硬盘录像机、视频存储设备、组合式监视器墙、桌面监视器等构成。

附属设施由不间断电源系统（Uninterruptible Power System，UPS）、机房配电系统、防雷接地系统、综合控制台等构成。

中央控制室内的常用装置有交通监控计算机、通风照明控制计算机、紧急呼叫计算机、火灾报警及消防控制计算机、电力监控计算机、视频事件检测计算机、图形计算机、服务器、管理计算机、信息显示设备等。

中央控制室内大屏幕显示系统实现所辖隧道视频、数据信息的综合拼接显示。系统由显示屏、多屏拼接控制器、多屏拼接控制工作站等构成。大屏幕显示系统根据拼接屏幕的不同，可分为液晶显示（Liquid Crystal Display，LCD）屏、数字光投影（Digital Light Projection，DLP）背投和小间距 LED 三种。

地图板是中央控制室内主要的信息提供装置。监控人员通过地图板可以随时监视隧道内的交通状况、外场设备的工作状况以及控制命令的执行情况。

本章习题

1. 公路隧道监控系统的主要任务有哪些?
2. 试述交通流速度、密度和流量之间的关系。
3. 什么是车辆非自由运行状态?非自由运行状态行驶的车队有哪些特性?
4. 试述元胞自动机184号模型和NS模型的演化规则。
5. 环形线圈车辆检测器与超声波车辆检测器相比有哪些优点和缺点?
6. 主动式红外车辆检测器和被动式远红外车辆检测器有何区别?
7. 简述微波交通检测器的特点。
8. 交通区域控制单元的设置应符合哪些规定?

本章参考文献

[1] 赵忠杰,许世燕,周林英. 高速公路监控系统[M]. 北京:人民交通出版社,2014.
[2] 许世燕,贺昱曜,李渊. 基于最大车速的广义力跟驰模型[J]. 长安大学学报(自然科学版),2007,27(1):72-75.
[3] 赵忠杰. 公路隧道机电工程[M]. 北京:人民交通出版社,2007.
[4] 李颖宏,张永忠,王力. 道路交通信息检测技术及应用[M]. 北京:机械工业出版社,2014.
[5] 中华人民共和国交通运输部. 公路隧道设计规范 第二册 交通工程与附属设施:JTG D70/2—2014[S]. 北京:人民交通出版社股份有限公司,2014.
[6] 中华人民共和国国家质量监督检验检疫总局,中国国家标准化管理委员会. 环形线圈车辆检测器:GB/T 26942—2011[S]. 北京:中国标准出版社,2011.

第五章

公路隧道计算机控制系统

第一节　计算机控制系统概述

计算机控制系统利用计算机的软件和硬件代替自动控制系统中的控制器,它以自动控制理论和计算机技术为基础,综合计算机、自动控制、生产过程等多方面的知识。公路隧道计算机控制系统的主要任务是对与行车安全密切相关的隧道环境参数(CO浓度、VI值和风速)、营运参数(车流量和车速)以及与之相关的大型设备(如风机)的运行参数进行监测和控制。

一、计算机控制系统的概念

1. 计算机控制系统

工业生产过程中的自动控制系统由被控对象、控制算法及采用的控制器构成,如图5-1所示,该系统通过传感器对被控对象的被控量(如温度、压力、流量、成分、位移等物理量)进行测量,再由变送器将测量元件的输出信号变换成一定形式的电信号,反馈给控制器。控制器将反馈信号与系统给定值进行比较,并根据误差产生控制信号来驱动执行机构进行工作,使被控参数的值与系统给定值一致。该类负反馈控制是自动控制的基本形式,大多数控制系统具备这种结构。

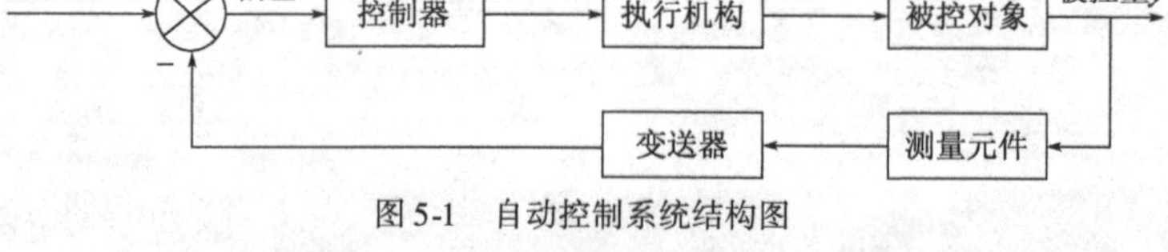

图5-1　自动控制系统结构图

若把图5-1中的控制器用计算机系统来代替,就构成了计算机控制系统,其典型结构如图5-2所示。由计算机参与并作为核心环节的自动控制系统,称为计算机控制系统。

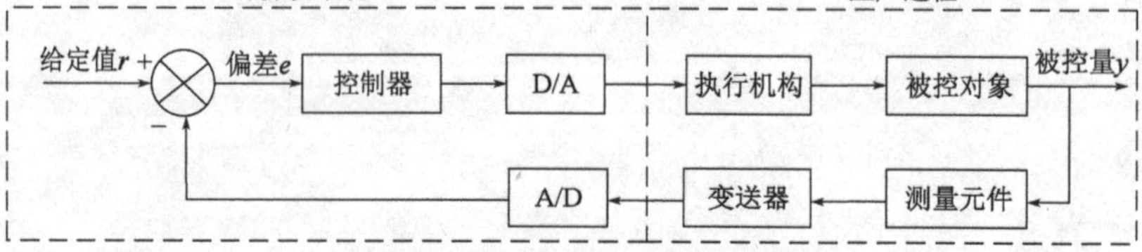

图5-2　计算机控制系统的典型结构

控制系统中引入计算机，就可以充分利用计算机强大的计算、逻辑判断和记忆等信息处理能力。运用微处理器或微控制器的丰富指令，就能编制出满足某种控制规律的程序，执行该程序，就可以实现对被控参数的控制。

在计算机控制系统中，计算机处理的都是数字化量。因此，在这样的控制系统中，需要能将模拟信号转换为数字信号的模/数(A/D)转换器，以及将数字信号转换为模拟信号的数/模(D/A)转换器。

计算机控制系统执行控制程序的过程如下。

(1)实时数据采集：对被控参数按一定的采样间隔进行测量，并将采样结果输入计算机；

(2)实时计算：将采集到的被控参数进行处理后，按预先规定的控制规律进行控制参数和控制结构的计算，或称决策，决定当前的控制量；

(3)实时控制：根据实时计算结果，将控制信号送往执行机构；

(4)信息管理：随着网络技术的发展，控制系统也具有信息共享和管理功能。

上述采集、计算、控制、管理的过程不断重复，使整个系统能够按照一定的动态目标进行工作，并且对被控参数或控制设备出现的异常状态进行及时监督并迅速做出处理。

2. 公路隧道计算机控制系统

在公路隧道机电系统中，利用远程监控计算机、PLC、传感器、系统总线等设备组成的计算机控制系统可以对隧道内部环境参数进行实时监测，并根据以上参数完成交通控制、照明系统控制、消防控制和通风控制。图 5-3 所示为以西门子 PCS7 为主控系统、欧姆龙 PLC 为现场控制器的隧道通风照明控制系统。

该隧道通风照明控制系统中，主控系统为西门子 S7-400 PLC。远程监控计算机与 PCS7 系统之间采用以太网通信，远程监控计算机既是 PCS7 系统的服务器，又是 PCS7 系统的操作员站和工程师站，可以进行数据采集、信息交换、系统组态和维护。现场控制系统为欧姆龙 PLC 系统，其与现场监控计算机之间采用以太网通信。网间协议变换器实现 Profibus-DP 协议和 DeviceNet 协议之间的转换，完成两协议之间硬件系统的通信。欧姆龙 PLC 系统通过 DeviceNet 总线与隧道内的风机、灯具以及环境参数传感器相连，进而实现现场参数的采集和设备的控制。

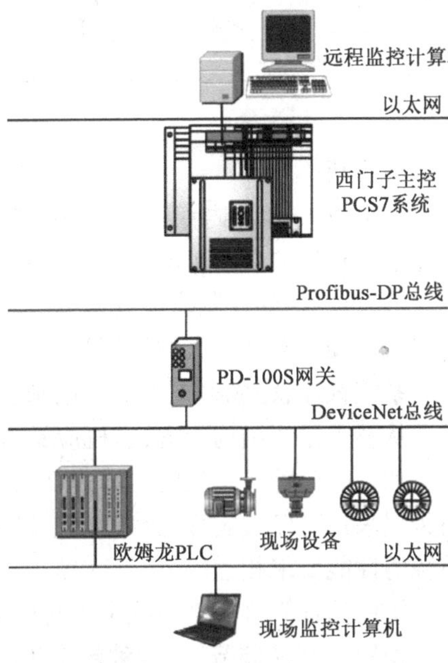

图 5-3　隧道通风照明控制系统结构示意图

公路隧道计算机控制系统的构成、网络拓扑结构、系统的硬件和软件设计将在本章的后续内容中具体阐述。

二、计算机控制系统的组成

计算机控制系统随着服务对象的不同，其组成的规模不同，但基本组成是相同的，一般分为硬件和软件两大部分。

1. 计算机控制系统的硬件组成

计算机控制系统硬件主要包括:微处理器或微控制器、存储器(ROM/RAM)、数字 I/O 接口通道、A/D 与 D/A 转换器接口通道、人机接口设备(如显示器、键盘、鼠标等)、网络通信接口、实时时钟和电源等。它们通过微处理器或微控制器的地址总线、数据总线和控制总线(亦称系统总线)构成一个系统。计算机控制系统硬件框图如图 5-4 所示,图中虚线框内表示实时控制所必需的计算机系统的最小配置。

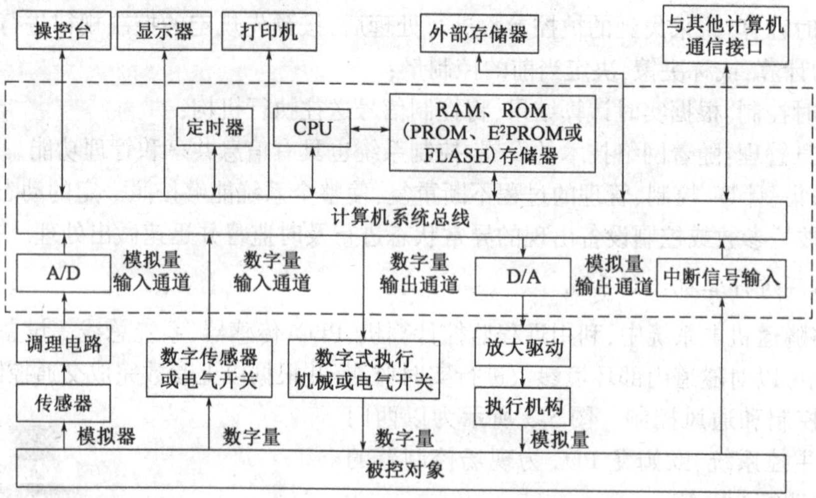

图 5-4 计算机控制系统硬件框图

1)主机

主机由 CPU 和内存储器及时钟电路构成,是控制系统的核心。它通过输入通道发送来的工业生产对象的生产工况参数,按照人们预先安排的程序,自动地进行信息的处理、分析和计算,并做出相应的控制决策或调节,以信息的形式通过输出通道,及时发出控制命令。主机中的程序和控制数据是人们根据被控对象的特征编制的控制算法。计算机控制系统执行控制程序和系统程序,完成事先规定的控制任务。

从整个系统结构考虑,主机应具有较完善的中断系统、足够的存储容量、完善的输入/输出通道和实时时钟。主机的运算速度及数据存取速度,应满足在一个采样周期内完成单路或多路数据采集、处理、运算及将输出量输出到执行机构等工作的条件。其信息处理能力要与控制系统的性能要求相适应。

常用的计算机控制系统主机有可编程控制器(PLC)、工控机(IPC)、单片机、DSP(数字信息处理器)、智能调节器(一种数字化的过程控制仪表)等。

2)常规外部设备

常规外部设备可分为输入设备、输出设备和存储设备,并根据控制系统的规模和要求来配置。

常用的输入设备有键盘、鼠标等,主要用来输入程序和数据等。

常用的输出设备有显示器、打印机等。输出设备将各种数据和信息提供给操作人员,使其能够了解过程控制的情况。

存储设备有硬盘、光盘等,它们兼有输入和输出两种功能,用来存放程序和数据。

3)输入/输出通道

计算机的输入/输出通道,又称过程通道。工业生产对象的过程参数一般是非电物理量,必须经过传感器变换为相应的电信号。为了实现计算机对生产过程的控制,必须在计算机和生产过程之间设置信息的传递和变换的连接通道,这就是输入/输出通道。

输入/输出通道一般可分为模拟量输入通道、模拟量输出通道、数字量输入通道、数字量输出通道。

(1)模拟量输入通道。

传感器(检测元件):用来对被控参数瞬时值进行检测,将其变为电信号。

变送器:用来将传感器得到的电信号转变为统一的直流电流(0 ~ 10mA 或 4 ~ 20mA)或直流电压(0 ~ 5V 或 1 ~ 5V)信号。

多路采样器:也称多路模拟开关或多路转换器,用于对多路模拟量信号进行分时切换,即将时间上连续的模拟量信号转换为时间上离散的模拟量信号。

A/D 转换器:用于将时间上离散、幅值上连续的模拟量信号转换成幅值也离散的数字信号,并送入主机中处理。为减少被控参数值随时间变化对 A/D 转换器精度的影响,可在多路采样器之后加接采样保持器和信号放大器。

(2)模拟量输出通道。

当要控制多个回路时,需使用多路输出装置进行切换。考虑多个回路的输出信号在时间上是离散的,而执行机构要求的是连续的模拟量信号,所以多路输出的信号都应采用输出保持器加以保持后再去控制执行机构。

(3)数字量输入通道:用于将控制现场的各种继电器、限位开关等的状态(通或断)输入计算机。

(4)数字量输出通道:控制系统中继电器、接触器的闭合或断开,电机的启动、停止,指示灯和报警信号的通断,都可以用输出"0"和"1"状态来控制。完成这些功能的部件就组成了开关量输出通道。

4)接口

接口用来协调计算机与外部设备和输入/输出通道的工作,是通道和计算机之间的中介部分。经接口联系,通道便于接受计算机的控制,使用它可达到由计算机从多个通道中选择特定通道的目的。

5)人机接口设备

操作员与计算机之间的信息交换通过人机接口设备进行。在计算机控制系统中,一般应有一个控制台(或操作面板),以便操作人员能和计算机系统"对话",使操作人员及时了解被控对象、过程的状态,进行必要的人为干预,修改有关参数或紧急处理某些事件。

现在的工业控制系统生产厂商常常会为用户提供操作控制台,它是一种高性能的人机接口设备。通过屏幕向操作人员提供生产过程的全部信息。例如:被测参数的即时值和历史值、设备运行状态的曲线、越限参数的报警、故障显示等。操作人员可根据生产需要进行某些必要的干预操作,如改变参数的设定值和调节器的整定参数、启动某些泵机和开关阀门等操作,从而控制系统的运行。

有些厂商提供适用于各种操作系统平台下的系统监控组态软件,用户不需要编程就能从工业生产对控制的要求出发方便地选择控制算法、控制策略,将各功能模块互联构成控制系统,动态显示各种组态画面、绘制显示图表、建立有关数据库,生成所需的应用软件。

6)通信设备

控制系统被控过程的规模一般比较大,对被控对象的控制和管理也很复杂,往往需要几台或几十台计算机才能分级完成控制和管理任务。这样,在不同位置、不同功能的计算机之间和设备之间就需要通过通信设备进行信息交换。为此,需要把多台计算机或设备连接起来构成计算机通信网络。

2. 计算机控制系统的软件组成

计算机控制系统的软件主要分为系统软件和应用软件。系统软件提供计算机运行和管理的基本环境,如 Windows、WinNT、UNIX 等,以及网络平台;应用软件是控制系统设计人员针对某个具体任务,根据所选用的硬件及软件环境和系统要求而编制的控制和管理程序。其一般包括控制算法程序、输入/输出接口程序、监控程序、信息管理程序等。

由于计算机控制系统是实时在线运行的系统,在构成计算机控制系统硬件及软件时,必须充分保证系统运行的实时性及可靠性。

三、计算机控制系统的分类

计算机控制系统与其所控制的生产对象密切相关,控制对象不同,控制系统也不同。根据应用特点、控制方案、控制目标和系统构成,计算机控制系统一般可分为以下几种类型:

1. 数据采集系统

数据采集系统(Data Acquisition System, DAS)是计算机应用于生产过程控制最早的一种类型。把需要采集的过程参数经过采样、A/D 转换变为数字信号送入计算机。计算机对这些输入量进行计算处理(如数字滤波、标度变换、越限报警等),并按需要进行显示和打印输出,如图 5-5 所示。

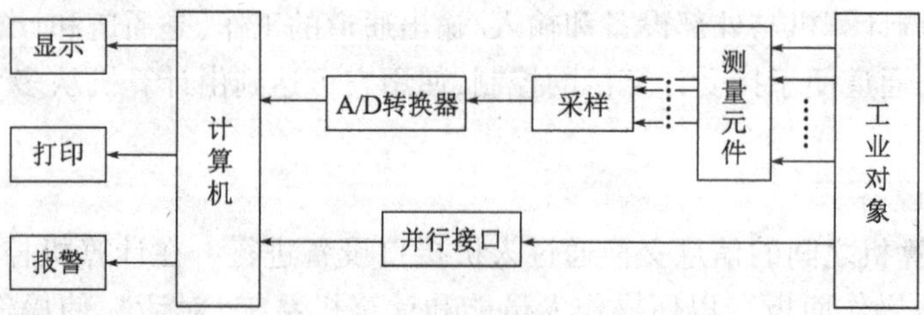

图 5-5 数据采集系统结构示意图

这类系统虽然不直接参与生产过程的控制,但其作用是较为明显的。由于计算机具有速度快、运算方便等特点,在过程参数的测量和记录中可以代替大量的常规显示和记录仪表,对整个生产过程进行集中监视。数据采集系统主要是对大量的过程参数进行巡回检测、数据记录、数据计算、数据统计和处理、参数的越限报警及对大量数据进行积累和实时分析。这种应用方式中,计算机不直接参与过程控制,对生产过程不直接产生影响。

2. 直接数字控制系统

直接数字控制(Direct Digital Control,DDC)系统是用一台计算机对多个被控参数进行巡回检测,将检测结果与给定值进行比较,并按预定的数学模型(如 PID 控制规律)进行运算,其输出直接控制被控对象,使被控参数稳定在给定值上,如图 5-6 所示。

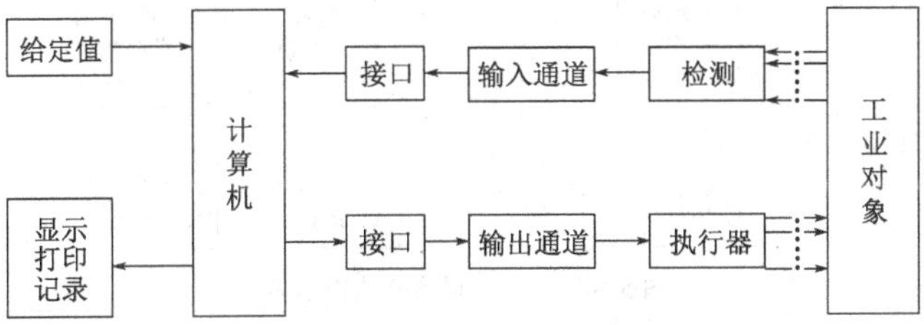

图 5-6 直接数字控制系统结构示意图

DDC 系统有一个功能齐全的操作控制台,给定值、显示、报警等集中在这个控制台上,操作方便。DDC 系统中的计算机不仅能完全取代模拟调节器,实现多回路的 PID(比例 P、积分 I、微分 D)调节,而且不需要改变硬件,只通过改变程序就能有效地实现较复杂的控制,如前馈控制、串级控制、自适应控制、最优控制、模糊控制等。

3. 监督计算机控制系统

监督计算机控制(Supervisory Computer Control,SCC)系统通常采用两级计算机(图 5-7):第一级为 DDC 计算机,完成上述直接数字控制的功能;第二级为 SCC 计算机,它根据反映生产过程工况的数据和数学模型进行必要的计算,给 DDC 计算机提供各种控制信息,比如最佳给定值和最优控制量等。

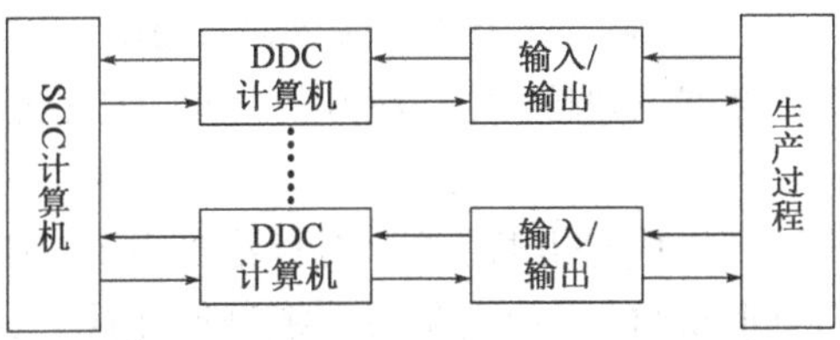

图 5-7 监督计算机控制系统结构示意图

监督计算机控制系统有两种不同的结构形式:一种是 SCC + 模拟调节器,另一种是 SCC + DDC 控制系统。

4. 集散控制系统

集散控制系统(Distributed Control System,DCS)又称分布式控制系统,它将控制系统分成若干个独立的局部子系统,用以完成被控过程的自动控制任务,通过通信网络将各个局部子系统联系起来,实现大系统意义上的总体目标优化,通过协调器实现全系统的协调控制。它以微处理器为核心,实现地理上和功能上的控制,同时通过高速数据通道把各个分散点的信息集中起来,进行集中的监控和操作,并实现复杂的控制和优化。DCS 的设计原则是分散控制、集中操作、分级管理、分而自治和综合协调,系统从上而下分成综合信息管理级、集中操作监控级和分散过程控制级等,各级之间通过数据传输总线及网络互相连接起来,如图 5-8所示。

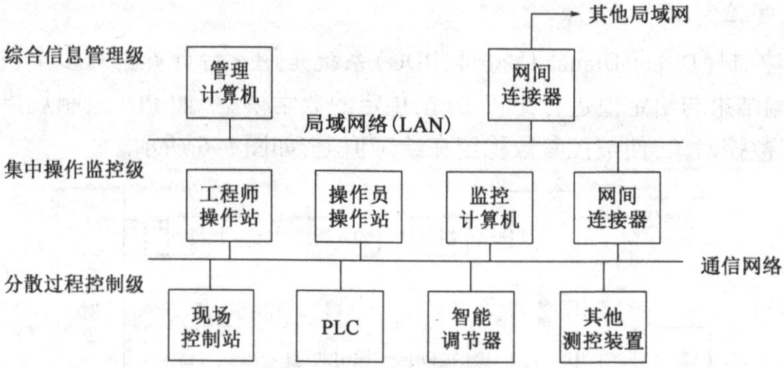

图 5-8　集散控制系统结构示意图

5. 现场总线控制系统

现场总线控制系统(Fieldbus Control System,FCS)采用了不同于 DCS 的"工作站—现场总线智能仪表"结构模式,降低了系统总成本,提高了可靠性,且在统一的国际标准下可实现真正的开放式互联系统结构。其结构如图 5-9 所示。

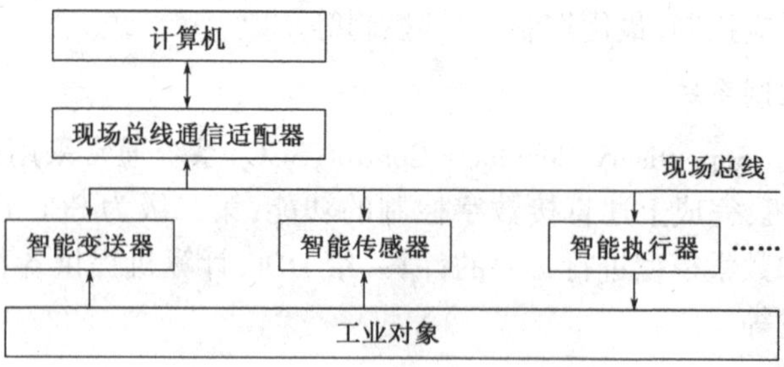

图 5-9　现场总线控制系统结构示意图

FCS 是由 DCS 发展而来的,它不但继承了 DCS 的优点,又有自己的特点:

1)系统的开放性

开放性是指相关标准的一致性、公开性,强调对标准的共识与遵从一个开放的系统,它可以与世界上任何地方遵守相同标准的其他设备或系统进行连接。通信协议一致、公开,不同厂家的设备之间可以实现信息交换。

2)互换性和可操作性

由于 FCS 采用开放的、唯一的国际标准,来自不同厂家的相同类型的设备可以互换,而无须专用的驱动程序,这彻底改变了传统控制系统控制层的封闭性和专用性,大大方便了系统的维修和升级。

3)现场设备的智能化与功能自治性

它将传感测量、补偿计算、工程量处理与控制等功能分散到现场设备中完成,仅靠现场设备即可完成自动控制的基本功能,并可随时诊断设备的运行状态。

4)分散性和可靠性

FCS 将 DCS 的"变送器—控制器—执行器"的三层典型结构简化为"变送控制器—执行器"两层结构。彻底分散的控制方法以及先进的数字通信技术使系统可靠性大大增强。

5)适应性

工作在生产现场前端,作为工厂网络底层的现场总线,是专为现场环境而设计的,可支持双绞线、同轴电缆、光缆、射频、红外线、电力线等,具有较强的适应性。

6)节约性

由于现场总线控制系统中分散在现场的智能设备能直接执行多种计算、控制等功能,因而设备数量减少,不再需要单独的调节器、计算单元等,也不再需要DCS系统信号处理、转换、隔离等功能单元及复杂的连接,还可以用普通工控PC机作为操作站,从而节省了硬件投资,并可减少控制室的占地面积。现场总线控制系统的接线十分简单,一对双绞线上就可挂接多个设备,因而电缆、端子、槽盒、桥架的用量大大减少,连线设计与接头校对的工作量也大大减少。

7)可扩展性

现场总线是多分支结构,其网络拓扑结构可分为总线形、星形、树形等多种。这种结构具有系统扩展性,如要新增设备,只需直接并行挂接即可,无须架设新的电缆,也无须系统停机。

8)维护简单、方便

由于现场总线设备具有自诊断和简单故障处理能力,并通过数字通信将相关诊断维护的信息送往控制室,故用户可以在控制室查询所有设备的运行、诊断、维护信息,以便早期分析故障原因并快速排除,缩短了维护停工时间,同时由于系统结构简化,大大减少了维护的工作量。

9)可靠性与准确性

由于现场总线系统的结构简化,设备与连线减少,现场仪表内部功能加强,减少了信号往返的环节,进一步增强了系统的可靠性。数字化的传输方式也使得信号的检错、纠错机制得以实现。因此,它的抗干扰能力比较强,传输准确度也得到显著提高。

10)用户的可选性

由于现场总线设备具有互换性与可操作性,用户完全可以根据自己的实际情况进行权衡并选择不同厂家所提供的设备来集成系统。

第二节 计算机网络

计算机网络是将不同地理位置、具有独立功能的多个计算机设备,通过通信线路(包括传输介质和网络设备)连接起来,在网络操作系统、网络管理软件及网络通信协议的管理和协调下实现资源共享、信息传递、网络连接或远程访问等应用目的的计算机系统。

一、计算机网络的基本组成

计算机网络是由一些硬件设备和相应的软件系统组成的。其基本组成包括计算机设备、网络设备、传输介质、通信软件。总体来说,其包括计算机网络硬件系统和计算机网络软件系统两大部分。

1. 计算机网络硬件系统

计算机网络硬件系统是指计算机网络中所有可以看见、用于计算机网络连接和通信的物理设施,如各种计算机设备、网络设备、传输介质这三大部分。

1)计算机设备

计算机设备就是由网络用户所控制和使用的各种计算机,如PC、计算机服务器、计算机终端、笔记本电脑、平板电脑等设备。

2)网络设备

网络设备是用来构建"通信子网"中网络拓扑结构的,与所用的通信线路(即"传输介质")一起共同构成整个计算机网络的骨架。在计算机网络系统中,网络设备通常是指除计算机设备以外的设备。最基本的网络设备就是网卡、交换机、路由器、光端机等。

3)传输介质

传输介质是用于构建计算机网络设备间通信的"路",简单来讲就是网线。传输介质可以是物理有形的,如同轴电缆、双绞线、光纤等;也可以是无形的,如各种无线网络中使用的各种电磁波。

2. 计算机网络软件系统

仅有以上硬件设备是不可能组成计算机网络的,还必须有相应的软件系统支持,包括安装在PC、服务器、交换机、路由器等所有设备上的网络操作系统,还包括要实现某项网络应用目的的网络应用软件、文件传输协议类软件、电子邮件通信类软件、浏览器访问软件等。除此之外,计算机网络软件还包括独立或内植于操作系统中的网络通信协议。

二、计算机网络拓扑结构

网络拓扑结构是从逻辑上表示出网络服务器、工作站的网络部署、相互连接和服务关系。在不同的计算机网络环境中,可能要采用不同的拓扑结构。基本的网络拓扑结构有星形、环形、总线形、树形、网状等几种。

1. 星形拓扑结构

星形拓扑结构(图5-10)是以中央节点为中心与各节点连接而组成的,各节点与中央节点通过点与点方式连接,中央节点执行集中式通信控制策略,因此,中央节点相当复杂,负担也重。

2. 环形拓扑结构

环形拓扑结构(图5-11)中各节点通过环路接口连在一条首尾相连的闭合环形通信线路中,环路上任何节点均可以请求发送信息。请求一旦被批准,便可以向环路发送信息。环形网中的数据可以是单向传输也可以是双向传输。由于环线公用,一个节点发出的信息必须穿越环路中所有的环路接口,信息流中目的地址与环上某节点地址相符时,信息被该节点的环路接口接收,而后信息继续流向下一环路接口,直至流回发送该信息的环路接口节点为止。

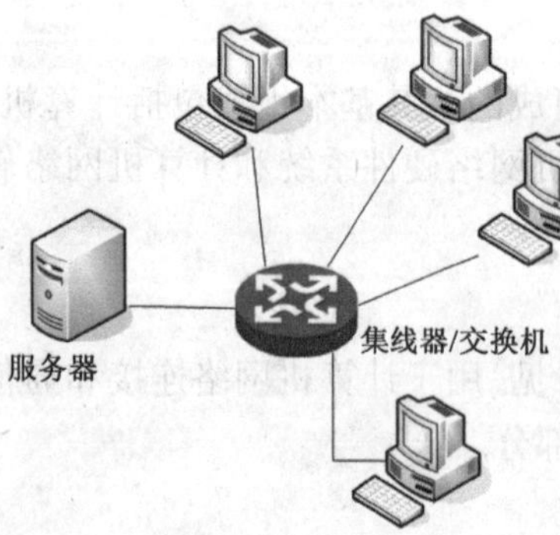

图5-10 星形拓扑结构

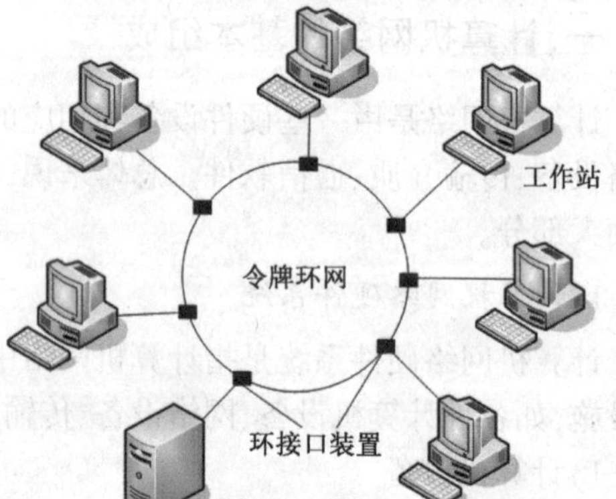

图5-11 环形拓扑结构

3. 总线形拓扑结构

用一条称为总线的中央主电缆,将相互之间以线性方式连接的工作站连接起来的布局方式,称为总线形拓扑结构(图5-12)。

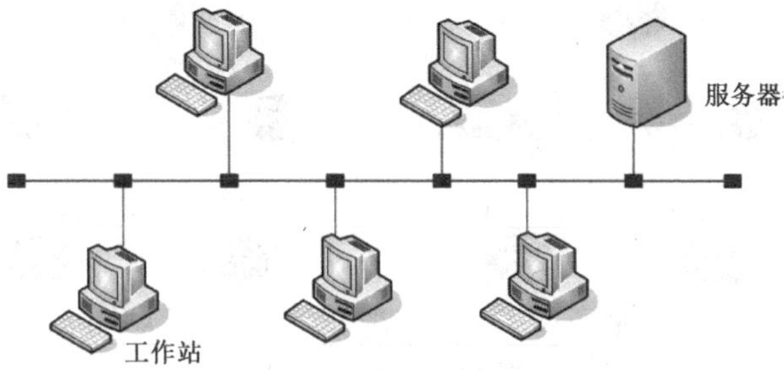

图5-12 总线形拓扑结构

在总线两端连接的器件称为端结器(末端阻抗匹配器或终止器),主要与总线进行阻抗匹配,最大限度地吸收传送至端部的能量,避免信号反射回总线时产生不必要的干扰。

4. 树形拓扑结构

树形拓扑结构(图5-13)是总线形拓扑结构的扩展,它是在总线网上加上分支形成的。树形网是一种分层网,其结构可以对称布置,具有一定容错能力,一般一个分支节点的故障不影响另一个分支节点的工作,任何一个节点发出的信息都可以传遍整个传输介质,也是广播式网络。

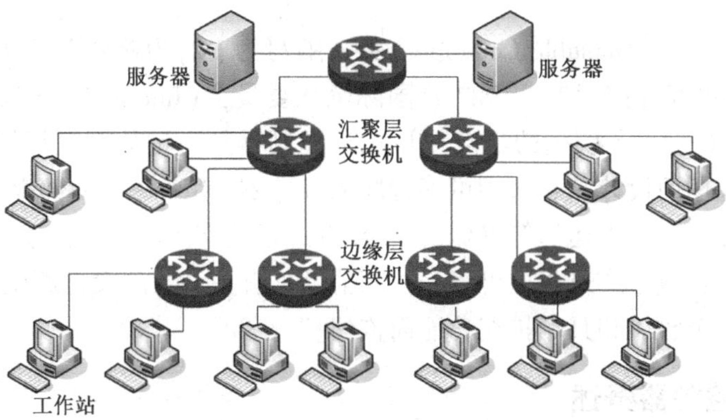

图5-13 树形拓扑结构

5. 网状拓扑结构

网状拓扑结构又称为无规则型拓扑结构。在这种结构中,各节点之间通过传输介质彼此互联,构成一个类似渔网一样的结构,因此而得名。网状拓扑结构又有全网状结构和半网状结构两种。全网状结构是指网络中任何两个节点都是相互连接的。半网状结构是指网络中并不是每个节点都与网络的其他所有节点有连接,可能只是一部分节点间有互联。

广域网中采用网状拓扑结构的主要目的就是实现链路或路由线路冗余,增强网络的可靠性。当然一般并不会在整个广域网中都采用这种拓扑结构,而主要是在主干网络中采用。图5-14a)所示是一个广域主干网采用全网状拓扑结构的示例,其中各个路由器之间彼此互联。更多情况下采用的是半网状拓扑结构,即仅少数节点需要与网络中的其他所有节点互联。图 5-14b)所示是一个广域主干网中采用半网状拓扑结构的示例,其中各路由器只与少数其他路由器互联,而不是全部互联。

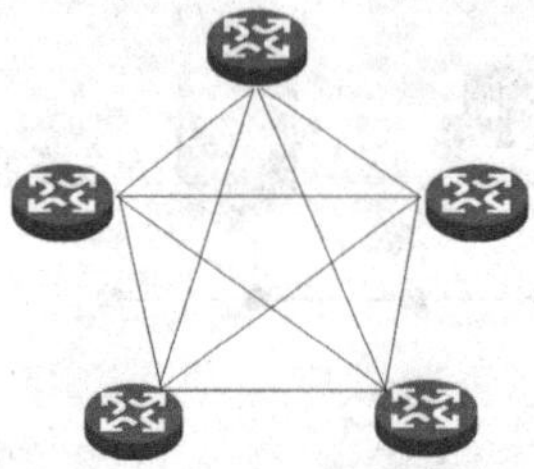

a)

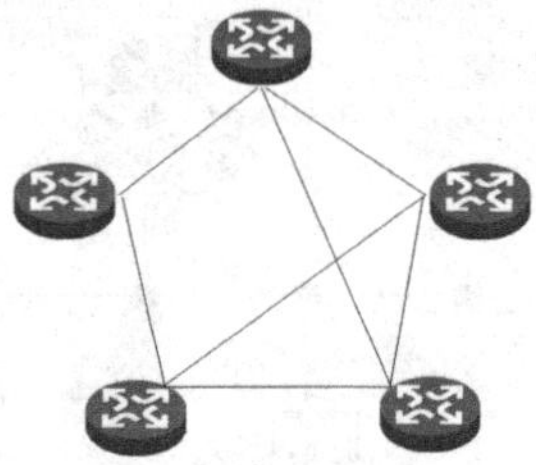

b)

图 5-14　网状拓扑结构

a)全网状拓扑结构;b)半网状拓扑结构

在选择拓扑结构时,主要考虑的因素:不同的通信协议类型、不同设备所扮演的角色(或者设备间服务的关系)、各节点设备工作性能要求、重新配置的难易程度、维护的相对难易程度、通信介质发生故障时受到影响的设备情况。网络拓扑结构对整个网络的设计、功能、可靠性、费用等方面有着重要的影响。

第三节　可编程控制器

可编程控制器(Programmable Controller)英文缩写为 PC,为避免与个人计算机(PC)相混淆,现用 PLC 代表可编程控制器。1987 年国际电工委员会(International Electrotechnical Commission,IEC)对 PLC 做出了明确的定义:"可编程控制器是一种数字运算操作的电子系统,专为在工业环境下应用而设计。它采用可编程序的存储器,用来在其内部存储执行逻辑运算和顺序控制、定时、计数和算术运算等操作的指令,并通过数字的或模拟的输入和输出接口,控制各种类型的机器设备或生产过程。可编程控制器及其有关设备的设计原则是它应按易于与工业控制系统联成一个整体和具有扩充功能而构建。"

一、可编程控制器概述

1. 可编程控制器的组成

虽然各种可编程控制器(PLC)产品的组成形式和功能特点各不相同,但它们在结构和组成上基本是相同的,即一般由中央处理单元(CPU)、存储器(RAM、ROM)、输入/输出模块(I/O)、电源、编程器等组成,如图 5-15 所示。

中央处理单元是 PLC 的主要组成部分,是系统的控制中枢,其主要功能是接收并存储从编程器键入的用户程序和数据,检查电源、存储器、I/O 以及警戒定时器的状态,并诊断用户程序的语法错误;存储器主要用于存放系统程序、用户程序以及工作数据,存放系统软件的存储器称为系统程序存储器,存放应用软件的存储器称为用户程序存储器,存放工作数据的存储器称为数据存储器;输入/输出模块是 PLC 与现场 I/O 设备或其他外部设备之间的连接部件,

PLC 通过输入模块把工业设备或生产过程的状态或信息读入主机，通过用户程序的运算与操作，把结果通过输出模块传给执行机构；编程器是一种可利用其上面的键盘输入(或调试)程序的专门的装置，它的主要任务就是输入程序、调试程序和监控程序的执行，主要由显示部分、键盘部分、通信接口组成，其工作方式主要有编程、监控两种，有些编程器还有命令、加载工作方式等；智能接口模块是一个独立的计算机系统，从模块的组成结构看，它有自己的 CPU、系统程序、存储器以及接口电路等，它通过系统总线相连接，进行数据交换，并在 CPU 模块的协调管理下独立地工作。

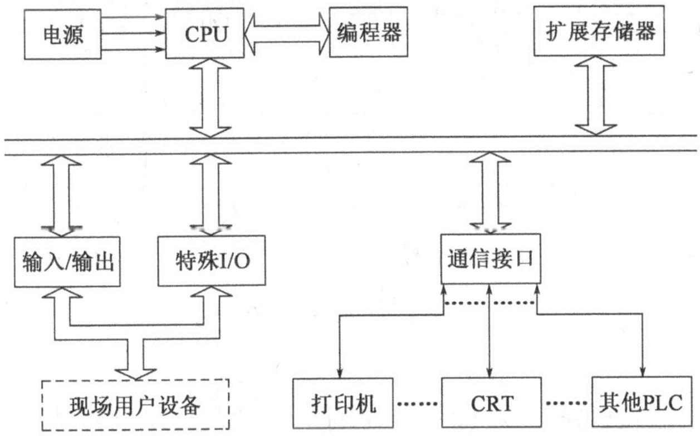

图 5-15 PLC 装置配置结构图

2. 可编程控制器的特点

PLC 之所以得到迅速的发展和越来越广泛的应用，是因为它具有如下特点：

(1)功能完善。PLC 的输入/输出系统功能完善，性能可靠，能够适应各种形式和性质的开关量和模拟量信号的输入和输出。PLC 内部具备许多控制功能，诸如时序、计数器、主控继电器以及移位寄存器、中间继电器等，由于采用了微处理机，它能够很方便地实现延时、锁存、比较、跳转和强制 I/O 等诸多功能，它不仅具有逻辑运算、算术运算、数制转换以及顺序控制功能，还具备模拟运算、显示、监控、打印机、报表生成等功能。此外，它还可以和其他微型计算机系统、控制设备共同组成分布式或分散控制系统，同时能够实现成组数据传送、矩阵运算、闭环控制、排序与查表、函数运算及快速中断等功能。因此，PLC 具有极强的适应性，能够很好地满足过程控制的需要。

(2)模块化结构，硬、软件开发方便。PLC 的硬件结构全部采用模块化结构，可以适应规模不同、功能复杂程度及现场环境各异的各种控制要求。

(3)在 PLC 的设计和制造过程中，主要采用隔离和滤波技术，抗干扰能力强。

(4)梯形图是一种图形编程语言，与工业现场使用的电气控制图非常相似，编程简单易学。

(5)体积小、能耗低，易于实现机电一体化。

3. 可编程控制器的等效工作电路

PLC 控制系统的等效工作电路可分为三部分，即输入部分、内部控制电路和输出部分。输入部分用来采集输入信号，输出部分是系统的执行部件。这两部分与继电器控制电路相同。内部控制电路是通过编程方法实现控制逻辑，用软件编程代替继电器电路的功能。其等效工作电路如图5-16所示。

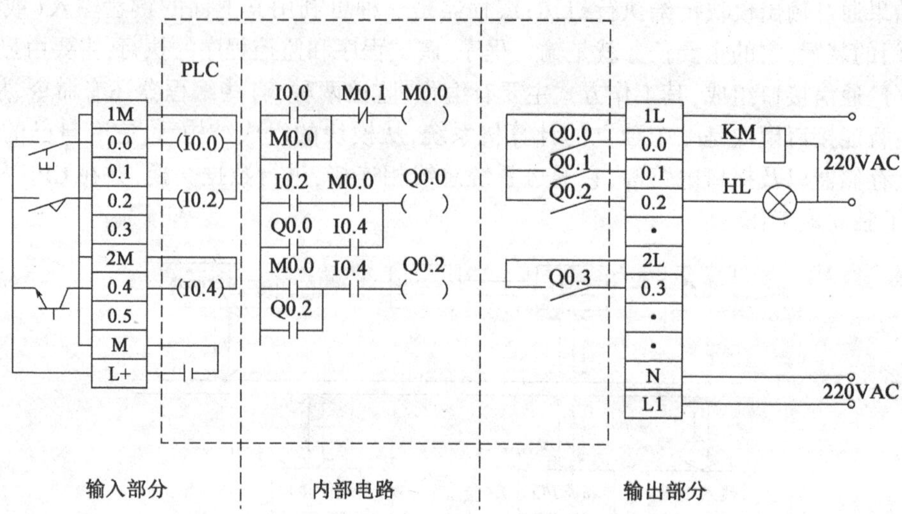

图5-16　PLC的等效工作电路

1)输入部分

输入部分由外部输入电路、PLC输入接线端子和输入继电器组成。外部输入信号经PLC输入接线端子去驱动输入继电器的线圈。当外部输入元件处于接通状态时,对应的输入继电器逻辑为1,对应的输入继电器线圈“得电”。输入回路可以用PLC内部提供的24V直流电源(其带负载能力有限),也可由PLC外部的独立交流或直流电源供电。需要强调的是,输入继电器的线圈只能由来自现场的输入元件(如控制按钮、行程开关的触点、各种检测及保护器件的触点或动作信号等)来驱动,而不能用编程方式去控制。因此,在梯形图程序中,只能使用输入继电器的触点,不能使用输入继电器的线圈。

2)内部控制电路

内部控制电路是由用户程序来代替硬继电器的控制逻辑。它的作用是按照用户程序规定的逻辑关系,对输入信号和输出信号的状态进行检测、判断、运算和处理,然后得到相应的输出。

一般用户程序用梯形图编制,它看起来很像继电器控制线路图。在继电器控制线路中,继电器的触点可瞬时动作,也可延时动作,而PLC梯形图中的触点是瞬时动作的。如果需要延时,可由PLC提供的定时器来完成。PLC还提供了计数器、辅助继电器(相当于继电器控制线路中的中间继电器)及具有某些特殊功能的继电器。PLC的这些器件所提供的逻辑控制功能,可在编程时根据需要选用,且只能在PLC的内部控制电路中使用。

3)输出部分

输出部分由在PLC内部且与内部控制电路隔离的输出继电器常开触点、输出接线端子和外部驱动电路组成,用来驱动外部负载。PLC的内部控制电路中有许多输出继电器,每个输出继电器除了有为内部控制电路提供编程用的任意多个常开、常闭触点外,还为外部输出电路提供了一个实际的常开触点与输出接线端子相连。

驱动外部负载电路的电源必须是外部电源,电源种类及规格可根据负载要求去配备,只要在PLC允许的电压范围内工作即可。

4. 可编程控制器的程序编制

自从 PLC 问世以来,使用最普遍的编程语言是梯形图与语句表(梯形图助记符)。

1)梯形图编程

梯形图表达式是在原电气控制系统中常用的接触器、继电器梯形图基础上演变而来的,它与电气操作原理图相呼应。图 5-17 为电器控制梯形图和 PLC 梯形图。从图中可看出,两种梯形图的基本表达思想是一致的,但具体表达方法有区别。继电器线路图采用硬逻辑并行运行方式。而 PLC 梯形图使用的是内部继电器、定时/计数器等,都是由软件实现的,使用方便,修改灵活,这是继电器梯形图的硬接线无法比拟的。

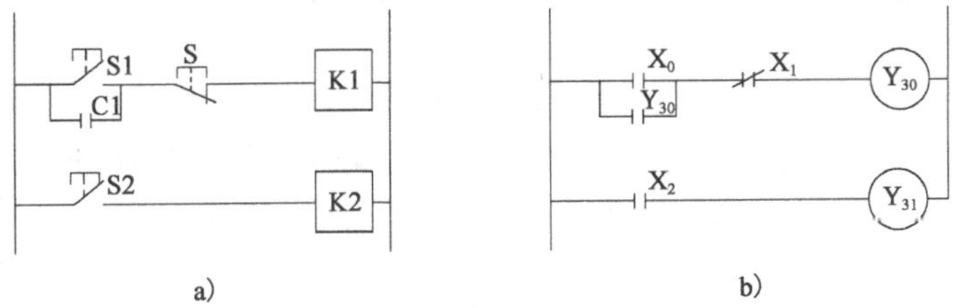

图 5-17 两种梯形图

a)电器控制梯形图;b)PLC 梯形图

2)命令语句表达式编程

当使用梯形图编制用户程序时,一般都需要采用带屏幕显示功能的编程器,而这类显示器价格贵且体积大,出于经济、便携等方面的考虑,在有些场合更希望使用便携式编程器编制用户程序,但是便携式编程器的键盘和显示部分都较简单,无法直接用梯形图编制用户程序。为使编程语言既保持梯形图的简单、直观、易懂的特点,又能采用便携式编程器编制用户程序,于是产生了梯形图的派生语言——语句表(梯形图助记符)。语言是用户程序的基础单元,每个控制功能由一条或多条语句组成的用户程序来执行。每条语句是规定 CPU 如何动作的指令,它的作用和微机指令一样,而且 PLC 的语句也由操作码和操作数组成,故其表达式也和微机指令类似。不同形式的 PLC 往往采用不同的符号集,因此同一个梯形图,书写的语句不尽相同。

5. 可编程控制器的技术指标

PLC 的技术指标很多,但最主要的不外乎以下六个基本技术指标:中央处理器类型、存储器容量、扫描周期、编程语言、输入/输出点数和指令功能等。

1)中央处理器

中央处理器的功能是读入现场状态、控制信息存储、解读和执行用户程序、输出运算结果、执行系统自诊断程序以及与计算机等外部设备通信。中央处理器由大规模或超大规模集成电路微处理器构成。PLC 大多用 8 位和 16 位微处理器。

2)存储器容量

存储器主要用于存放系统程序、用户程序及工作数据。系统程序在机器出厂时由厂家将其写入 ROM 中,用户不能访问,也不能更改。其容量也都已经确定,不能改动。存放用户程序的存储器可用 EPROM,其容量取决于被控对象的控制复杂性。存放中间数据的存储器一般用 RAM 存储。控制越复杂,要求存储量越多。一般小型机的存储量从 1 千字节到几千字节,大型机达几十千字节,甚至可达1~2Mb,用户可根据需要选择机型。

一般来说,根据经验在逻辑控制系统中,所需内存量经验公式为

$$所需内存字数=逻辑变量数\times 10 \tag{5-1}$$

逻辑变量数即输入点数和输出点数之和。

3)扫描周期

PLC可被看成在系统软件支持下的一种扫描设备,它一直在周而复始地循环扫描并执行由系统软件规定好的任务。典型的PLC在一个周期中完成六个扫描过程:自监视扫描过程、与编程器进行信息交换的扫描过程、与数字处理器进行信息交换的扫描过程、与网络进行通信的扫描过程、用户程序扫描过程、输入/输出服务扫描过程。

4)编程语言

PLC在语言上与计算机差异较大。它既不同于高级语言,也不同于汇编语言。但PLC语言面向一般工程技术人员,应用场合是工业过程。除语句表和梯形图外,其还有一些语言,如控制系统流程图、逻辑方程式、布尔编程表达式以及高级语言等。采用何种语言,用户可以根据具体情况加以选择。

5)输入/输出点数

输入/输出点数是指可编程控制器组成控制系统时所能接入的输入/输出信号的最大数量,即可编程控制器外部输入、输出端子数。它表示可编程控制器组成控制系统时可能的最大规模。通常,在总点数中,输入点数大于输出点数,且输入点与输出点不能相互替代。

6)指令功能

可编程控制器的指令种类越多,其软件的功能就越强,使用这些指令完成一定的控制目标就越容易。

此外,可编程控制器的可扩展性、使用条件、可靠性、易操作性、经济性等性能指标也是用户在选择可编程控制器时须注意的指标。

二、可编程控制器网络

现代PLC的通信功能很强,可以实现PLC与计算机、PLC与PLC、PLC与其他控制装置之间的通信联网。单个PLC由于受输入/输出点数和传输距离的限制,只能控制小规模的工业过程,PLC与PLC联网能够扩大控制地域,提高控制规模,还可以实现PLC之间的综合协调控制。

对于相互连接的计算机或PLC,按其作用有主站(又称主机、服务器)和从站(又称从机、子站、终端、客户机)之分。主站起控制、发送和处理信息等主导作用;从站主要是被动地接收、监视和执行主站的信息。根据从站与主站的连接方式,PLC的网络结构可分为三种基本形式:星形结构、总线结构和环形结构。

1.由PLC构建的工业以太网协议

工业以太网(Ethernet)提供了针对工业控制网络的数据传输的以太网标准。该技术基于工业标准,利用了交换式以太网结构,有很高的网络安全性、可操作性和实效性,最大限度地满足了用户和生产的需求。

当以太网用于信息技术时,应用层包括HTTP、FTP、SNMP等常用协议,但当它用于工业控制时,应用层体现在实时通信、用于系统组态的对象以及工程模型的应用协议上。目前还没有

统一的应用层协议,但受到广泛支持并已经开发出相应产品的有4种主要协议:HSE、Modbus TCP/IP、ProfiNet和EtherNet/IP。

1)HSE高速以太网

现场总线基金会(Fieldbus Foundation,FF)于2000年发布以太网规范,称为HSE(High Speed Ethernet)。HSE是以太网协议IEEE802.3、TCP/IP协议族与FF的现场总线控制系统的结合体。现场总线基金会明确将HSE定位于实现控制网络与Internet的集成。

2)Modbus TCP/IP

该协议由施耐德公司推出,以一种非常简单的方式将Modbus帧嵌入TCP帧中,使Modbus与以太网和TCP/IP结合,成为Modbus TCP/IP。这是一种面向连接的方式,每一个呼叫都要求有一个应答,这种呼叫/应答的机制与Modbus的主/从机制相互配合,使交换式以太网具有很高的确定性。

3)ProfiNet

针对工业应用需求,西门子公司于2001年发布了该协议。它是将原有的Profibus与互联网技术结合,形成了ProfiNet的网络方案,其主要包括:基于组件对象模型(COM)的分布式自动化系统;规定了ProfiNet现场总线和标准以太网之间的开放、透明通信;提供了一个独立于制造商,包括设备层和系统层的系统模型。

4)EtherNet/IP

EtherNet/IP是由ODVA(Open DeviceNet Vendor Association,开放式设备网络供应商协会)和CI(ControlNet International,控制网国际)两大工业组织推出的最新成员,都是基于CIP(Control and Information Protocol,控制和信息协议)的网络。它是一种面向对象的协议,能够保证网络上隐式(控制)的实时I/O信息和显式信息(包括用于组态、参数设置、诊断等)的有效传输。

2.西门子S7的工业通信网络

在很多S7-300/400的CPU中,集成有MPI和DP通信接口,还有Profibus-DP和工业以太网的通信模块以及点对点通信模块。通过Profibus-DP或AS-I现场总线,CPU与分布式I/O模块之间可以周期性地自动交换数据。

1)MPI通信

MPI是多点接口(Multi Point Interface)的英文缩写,MPI接口属于RS485串行接口。MPI的通信速率为19.2Kbps~12Mbps,但如果直接连接S7-200 CPU通信口的MPI网,由于受S7-200 CPU最高通信速率的限制,其最高速率通常为187.5Kbps。PLC通过MPI能同时连接STEP7的编程器、计算机、人机界面(HMI)及其他SIMATIC S7、M7、C7。STEP7的用户界面提供了通信组态功能,使得通信的组态简单、容易。在MPI网络上最多可以有32个站,一个网段的最长通信距离为50m,最长的通信距离可以通过RS485中继器扩展。

2)Profibus通信

工业现场总线Profibus是用于车间级监控和现场层的通信系统,它符合IEC 61158标准,凡是具有开放性、符合该标准的厂商生产的设备都可以接入同一网络中。S7-300/400 PLC可以通过通信处理器或集成在CPU上的DP接口连接到Profibus-DP网络中。

Profibus-DP用于现场层的高速数据传送,最高通信速率为12Mbps。主站周期性地读取从站的输入信息,并周期性地向从站发送输出信息。总线循环时间必须比主站(PLC)程序循环时间短。Profibus-DP 允许构成单主站或多主站系统。在同一总线上最多可连接 126 个站点。Profibus-DP 支持主从系统及多主多从系统，主站与主站之间采用令牌的传输方式，而主站在获得令牌后通过轮询的方式与从站通信。

3）SIMATIC NET 网络

SIMATIC NET 是按照 IEEE802.3、IEEE802.3u 以太网标准设计，支持 10/100Mbps 传输速率的一种工业控制网络。SIMATIC NET 能以 100Mbps 的最高传输速率实现 PLC 之间以及 PLC 与智能设备之间的数据通信，并通过 TCP/IP 协议，特别是通过 SMTP 协议和 HTTP 协议实现工业控制与信息网络系统的集成。SIMATIC NET 主要由工业以太网、Profibus、AS-I、MPI 多点接口和点对点接口构成。

工业以太网具有以下类型的解决方案：

(1)三同轴网络。传统的三同轴网络均为总线形结构，并极其坚固耐用，网络中各设备都共享 10Mbps 带宽。

(2)双绞线网络和光纤网络。采用双绞线和光纤传输技术的 10Mbps 以太网可以是线形或星形拓扑结构，并使用光学链接模块和电气链接模块。

CP1613 PCI 网卡是一个有微处理器的 PCI 插件，用于将编程器或 PC 连接到有 10/100Mbps 自动检测波特率的工业以太网。CP1613 A2 模块支持 PCI 标准 2.2V、3.3V 和 5V PCI 接口；工作频率为 33MHz 和 66MHz。

CP343-1PLC 网卡属于西门子 PLC 的以太网模块，PLC 通过以太网连接时需要加入该网卡。网卡具有 10/100Mbps 的通信速率，功能有：发送电子邮件、支持 ISO 和 TCP/IP 协议、支持 S7 通信和 S5 兼容通信。

4）点对点连接

点对点连接(PtP)可以连接两台 S7 PLC，以及计算机、打印机、扫描仪等非西门子设备。采用 CP340、CP341 和 CP441 通信处理器模块，或通过 CPU313C-2 PtP 和 CPU314C-2 PtP 集成的通信接口，可以建立起经济的点对点连接。

点对点通信可以提供的接口有 20mA（TTY）、RS232C 和 RS422A/485。全双工模式(RS232C)的最高传输速率为 19.2Kbps，半双工模式(RS485)的最高传输速率为 38.4Kbps。

5）AS-I 通信

执行器-传感器接口 AS-I，是位于控制系统最底层的网络，用来连接有 AS-I 接口的现场二进制设备，只能传送少量的数据，如开关的状态等。

CP342-2 通信处理器用于 S7-300 和分布式 I/O ET200M 的 AS-I 主站，它最多可以连接 62 个数字量或 31 个模拟量的 AS-I 从站。

通过 AS-I 接口，每个通信处理器最多可以访问 248 个数字量输入和 186 个数字量输出。

三、可编程控制器组态软件

1. 监控组态软件

“组态”的概念是伴随着集散控制系统(DCS)的出现才开始被广大的生产过程自动化技术人员熟知的。组态的概念最早来自英文 configuration，含义是使用软件工具对计算机及软件的各种资源进行配置，达到使计算机或软件按照预选设置，自动执行特定任务，满足使用者要求的目的。监控组态软件是面向数据采集与监控(Supervisory Control and Data Acquisition, SCADA)的软件平台工具,具有丰富的设置项目,使用方式灵活,功能强大。世界上第一个将组态软件作为商品进行开发、销售的专业软件公司是美国的Wonderware公司,它于20世纪80年代末率先推出第一个商品化监控组态软件Intouch。

在多任务环境下,由于操作系统直接支持多任务,监控组态软件的性能得到了全面加强。因此监控组态软件一般都由若干组件构成,而且组件的数量在不断增长,功能也在不断加强。

(1)按照使用软件的工作阶段,即系统环境划分,从总体上讲,监控组态软件由两大部分构成:

①系统开发环境:自动化工程设计工程师为实施其控制方案,在监控组态软件的支持下进行应用程序的系统生成工作所必须依赖的工作环境。

②系统运行环境:在系统运行环境下,目标应用程序被加载到计算机内存中并实时运行。

(2)按照成员构成划分,监控组态软件由于其功能强大,而每个功能相对来说又具有一定的独立性,因此其组成形式是一个集成软件平台,由若干程序组件构成。其中必备的典型组件包括:

①应用程序管理器。提供应用程序的搜索、备份、解压缩、建立新应用等功能的专用管理工具。

②图形界面开发程序。自动化工程设计工程师为实施其控制方案,在图形编辑工具的支持下进行图形系统生成工作所依赖的开发环境。

③图形界面运行程序。

④实时数据库系统组态程序。

⑤实时数据库系统运行程序。在系统运行环境下,目标实时数据库及其应用系统被实时数据库系统运行程序装入计算机内存并执行预定的各种数据计算、数据处理任务。

⑥I/O驱动程序。这一部分是组态软件中必不可少的组成部分,用于和I/O设备通信、互相交换数据。动态数据交换(Dynamic Data Exchange, DDE)和OPC Client是两个通用的标准I/O驱动程序,用来与支持DDE标准和应用于过程控制的OLE(OPC)标准的I/O设备通信。

扩展可选组件包括:通用数据库接口[开放数据库连接(Open Database Connectivity, ODBC)接口]组态程序、通用数据库接口(ODBC接口)运行程序、策略(控制方案)编辑组态程序、策略运行程序、实时通信程序组件。

2. 上位机监控软件

公路隧道的上位机监控软件可以实现实时的、全面的、每天24h不间断的设备监控、设备运行数据自动记录和统计分析等,并将分析结果输出给监控人员,节省监控人员直接参与控制方式分析的时间,提高了系统的维护和管理质量;可通过对检测数据、报警数据的采集、分析,判断事故的位置和类型,监控中心自动报警、准备预定方案并得到监控人员的核实,缩短事故反应、处理时间,保证了事故报警判断的准确性;可与其他高速公路监控系统联网,便于高层管理命令的下达。由监控组态软件开发出来的上位机监控软件具有以下技术性能。

1)可靠性

(1)具有一定的诊断能力,由于高速公路隧道运营环境较为恶劣,现场采集的各种信号都伴随着周期性的干扰或瞬间干扰,使本来处于正常状态的数据发生变化。在设计监控程序时,首先必须考虑采集信号的滤波问题,并对采集数据进行综合判断,输出判断结果。即使在判断失效的情况下也能让监控人员结合闭路电视(Closed-Circuit Television,CCTV)监控等子系统判断隧道的当前状态。

(2)能够尽可能减少人为失误,当操作人员执行一些特殊执行指令,比如操作车道指示器、改变行车方式、开启横通道、关闭横通道、执行事故执行方案等时,系统应自动提示操作人员执行结果的重要性,并获得操作人员的确认才可执行下一步命令,减少由于操作人员的误操作可能带来的严重后果。

(3)对下位机监控系统的检测,在系统启动时,上位机监控软件能自动检测整个控制系统的状态。首先,上位机监控软件要检测区域控制器的运行状态是编程状态、运行状态还是监控状态,保证下位机整个控制系统处在运行状态。其次,上位机监控软件要检测下位机监控系统Controller Link 网络的启动情况并将其设置在"RUN"状态,保证下位机监控系统的通信。再次,上位机监控软件要检测下位机区域控制器内存,保证数据链接区设置正确、通信端口使用正确、输入/输出设备链接内存状态正确。最后,上位机监控软件检测本身的运行状态是否与下位机监控系统运行状态同处于正常运营、车道操作、拥挤阻塞处理或事故处理状态,保证上位机监控软件与下位机监控系统操作隧道的运行状态的一致性。

2)实时性

上位机监控软件与区域控制器通信是建立在100Mb以太网基础上的,高速的以太网络是保证系统实时性的基础。

上位机监控软件可根据隧道的运行状态,实时将控制命令发送到下位机现场控制器。

上位机监控软件采用了多线程、多任务操作系统,使系统能够处理大量并发事件。另外,监控系统还对事件的处理采用了优先级调度策略,保证紧急事件得到优先处理。

3)良好的人机界面

计算机监控与管理系统是广义上的自动控制系统,与其他自动控制系统相区别的一个重要特点是操作人员是系统中一个不可缺少的组成部分。操作人员根据给定画面直接参与判断隧道当前的运营状态,一个良好的人机界面保证了操作人员与监控系统交换信息的质量,增加操作人员在长期操作过程中对监控系统的关注程度,减少视觉疲劳带来的不利影响。系统人机界面应具有视觉良好,易操作,易维护,显示信息全面、准确等特点。

3. 控制器网络监控软件

FinsGateway 是 OMRON 的 FINS 协议的驱动程序。通过该驱动,上位机可以通过各层网络(包括网络互联)来访问网络中的 PLC。若采用运行版(Run-time 版),上位机监控组态软件可通过 FinsGateway 的驱动方便地与 PLC 进行通信;若采用开发版,则该软件提供 VB 或 VC 控键,同样也可以为自己开发的程序提供驱动。但使用 FinsGateway 的不同连接方式时,需要安装不同的组件。如使用 Controller Link 需安装 CLK_Unit0 Version;使用以太网方式需安装 ETN_Unit Version;使用 Sysmac Link 方式需安装 SysmacLink Version;使用串行界面需安装 SERIAL_Unit Version。

FinsGateway 运行版提供了在工厂自动化(FA)运行环境下的 FinsGateway 功能。图 5-18 为在 Microsoft Windows 操作系统下 FinsGateway 应用的构成图。

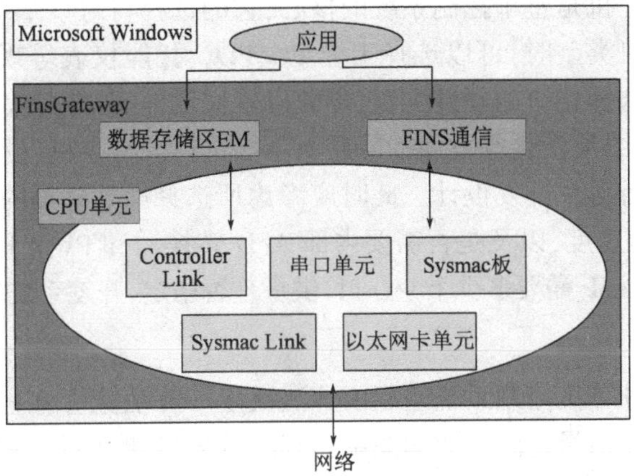

图 5-18 FinsGateway 应用的构成图

FinsGateway 有些应用需要额外的 FinsGateway 运行环境。要用 FinsGateway 运行版来实现这些应用,可以参考应用手册的详细资料。

第四节 计算机控制系统设计及案例

计算机控制系统设计一般应从工艺要求、控制任务确定开始,然后选择主机类型,确定控制算法,进行系统总体方案设计、硬件设计、软件设计,选择传感器、变送器、执行机构等工业自动化仪表,最后进行系统调试,包括进行生产现场调试,直到控制系统正式投入运行,并达到所要求的性能指标为止。同时,应遵循安全可靠,操作、维护方便,实时性和通用性强,经济效益好的设计原则。

一、计算机控制系统设计

1. 确定控制任务

在进行系统设计之前,必须对控制对象的工作过程进行深入的调查、分析,熟悉其工艺过程,才能根据实际应用中的问题提出具体的要求,确定系统所要完成的任务,一般分以下几步:

(1)熟悉工艺过程和控制要求,构思控制系统的整体方案。

首先应考虑要构成一个什么样的系统,是开环控制,还是闭环控制,或是只检测不控制。当采用闭环控制时,应选用何种测量元件,测量精度有何要求。

(2)判断系统是否有特殊控制要求。

如高可靠性、高精度或快速性的要求,为满足这些要求,应采取什么措施。

(3)确定计算机承担的任务。

确定计算机在整个控制系统中所承担的任务,是数据处理,还是直接控制等。

(4)编写设计任务书。

编写完整的设计任务书,画出系统组成粗框图,作为整个控制系统设计的基础和依据。

2. 选择系统的主机类型

在控制任务确定后,应对系统所需要的硬件做出初步的估计和选择,这是计算机控制系统设计的一个特点。因主机是整个控制系统的核心，它的选择将对整个系统产生决定性的影响。

在选择系统的主机类型时，可以选择工业 PC、PLC、智能仪表等现有测控硬件设备，设计者只需根据控制任务选择相应的硬件配置，再配以软件设计等，即可实现控制任务。

如果因价格、功能或灵活性等方面的问题而不能选择现有主机，设计者可选择一款微处理器或单片微控制器进行自主开发设计。此时应考虑所选择微处理器的字长、寻址能力、指令系统、中断处理能力、运行速度，以及是否需要内部 A/D 转换器和 PWM 输出功能、是否需要内部 Flash 存储器和内部 SRAM、需要多少个 I/O 口、供货是否稳定、开发系统的价格是否可以接受等。

3. 确定控制算法

工业生产过程中计算机控制系统控制由算法决定。算法建立在控制对象的数学模型上，即描述各控制量与各输出量之间的数学关系，因此，首先应建立系统的数学模型，并根据数学模型确定系统的控制算法。控制算法直接影响控制系统的调节品质，是决定整个系统性能指标的关键。

由于控制系统种类繁多，因此控制算法也各不相同，每个控制系统都有特定的控制规律，并且有相应的控制算法。比如：在数控机床中，常用的有逐点比较法和数字积分法的控制算法；在直接数字控制系统中，常用的有 PID 控制算法及其改进算法；在位置数字随动系统中，常用的有实现最少拍控制的控制算法。另外，还有模糊控制、最优控制、自适应控制等控制算法。在进行系统设计时，究竟选择哪一种控制算法，主要取决于系统的特性和要求达到的控制性能指标。

总之，所选定的控制算法要满足控制速度、控制精度和系统稳定性的要求。

4. 系统总体方案设计

当选定主机类型和确定控制任务以及控制算法后，就可以确定系统总体方案。

1）分配硬件、软件功能

计算机控制系统由硬件和软件组成，对于那些既可用硬件实现又可用软件实现的功能，在进行设计时，应根据控制对象的要求以及硬件、软件的特点，采用合理的分配方案。一般情况下，只要能满足速度的要求，能用软件实现的功能，就不用硬件实现。

2）选择系统总线

控制系统采用总线结构，具有很多优点。采用总线，可以简化硬件设计，用户根据需要直接选择符合总线标准的功能模板，而不需考虑模板插件之间的兼容问题，可大大简化系统的硬件设计。选择系统总线包括选择内部总线和选择外部总线。

3）选择输入/输出通道模板

计算机控制系统，除了主机外，还必须具有各种输入/输出通道模板，其中包括模拟量输入（AI）模板、模拟量输出（AO）模板、数字量输入（DI）模板、数字量输出（DO）模板等。

4）可靠性设计

在计算机控制系统中，系统的可靠性至关重要，只有系统的可靠性高，才能确保系统的正常运行。

可靠性设计采取的措施主要有硬件措施、软件措施，可靠性要求很高的系统，还应考虑双 CPU 或双机并行运行。

5. 硬件系统设计

硬件系统设计的任务是：

(1)根据系统总体框图,设计系统电气原理图;

(2)按照电气原理图选择控制主机、板卡、传感器、变送器、执行机构和配套的元器件等,并对硬件系统进行详细设计。

硬件设备的选择一般应注意以下几点。

(1)字长。计算机的字长越长,精度越高,但价格相应越贵。

(2)运算速度。运算速度直接影响系统响应的快速性。

(3)内存容量。内存容量取决于控制算法的复杂程度。若控制算法复杂,计算量大,所处理的数据多,就要选择内存容量大的计算机。

(4)中断能力。计算机控制系统的中断功能,不仅解决主机与外部设备间信息交换问题,而且解决故障处理、多机连接等问题,因此要选择中断能力强的计算机。

(5)外围接口。一个典型的计算机控制系统,除了控制用的主机外,还必须有各种输入/输出通道模板,其中包括数字量 I/O、模拟量 I/O 等模板。

(6)传感器和变送器。传感器和变送器能将被测量的非电量信号转换为可远程传送的统一的电压或电流信号,且输出信号与被测变量有一定的连续关系,以便在控制系统中实现数据采集。

(7)执行机构。执行机构的作用是接收计算机发出的控制信号,并将它转换成调整机构的动作,使被控系统或被控对象按预先规定的要求正常运行。

6. 软件设计

在进行应用程序的设计时,应采用模块化结构,注重可维护性及可移植性。另外,还要合理选择数据库的结构。

应用程序主要包括:

1)数据采集和数据处理程序

(1)数据采集程序主要是对多路模拟输入信号进行采样,或通过数字量输入模板读取开关状态并进行存储等。

(2)数据处理程序主要包括数字滤波程序、线性化处理和非线性补偿程序、标度变换程序、上下限报警程序等。

2)控制算法程序

控制算法程序是完成控制规律的计算,得到控制量,主要包括数字 PID 控制算法及其改进算法、Smith 补偿控制算法、模糊控制算法、串级控制算法、前馈控制算法、最优控制算法等。在具体实现时,可采用一种或几种控制算法的组合实施控制。

3)控制输出程序

控制输出程序根据控制算法的结果送往模拟量输出模板,实现数字量到模拟量的变换,或根据被控参数的上下限通过数字量输出模板去驱动执行机构或各种电气开关。

4)实时时钟程序

实时时钟是计算机控制系统运行的基础,它包括绝对时钟和相对时钟。绝对时钟与当地时间同步,有年、月、日、时、分、秒、星期等功能;相对时钟与当地时间无关,只与时间起点有关。

数据的采集、控制是由实时时钟决定的。实时时钟可通过软件定时中断或硬件电路(如 DS12887 和 X1205 等)实现。

5)数据管理程序

数据管理程序主要包括画面显示、变化趋势分析、报警记录、报表统计、打印输出、数据操作等,主要用于生产管理。

6)数据通信程序

数据通信程序主要实现两台计算机之间或一台计算机与多台计算机之间的数据传输和交换,形成集散控制系统。

7)公共服务程序

公共服务程序主要包括基准运算程序、函数运算程序、数码转换程序等。

7. 选择工业自动化仪表

1)传感器和变送器的选取

传感器可以将非电物理量,如温度、压力、流量、位移、液位、气体成分等被测参数变成电信号,如电压、电流或电阻信号,再通过变送器变成可以远传的统一标准信号(0~5V、1~5V或0~10mA、4~20mA等),然后送往AI模板进行数据采集。

2)执行机构的选取

执行机构是计算机控制系统中不可缺少的组成部分,它的作用是接收计算机发出的控制信号,并把它转换成机械动作,对生产过程实施控制。执行机构可以分为气动、电动、液压三种类型。

气动执行机构的特点是结构简单、价格低、防火防爆;电动执行机构的特点是体积小、种类多、使用方便;液压执行机构的特点是推力大、精度高。常用的执行机构为气动和电动。

在计算机控制系统当中,将0~10mA或4~20mA电信号经电气转换器转换成标准的0.02~0.1MPa气压信号之后,即可与气动执行机构(气动调节阀)配套使用。电动执行机构(电动调节阀)直接接收来自计算机的输出信号4~20mA或0~10mA来实现控制作用。

另外,还有各种有触点和无触点开关,也是执行机构,可实现开关动作。电磁阀作为一种开关阀在工业中也得到了广泛的应用。

在系统中,选择气动调节阀、电动调节阀、电磁阀、有触点和无触点开关之中的哪一种,要根据系统的要求来确定。

8. 系统调试

在计算机控制系统设计完成后,还要进行系统调试。

1)硬件调试

硬件调试应按电路实现的功能分别进行调试。

2)软件调试

首先编写与硬件调试相对应的调试程序,配合硬件调试工作,待硬件调试完成后,再进行软件的总调试。

3)现场调试

计算机控制系统在试验室调试好以后,就可以到现场进行安装并进行调试。

在现场调试时,应注意接地、环境干扰等方面的问题。同时,通过现场调试,选择合理的调节参数,确保系统稳定运行,并达到设计的性能指标。

现场调试需要丰富的经验,只有对生产现场进行深入的了解,不断完善设计方案,才能设计出更好的计算机控制系统。

二、PLC控制系统设计

由于应用PLC的场合是多种多样的,随着PLC自身功能的不断增强,它所控制的系统也越来越复杂,因此,不可能归纳出一个适合任何 PLC 控制系统设计的全面的详细的准则与步骤,这里只叙述 PLC 控制系统设计所必须遵循的基本原则。

1. 了解并列出被控系统的工艺要求和基本工作流程

(1)各控制对象的驱动要求,例如驱动的电压(电流)、驱动的时间等。

(2)各控制对象的动作顺序、相互之间的约束关系等,此项最好采用流程图表示。

(3)所有控制参数的确定,如模拟量的精度要求、开关量的点数等。

2. 确定控制方案

(1)确定采用 PLC 进行控制所需的软、硬件结构。

(2)系统控制的通信要求和网络结构设计。如果没有通信网络,则这一步可略去。

(3)硬件结构设计,例如输入端口的数目及类型、输出端口的数目及接口要求、定时/计数器的个数及计数长度、A/D 和 D/A 转换器的个数及位数等,以及主控制器的结构要求,如时钟频率、插槽数量、内存及 ROM 空间的容量等。

(4)软件框图设计,画出软件流程框图,标出子程序功能及调用条件和出口参数等。

3. 系统设计

1)选择机型及相关的功能模板

在选择机型时,除了要满足确定的要求外,还应留有一定的富裕量,以便调试及使用时扩展。目前,PLC 的产品种类繁多,同一厂家也常常推出几个系列产品。这就需要用户选择最适合自己要求的产品。首先应考虑产品是否运行可靠、功能全面,其次要考虑系统的类型。

(1)单体控制的小系统。这种系统一般使用一台 PLC 就能完成控制要求,控制对象常常是一台设备或多台设备中的一个功能,如对原有控制系统的改造、完善或改进原设备的某方面功能等。这种系统没有 PLC 间的通信问题,但有时要求功能全面、容量要求变化较大,有些还要求与原设备系统的其他机器连接。

(2)慢过程大系统。对运行速度要求不高,但设备间有联锁关系系统,设备距离远,控制动作多,如大型料场、高炉、码头、大型车站的信号控制;也有的设备本身对运行速度要求较高,但部分子系统要求并不高,如隧道通风控制系统、供电系统等,针对这一类型的对象,一般不选用大型机,因为其编程、调试都不方便,一旦发生故障,影响面也大,一般都采用多台中小型机和低速网相连接。由于目前生产的控制器多为插件式模板结构,它的价格是由输入/输出模板数和智能模板数决定的,同一种机型输入/输出点数少,则价格便宜,反之则贵,所以一般使用网络相连后就不必再选用大型机。这样选用一台中小型 PLC 控制一台单体设备,功能简化,程序容易编制,调试方便,运行中一旦发生故障,影响面小,且容易查找。

(3)实时控制快速系统。随着 PLC 在工业应用领域的不断扩大,在中小型快速系统中,PLC 不仅仅完成逻辑控制和主令控制,它已逐步进入设备控制级。在这样的系统中,即使选用输入/输出容量大、运行速度快、计算功能强的一台大型 PLC 也难以满足控制要求。如用多台 PLC,则有相互间信息交换与系统响应要求快的矛盾。采用可靠的高速网能满足系统信息快速交换的要求,但高速网一般价格都很贵,适用于有大量信息交换的系统。对信息交换速度要求高,但交换的信息又不太多的系统,可以采用两台 PLC 输出端口硬件互联方式,使信息通过输出/输入直接传送,这样传送速度快而且可靠,但这种方式传送的信息不能太多,否则会占用太多的输入/输出点。

2)输入/输出的定义

机型选好后,系统设计人员需慎重考虑输入/输出定义问题。所谓输入/输出,是指整体输入/输出点的分布和每个输入/输出点的名称定义,它们会给程序编制、系统调试、文本打印等带来方便。

(1)单台 PLC 系统中输入/输出点的分配。

假设一台 PLC 需完成多个功能,若把输入/输出点按顺序排列,则会给编写程序与调试程序带来不便。在这种情况下,最好是按控制功能把输入/输出点分段,使相同功能的输入板和输出板组成一组。因此,在机架上形成输入板和输出板交叉插放。例如,用一台输入、输出容量均为512 点的 PLC 控制 5 台交流电动机的启动,每台交流电动机的启动联锁条件为 8 点,启动命令为 6 点(点动、手动与自动),启动停止输出点各 1 个,与电动机同时启动的电磁阀有 2 个,显示灯有 2 个。即输入点有 14 个,输出点为 6 个,这样,输入/输出点分配可按表 5-1 进行,该表是按照输入/输出点可重叠的机型排列的。

多功能控制可重叠输入/输出点分配 表 5-1

输入点	I0001 ~ I0016	I0017 ~ I0032	I0033 ~ I0048	I0049 ~ I0064	I0065 ~ I0080
输出点	O0001 ~ O0008	O0017 ~ O0024	O0033 ~ O0040	O0049 ~ O0056	O0065 ~ O0072
控制对象	1#电动机	2#电动机	3#电动机	4#电动机	5#电动机

当机型为输入/输出点不可重叠时,仍可将输入板和输出板按功能分组安插,见表 5-2。

多功能控制不可重叠输入/输出点分配 表 5-2

输入点	I0001 ~ I0016	I0025 ~ I0040	I0049 ~ I0064	I0073 ~ I0088	I0097 ~ I0112
输出点	O0017 ~ O0024	O0041 ~ O0048	O0065 ~ O0072	O0089 ~ O0096	O0113 ~ O0120
控制对象	1#电动机	2#电动机	3#电动机	4#电动机	5#电动机

(2)多台 PLC 系统中输入/输出点的分配。

在多台 PLC 系统中,设计人员应根据整体控制上的要求,按控制类别统一把输入/输出点分段,规定出每台 PLC 都要遵循的原则。某一个系统由 7 台 PLC 组成,分别对 7 个主传动进行逻辑控制的输入/输出点分配,见表 5-3。这是输入/输出不重叠机型,按顺序排列分配。

输入/输出点分配 表 5-3

输入/输出范围	输入/输出点定义	输入/输出范围	输入/输出点定义
I0.0	控制站操作	I9.0 ~ I9.7	电动机运转监视信号
I0.1	开辅助电源	I12.0 ~ I12.7	电流监视信号
I0.2	关辅助电源	I14.0 ~ I14.7	输出命令的反馈信号
I0.3	启动电动机	I15.0 ~ I15.7	温度监视信号
I0.4	停止电动机	I17.0 ~ I17.7	油路监视信号
I0.5	灯测试	I18.0 ~ I20.7	特殊信号
I0.6	故障复位	O22.0 ~ O25.7	输出命令信号
I0.7	紧急停车	O27.0 ~ O31.7	运行指示信号
I1.2 ~ I3.7	启动电动机条件信号	O33.0 ~ O37.7	故障指示信号
I6.0 ~ I7.7	传动系统联锁信号		

(3)输入/输出点信号名称定义。

逻辑变量在名称定义时应注意以下两个问题：

a. 信号的有效状态。逻辑变量有“0”和“1”两个值。有些信号在“1”状态有效，有些则在“0”状态有效，在名称定义上也有对“1”信号还是对“0”信号有效的问题。

图5-19画出了两种按钮，其中触点I10.1是电动机启动按钮，在无外力强制作用下，为常开状态，即“0”状态，对电动机无控制要求；在外力强制作用下，即按下按钮，则为闭合状态，即“1”状态，对电动机有启动要求，称“1”为有效或高电平有效。触点I10.2是电动机停止按钮，是常闭触点。在无外力强制作用下，触点I10.2为常闭状态，即“1”状态，对电动机无控制要求；在外力的强制作用下，即按下按钮，触点I10.2为断开状态，即“0”状态，对电动机有停止要求，称“0”为有效或低电平有效。

图5-19 按钮定义

a)电动机启动按钮；b)电动机停止按钮

在定义这两个信号时，所定义的名称不仅要说明信号的含义，还应该能够把信号的有效状态表示出来。若规定所有输入/输出信号的名称都是对“1”状态有效，则两个信号应定义为：

I10.1 电动机启动

I10.2 非电动机停止

若没有规定信号名称是对“1”有效，则应在各个名称中加以说明：

I10.1 电动机启动，“1”状态有效

I10.2 电动机停止，“0”状态有效

应注意的是，过程变量中的常开触点和常闭触点与逻辑指令组中的常开触点与常闭触点不同，前者是指信号的有效状态，后者则是指变量的运动方式。

b. 信号有效方式。在实际控制中，有的是持续状态有效，有的则是信号变化时有效。

所谓持续状态有效，作为逻辑条件，信号状态必须保持，如拨动开关、极限联锁信号、继电器和接触器的辅助触点、带锁定的按钮等，都属于这类信号。在编写程序时，使用的是信号的状态，一般直接作为逻辑条件写入程序中，在名称定义上一般不做特别注明。

信号变化时有效，是指信号由一种状态向另一种状态变化时，发出的控制要求。这类信号多为引起设备停车的故障信号和不带锁定的按钮，当一台设备的启动和停止由两个按钮完成时，就是这种情况，如图5-20所示。设备启动按钮是能自动回位的常开触点，按下时，I20.1由“0”状态变为“1”状态，发出设备启动要求；抬起时，按钮自动复位，I20.1由“1”状态变为“0”状态，但因自锁或其他原因已不再影响对设备的控制。设备停止按钮是能自动复位的常闭触点，按下时，I20.2由“1”状态变为“0”状态，发出设备停止的要求；抬起时，按钮复位，也不再影响对设备的控制。在对这类信号定义名称时要进行注明，如：

图5-20 按钮开关定义

a)常开触点；b)常闭触点

I20.1 设备启动，上升沿有效

I20.2 设备停止，下降沿有效

处理上升沿有效和下降沿有效的方法是靠信号变化产生一个周期长的脉冲，用该脉冲信号发控制命令。图5-21是上升沿产生脉冲的梯形图和波形。

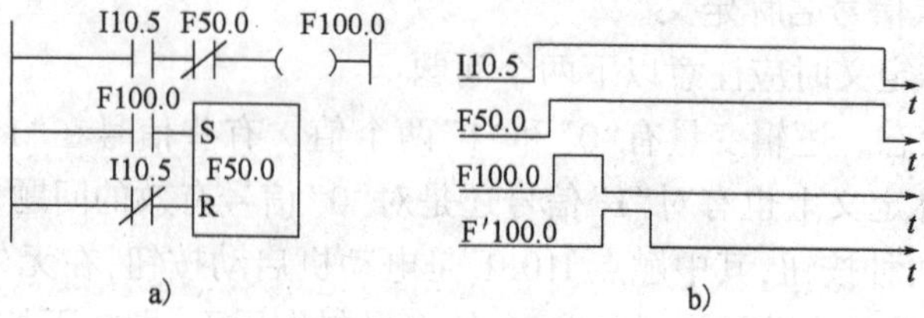

图 5-21　上升沿产生脉冲的梯形图和波形

a)梯形图;b)波形

由图 5-21 可知,F100.0 为脉冲输出,F50.0 是一个 RS 触发器,每个扫描周期开始经 I/O 映像区信息交换,然后执行用户程序。当 I10.5 由“0”状态变为“1”状态,即产生上升沿时,首先 F100.0 由“0”状态变为“1”状态,但这时只改变输出映像区的状态。继续执行程序。F50.0 由“0”状态变为“1”状态,也就是只改变内部寄存器区的状态。当扫描周期结束时,进行 I/O 信息交换,F100.0 输送到外界的信息 F′100.0 在时间上比 F100.0 约延迟一个周期。在新的扫描周期中,不论 I10.5 的信息状态如何,因为 RS 触发器 F50.0 在前一扫描周期已经被置于“1”状态,所以输出 F100.0 由“1”状态变为“0”状态,触发器 F50.0 继续保持“1”状态或由“1”状态变为“0”状态,这取决于 I10.5 信息状态。当这一扫描周期结束,进行 I/O 信息交换时,F′100.0由“1”状态变为“0”状态,输出脉冲的宽度为一个扫描周期。靠下降沿产生脉冲的梯形图和波形如图 5-22 所示,对此读者可自行分析。

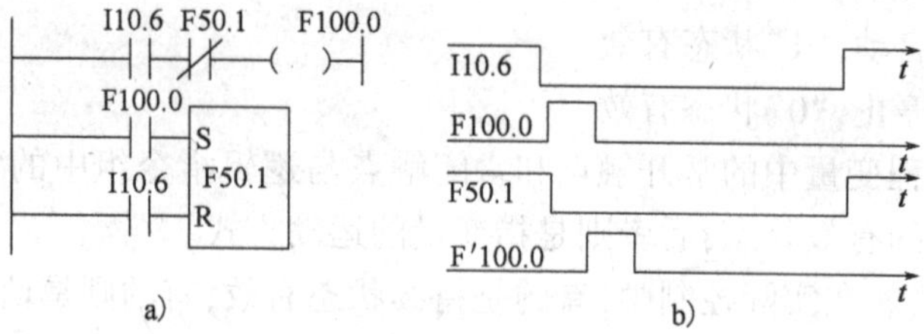

图 5-22　下降沿产生脉冲的梯形图和波形

a)梯形图;b)波形

(4)输入/输出变量表。在对输入/输出进行分配和名称定义之后,要将输入/输出变量列表,以备编程时使用。表内应将模块端子、地址号与信息名称一一对应。

3)系统控制软件的设计

这是系统设计中工作量最大的工作,主要内容包括:存储器(包括 RAM 和 ROM)空间的分配,专用寄存器的确定,系统初始化程序的设计,各功能块子程序的编制,主程序的编制及调试,故障应急措施,其他辅助程序的设计。

三、控制系统设计实例

1. 控制需求

薛公岭隧道长 2.1km,双洞双车道单向交通,设车行横通道 2 处,人行横通道 3 处,设计速度 80km/h。设有通风系统、照明系统、交通控制系统、视频监视系统、火灾报警系统、供配电系统等。通风系统采用全射流风机,单台直接由洞口变配电所供电,左洞设 4 组(8 台),右洞设 6 组(12 台);照明灯具也按不同种类分回路供电;左、右洞内各设置 CO 检测器、能见度检测器

3组,风速检测器3组,亮度检测器2组,车辆检测器4组,信号灯7组(双面),情报板3组,防火门5组。

基于这些控制需求,考虑在进口变配电所、隧道进口、车行横通道、人行横通道和出口变配电所设置8台PLC作为现场控制器(区域控制器),配以相应的模块,用于完成数据采集和设备控制任务。区域控制器的布设如图5-23所示。

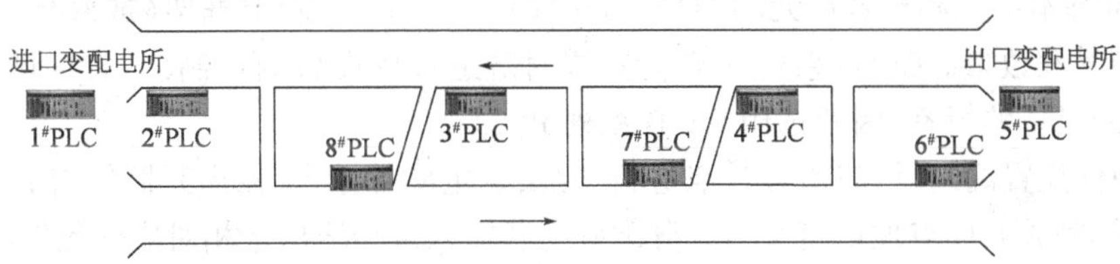

图5-23 PLC布设图

2. 系统方案

隧道测控系统上位管理计算机较多,整个网络采用二层网络结构。第一层为管理层(即信息层),采用Ethernet局域网,承担管理、决策和控制任务;第二层为控制层,采用PLC的光纤环形网络(Controller Link),实施现场数据采集、数据传输和设备控制工作。现场PLC网络由主PLC通过以太网模块与局域网连接,实现以太网通信。这种控制系统实现了区域控制器的现场控制,并且信号传输实现了全数字化,从底层到顶层均采用通信网络连接;系统结构采用全分散化,由现场的控制器直接控制设备;上层通信网络采用以太网通信,便于实现数据共享。此网络结构体现了FCS控制系统的优势,当环形网络上仅有一点发生故障时,数据可正常传输,系统可正常工作,当有多点发生故障时,现场PLC可独立工作,等待系统恢复正常后再接受指令、交换数据,从而大大增强了控制系统运行的可靠性。系统网络结构如图5-24所示。

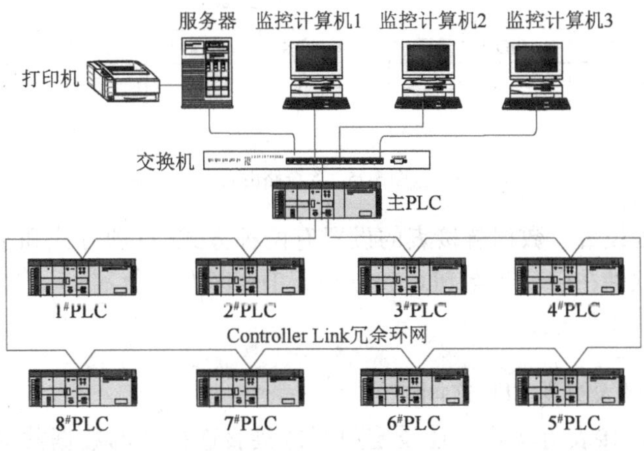

图5-24 系统网络结构图

3. 硬件配置

正确选择PLC对于保证整个控制系统的技术与经济性能起着重要作用。PLC的选择,包括机型的选择、容量的选择、I/O模块的选择、电源的选择等。

为保证PLC与上位监控计算机通信的稳定性,中央控制室设置一台CS1D系列PLC控制器与上述的区域控制器相连,用来接收信息和发布中央控制室命令。CS1D系列PLC采用更快速度的 CPU 并可通过两个以太网模块 CS1W-ETN21D 与上位机(带双以太网卡)相连,从而大大增强系统通信的实时性和稳定性。

由于隧道测控系统选用的区域控制器需支持以太网功能、远程通信功能,而且控制系统稳定、可靠,区域控制器要有一定的存储能力,对于现场 PLC 的选择应根据被控对象对控制性能的要求,以及 PLC 的输入量、输出量的类型和特点,确定 PLC 的型号和硬件配置。对于整体式 PLC,应确定基本单元和扩展单元的型号;对于模块式 PLC,应确定框架(或底板)的型号及所需模块的型号和数量。CS1D 系列 PLC 能完成对隧道现场设备的控制,节省区域控制箱的空间,减少控制设备的投资,因此选用 CS1D 系列 PLC。

PLC 硬件配置确定后,应对 I/O 点进行分配,确定外部输入/输出元器件与 PLC 的 I/O 点的连接关系,完成 I/O 点地址定义表。分配好与各输入量和输出量相对应的元件后,设计绘制 PLC 的外部接线图和安装所需图纸,以便进行硬件装配。

4. 通信设置

以薛公岭隧道为例,系统中设主控 PLC 1 台,现场 PLC(区域控制器)8 台,2#、3#、4#、6#、7#、8#PLC 主要用于隧道交通控制与环境检测,1#、5#PLC 主要用于隧道通风、照明控制。Controller Link网络通信设置按以下三步完成:

(1)用 GI 型光缆将由 Controller Link 模块 CS1-CLK52-V1 组成的网络连接起来。

(2)通过拨动 CS1-CLK52-V1 面板 UNIT No 和 NODE No 旋钮并按照站的编号设置相应数值的节点号、单元号。通过 C-NET 软件给每个站以以太网为 2 号网络、Controller Link 网络为 1 号网络创建路由表并将路由表内容下传给对应的控制站。系统路由表如图 5-25 所示。

1#、2#、3#、4#、5#、6#、7#、8#站PLC路由表

本地路由表

编号	本地网络	SIOU 单元号
1	01	0
2		

中继网络表

编号	远程网	PLC ID	中继网	节点
1	02		01	09
2				

图 5-25 系统路由表

(3)数据链接表设置。数据链接表的设置有两种方式:自动方式和手动方式。可使用手握编程器或 CX-P 软件在启动节点 PLC CPU 单元 DM 区设置。

5. 通信实现

1)启动数据链接表实现 PLC 之间通信

通过启动数据链接表可实现上述设定数据链接表连接区的数据共享,达到通信的目的。这种方式实现起来简单、方便,但不灵活,PLC 不能实现其他内存区的数据共享。启、停数据链接表有以下三种方式:

(1)使用编程设备或用户程序。

CS1D 系列 PLC 的启动位是启动节点字 DM30000 × CLK 单元号中的第 0 位。若设置启动位从 OFF 变为 ON 或当接通电源时为 ON,启动数据链接,启动位从 ON 变为 OFF 时停止数据链接。

(2)使用 Controller Link 支持软件。

在上位机或上位机节点上,使用 Controller Link 支持软件向数据链接中的节点发出启动/停止数据链接命令。

(3)使用 FINS 命令。

使用网络通信指令 CMND 从一个 Controller Link 节点(PLC 或计算机)向一个数据链接中的节点发送 RUN("0401")/STOP("0402")指令来启动/停止数据链接。

2)网络指令通信

在网络内通过发送网络指令 SEND、RECV 和 CMND 可实现 FINS 通信。这种通信方式灵活,可对目标节点 PLC 进行任何操作。发送网络指令是先将需发送的命令数据存储到给定的内存区,确定连接的本地内存地址和目标站内存地址,通过网络指令就可实现与远程站通信。

6. 操作过程

基于 PLC 网络的隧道测控系统的操作步骤是,区域控制器首先根据控制器状态、内存区状态、端口状态诊断控制器是否在正常状态下工作,然后采集本地控制的输入设备的输入数据,进行处理后将结果数据发送到数据链接共享区,同时读取其他控制器共享到数据链接区的数据,通过所有的采集数据来判断整个隧道的状态,并按照判断结果质询上位机是否执行相应程序,得到确认后,现场区域控制器立即执行相应的程序。若区域控制器长时间没有得到上位机命令,它将根据具体情况按照规定的预案进行控制。根据预案程序的运行改变现场设备的控制状态,并按照控制状态对应逻辑真值表将结果输出到显示设备中,PLC 执行完外部响应和控制程序,I/O 刷新后将结果输出到现场设备中。

7. 系统特点

在基于 PLC 网络的隧道测控系统中,现场测控设备一方面完成数据采集,另一方面完成控制任务。在交通测控中使用集散控制系统,使得布线错综复杂,也会增大出错的概率。事实上,因采集的数据不需一直保存,而是定期保存,所以把部分数据采集与控制任务交于现场设备来完成,可以省去大部分数据传输过程并避免由此带来的传输错误而导致的一些不可预见的后果。因此采用 PLC 网络的隧道测控系统,通过 PLC 完成对现场输入/输出量的控制处理,整个系统可以克服隧道内恶劣的环境,PLC 之间进行组网可以提高 PLC 的控制能力,扩大范围,同时便于计算机进行管理和对控制数据进行处理,从而提高了整个系统的可靠性和安全性。

本章习题

1. 简述计算机控制系统的硬件组成。

2. 输入/输出通道按照信号类型的不同可分为哪几类?

3. 模拟量输入通道由哪些部件组成?其作用如何?

4. 根据控制系统的应用特点、控制方案、控制目标和系统构成不同,计算机控制系统一般可分为哪几种类型?

5. 与集散控制系统相比,现场总线控制系统有什么特点?

6. 简述计算机网络的几种拓扑结构。

7. PLC 控制系统设计必须遵循的基本原则有哪些?

本章参考文献

[1] 张俊,孙竹梅. 西门子主控系统下的隧道通风照明系统改造[J]. 自动化仪表,2020,41(10):85-88.

[2] 张思卿,王海文,王丽君. 计算机网络技术[M]. 武汉:华中科技大学出版社,2013.

[3] 张建华,余平. 计算机网络基础[M]. 北京:北京邮电大学出版社,2013.

[4] 董宁,陈振. 计算机控制系统[M]. 3 版. 北京:电子工业出版社,2017.

[5] 张军,胡学林. 可编程控制器原理及应用[M]. 3 版. 北京:电子工业出版社,2019.

[6] 王锦标. 计算机控制系统[M]. 3 版. 北京:清华大学出版社,2018.

[7] 刘建昌,关宇平,周玮,等. 计算机控制系统[M]. 2 版. 北京:科学出版社,2016.

第六章

公路隧道火灾报警系统

第一节　公路隧道火灾报警系统概述

一、公路隧道火灾的特点、原因和分类

1. 公路隧道火灾的特点

隧道是管状结构物，存在潜在的交通事故和火灾危险。公路隧道火灾的发生一般具有以下特点：

(1)烟雾大，温度高。由于隧道空间小，近似处于密闭状态，隧道内一旦发生火灾，不可能自然排烟，因此烟雾较大。且燃烧产生的热量不易散发，隧道内温度较高。另外，火灾可能将隧道照明系统烧坏，使得隧道内能见度大大降低，给扑救火灾和疏散人员带来困难。

(2)疏散困难。隧道的横断面小，道路狭窄，发生火灾时除了人员疏散困难外，物资的疏散也极其困难，车辆一辆接着一辆，要在短期内疏散几乎是不可能的。因此，火灾在车辆之间的蔓延也比较快，且每一汽车都有油箱，如汽油燃烧，将加剧火势发展。

(3)隧道火灾更容易产生大量的烟雾并充满整座隧道，以致在使用强力照明条件下能见度也只在1m以内。同时，有毒烟雾的传播，将使人员中毒甚至死亡。

(4)扑救困难。隧道发生火灾时，消防人员很难接近火源扑救。如火灾发生在整条隧道中心，从隧道口到火灾现场有时也有几百米、几千米甚至更长距离，加之缺乏照明，扑救更加困难。

(5)成灾时间短。失火爆发成灾的时间一般为5～10min，较大火灾的持续时间与隧道内的环境有关，一般在30min至几个小时之间。

(6)隧道内一旦起火，由于烟囱效应，温度和烟会迅速传播，其大部分能量被用去加热通风的空气。此时顺风的温度可达到1000℃以上，热的空气在流经途中可能把它的热量传递到任何易燃或可分解的材料上。这样火就能从一个燃烧源“跳跃”一个长度而引燃下一个着火点。

(7)隧道火灾将极大影响隧道内空气压力的分布，而隧道内空气压力的变化可导致通风气流流动速度和流动方向的变化，或加速，或减速，或完全逆向流动。隧道发生火灾时，有强烈的热，且有时只能从逆风端去救火，因而，通风气流的这种逆向流动将会阻碍救火工作的进行。

(8)发生火灾的时间和地点都具有随机性。

(9)发生火灾的规模和形态等是不恒定的。

影响隧道火灾量级并最终影响生命安全的主要参数是“时间”,即发生火灾的时间、报警的时间、确定火源地点的时间、实现应急反应过程的时间,而隧道火灾的防治目的就是将以上时间减到最少。

2. 公路隧道火灾的原因

隧道火灾起因有很多种,常见的起火原因有:

(1)隧道电气线路或电气设备短路起火。

(2)维修养护时动用的明火起火。

(3)汽车自燃起火。

(4)紧急制动时制动器起火。

(5)汽车交通事故起火和车上装载的易燃物品起火。

3. 公路隧道火灾的分类

1)按可燃物的种类分类

按可燃物的种类不同,公路隧道的火灾可以分为A、B、C、D、E五类。

(1)A类火灾:指含碳固体可燃物,诸如木材、棉、毛、麻、纸张等燃烧引起的火灾。A类火灾又分为表面火灾和深位火灾两大类。灭火器能扑救的初起火灾为表面火灾,而深位火灾则需依赖某些灭火系统或用“闷舱”窒息等灭火方法进行扑救。

(2)B类火灾:指甲、乙、丙类液体,诸如汽油、炼油、柴油、甲醇、乙醚、丙酮等燃烧引起的火灾。B类火灾还分为极性有机溶剂引起的火灾和非极性油品引起的火灾两大类。极性有机溶剂有醇、醛、酮、醚等,非极性油品有汽油、煤油、柴油、重油、机油、动物油、植物油、润滑油等。这两类液体所引起的火灾应当使用不同的灭火器扑救。

(3)C类火灾:指可燃气体,诸如煤气、天然气、甲烷、丙烷、乙炔、氢气等燃烧引起的火灾。可燃气体有甲类和乙类之分。甲类气体有乙炔、氢、甲烷、乙烯、天然气、矿井气、液化石油气、石油伴生气、水煤气、焦炉煤气等,是指爆炸下限小于10%的可燃性气体。乙类气体有一氧化碳、发生炉煤气、鼓风炉煤气等,是指爆炸下限大于10%的可燃性气体。

(4)D类火灾:指可燃的活泼金属,诸如钾、钠、镁、钛、锆、锂、铝镁合金等燃烧引起的火灾。

(5)E类火灾:即带电火灾,是指电气元件与设备,诸如电器、电子元件、电子电器(电子计算机、复印机、电传打印机、通信机、发电设备、发动机、变压器、配电盘、电控仪表装置等)及电线电缆等燃烧时仍带电的火灾。

假若带电设备在起火后或开始喷射灭火剂之前确已切断电源,则可视之为不带电火灾,应按与之同时存在的A类或B类火灾进行灭火设计。实际上,火灾过程中只有一种可燃物燃烧的情况是很少的,大部分火灾是几种可燃物同时燃烧。公路隧道火灾通常为A类、B类和E类火灾。

2)按引起火灾的原因分类

按引起火灾的原因不同,公路隧道的火灾可以分为内因火灾和外因火灾两类。

由于可燃物经长时间氧化,蓄积热量,发展到自燃引起的火灾,称为内因火灾。由于外部热源引燃可燃物而发生的火灾，称为外因火灾。公路隧道火灾通常为外因火灾。

3）按火灾的燃烧状态分类

按火灾的燃烧状态不同，公路隧道的火灾可以分为阴燃火灾和明火灾。燃烧处于阴燃状态，无明显火焰的火灾，称为阴燃火灾。当燃烧地点通风不良，严重缺氧时，火灾处于阴燃状态。当可燃物即将燃尽，挥发物含量很低时，火灾也往往处于阴燃状态。阴燃火灾的烟流中一氧化碳气体含量高，烟流具有可爆性和可燃性，对人的危害很大。燃烧时有较长火焰的火灾，称为明火灾。公路隧道火灾通常为明火灾。

4）按火灾规模分类

按火灾规模不同，公路隧道的火灾可以分为大型火灾、中型火灾、小型火灾。火灾规模的确定在隧道工程的防火设计中是非常重要的一环，防火设计中必须考虑火灾规模。火灾规模的确定应该考虑下列因素：

（1）隧道运营管理制度。

（2）发生火灾的车辆数。

（3）发生火灾车辆的类型。

（4）车辆装载货物的种类和数量。

（5）燃烧程度。

评定火灾的规模或者确定火灾的规模时，需要考虑某种原因（如扑救及时）造成的车辆燃烧不完全等因素，通过燃烧系数予以表征。由于确定火灾规模时要考虑的因素很多，而且大部分是非定量化的，因此要全面考虑上述因素。准确地预报或设定火灾规模是不容易的，通常是以某一因素为主进行概略划分，如下所述：

（1）对于禁止或限制油罐车及装有易爆危险品车辆通过的隧道，其火灾规模的确定以轿车和大型载货汽车作为对象，一般分为以下三种火灾规模：

a. 一辆轿车（60L 汽油）着火，属于小型火灾规模。

b. 一辆载货汽车（150L 汽油）着火，载有的木材或塑料制品引起大量烟气，属于中型火灾规模。

c. 两辆载货汽车（包括两辆公共汽车）相撞起火（300L 汽油），属于大型火灾规模。

（2）根据火源放出的热量确定火灾规模。

各种车辆火源的火灾规模可由赫塞尔登提供的表 6-1 所示的指标近似地来衡量。根据瑞士及挪威有关热量释放测量可估算出大火中单个轿车所产生的最大热量释放功率达 3 ~ 5MW，公共汽车和有轨车辆大多数在 15 ~ 20MW，满载的载货汽车在 100MW 以上，见表 6-2。

赫塞尔登火灾规模 表 6-1

火　　源	产生热量（MW）	规　　模
汽车（小客车）	3	小型
运货汽车	10	中型
载货汽车或公共汽车	20	中型
泄漏汽油的油罐车	50 ~ 100	大型

车辆类型与燃烧产生的热量　　表 6-2

车 辆 类 型	最高温度(℃)	最大热量释放功率(MW)
轿车	400 ~ 500	3 ~ 5
公共汽车或有轨车辆	700 ~ 800	15 ~ 20
大货车或油罐车	1000 ~ 1200	50 ~ 100
火车车厢	800 ~ 900	15 ~ 20

(3)描述火灾规模的参数。

描述火灾规模的常用参数有火源类型(汽车、轿车、载货汽车)、火源散发的热量、火源面积、火源周界、露天火焰高度、产生的烟量、烟层的初始速度、烟层的初始厚度、排烟最小距离、火焰上烟层升高距离、皮肤裸露不能忍受的临界距离等。

二、火灾探测方法及火灾监控系统构成

1. 火灾探测方法

对火灾的探测,是以物质燃烧过程中产生的各种现象为依据,以实现早期发现火灾为目的。因此,根据物质燃烧过程中发生的能量转换和物质转换所产生的不同火灾现象与特征,产生了不同的火灾探测方法,如图 6-1 所示。

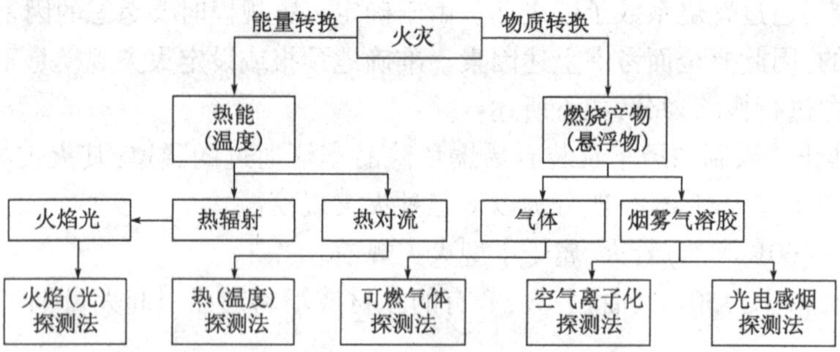

图 6-1　火灾探测方法

1)空气离子化探测法

空气离子化探测法是利用放射性同位素释放的 α 射线将空气电离,使腔室(一般称为电离室)内空气具有一定的导电性。当烟雾气溶胶进入电离室内,烟粒子将吸附其中的电离子,产生离子电流变化。此电流变化与烟浓度有直接的关系,并可用电子探测器加以检测,从而获得与烟浓度有直接关系的电信号,用于确认火灾和报警。

2)光电感烟探测法

光电感烟探测法是根据光散射定律(轻度着色的粒子,当粒径大于光波长时,将对照射光产生散射作用)进行工作的。它是在通气暗箱内用发光元件产生一定波长的探测光,当烟雾气溶胶进入暗箱时,其中粒径大于探测光波长的着色粒子将产生散射光,通过置于暗箱内并与发光元件成一定夹角(90° ~ 135°)的光电接收元件收到的散射光强度,可以得到与烟浓度成正比的信号电流或电压,用以判断火灾和报警。

3)热(温度)探测法

热(温度)探测法是根据物质燃烧释放出的热量所引起的环境温度升高或其变化率(升温

速率)，通过相应的热敏元件(如双金属片、膜盒、热电偶、热电阻等)和相关的电子器件来探测火灾现象。

4)火焰(光)探测法

火焰(光)探测法是根据物质燃烧所产生的火焰(光)辐射，其中主要是红外光辐射或紫外光辐射，通过相应的红外光敏元件或紫外光敏元件和电子系统来探测火灾现象。

5)可燃气体探测法

其主要用于对物质燃烧产生的烟气体或易燃易爆环境泄漏的易燃气体进行探测。

2. 火灾监控系统构成

火灾监控系统构成如图6-2所示。

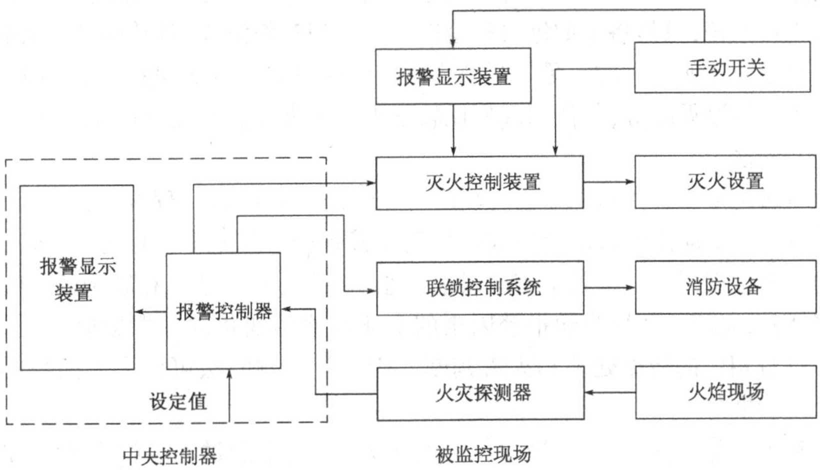

图6-2 火灾监控系统构成图

三、火灾信号

1. 火灾信号传输方式

为正确预报火灾信号发生地点，最大限度地消除误报现象，必须保证传输火灾信号的准确性。火灾信号一般有电压、电流和频率三种传输方式。

电压传输方式需要5根连接线。采用电流传输方式时，探测器与控制器之间有2根线，N个探测器有($N+1$)根线。采用频率传输方式时，探测器上接一个底座，发生火灾时该底座可以发出一定频率的信号，传到火灾自动报警装置上。

2. 火灾信号处理方法

对于火灾早期所表现出的一些特征，利用不同类型火灾探测器可以获得各类火灾产生的特征参数，并将其转换后传给控制系统。由此可见，火灾探测器与报警系统关系密切，要求火灾监控与报警系统要绝对可靠，既不允许有漏报警，也希望其误报越少越好。因此，需要寻找适当的火灾自动监测信号数据处理方法。该方法能实现在正确监测火灾信号的同时，又具有极低的火灾误报率。

目前，对火灾探测器中火灾参数敏感元件的识别处理主要有阈值比较、类比判断和分布智能(或初级智能)三种方法。

1)阈值比较法

阈值比较法是目前火灾探测器中普遍采用的火灾自动监测信号数据处理方法之一,也是传统的(或直观的)火灾自动监测信号数据处理方法。其基本原理为直接对火灾探测器中敏感元件的输出信号幅值进行处理,将火灾信号幅值,如烟雾颗粒的光电散射信号幅值、烟雾引起的离子电流变化幅值或温度信号幅值等,与预先设定的信号阈值或信号变化率进行比较。当信号幅值超过设定阈值或信号变化率大于设定信号变化率时,输出火灾报警信号。简言之,阈值比较法有固定阈值比较法和变化率检测法两种,其特点是简便明了,且易于实现,但存在环境适应性弱、抗干扰能力较差、误报率较高的缺点。

20 世纪 80 年代模拟量火灾探测器没有出现之前,几乎所有的火灾信息探测系统都采用阈值比较法进行火灾判断,而且至今许多先进的模拟量或智能化火灾探测报警系统,仍然沿用阈值比较法进行报警,只是将早期绝对报警阈值改为相对阈值或多阈值判断,克服了早期阈值比较时信号过于简单所带来的不足。当前广泛使用的可寻址开关量火灾自动报警系统、响应阈值补偿式火灾报警系统等,都使用阈值比较法来处理火灾监测数据和判断火灾。

2)类比判断法

类比判断法是提高火灾探测器信号输出可靠性的有效数据处理方法,它广泛应用于模拟量火灾报警系统和响应阈值自动浮动式模拟量报警系统。其基本原理为:将火灾信号特征和监测数据的处理过程用完整的数学表达式来描述,利用火灾信号具有的明显趋势性和火灾信号波形斜率,将火灾信号转换为随报警因素的变化而连续变化的模拟量信号(以电流或电压量表示),并进行相应的数据处理和火灾判断。应用类比判断法可使火灾探测器从开关量报警过渡到模拟量报警。

类比判断法的特点:以火灾信号的趋势变化为准则,平滑过滤各种干扰信号,增加"预报警"过程,从而提高系统的可靠性和稳定性,降低误报率。火灾探测灵敏度可任意用软件设置,实现预火警、火警、联动控制等多个输出信号延时和非延时工作方式,白天和夜间灵敏度自动调整,环境条件自动补偿等,用火灾监控系统中心控制器处理软件与火灾探测器硬件电路配合完成火灾监测数据处理和火灾判断。

3)分布智能法

分布智能法的基本工作原理为将人工神经网络和模糊数据处理技术应用于火灾参数的监测处理过程,利用菊花链式数据处理传输方案和多参数复合火灾参数探测算法,提高系统工作的可靠性,降低系统的误报率。分布智能法显然是火灾探测报警技术的发展趋势,但由于智能化火灾探测算法的计算过程过于复杂,它不仅需要探测器提供大量原始信号参数,更需要大容量的监控计算机及其应用软件系统予以保证,因此目前将基于分布智能法的火灾监控系统投入公路隧道工程火灾报警系统之中使用的实例,还比较少见。

第二节　火灾探测器

火灾自动报警系统的触发器件有手动和自动之分:手动触发器件,即手动火灾报警按钮;自动触发器件,即火灾探测器,如感烟式探测器、感温式探测器等。

火灾探测器是火灾自动报警系统中非常重要的监测元件,用来响应其附近区域有火灾产生时的物理或化学现象,并将火灾发生初期所产生的烟、热、光转换为电信号,输入火灾自动报警系统,经过系统自动处理后,发出警报或联动打开相应的灭火装置。国际标准《火灾探测和报警系统》(ISO 7240-12—2014)对火灾探测器的定义:火灾探测器是火灾自动报警系统的组成部分,它至少含有一个能够连续或以一定频率周期监视与火灾有关的物理或化学现象的传感器,并且至少能够向控制器和指示设备提供一个合适的信号,是否报火警或操作自动消防设备可由探测器或控制器和指示设备做出判断。

一、火灾探测器的分类

火灾探测器的种类很多,按照其待探测的火灾参数不同可划分为感烟式火灾探测器、感温式火灾探测器、感光式火灾探测器和可燃气体火灾探测器,以及烟温、烟光、烟温光等复合式火灾探测器,每个类型又根据其工作原理被分成若干种。具体分类见表 6-3。

火灾探测器的分类　　表 6-3

名　称	探测器种类	
感烟式火灾探测器	点型	离子式
		光电式
	线型	半导体式
		红外线光速式
感温式火灾探测器	点型	定温式
		差温式
		差定温式
	线型	定温式
		差温式
感光式火灾探测器	紫外线型	
	红外线型	

名　称	探测器种类
可燃气体火灾探测器	气敏半导体型
	铂丝型
	铂铑型
	光电型
	固体电解质型
复合式火灾探测器	感烟感温型
	感温感光型
	感烟感光型
	感烟感温感光型
	红外线感烟感温型
其他	超声波型
	微差压型
	静电感应型
	漏电流感应型
	光纤型

1. 按感应元件的结构不同分类

(1)点型火灾探测器:对警戒范围中某一点周围的火灾参数做出响应。

(2)线型火灾探测器:对警戒范围中某一线路周围的火灾参数做出响应。

2. 按操作后能否复位分类

(1)可复位火灾探测器:在产生火灾报警信号的条件不再存在的情况下,不需要更换组件即可从报警状态恢复到监视状态。

(2)不可复位火灾探测器:在产生火灾报警信号的条件不再存在的情况下,需要更换组件才能从报警状态恢复到监视状态或探测动作后不能恢复到监视状态。

二、火灾探测器的工作原理

1. 感烟式火灾探测器

感烟式火灾探测器(smoker detector)是利用一个小型烟雾传感器感应悬浮在其附近空气中的烟雾气溶胶(固态或液态颗粒),从而探测火灾。一般情况下制成点型结构,主要有离子式和光电式两种类型。烟雾是火灾的早期现象,利用感烟式火灾探测器可以最早感受火灾信号即火灾参数,所以,感烟式火灾探测器是目前世界上较普及、应用数量较多的火灾探测器。据了解,感烟式火灾探测器可以探测70%以上的火灾。

1)离子感烟式火灾探测器

离子感烟式火灾探测器,是根据电离原理工作的探测器,它利用放射性同位素释放的高能量α射线使局部空间的空气电离产生正、负离子,电离状态下的带电离子在外加电压作用下形成离子电流,当火灾产生的烟雾和燃烧产物及烟雾气溶胶进入电离室时,表面积较大的烟雾粒子将吸附带电离子,产生离子电流变化,经电子线路加以监测,从而获得与烟雾进入量成正比的电信号,作为可靠的火灾早期报警信号输出。感烟电离室是离子感烟式火灾探测器的核心传感器。根据电离室的机构形式,离子感烟式火灾探测器可分为双源感烟式火灾探测器和单源感烟式火灾探测器。离子感烟式火灾探测器对于火灾初期和无焰燃烧(阴燃)阶段的烟雾气溶胶监测非常灵敏,可测烟雾粒径范围为0.03~10μm。

离子感烟式火灾探测器的特点:探测具有广谱性,可靠性和灵敏度高,对环境参数的监测连续;响应速度慢,探测器报废后污染环境。

2)光电感烟式火灾探测器

光电感烟式火灾探测器响应速度快,对环境参数的监测是间歇式的。光电感烟式火灾探测器从原理上可分为减光式和散射式两种,从结构上可分为点型和线型。光电流相对于初始标定值的变化量大小,反映了烟雾的浓度高低。

减光式光电感烟探测器监测火灾产生的烟雾浓度的高低,实现有效的火灾探测。但该原理更适用于线型结构的火灾探测器,实现大面积火灾探测,如收、发光电装置分离式主动红外光束感烟探测器。因此,减光式光电感烟探测器具有广谱探测特性。根据受光元件的光电流,即当烟雾浓度达到一定值时,散射光的能量就足以产生一定的激励用光电流。

散射式光电感烟探测器是点型结构探测器,其遮光暗室中发光元件与受光元件间的夹角为120°,灵敏度高。但其广谱性比减光式低。

光电感烟式火灾探测器在正常监视状态下呈高阻态,在报警时呈低阻态。这样,探测器静态功耗很小,同时也有利于区别探测器的两种不同工作状态。

2. 感温式火灾探测器

当火灾发生的场所经常存在大量粉尘、油雾、水蒸气时,无法使用感烟式火灾探测器,这时用感温式火灾探测器比较合适。感温式火灾探测器是响应异常温度、温升速率和温差等参数的探测器。其从结构上可分为电子式和机械式两种,按工作原理分为定温式火灾探测器、差温式火灾探测器和差定温式火灾探测器三大类。

1)定温式火灾探测器

定温式火灾探测器是在规定时间内,火灾引起的温度上升超过预定值时启动报警的火灾探测器。它有点型和线型两种结构形式。点型结构是利用双金属片、易熔金属、热电偶、热敏半导体电阻元件，在规定的温度值上产生火灾报警信号。目前，常用点型定温式火灾探测器有双金属片、易熔金属、电子式等几种形式。

(1)双金属片定温式火灾探测器。双金属片定温式火灾探测器有两种，一种是在一个不锈钢的圆筒形外壳内固定两块磷铜合金片，磷铜合金片两端有绝缘套，在中段部位装有一对金属触点，各个触点分别由导线引出。由于不锈钢外壳的热膨胀系数大于磷铜合金片，故在受热后磷铜合金片被拉伸而使两个触点靠拢。当达到预定温度时，触点闭合，导线构成闭合回路，便能输出信号给报警装置报警。两块磷铜合金片的固定处有调整螺钉，可以调整它们之间的距离，以改变动作值。一般可使探测器在标定的40～250℃的范围进行调整。另一种由热膨胀系数不同的双金属片和固定触点组成，当环境温度升高到预定值时，双金属片因膨胀系数不同而向上弯曲，使触点闭合而产生(输出)电信号。双金属片定温式火灾探测器既适用于一般场合，也适用于厨房、锅炉房等室内温度较高且经常有变化的场所。此外，双金属片定温式火灾探测器在产品规格上还可做成防爆型(一般为圆筒形)，特别适用于含有甲烷、一氧化碳、水煤气、汽油蒸气等的易燃易爆场所。

双金属片定温式火灾探测器在安装、使用过程中应当注意以下几点：

a. 可以采取隧道洞顶定点外露式安装方法。

b. 防爆型双金属片定温式火灾探测器安装时，引出线的连接应在防爆接线盒或分线盒内进行。

c. 在使用和运输过程中，应防止探测器外壳受机械损伤，以免影响标定的精度。

d. 在安装后，应采用模拟热源对每只探测器进行现场测试，模拟热源可以用热吹风器、白炽灯泡或能升温的小型电炉，但在易燃、易爆场所测试时必须严格按防爆要求进行。

e. 使用一段时间之后，应对双金属片定温式火灾探测器的标定精确温度进行抽查，发现已超过技术指标规定范围的，应修理或更换。

(2)易熔金属定温式火灾探测器。易熔金属定温式火灾探测器的工作原理是，低熔点(易熔)金属在火灾时环境温度升高且达到熔点温度时熔化脱落，从而使机械结构动作(如弹簧弹出、顶杆顶起等)，造成电触点接通或断开，发出报警信号。这种探测器结构简单，牢固可靠，很少误动作。易熔金属定温式火灾探测器在适用范围和安装事项上基本与双金属片定温式火灾探测器相同，但易熔金属定温式火灾探测器一旦动作便不可复原再用，故在安装时不能在现场模拟热源进行测试。

(3)电子式定温火灾探测器。电子式定温火灾探测器是利用热敏电阻受到温度作用时，其自身在探测器电路中起的特定作用，使探测器实现定温报警功能。

目前线型定温式火灾探测器大多采用缆式线结构，常用的有热敏电缆型和同轴电缆型两种。

热敏电缆型定温火灾探测器的构造是，在两根钢丝导线外面各罩上一层热敏绝缘材料后拧在一起，置于编织电缆的外皮内。热敏绝缘材料能在预定的温度下熔化，造成两条导线短路，使报警装置发出火灾报警信号。

同轴电缆型定温火灾探测器的构造是，在金属丝编制的网状导体中放置一根导线，在内外导体之间采用一种特殊绝缘物充填隔绝。这种绝缘物在常温下呈绝缘体特性，一旦遇热且达到预定温度则变成导体特性，于是造成内外导体之间的短路，使报警装置发出报警信号。

2)差温式火灾探测器

差温式火灾探测器是当火灾发生时,在规定时间内室内温度上升速率超过预定值时启动报警的火灾探测器。它有线型和点型两种,按其工作原理可分为机械式、电子式、空气管式等。

膜盒差温式火灾探测器以膜盒为敏感元件,是机械式的。当火灾发生时,环境升温速率很快,室内空气由于急剧受热而膨胀,来不及从泄孔外逸,致使室内空气压力增高,将波纹片鼓起与中心接线柱相碰,于是接通了电触点,便发出火灾报警信号。这种火灾探测器有灵敏度高、可靠性好、不受气候变化影响的特点,因而应用十分广泛。

3)差定温式火灾探测器

差定温式火灾探测器结合了定温式和差温式两种感温作用原理并将两种火灾探测器结构组合在一起,大大提高了火灾监测的可靠性。差定温式火灾探测器一般多是膜盒式或热敏半导体电阻式等点型结构的组合式火灾探测器。差定温式火灾探测器按其工作原理,可分为机械式和电子式两种。

3. 感光式火灾探测器

感光式火灾探测器主要是指火焰探测器,目前广泛使用紫外线型和红外线型两种。

1)紫外线型感光式火灾探测器

紫外线型感光式火灾探测器是利用火焰产生的强烈紫外辐射来探测火灾的,特别适用于火灾初期不产生烟雾的场所(如生产、存储酒精、石油等的场所),也适用于电力装置火灾监控和探测快速火焰及易爆的场所。

2)红外线型感光式火灾探测器

红外线型感光式火灾探测器是利用红外光敏元件的光电导或光伏效应来敏感地探测低温产生的红外辐射。利用红外辐射探测火灾时,一般要考虑物质燃烧时火焰的间歇性闪烁现象,以区别于背景红外辐射,其适用于森林火灾的预防。

三、火灾探测器的选用原则及注意事项

在火灾自动报警控制系统中,火灾探测器的选用与设置,会直接影响整个系统。关于火灾探测器的选用和设置,必须按照国家标准的有关要求和规定执行。

火灾探测器的一般选用原则:充分考虑火灾形成规律与火灾探测器选用的关系,根据火灾探测区域内可能发生的初期火灾的形成和发展特点、环境条件、隧道空间高度和可能引起误报的各种因素等综合确定火灾探测器的类型和性能要求,设置适宜类型的探测器或几种探测器的组合。

因此,火灾探测器的选用应遵循下列原则。

(1)对火灾初期有阴燃阶段,产生大量烟和少量热的场所,很少或没有火焰辐射的场所,应选用感烟式火灾探测器。

(2)对火灾发展迅速,可产生大量热、烟和火焰辐射的场所,可选择感温式火灾探测器、感烟式火灾探测器、火焰探测器或其组合。

(3)对火灾发展迅速,有强烈的火焰辐射和少量烟、热的场所,应选择火焰探测器。

(4)对火灾初期有阴燃阶段,在火灾初期极易造成燃烧不充分从而产生一氧化碳气体的场所,宜增设一氧化碳火灾探测器。

(5)对使用、生产可燃气体或可燃蒸气的场所,应选择可燃气体火灾探测器。

(6)应根据保护场所可能发生火灾的部位和燃烧材料的分析,以及火灾探测器的类型、灵敏度、响应时间等选择相应的火灾探测器,对火灾形成特征不可预料的场所,可根据模拟试验的结果选择火灾探测器。

(7)同一探测区域内设置多个火灾探测器时,可选择具有复合判断火灾功能的火灾探测器和火灾报警控制器。

1. 火灾探测器不宜装设的场所

火灾探测器不宜装设的场所,见表6-4。

火灾探测器不宜装设的场所一览表 表6-4

探测器种类	不宜装设的场所	探测器种类	不宜装设的场所
离子感烟式火灾探测器	相对湿度长期大于95%的场所,气流速度大于5m/s的场所,有大量粉尘、水雾滞留的场所,正常情况下有烟滞留产生严重腐蚀气体的场所,产生醇类、醚类、酮类等有机物质的场所	光电感烟式火灾探测器	有大量粉尘、水雾滞留的场所,可能产生蒸汽和油雾的场所,高海拔地区,在正常情况下有烟滞留的场所
感温式火灾探测器	有可能产生阴燃火灾或如发生火灾不及早报警可能造成重大损失的场所,温度常在0℃以下的场所,不宜装设定温式火灾探测器。正常情况下温度变化较大的场所,不宜装设差温式火灾探测器	火焰探测器	在火焰出现前有浓烟扩散的场所,探测器的镜头易被污染的场所,探测器的“视线”易被油雾、烟雾、水雾和冰雪遮挡的场所,探测区域内的可燃物是金属和无机物的场所,探测器易受阳光或其他光源直接或间接照射的场所

2. 几点说明

(1)在散发可燃气体、可燃蒸气和可燃液体的场所,宜选用可燃气体、可燃液体探测器。

(2)在下列公路隧道及其运营管理场所宜选用离子感烟式火灾探测器或光电感烟式火灾探测器:

①电子计算机房、通信机房及其他电气设备的机房,即监控室,以及易产生电气火灾的危险场所。

②空调机房、防排烟机房及有防排烟功能要求的场所,如通风管道。

③重要的电缆(电线)竖井、配电室等。

④人行横通道、车行横通道和人行通道等。

(3)对于在火势蔓延前产生可见烟雾、火灾危险性大的场所,如电子设备机房、配电室、控制室等处,宜采用光电感烟式火灾探测器,或光电感烟式和离子感烟式火灾探测器的组合。

(4)大型无遮挡空间的地方,如隧道出入口,宜采用红外光束感烟探测器。

①常温和环境温度梯度较大、变化区间较小的场所,宜选用定温式火灾探测器。

②常温和环境温度梯度较小、变化区间较大的场所,宜选用差温式火灾探测器。

(5)若火灾初期环境温度变化难以确定,宜选用差定温式火灾探测器,垃圾间等有灰尘污染的场所,亦宜选用差定温式火灾探测器。

(6)当有自动联动装置或自动灭火系统时,宜把感烟式、感温式、火焰探测器(同类型或不同类型)结合使用。

(7)具有腐蚀性毒气的危险场所,应采用耐酸耐碱型的火灾探测器。

(8)具有可燃性毒气或粉末滞留的危险场所应采用防爆型火灾探测器,潮湿的场所,如南方湿气较重的公路隧道,应采用防水型火灾探测器。

(9)感烟式火灾探测器的灵敏度应根据初期火灾燃烧特性和环境特征等因素正确选择,一般可按二级灵敏度来设置。

(10)在下列场所不宜安装感烟式、感温式火灾探测器:

①因公路隧道气流影响,靠火灾探测器不能有效发现火灾的场所。

②公路隧道顶的构筑物和装修材料是难燃型的或者已装有自动喷水灭火系统的闷顶或吊顶的场所。

③难以维修的场所。

(11)差温式、定温式火灾探测器动作温度的选择不应高于最高环境温度20~35℃,且应按产品技术条件确定其灵敏度,一般可遵循下列原则:

①定温式、差温式火灾探测器在升温速率不大于1℃/min时,其动作温度不应小于54℃,且各级灵敏度的探测器的动作温度见表6-5。

各级灵敏度的探测器的动作温度　　表6-5

等级	一级	二级	三级
温度范围	62~70℃	70~78℃	>78℃

②定温式火灾探测器的动作温度当无环境特殊要求时,在公路隧道中一般选用二级。

(12)线型探测器的选择。

①下列场所宜选用红外光束感烟探测器:

a. 无遮挡大空间的隧道出入口。

b. 特长公路隧道的发电厂、变配电站等。

②下列场所宜选用缆式线型定温式火灾探测器:

a. 电缆隧道、电缆竖井、电缆沟、电缆夹层等。

b. 配电装置、开关设备、变压器、变配电所、电机控制中心等。

c. 控制室、计算机室的闷顶内、地板下及重要设施隐蔽处等。

d. 其他环境恶劣不适合点型探测器安装的危险场所。

③下列场所宜选用空气管式差温式火灾探测器:

a. 公路隧道监控室为了方便安排在附近的仿古建筑。

b. 可能产生油类火灾且环境恶劣的场所。

c. 不易安装点型探测器的夹层、闷顶。

(13)气体探测器的选择。

下列场所宜选用可燃气体火灾探测器:

①使用管道煤气或天然气的隧道监控室。

②煤气站和煤气表房以及大量存储液化石油气罐的其他场所。

③其他散发可燃气体和可燃蒸气的场所。

④有可能产生大量一氧化碳气体的公路隧道场所,宜选用一氧化碳气体火灾探测器。

四、火灾探测器的布置

1. 火灾探测器的安装高度

火灾探测器的安装高度 H_0 是指探测器安装位置(点)距该保护域(隧道)地面的高度。火灾探测器的安装高度还与火灾探测器的类别有一定的关系。在隧道中,安装面(隧道顶面)不是水平的(即为曲面顶),如图6-3所示,则安装高度 H_0 取中值计算,如式(6-1)所示。

$$H_0 = \frac{H + h}{2} \tag{6-1}$$

式中:H——安装面最高部位高度,m;

h——安装面最低部位高度,m。

对于可燃气体火灾探测器,其安装高度应根据可燃气体的密度而定。对于相对密度小于1的气体,如甲烷等,泄漏后上升,可燃气体火灾探测器应安装在环境上部或易积聚上升气体的地方。对于相对密度大于1的气体,如石油液化气、乙烷等,泄漏后积聚在地面附近,可燃气体火灾探测器应安装在地面以下300mm的地方。

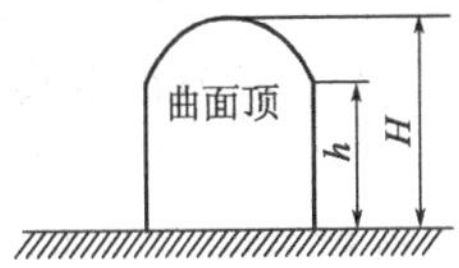

图6-3 安装高度的计算图

2. 火灾探测器的设置数量

一个探测区域内应设置的探测器数量 N,可由式(6-2)计算确定:

$$N \geqslant S/(K \times A) \tag{6-2}$$

式中:N——应设置的探测器数量,取整数;

S——该探测区域面积,m^2;

A——探测器的保护面积,m^2;

K——安全修正系数,一般 K 的取值范围为0.7～1.0。

关于安全修正系数 K,建议对于重点保护公路隧道(如高等级特长隧道)K 可取0.7～0.9,对于非重点保护公路隧道(一般二级以下的短公路隧道)K 可取1.0。

3. 火灾探测器的安装规则

(1)火灾探测器至隧道侧壁、至隧道顶部的水平/垂直距离不应小于0.5m。火灾探测器周围0.5m内不应有遮挡物。火灾探测器宜水平安装,如必须倾斜安装,其安装倾斜角即隧道顶坡度不应大于45°。在隧道监控室内,火灾探测器至空调送风口边的水平距离不应小于1.5m。在车行横通道和人行横通道等走道,可按垂直距离每隔15m安装一只探测器。可燃气体火灾探测器的安装位置应视可燃气体的泄漏点而定。

(2)在宽度小于3m的车行横通道或人行横通道顶棚上设置探测器时,宜居中布置。感温式火灾探测器的安装间距不应超过10m,感烟式火灾探测器的安装间距不应超过15m,探测器至隧道侧壁的距离,不应大于探测器安装间距的一半。

(3)在公路隧道的横通道安装探测器时,应避开其入口边缘1.5m处安装。

(4)公路隧道监控室被设备或隔断物等分隔,其分隔物顶至房间顶棚梁的距离小于房间净高的5%时,则每个被分隔开的部分应至少安装一只探测器。

(5)安装在顶棚上的探测器边缘与下列设施边缘的水平净距宜满足以下条件:

①与照明灯具的水平净距不应小于0.2m。

②感温式火灾探测器与高温光源灯具(如碘钨灯、功率大于100W 的白炽灯、高压钠灯等)的净距不应小于0.5m。

③与不突出的扬声器的净距不应小于1m。

④与各种自动喷水灭火喷头的净距不应小于0.3m。

⑤与竖井送风口的净距不应小于0.5m。

⑥与公路隧道车行横通道和人行横通道的防火门、防火卷帘的净距,一般为1~2m。

(6)报警区域内每个防火分区,应至少设置一个手动火灾报警按钮。

(7)手动火灾报警按钮应在火灾报警控制器或消防控制(值班)室的控制、报警盘上有专用独立的报警显示部位号,不应与火灾自动报警显示部位号混合布置或排列,并有明显的标志。

(8)手动火灾报警按钮的操作报警信号,在区域-集中系统中宜为:

①当区域机能直接进行灭火控制时,可进入区域机进行灭火。

②当区域机不能直接进行灭火控制时,可不进入区域机而直接向消防控制室报警。

(9)手动火灾报警按钮系统的布线宜独立设置。

(10)手动火灾报警按钮安装在墙上的高度可为1.5m,在隧道内间隔距离一般为50m,按钮盒应具有明显的标志和防误动作的保护措施。

第三节　火灾报警控制器

火灾报警控制器是火灾自动报警系统中,为火灾探测器供电,接收、处理及传递探测点的故障、火警电信号,发出声、光报警信号,同时显示及记录火灾发生的部位和时间,并向联动控制器发出联动通知信号的报警控制装置,它是整个火灾报警控制系统的核心和“指挥中心”。

一、火灾报警控制器的分类

(1)按容量分类。

火灾报警控制器按其容量可分为单路火灾报警控制器、多路火灾报警控制器。

(2)按用途分类。

火灾报警控制器按其用途可分为:

①区域火灾报警控制器。其控制连接器直接连接火灾探测器,处理各种来自探测点的报警信息,是各类自动报警系统的主要设备之一。

②集中火灾报警控制器。其一般不与火灾探测器直接相连,而与区域火灾报警控制器相连,处理区域火灾报警控制器送来的报警信号,主要适用于容量较大的火灾自动报警系统。

③通用火灾报警控制器。其通过硬件及软件的配置,既可作区域机使用,直接连接火灾探测器,又可作集中机使用,连接区域火灾报警控制器。

二、火灾报警控制器的基本功能

火灾报警控制器应具有下列基本功能:

(1)能为火灾报警控制器供电,也可为其连接的其他部件供电。

(2)能直接或间接地接收来自火灾探测器及其他火灾报警触发器件的火灾报警信号,发出声、光报警信号,指示火灾发生部位。光报警信号在火灾报警控制器复位之前应不能手动消除。声报警信号应能手动消除,但再次有火灾报警信号输入时,应能再启动。

(3)当火灾报警控制器内部与火灾探测器、火灾报警控制器与起传输火灾报警信号作用的部件间发生故障时,应能在100s内发出与火灾报警信号有明显区别的声光故障信号。

(4)火灾报警控制器应有本机检查(以下简称自检)功能。火灾报警控制器在执行自检功能时,应切断受其控制的外接设备。如火灾报警控制器进行每次自检所需时间超过1min或其不能自动停止自检功能,自检期间,如非自检回路有火灾报警信号输入,火灾报警控制器应能发出火灾声、光报警信号。

(5)火灾报警控制器应具有显示或记录火灾报警时间的计时装置,其日计时误差不超过30s。仅使用打印机打印火灾报警时间的,应打印出月、日、时、分等信息。

(6)通过火灾报警控制器可改变与其连接的火灾探测器的相应阈值时,火灾报警控制器应能指示已设定的火灾探测器的相应阈值。

(7)火灾报警控制器在按其设计允许的最大容量及最长布线条件接入火灾探测器及其他部件时,不应出现信号传输上的混乱。

(8)火灾报警控制器应具有电源转化装置。当主电源断电时,能自动转换到备用电源。当主电源恢复时,能自动转换到主电源。主电源、备用电源的工作状态应有指示,主电源应用过流保护措施。主电源和备用电源间的转换应不使火灾报警控制器发出火灾报警信号。

(9)采用总线传输信号的火灾报警控制器,应在其总线上设置隔离器,当某一隔离器动作时,火灾报警控制器应能指示出被隔离的火灾探测器、手动报警按钮等部件的部位号。

三、区域火灾报警控制器

区域火灾报警控制器是一种能直接接收火灾探测器或中继器发来的报警信号的多路火灾报警控制器,其电路原理如图6-4所示。

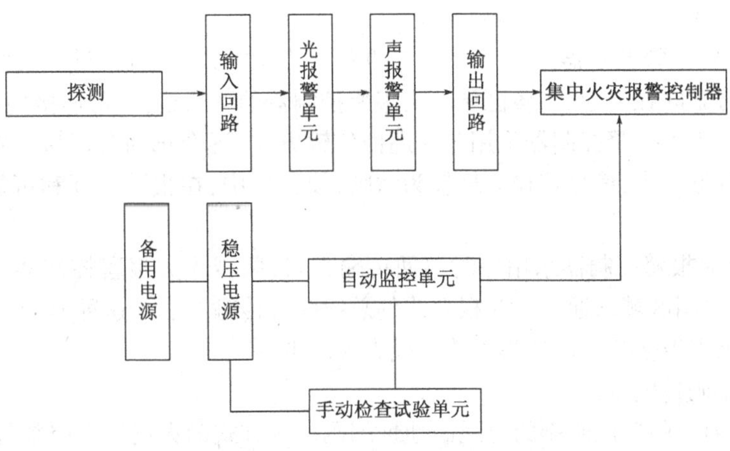

图6-4 区域火灾报警控制器电路原理方框图

它由输入回路、光报警单元、声报警单元、自动监控单元、手动检查试验单元、输出回路、稳压电源、备用电源等组成。输入回路接收各火灾探测器送来的火灾报警信号或故障报警信号,由声、光报警单元发出声、光报警信号和显示其发生的部位,并通过输出回路控制有关的消防设备,向集中火灾报警控制器传送报警信号。自动监控单元起着监控各类故障的作用。通过手动检查试验单元,可以检查整个火灾报警系统是否处于正常工作状态。

四、集中火灾报警控制器

集中火灾报警控制器是一种能接收区域火灾报警控制器(包括相当于区域火灾报警控制器的其他装置)发来的报警信号的多路火灾报警控制器,其电路原理如图 6-5 所示。

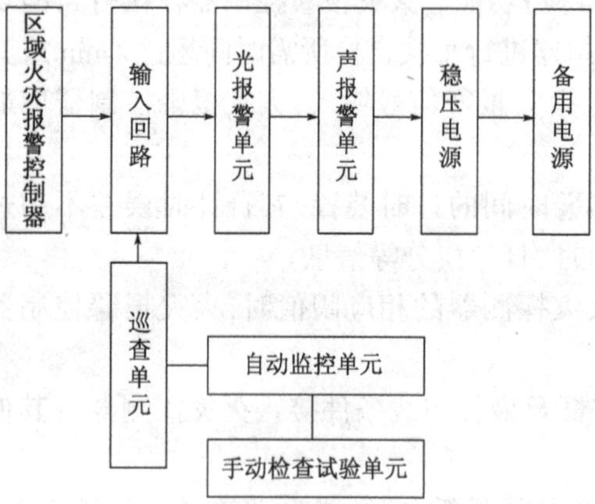

图 6-5　集中火灾报警控制器电路原理方框图

它是由输入回路、光报警单元、声报警单元、自动监控单元、手动检查试验单元、稳压电源、备用电源等组成。

五、火灾报警控制器的信号传输方式

目前,国内火灾报警控制器的信号传输方式主要有以下四种:

1)对应的有线传输方式

这种传输方式简单可靠。但在探测报警的回路数多时,传输线的数量也相应较多,这就带来工程投资大、施工布线工程工作量大等问题,故只适用于范围较小的报警系统。当集中火灾报警控制器采用这种传输方式时,它只能显示区域号,而不能显示探测部位号。

2)分时巡回传输方式

采用脉冲分配器,将振荡器产生的连续方波转换成有先后时序的选通信号,按顺序逐个选通每一报警回路的探测器,选通信号的数量等于巡检的点数。这种方式减少了部分传输线路,但由于采用数码显示火警部位号,在几个火灾探测回路同时送来火警信号时,其部位号的显示就不能一目了然了,而且需要配置微型机或复示器来弥补无记忆功能的不足。

3)混合传输方式

这种传输方式又可分为以下两种形式:

(1)区域火灾报警控制器采用一一对应的有线传输方式,所有区域火灾报警控制器的部位号与输出信号并联在一起,与各区域火灾报警控制器的选通线,全部连接到集中火灾报警控制器上。而集中火灾报警控制器采用分时巡回传输方式,逐个选通各区域火灾报警控制器的输出信号。这种形式中,信号传输原理较为清晰,线路适中,在报警速度和可靠性方面能得到较好的保证。

(2)区域火灾报警控制器采用分时巡回传输方式,区域火灾报警控制器到集中火灾报警控制器的传输,采用区域选通线加几根总线的总线断气传输方法。这种形式,使区域火灾报警控制器到集中火灾报警控制器的集中传输线大大减少。

4)总线制编码传输方式

近年来,国内一些单位研制的总线制地址编码传输方式的火灾报警控制器,其信号传输方式的最大优点是大大减少了火灾报警控制器和各火灾探测器的传输线。区域火灾报警控制器到所有火灾探测器的连线总共只有 2 ~4 根,连接上百只火灾探测器,能辨别是哪一只火灾探测器处于火灾报警状态或故障报警状态。

这种传输方式使火灾报警控制器在接收某个火灾探测器的状态信号前,先发出该火灾探测器的串行地址编码。该火灾探测器将当时所处的工作状态(正常监视、火灾报警或故障报警)信号发回,由火灾报警控制器进行判别、报警显示等。

在区域火灾报警控制器和集中火灾报警控制器信号传输上,采用数据总线方式或 RS232、RS422 等标准串行接口,用几根线就满足所有区域火灾报警控制器到集中火灾报警控制器的信号传输要求。

第四节　火灾自动报警系统概述

一、火灾自动报警系统的性能要求及发展特点

1. 火灾自动报警系统的性能要求

在公路隧道监控系统中,火灾自动报警系统是六大子系统的重要组成部分之一,该子系统应按照国家相关法规规定,贯彻以防为主、防消结合的方针,及时发现并报告火情,控制火灾的发展,尽早扑灭火灾,确保人身安全和减少财产损失。为此,公路隧道对火灾的监测、报警和灭火控制技术以及消防系统的自动化水平提出了较高的要求。

随着微电子技术、监测技术、自动控制技术和计算机及通信技术的发展,在消防技术领域,火灾探测与自动报警技术、消防设备联动控制技术、消防通信指挥系统、火灾监控系统和消防控制中心等也得到了发展,逐步形成了以火灾探测与自动报警为基本内容,计算机协调控制和管理各类消防设备,具有一定自动化和智能化水平的公路隧道火灾自动报警系统。公路隧道火灾自动报警系统是涉及火灾监控技术各方面的一项综合性消防技术,是现代电子技术和计算机技术在消防领域应用的产物,也是现代消防技术的重要组成部分和新兴技术学科。

公路隧道火灾自动报警系统主要涉及的技术内容包括:

(1)火灾参数的有效监测与火灾模式识别技术。

(2)火灾探测信息数据处理与火灾自动报警技术。

(3)消防设备联动控制与消防设备电气配线技术。

(4)自动消防系统计算机管理与监控数据网络通信技术。

(5)火灾监控系统工程设计、施工管理和使用、维护技术。

2. 火灾自动报警系统的发展特点

(1)系统规模大。随着火灾探测技术、监控手段和报警与消防联动技术的发展,火灾自动报警系统的规模朝着越来越大的方向发展。目前火灾报警控制装置的最大寻址数,有的可达到上万个,满足了大范围、高效率和及时有效地扑灭火灾的要求。

(2)功能模块化。当前火灾自动报警系统的控制装置,均朝着可编址功能模块化方向发展,这给系统设计、制造和维护均带来了非常大的便利。系统大部分功能可实现软件设定,便于控制系统功能的开放性设置及增强。

(3)火灾监测数据处理方式朝分布智能化方向发展。如在火灾监测数据处理方式上,采用模式识别法和模糊数学等方法,通过火灾探测器内微处理器的智能分析与处理能力,可大大降低火灾报警的误报率。

(4)系统集成化。随着科学技术的飞速发展,公路隧道火灾监控系统、报警与消防联动系统的集成化程度越来越高。由于采用了网络技术,系统联网功能非常强,一旦隧道内的某一点发生火情,火灾自动报警系统就可以立即反应,这大大增强了隧道的综合防火灾能力。

(5)采用新技术。目前,在公路隧道火灾自动监控、报警与消防联动中,正大力推广应用如人工智能、火灾数据库、知识发现技术、模糊逻辑理论、人工神经网络等现代新技术。

二、火灾报警区域和火灾探测区域概述

1. 报警区域的定义和划分

报警区域(alarm area)是指将火灾自动报警系统警戒的范围按防火分区或按隧道区域划分的单元。

报警区域,原则上是要按照保护对象的保护类别、耐火等级,合理、正确地划分。为了使报警区域的划分比较合理及有一个统一的规定,根据本国的实际情况,各国在相关的规范中对报警区域的划分都做了明确而具体的规定,且做法各不相同。

2. 探测区域的定义和划分

探测区域是指将报警区域按探测火灾的部位划分的单元。

探测区域按以下规定进行划分:

(1)下列场所应分别单独划分探测区域:

①人行横通道、车行横通道、管道井、电缆沟。

②火灾消防室。

(2)对于总线制火灾报警系统,一个探测区域内的探测器宜集中在同一个报警回路上;对于多线制火灾报警系统,一个探测区域内的探测器宜集中在同一个报警控制器上。

(3)在公路隧道中,火灾探测器的探测区域的长度不宜超过50m。

3. 报警区域的确定

设有火灾自动报警设备的每一回路,应有效地探测火灾发生区域和部位。

(1)每一个报警区域一边的长度不宜超过50m。

(2)在公路隧道中,每个车行横通道和人行横通道都要单独设为一个报警区域,且每个报警区域长度不得超过50m。

(3)报警区域的编号原则上按桩号从小到大的顺序排列,用区域报警器由近到远的场所顺序表示。

三、火灾自动报警系统的分类

根据火灾自动报警系统联动功能的复杂程度及报警系统的保护范围,将火灾自动报警系统分为下列三种类型:

1)区域报警系统

区域报警系统即由区域火灾报警控制器(或报警控制器)、手动报警器、火灾探测器等组成的火灾自动报警系统。其一般适用于三级保护对象。区域报警系统用于火灾报警器的监测、巡检、供电和备电,接收火灾监测区域内火灾探测器的输出参数或火灾报警、故障信号,并且转换为声、光报警信号输出,显示火灾部位或故障位置等。其主要功能有火灾信息采集与信

号处理,火灾模式识别与判断,声、光报警,故障监测与报警,火灾探测器模拟检查,火灾报警计时,备用电源切换和联动控制等。

2)集中报警系统

集中报警系统即由集中火灾报警控制器(或报警控制器)、区域火灾报警控制器(或区域显示器)、手动报警装置、电源和火灾探测器等组成的火灾自动报警系统。其一般适用于二级保护对象,比如隧道,现今的隧道大多采用这种控制方式。集中报警系统用于接收区域火灾报警控制器的火灾报警信号或设备故障信号,显示火灾或故障部位,记录火灾信息和故障信息,协调消防设备的联动控制和构成终端显示等。其主要功能包括火灾报警显示、故障显示、联动控制显示、火灾报警计时、联动联锁控制实现、信息处理与传输等。其典型结构有传统型和总线制编码传输型两种形式,这两种形式各有特点,设计者可根据工程具体情况及要求选用。

(1)传统型集中报警系统。

传统型集中报警系统由集中火灾报警控制器、区域火灾报警控制器、火灾探测器以及相关设备组成。

(2)总线制编码传输型集中报警系统。

总线制编码传输型集中报警系统由火灾报警控制器、区域显示器、声光报警装置及带地址模块的感烟式或感温式火灾探测器、控制模块(消防联动控制设备)等组成。

3)控制中心报警系统

控制中心报警系统即由设置在消防控制室的消防联动控制设备、集中火灾报警控制器(或报警控制器)、区域火灾报警控制器(或区域显示器)、火灾探测器以及功能模块等组成的火灾自动报警系统。其一般适用于一级保护对象。其兼有区域火灾报警控制器和集中火灾报警控制器的功能,小容量的可用作区域火灾报警控制器,大容量的可独立构成中心处理系统,因功能较全,可用作各种类型的火灾自动报警系统的中心控制器,实现火灾探测、故障判断、火灾报警、设备联动、灭火控制及信息传输等功能。控制中心报警系统吸收了传统系统的优点,并加强了消防中心控制室对消防设备的监测与控制,增强了火灾应急通信和广播功能,兼容了各种类型的火灾探测器和功能模块。该系统普遍适用于特长隧道或隧道群的火灾自动监控与报警。

1. 区域报警系统

区域报警系统方框图,如图 6-6 所示。

区域报警系统的设计应符合下列要求:

(1)系统应由火灾探测器、手动火灾报警按钮、区域火灾报警控制器、火灾报警装置等组成,可包括消防控制室图形显示装置和指示火灾区域的区域显示器。

(2)区域火灾报警控制器应设置在有人值班的场所。

(3)系统设置消防控制室图形显示装置时,该装置应具有传输设备运行状态与消防安全管理信息的功能。系统未设置消防控制室图形显示装置时,应设置火警传输设备。

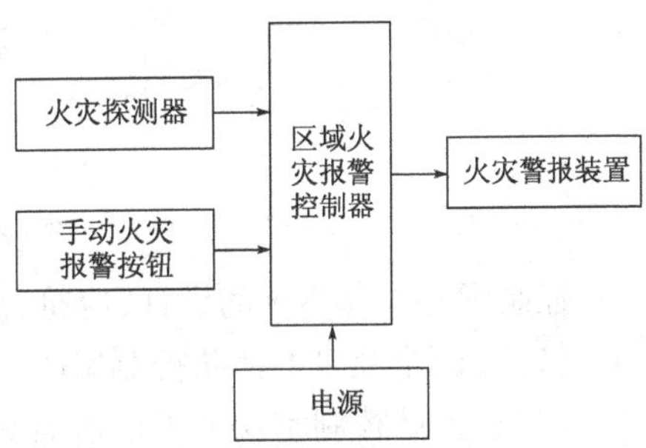

图 6-6 区域报警系统方框图

2. 集中报警系统

集中报警系统方框图,如图 6-7 所示。

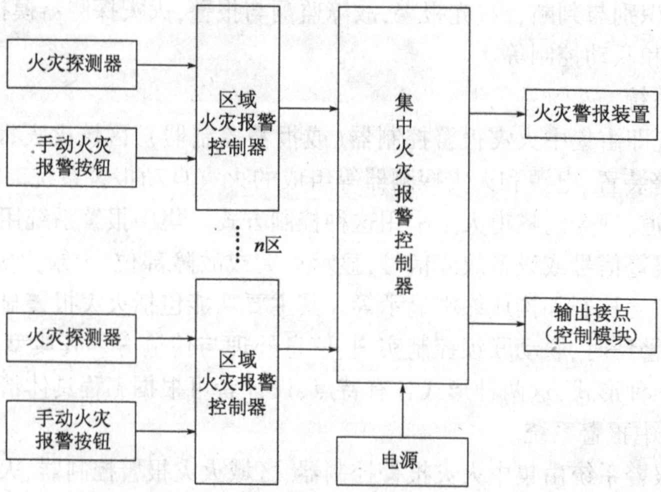

图6-7　集中报警系统方框图

集中报警系统的设计应符合下列要求：

(1)系统应由火灾探测器、手动火灾报警按钮等组成。

(2)系统中的火灾报警控制器、消防联动控制器和消防控制室图形显示装置、消防应急广播的控制装置、消防专用电话总机等起集中控制作用的消防设备,应设置在消防控制室内。

(3)系统设置消防控制室图形显示装置时,该装置应具有传输设备运行状态与消防安全管理信息的功能。

3. 控制中心报警系统

控制中心报警系统方框图,如图6-8所示。

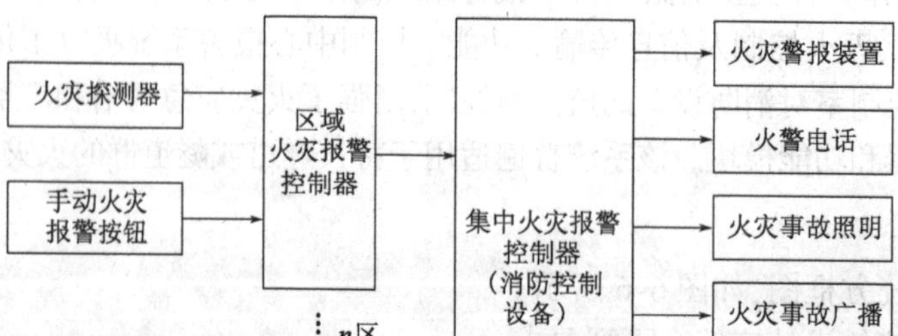

图6-8　控制中心报警系统方框图

控制中心报警系统的设计,应符合下列要求：

(1)有两个及以上消防控制室时,应确定一个主消防控制室。

(2)主消防控制室应能显示所有火灾报警信号和联动控制状态信号,并应能控制重要的消防设备。各分消防控制室内消防设备之间可互相传输、显示状态信息,但不应互相控制。

(3)系统设置的消防控制室图形显示装置应具有传输设备运行状态与消防安全管理信息的功能。

(4)其他设计应符合集中报警系统设计的规定。

四、火灾自动报警系统的几种新技术

1. 无线报警系统

一般的火灾自动报警系统是用金属线缆来实现通信与控制的。无线报警系统以无线电波为信号传输媒体,光纤系统以光缆为信号传输媒体,载波系统以现有电力线为信号传输媒体,它们都有各自的优越性。

无线式火灾自动报警系统由传感器、发射机、中继器及控制中心组成。探测传感部分与发射机合成一体,由高能电池供电,发射距离一般在50m以内。每个中继器只接收自己组内的传感发射机信号。当中继器接收到组内某传感器的故障或火灾信号时,马上保持其接收状态,进行地址对照,当地址码一致时,便判读接收数据,然后由中继器将信息转发给控制中心,在显示屏上进行故障、火警以及部位号显示。它的优点是节省安装布线费用,安装方便,容易开通。

2. 分布式光纤温度探测报警系统

分布式光纤温度传感器是以高分辨率光时域反射法(Optical Time Domainre Flectometry, OTDR)、感温光纤以及数字信号处理技术为基础的。如图6-9所示,OTDR系统激光器在高频调制下发出光脉冲信号并经光分路器耦合进入感温光纤之中,在光波通过光纤传播过程中,频率为 V_0 的入射光子和纤芯中频率为 V 的声子会发生非弹性碰撞,形成拉曼散射。在散射光中存在着两种与入射光频率不同的谱线,一种频率为 $V_s = V_0 - V$,称为斯托克斯谱线,另一种频率为 $V_A = V_0 + V$,称为反斯托克斯谱线。这两种散射过程均与温度有关,两种谱线强度之比只与温度有关。两种谱线强度之比 $R(T)$ 为

$$R(T) = k\left(\frac{-hV}{KT}\right) \tag{6-3}$$

式中:h——普朗克常数,N·m·s;

k——玻尔兹曼常数,J/K;

T——热力学温度,K;

K——只与谱线频率有关的比例系数。

因此,如果确定了声子频率 V,上述强度比值 $R(T)$ 就只与温度有关,由光纤发射回来的拉曼散射光经由光分路器、光滤波器和光分频器分成频率为 V_s 和 V_A 的两束光,然后由两只雪崩光电二极管(Avalanche Photodiode, APD)分别接收,将光信号转变为电信号并经除法器处理之后送入计算机进行数据分析。这样,通过测量拉曼散射光斯托克斯谱线与反斯托克斯谱线强度比值可确定温度值,温度沿光纤的分布则可以通过计算光脉冲在光纤中的传输来确定。

该系统具有以下优点:

(1)高绝缘性,可在高电压与大电流及易燃易爆环境中安全、可靠地运行。

(2)优良的抗电磁干扰性能。

(3)体积小、质量轻、柔性好,便于工程安装。

(4)能够实施在线测试、显示和处理温度分布数据,自动预报控制火灾。

(5)测温距离长达几千米乃至几十千米,使获取信息的成本大大降低。

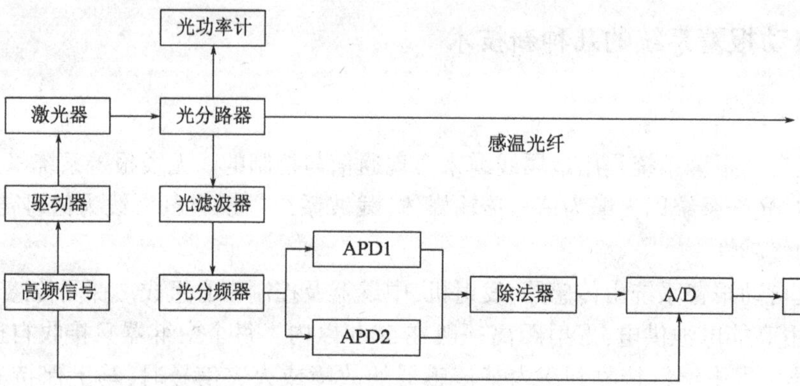

图 6-9　分布式光纤温度探测报警系统原理图

第五节　火灾自动报警系统设计

一、系统设计的基本要求

根据《火灾自动报警系统设计规范》(GB 50116—2013)第 12.1 节规定,火灾自动报警系统设计应当符合以下基本要求:

(1)城市道路隧道、特长双向公路隧道和道路中的水底隧道,应同时采用线型光纤感温火灾探测器和点型红外火焰探测器(或图像型火灾探测器);其他公路隧道应采用线型光纤感温火灾探测器或点型红外火焰探测器。

(2)线型光纤感温火灾探测器应设置在车道顶部距顶棚 100 ~ 200mm,线型光栅光纤感温火灾探测器的光栅间距不应大于 10m;每根分布式线型光纤感温火灾探测器和线型光栅光纤感温火灾探测保护车道的数量不应超过 2 条;点型红外火焰探测器或图像型火灾探测器应设置在行车道侧面墙上距行车道地面高度 2.7 ~ 3.5m,并应保证无探测盲区。在行车道两侧设置时,探测器应交错设置。

(3)火灾自动报警系统需联动消防设施时,其报警区域长度不宜大于 150m。

(4)隧道出入口以及隧道内每隔 200m 处应设置报警电话,每隔 50m 处应设置手动火灾报警按钮和闪烁红光的火灾声光警报器。隧道入口前方 50 ~ 250m 内应设置指示隧道内发生火灾的声光警报装置。

(5)隧道用电缆通道宜设置线型感温火灾探测器,主要设备用房内的配电线路应设置电气火灾监控探测器。

(6)隧道中设置的火灾自动报警系统宜联动隧道中设置的视频监视系统确认火灾。

(7)火灾自动报警系统将火灾报警信号传输给隧道中央控制管理设备。

(8)消防应急广播可与隧道内设置的有线广播合用。

(9)消防专用电话可与隧道内设置的紧急电话合用。

(10)消防联动控制器应能手动控制与正常通风合用的排烟风机。

(11)隧道内设置的消防设备的防护等级不应低于IP65。

二、火灾自动报警系统的选择

火灾自动报警系统与消防联动控制系统在设计时应根据保护对象的分级规定、功能要求和消防管理体制等因素综合考虑确定。

(1)仅需要报警,不需要联动自动消防设备的保护对象宜采用区域报警系统。

(2)不仅需要报警,还需要联动自动消防设备,且只设置一台具有集中控制功能的火灾报警控制器和消防联动控制器的保护对象,应采用集中报警系统,并应设置一个消防控制室。

(3)设置两个及以上消防控制室的保护对象,或已设置两个及以上集中报警系统的保护对象,应采用控制中心报警系统。

三、系统设计的基本要素

1. 火灾报警区域和火灾探测区域的划分

通常在对公路隧道火灾监控系统进行设计时,都要将火灾监控系统的保护对象——隧道的整个保护范围划分成若干个区域,即火灾报警区域,并将每个报警区域再划分成若干个单元,即火灾探测区域,这种划分的根本目的是迅速确定报警及火灾发生部位,并解决消防系统的联动设计问题。发生火灾时,涉及发生火灾的防火分区及相邻防火分区的消防设备联动启动,这些设备需要协调工作,因此需要划分火灾报警区域和火灾探测区域。

2. 火灾探测器和手动火灾报警按钮的设置

(1)火灾探测器位置的设置应注意如下事项:

①设置位置应该是火灾发生时,烟雾、热浪最容易到达,并且在短时间内最易于聚集的地方。

②设置位置是消防管理人员易于检查、维修,而一般人员又不易触及的地方。

③设置位置布线方便、安装美观,且不易受环境干扰。

(2)手动火灾报警按钮的设置应注意如下事项:

①每个防火分区至少应设置一个手动火灾报警按钮,手动火灾报警按钮一般宜安装在横通道或隧道的出入口。

②手动火灾报警按钮应设置在明显和便于操作的部位。当安装在墙上时,其底边距地面高度宜为1.3~1.5m,且应有明显的标志。在隧道内一般是每隔50m设置一个手动火灾报警按钮。

3. 自动控制和手动控制

为了提高火灾监控系统工作的可靠性,对主要消防设备在设置自动控制模式的同时,必须设置相应的手动报警控制装置,如手动报警按钮、手动启动开关、手动切换开关等,以确保人工直接启动消防设备或停止设备运行。

4. 不同系统形式的设计要求

根据火灾自动报警系统设计形式的不同,其设计要求也有所差别。

1)区域报警系统设计要求

采用区域报警系统形式进行消防工程设计时,火灾监控系统中设置的区域火灾报警控制器(或装置)不能多于三台。区域火灾报警控制器(或装置)的安装高度通常需要参照有关电力、通信的国家标准、规范中各种电气装置仪表盘或通信设备的安装高度而确定。

2)集中报警系统设计要求

采用集中报警系统形式进行消防工程设计时,火灾监控系统中应设置一台集中火灾报警控制器(或装置)和至少两台区域火灾报警控制器(或装置)。集中火灾报警控制器(或装置)一般应设置在有人值班的专用房间或消防值班室内。

3)控制中心报警系统设计要求

控制中心报警系统设计的核心是消防控制室。消防控制室是平时监测各个被保护区域火情、检查监控系统设备运行情况和收集火灾情报的中心。发生火灾时,它又是扑灭火灾的控制、操作、指挥中心。一般说来,凡是采用集中报警系统或控制中心报警系统形式,并具有消防设备联动控制功能的建筑物,都必须设置消防控制室。消防控制室的工程设计如下:

(1)具有消防联动功能的火灾自动报警系统的保护对象应设置消防控制室。

(2)消防控制室内设置的消防设备应包括火灾报警控制器、消防联动控制器、消防控制室图形显示装置、消防专用电话总机、消防应急广播控制装置、消防应急照明和疏散指示系统控制装置、消防电源监控器等设备或具有相应功能的组合设备。

(3)消防控制室应设有用于火灾报警的外线电弧。

(4)消防控制室应有相应的竣工图纸、各分系统控制逻辑关系说明、设备使用说明书、系统操作规程、应急预案、值班制度、维护制度及值班记录等文件资料。

(5)消防控制室送、回风管的穿墙处应设防火闸。

(6)消防控制室内严禁穿过与消防设施无关的电气线路及管路。

(7)消防控制室不应设置在电磁场干扰较强及其他影响消防控制室设备工作的设备用房附近。

(8)消防控制室内设备的布置应符合下列规定:

①设备面盘前的操作距离,单列布置时不应小于1.5m,双列布置时不应小于2m。

②在值班人员经常工作的一面,设备面盘至墙的距离不应小于3m。

③设备面盘后的维修距离不宜小于1m。

④设备面盘的排列长度大于4m时,其两端应设置宽度不小于1m的通道。

(9)消防控制室的显示与控制,应符合《消防控制室通用技术要求》(GB 25506—2010)的有关规定。

(10)消防控制室的信息记录、信息传输,应符合《消防控制室通用技术要求》(GB 25506—2010)的有关规定。

5.系统供电

火灾自动报警系统是隧道中的消防安全设备,其工作特点是连续、不间断。为了保证对其供电的可靠性,主电源应该采用消防专用电源,其负荷等级应按照有关防火规范划分,并按电力系统设计规范规定的负荷级别要求供电。火灾自动报警系统供电一般要求为:

(1)火灾自动报警系统应设置交流电源和蓄电池备用电源。

(2)火灾自动报警系统的主电源应采用消防电源,直流备用电源宜采用火灾报警控制器的专用蓄电池或集中设置的蓄电池。当直流备用电源采用消防系统集中设置的蓄电池时，火灾报警控制器应采用单独的供电回路，并保证在消防系统处于最大负载状态下时不影响报警控制器的正常工作。

(3)火灾自动报警系统中的阴极射线管(Cathode Ray Tube,CRT)显示器、消防通信设备、计算机等的电源，宜由不间断电源设备供电。

(4)火灾自动报警系统主电源不应设置剩余电流动作保护和过负荷保护装置。

(5)消防设备应急电源输出功率应大于火灾自动报警及联动控制系统全负荷功率的120%，蓄电池的容量应保证火灾自动报警及联动控制系统在火灾状态同时符合正常工作条件下连续工作3h以上。

(6)消防用电设备应采用专用的供电回路，其配电设备应设有明显标志。其配电线路和控制回路宜按防火分区划分。

6. 系统布线

火灾自动报警系统的布线，直接影响系统的稳定性，因此在工程设计时，应特别注意以下几点：

1)一般规定

(1)火灾自动报警系统的传输线路和50V以下供电的控制线路，应采用电压等级不低于交流300V/500V的铜芯绝缘导线或铜芯电缆。采用交流220V/380V的供电和控制线路，应该采用电压等级不低于交流450V/750V的铜芯绝缘导线或铜芯电缆。

(2)隧道内的消防用电设备宜采用阻燃型电线和电缆，但重要的消防设备(如消防水泵、防排烟风机等)的供电回路，有条件时可采用耐火型电缆或采用其他防火措施以达到耐火配线要求。

(3)对于火灾自动报警系统传输线路，其芯线截面选择，除满足自动报警装置技术条件的要求外，还应满足机械强度的要求，即铜芯绝缘导线、铜芯电缆线芯的最小截面面积不应小于表6-6中的规定值。

铜芯绝缘导线、铜芯电缆线芯的最小截面面积 表6-6

序号	类别	线芯的最小截面面积(mm^2)
1	穿管敷设的绝缘导线	1.00
2	线槽内敷设的绝缘导线	0.75
3	多芯电缆	0.50

(4)火灾自动报警系统的供电线路和传输线路设置在室外时，应埋地敷设。

(5)火灾自动报警系统的供电线路和传输线路设置在地下隧道或湿度大于90%的场所时，线路及接线处应做防水处理。

(6)采用无线通信方式的系统设计，应符合下列规定：

①无线通信模块的设置间距不应大于额定通信距离的75%。

②无线通信模块应设在明显部位，且应有明显标志。

2)室内配线要求

对于公路隧道火灾自动报警系统，其室内配线一律选用耐火、耐热材料。除此以外，还需考虑以下要求：

(1)火灾自动报警系统的传输线路应采用金属管、可挠(金属)电气导管、B_1级以上的刚性塑料管或封闭式线槽保护。

(2)火灾自动报警系统的供电线路、消防联动控制线路应采用耐火铜芯电线电缆,报警总线、消防应急广播和消防专用电话等传输线路应采用阻燃或阻燃耐火电线电缆。

(3)线路暗敷设时,应采用金属管、可挠(金属)电气导管或 B_1级以上的刚性塑料管保护,并应敷设在不燃烧体的结构层内,且保护层厚度不宜小于30mm。线路明敷设时,应采用金属管、可挠(金属)电气导管或金属封闭线槽保护。矿物绝缘类不燃性电缆可直接明敷。

(4)火灾自动报警系统用的电缆竖井,宜与电力、照明用的低压配电线路电缆竖井分别设置。受条件限制必须合用时,应将火灾自动报警系统用的电缆和电力、照明用的低压配电线路电缆分别布置在竖井的两侧。

(5)不同电压等级的线缆不应穿入同一根保护管内,当合用同一线槽时,线槽内应有隔板分隔。

(6)采用穿管水平敷设时,除报警总线外,不同防火分区的线路不应穿入同一根管内。

(7)从接线盒、线槽等处引到探测器底座盒、控制设备盒、扬声器箱的线路,均应加金属保护管保护。

(8)火灾探测器的传输线路,宜选择不同颜色的绝缘导线或电缆。正极"+"线应为红色,负极"−"线应为蓝色或黑色。同一工程中相同用途导线的颜色应一致,接线端子应有标号。

7.火灾应急照明

1)火灾应急照明的种类

(1)备用照明。

备用照明是在正常照明失效时,为继续工作(或暂时继续工作)而设置的。由于工作中断或误操作,可能会引起爆炸、火灾、人身伤亡或造成严重经济损失的场所,应考虑设置供暂时继续工作的备用照明。例如,配电室、消防控制室等场所都应设置备用照明。

(2)疏散标志照明。

疏散标志照明是在非正常情况下,如发生火灾、事故停电等,为人们安全到达室外或临时避难层而设置的路线标志,如"安全出口""安全门"等。此外,还有引向标志,即借助箭头或某种分辨方向的图形或文字进行引导。

(3)安全照明。

安全照明是在正常照明突然中断时,为确保处于潜在危险中的人员安全而设置的。

2)火灾应急照明的设置

(1)下列部位须设置火灾事故时的应急照明:

①隧道消防控制室、自备电源室(包括发电机房、UPS室、蓄电池室等)、配电室、消防水泵房等应设有备用照明。

②隧道的人行横通道和车行横通道以及公共出口处,应设有疏散应急照明。

(2)火灾应急照明灯具的安装。

①应急照明中的备用照明灯宜设在隧道侧壁或顶棚上。

②安全出口的疏散照明标志灯宜安装在疏散门口的上方,标志灯距地高度宜不低于2m。

③车行横通道和人行横通道的安全出口标志灯应明装,且应有图形和文字符号,在有无障碍设计要求时,宜同时设有音响指示信号。

④疏散照明宜设在安全出口的顶部、人行横通道和车行横通道及转角处距地1m以下的墙面上，标志灯应有指示疏散方向的箭头标志。

⑤疏散照明位置的确定，尚应满足可容易找寻在疏散路上的所有手动报警按钮、呼叫通信装置和灭火设备等设施。

⑥疏散照明标志灯的设置应不影响正常通行，并不应在其周围存放容易混同以及遮挡标志灯的其他标志牌等。

⑦应急照明灯应设玻璃或其他非燃材料制作的保护罩，必须采用能瞬时点亮的照明光源（一般采用白炽灯或钨灯）。

⑧隧道应急照明一般应与正常照明供电线路分开，且采用备用电源外设型应急照明灯具，即采用独立于正常供电电源的不间断电源或蓄电池组集中供电。

8. 火灾自动报警系统与隧道其他工程设计项目的配合

从电气设计角度来看，火灾自动报警系统应与消防工程中的其他专业设计项目相配合，才能避免设计上的盲目性，合理布置火灾自动报警系统的电气设备和消防设备，以满足消防安全要求。

四、火灾事故广播

火灾事故广播是火灾时（或意外事故时）指挥现场人员进行疏散的设备。

《火灾自动报警系统设计规范》（GB 50116—2013）第4.8.7条规定，集中报警系统和控制中心报警系统应设置消防应急广播。

按照规范的规定，火灾事故广播系统在技术上应符合以下要求：

1. 对扬声器设置的要求

（1）每个扬声器的额定功率不小于3W，其间距应保证从一个防火分区的任何部位到最近一个扬声器的步行距离不大于25m。

（2）在环境噪声大于60dB的场所，设置的扬声器在其播放范围内远点的声压级应高于背景噪声15dB。

（3）独立设置的扬声器，其功率一般不小于1W。

2. 火灾应急广播与其他广播合用时的要求

（1）火灾应急广播与普通广播或背景音乐广播合用时，应具有强制切入火灾应急广播的功能。

（2）火灾应急广播应设置备用扩音机，其容量不应小于火灾应急广播扬声器最大容量总和的1.5倍。

第六节　消防联动控制系统

一、消防联动控制器

一个完整的火灾报警系统应由三部分组成，即火灾探测、报警控制和联动控制，从而实现从火灾探测、报警至控制现场消防设备，以及防火灭火、防烟排烟和组织人员疏散、避难等完整的系统控制功能。同时还要求火灾报警控制器与现场消防控制设备能进行有效的联动控制。

联动控制器与火灾报警控制器配合，进行数据通信，接收并处理来自火灾报警控制器的报警点数据，然后向其配套执行器件发出控制信号，实现对各类消防设备的控制。

二、消防联动控制器的功能

(1)消防联动控制器最基本的功能可以简单归纳为以下几点：

①消防联动控制器应能按设定的控制逻辑向各相关的受控设备发出联动控制信号，并接收相关设备的联动反馈信号。

②能为自身和所连接的配套中继执行器件供电。

③有自动控制和手动控制及其切换功能。

④能将受控的消防外控设备的工作状态反馈给主机并有显示信号。

(2)在公路隧道中的消防联动控制系统：

①消火栓系统。

a. 控制消防水泵的启、停。

b. 显示启动泵按钮启动的位置。

c. 显示消防水泵的工作、故障状态。

②自动喷水灭火系统。

a. 控制系统的启、停。

b. 显示报警阀、闸阀及水流指示器的工作状态。

c. 显示消防水泵的工作、故障状态。

③泡沫、干粉灭火系统。

a. 控制系统的启、停。

b. 显示系统的工作状态。

④有管网的卤代烷、二氧化碳等灭火系统。

a. 控制系统的紧急启动和切断装置。

b. 由火灾探测器联动的控制设备，应具有 30s 可调的延时装置。

c. 显示系统的手动、自动工作状态。

d. 在报警、喷射各阶段，控制室应有相应的声、光报警信号，并能手动切除声响信号。

e. 在延时阶段，应能自动关闭防火门、窗，停止通风、空气调节系统。

⑤防烟排烟系统。

a. 停止有关部位的风机，关闭防火阀，并接收其反馈信号。

b. 启动有关部位的防烟、排烟风机(包括正压送风机)和排烟阀，并接收其反馈信号。

⑥防火门及防火卷帘系统。

a. 关闭有关部位的防火门、防火卷帘，并接收其反馈信号。

b. 发出控制信号，执行救灾程序。

c. 接通火灾事故照明灯和疏散指示灯。

d. 切断有关部位的非消防电源。

三、消防联动控制系统的设计要求

(1)消防联动控制器应能按设定的控制逻辑向各相关的受控设备发出联动控制信号,并接收相关设备的联动反馈信号。

(2)消防联动控制器的电压控制输出应采用直流24V,其电源容量应满足受控消防设备同时启动且维持工作的控制容量要求。

(3)各受控设备接口的特性参数应与消防联动控制器发出的联动控制信号相匹配。

(4)消防水泵、防烟和排烟风机的控制设备,除应采用联动控制方式外,还应在消防控制室设置手动直接控制装置。

(5)启动电流较大的消防设备宜分时启动。

(6)需要火灾自动报警系统联动控制的消防设备,其联动触发信号应采用两个独立的报警触发装置报警信号的"与"逻辑组合。

四、消防联动控制的几种常用控制

在公路隧道中,消防联动控制主要有以下几种:

1. 消防泵的控制

在现场,消防泵的手动控制有两种方式:一是通过消火栓按钮(破玻璃按钮),直接启动消防泵。二是通过手动报警按钮,将手动报警信号送入控制室的控制器后,产生手动或自动信号控制消防泵启动,同时接收返回的水位信号。消防泵一般都是经中控室联动控制,其联动控制方框图如图6-10所示。

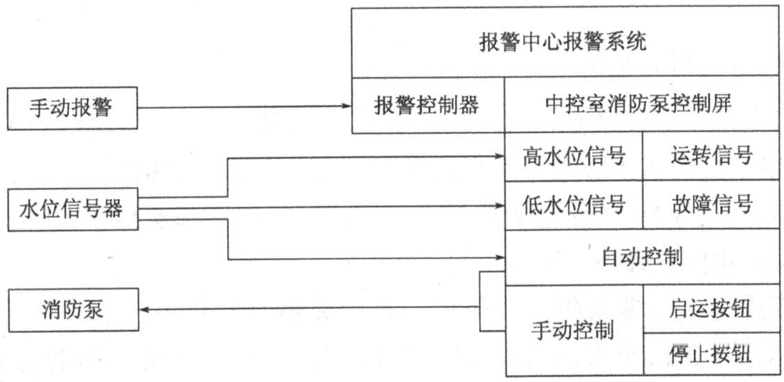

图6-10 消防泵联动控制方框图

2. 防排烟系统的控制

防排烟系统电气控制的设计,是在选定自然排烟、机械排烟、自然与机械排烟并用或机械加压送风方式以后进行,排烟控制一般有中心控制和模块控制两种方式。图6-11所示为中心控制方式:消防中心控制室接到火警信号后,直接产生信号来控制排烟阀门开启,排烟风机启动,防火门关闭,并接收各设备的返回信号和防火阀动作信号,监测各设备运行状态。图6-12所示为模块控制方式:消防中心控制室接到火警信号后,产生排烟风机和排烟阀门等动作信号,经总线和控制模块驱动各设备动作并接收其返回信号,监测其运行状态。

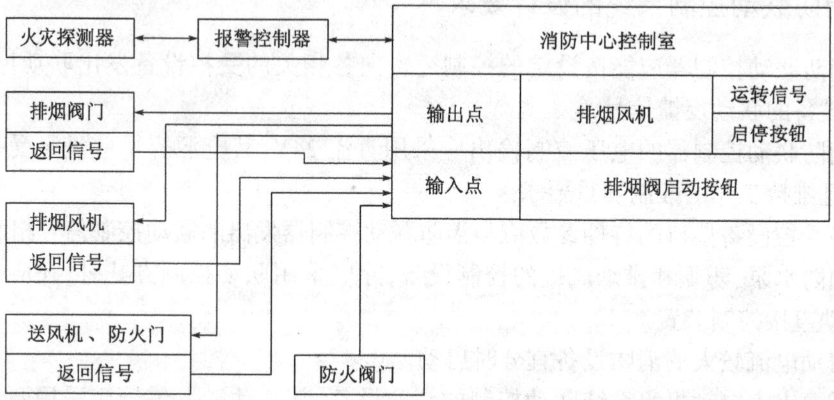

图 6-11　中心控制方式

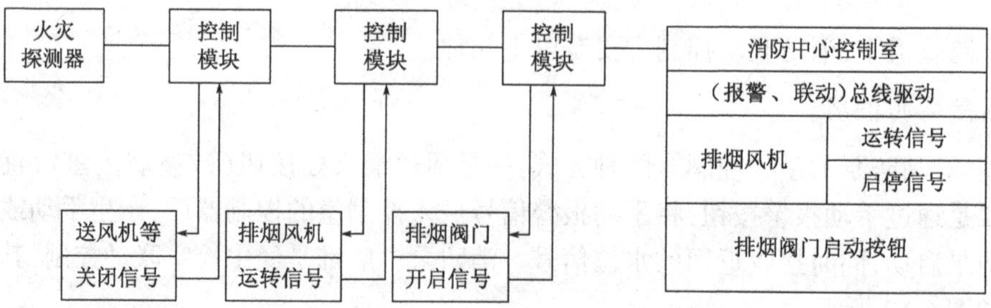

图 6-12　模块控制方式

3. 防火卷帘、防火门的控制

防火卷帘通常设置于公路隧道的人行横通道、车行横通道处，形成门帘式防火分隔。火灾发生时，防火卷帘根据消防中心控制室联锁信号（或火灾探测器信号）指令，也可以就地手动操作控制，使卷帘首先下降到预定位置，经一定延时后，卷帘降至地面，从而达到人员紧急疏散，灾区隔烟、隔火和控制火势蔓延的目的。

防火门的作用在于防烟与防火。防火门在公路隧道中的状态：正常（无火灾）时，防火门处于开启状态；火灾时，防火门受控关闭，关闭后仍可通行。防火门的控制就是在火灾时控制其关闭，其既可由现场火灾探测器控制，也可由消防中心控制室控制，还可以手动控制。

第七节　工程实例

一、隧道规模

薛公岭隧道位于青岛—银川国道主干线汾阳至离石段高速公路上，上行线长 2140m，下行线长 2035m，设车行横通道 2 个，人行横通道 3 个，双洞双车道单向交通，设计速度 80km/h。

二、系统功能

火灾自动报警系统用于隧道内发生火灾时，自动或人工发现紧急信号，迅速通告隧道管理站，请求灭火、救援或者自动灭火等活动。其主要功能有：

（1）具有定温报警和温差报警功能。

（2）系统在正常运行情况下，能连续不间断地监测隧道内的空间，以及变配电所及设备间的空间的火情和烟情。火灾自动报警系统的火灾报警控制器，通过连续监测感温光纤、手动报警按钮的工作状态，显示报警性质（火灾、故障）和报警系统的传输线路工作状态。该系统具备自诊断功能。

（3）在火灾事故发生时，感温光纤具有自动报警功能。此外，发现火情的人员便可通过均布于隧道中的手动报警按钮实现手动报警。

（4）火灾报警控制器将报警信息传入薛公岭隧道管理站计算机网络，由多媒体监控工作站驱动地图板显示报警地点，联动 CCTV 系统监视火灾地段并录像、自动打印记录，同时可变信息标志自动显示火灾信息，引导车辆行驶。

（5）值班人员对火情确认后，可通过有线广播、可变情报板向隧道内外驾驶员通告，同时着火部的声光讯响器发出声光报警，通过指令电话、调度电话向有关单位汇报或下达指令，控制风机排烟，通过交通监控系统对车流进行重新组织，疏导交通。

三、系统结构

报警方式有手动按钮报警和火灾自动检测器检测两种。

系统在薛公岭隧道管理站内设置 1 台光纤检测系统控制单元和 1 台火灾报警控制器，对该隧道左、右线火情进行监测。同时，本系统通过隧道交换机与隧道管理站建立通信，将隧道的实时温度分布曲线显示在隧道管理站的火灾监控工作站的工作界面上。此外，在所有设备间设备点，对其进行火灾报警控制。整套系统要充分体现安全可靠、方便适用、经济合理、技术先进的特点。

系统主要包括薛公岭隧道汾阳端变配电所内的火灾报警控制器、隧道内感温式火灾探测器、总线信号传输电缆、手动报警按钮、变配电所和设备间的点型感烟/感温式火灾探测器等。手动报警按钮采用总线式连接到火灾报警控制器上。该系统为独立子系统，采用专线方式。

四、系统基本要求

（1）火灾自动报警系统的性能应满足《火灾自动报警系统设计规范》（GB 50116—2013）、《火灾自动报警系统施工及验收标准》（GB 50166—2019）。

（2）火灾自动报警系统应具备高可靠性，并应符合安装快捷、操作简便、反应准确、易维护的要求。

（3）系统所采用产品必须通过国家消防电子产品质量检验检测中心检验，并附相关检验报告。

（4）系统所采用的主要产品（包括感温光纤、手动报警按钮与火灾报警控制器等）应采用相关国家或国际标准设备，保证系统的完整性与兼容性。

(5)系统所采用产品必须在国内单洞长度3km以上隧道有成功应用实例。

(6)系统所采用的设备,包括安装中所使用的设备,以及材料、布线方法、安装工艺、调试、验收等,均应符合国家的有关规范及标准。

(7)系统的硬件、软件的设计应充分考虑系统的可靠性、可维护性、可扩展性、通用性和先进性,并具备故障诊断、在线修改、离线编辑等功能。

五、主要设备技术指标

1. 设备的通用指标要求

1)系统可靠性技术指标

整个系统平均无故障时间:MTBF≥50000h。

2)室内环境条件

(1)温度:0~40℃。

(2)湿度:≤90% RH。

3)室外环境条件

(1)温度:-30~50℃。

(2)湿度:≤95% RH。

4)设备防护等级

(1)系统现场设备应具有良好的防水、防尘、防腐能力,防护等级不低于IP65。

(2)设备应具有抗电磁干扰能力,其电磁兼容性在27MHZ~1GHZ的范围内不能小于20V/m,并满足国家相关的标准和规范要求。

5)系统反应时间

(1)报警时间应满足国家相关规范要求。

(2)所有现场设备状态及运行的反馈参数必须在设备动作后2s内在隧道管理站上显示,供操作人员监控。

6)系统的防雷接地

(1)为保证本系统的安全运行,投标商所提供的产品和系统应具有良好的防雷措施。

(2)系统设备采用综合接地系统,接地电阻不大于1Ω。

2. 主要设备的具体指标要求

1)火灾报警控制器

(1)结构形式:壁挂式。

(2)供电方式:AC220V(-15%~10%),50Hz。

(3)直流电源:DC24V±10%。

(4)后备电池:DC24V-15Ah(8回路)。

(5)功率消耗:监视状态,25W/8回路;报警状态,35W/8回路。

(6)环境温度:-10~50℃。

(7)环境湿度:20%~95% RH。

(8)回路总量:连接200个智能地址。

(9)显示盘容量:系统最多可连接8个火灾显示盘回路,每回路可连接32个显示盘。

(10)通信接口:系统具有一个 RS232 和两个 RS485 标准通信接口。

(11)输出触点:系统具有 6 组直接启停无源输出触点,可以 6 组为单位进行扩展。

(12)火警触点:一组单刀双掷无源输出触点。

(13)显示界面:全中文 320 像素 ×240 像素 LCD 显示,自带 CCFL(冷阴极荧光灯管)背光。

(14)打印机:安装微型快速热敏打印机。

2)感温光纤

(1)用来连接火灾控制单元的光纤为 G1-50/125μm(芯线/包层/丙烯酸酯涂层)多模光纤,衰减 <0.6dB/km@1300nm,及 <2.4dB/km@850nm。带宽为 600MHz/km。

(2)光纤为外涂丙烯酸酯,装在 5mm 外径的热塑性塑料 LSOH(低烟无卤)管中,以抵抗机械及环境冲击。该种光缆特别适用于室内、隧道等场合。

(3)光纤长期工作温度范围 -40 ~90℃,150℃高温下可生存 3h,报警点可根据要求设定在这一范围内。SensorLine 光缆可承受超过这些温度极限的温度偏移。光缆不受电磁干扰,可保证安全。

(4)感温光纤具备自动检测功能。

3)火灾检测控制单元

(1)测量距离:4km。

(2)取样间隔:1m。

(3)定位精度:1m。

(4)快速系统轮巡,在 20s 内完成对单通道光纤探测器的温度测量。

(5)温度分辨率:1℃。

4)消火栓报警按钮

(1)工作电压:DC18 ~30V。

(2)监视电流:300mA。

(3)环境温度:-10 ~50℃。

(4)环境湿度:10% ~95% RH。

(5)报警压力:100N ±5%。

(6)检测标准:《手动火灾报警按钮》(GB 19880—2005)。

5)智能感烟(感温)式火灾探测器

(1)工作电压:DC18 ~26V。

(2)监视电流:300μA。

(3)保护面积:40 ~80m^2。

(4)环境温度:-10 ~50℃。

(5)环境湿度:10% ~95% RH。

(6)反射式红外烟雾(热敏电阻温度)传感器,占用一个编码地址。

6)智能监视模块

(1)工作电压:DC18 ~30V。

(2)监视电流:300μA。

(3)环境温度:-10 ~50℃。

(4)环境湿度:10% ~95% RH。

7)智能控制模块

(1)工作电压:DC18 ~30V。

(2)监视电流:≤250μA。

(3)环境温度:-10 ~50℃。

(4)环境湿度:10% ~95% RH。

(5)触点容量:2A@ DC30V(阻性负载),1A@ AC220V(阻性负载)。

8)智能监视控制模块

(1)工作电压:DC18 ~30V。

(2)监视电流:≤250μA。

(3)环境温度:-10 ~50℃。

(4)环境湿度:10% ~95% RH。

(5)触点容量:2A@ DC30V(阻性负载),1A@ AC220V(阻性负载)。

六、安装要求

(1)变配电所平时无人值班,将变配电所的报警控制线路与隧道报警总线采用环状相接,将信号报到报警主机。

(2)感温光纤,应采用沿着隧道顶部(建筑限界)中心线进行直线悬吊的敷设方式,并使用专用的感温光纤吊架固定,使感温光纤距顶部100 ~200mm,保持良好的通风和响应速度,吊架紧固点之间的距离为1 ~2m。

(3)感温光纤每卷长度为1100m,在隧道内的接续需安装光纤接头盒,接头盒需固定在隧道顶部中心。

(4)隧道内手动报警按钮(每50m设置一个)安装在消防设备洞门右上角。

(5)变配电所、设备间采用点型感烟/感温式火灾探测器。

(6)火灾报警控制器分设在薛公岭隧道离石端管理站内。

(7)选用的产品是经消防部门认可或已取得消防许可证,并能提供相应证明的。

(8)从消防报警控制中心,布管穿线到各个报警设备,联动设备。

(9)消防泵应具备自动控制、手动控制的启动功能。

(10)消防系统均布管穿线,不同功能的电线,不应穿在同一管道内。

(11)从消防控制中心布管径DN100的管道一趟,DN80的管道二趟,到离石方向的隧道出入口,引入隧道管沟。管沟内明布钢管,报警线穿DN20的钢管,消火栓直接启泵线穿DN20的钢管,并做防火处理(因与强电电缆同沟敷设,故应做防火处理)及接地。室外开沟预埋,并按规定设置检查接线井。

(12)汾阳端隧道口到变配电所预埋DN50钢管引入室内。

(13)布线:从消防控制柜到汾阳端变配电所报警总线采用ZR-RVVP2 ×2.5mm^{2}电线。24V电源总线采用ZR-RVV2 ×2.5mm^2,从总线接线端子到各消防设备,报警线采用ZR-RVVP2 ×2.5mm^2。220V电源线采用ZR-BV2.5mm^2,控制水泵的直启停线采用ZR-KVVR5 ×2.5mm^2。

(14)火灾报警系统管线与强电管线同沟布线时应各走一边,相对布管线。管沟内布水管时水管应在下。

(15)隧道入口处,应设置2套声光报警器。

七、设计图表

设计图表主要有系统构成图、设备布置图、传输路由图、接线原理图、安装图及工程数量表等,这里仅给出系统构成图、结构图和工程数量表供参考,如图6-13、图6-14和表6-7所示。

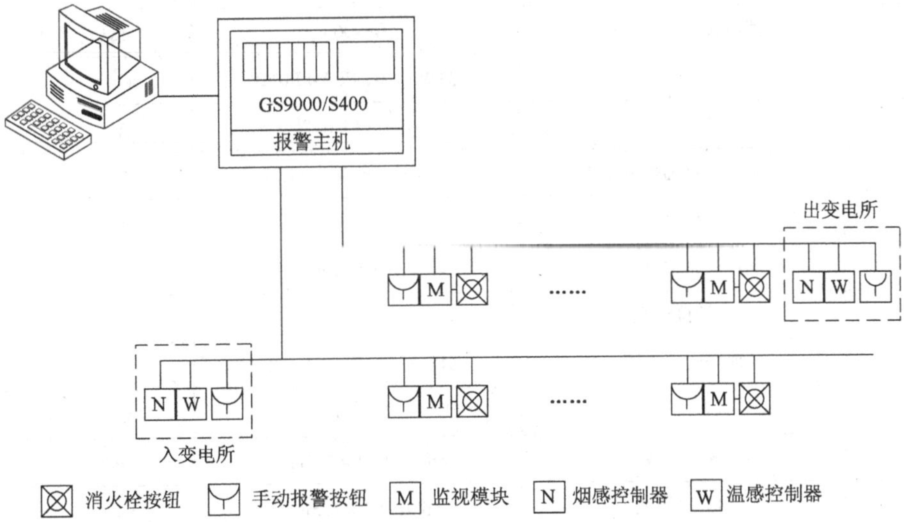

图6-13　火灾报警系统构成图

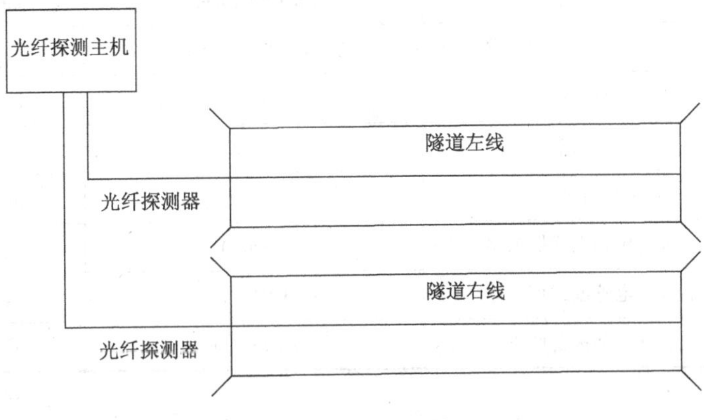

图6-14　光纤探测器结构图

薛公岭隧道火灾自动报警系统主要工程数量表　　表6-7

序　　号	工程项目名称	规 格 型 号	单　　位	数　　量
1	消防报警监控计算机	IBM8176-KCF	台	1
2	报警主机	GS9000/S400	台	1
3	总线信号驱动器	GS9306	套	2
4	多线控制单元	GS9001	台	1
5	多线控制终端器	GS9045	块	1

续上表

序号	工程项目名称	规格型号	单位	数量
6	报警主机后备电源	12V17AH	个	4
7	监视模块	GS9043	块	127
8	控制模块	GS9042	块	5
9	监视控制模块	GS9041	只	10
10	消防报警监控软件	GS9060	套	1
11	温感光纤	JTWN-LDC-70A-FR01B	km	4.7
12	模块箱	GE/SECURITY	个	6
13	线型光纤感温探测主机	JTWN-LDC-70A-FR01	台	1
14	光纤尾纤		条	2
15	光纤探测主机软件	JTWN-LDC	套	1
16	光纤接续盒		个	4
17	现场就地电源	24V 5A(KⅡB-300-1B)	台	9
18	声光报警器	GT9102	套	5
19	电源总线	ZR-RVVP2 $\times$ 2.5mm^2	km	6.5
20	24V 电源线	ZR-RVV2 $\times$ 2.5mm^2	km	4
21	消火栓直接启泵线	ZR-RVV2 $\times$ 2.5mm^2	km	6
22	220V 电源线	ZR-BV2.5mm^2	km	2
23	水泵、防火卷帘控制电缆	ZR-KVVR5 $\times$ 2.5mm^2	km	4.5
24	穿线管	ϕ25	km	9
25	特级防火卷帘	特级	m^2	120
26	钢制防火门	甲级	m^2	60
27	智能光电感烟式探测器	GS9010	套	16
28	智能光电感温式探测器	GS9020	套	20
29	智能手动报警按钮	GS9030/I	只	8

本章习题

1. 按照可燃物的种类,公路隧道火灾可划分为哪几类?
2. 请简述火灾探测器的类别。
3. 请简述火灾报警控制器的类别。

本章参考文献

[1] 中华人民共和国住房和城乡建设部,中华人民共和国国家质量监督检验检疫总局. 火灾自动报警系统施工及验收标准:GB 50166—2019[S]. 北京:中国计划出版社,2020.
[2] 中华人民共和国国家质量监督检验检疫总局,中国国家标准化管理委员会. 消防控制室通用技术要求:GB 25506—2010[S]. 北京:中国标准出版社,2010.
[3] 中华人民共和国住房和城乡建设部,中华人民共和国国家质量监督检验检疫总局. 建筑设计防火规范(2018 年版):GB 50016—2014[S]. 北京:中国计划出版社,2018.
[4] 王明年,杨其新,郭春. 高速公路隧道及隧道群防灾救援技术[M]. 北京:人民交通出版社,2010.
[5] 李绍军. 火灾自动报警系统[M]. 北京:电子工业出版社,2014.
[6] 孙军田. 火灾自动报警系统[M].4 版. 北京:中国人民公安大学出版社,2017.
[7]《火灾自动报警系统设计》编委会. 火灾自动报警系统设计[M]. 成都:西南交通大学出版社,2014.

第七章

公路隧道视频监视系统

第一节　视频监视系统概述

视频监视系统是通过对现场的监视,结合一些控制手段来达到对目标的监视和控制的目的,是一种防范能力较强的综合管理系统。其以直观、方便的特点而广泛应用于许多场合。随着计算机、网络以及图像处理、通信传输及自动化技术的发展,视频监视技术也有了质的飞跃。如今视频监视系统已在交通、军事、工业、医学、教育等几乎所有领域,都得到了广泛的应用。

公路隧道视频监视系统的主要作用有:

(1)通过设在隧道洞口、变配电所和隧道内的摄像机进行监视并录像,确认区域内的交通状况。

(2)通过监控视频,可对隧道交通信号灯工作状态、可变信息板等下端显示信息进行直观确认。

(3)视频车辆检测器对交通量、平均车速、车道占有率、车头时距等参数进行检测,通过运算得出交通拥挤、阻塞、事故或车辆故障,并进行报警。

(4)通过视频,可立即对计算机反映在地图板或显示器上的交通阻塞状况、事故报警及其他状态显示进行确认,从而提高交通指挥中心的应变能力。

(5)在隧道出现火灾时,视频控制工作站可根据火灾报警点的位置,自动切换附近摄像机的图像到控制台的监视器上显示,并触发录像机自动录像。

(6)通过视频处理技术,实时识别停车、交通堵塞、车辆行驶速度低于允许最低行驶速度、行人及车辆逆行、火灾、车辆掉物、车辆抛物等交通事件,以利于快速响应、迅速疏导交通。

(7)交通视频无须隐蔽,且具有全天候工作条件和可变焦镜头。这可为公安其他业务工作,如治安、消防、警卫、防爆等,提供现场信息,供指挥员和工作人员取证参考。

(8)识别行驶中车辆的牌照号码,便于交通事故的及时处理和日常的交通管理工作。

(9)通过视频,可以对隧道内车辆运行时间、等待时间等基础数据进行实时、直观的监视和记录,为制订交通控制方案提供依据,并可使用录像技术积累影像资料。

隧道内摄像机的设置应符合下列规定:

(1)摄像机应设置于隧道内、隧道外及隧道附属管理建筑处。

(2)摄像机宜设置于隧道内紧急停车带、车行横通道、人行横通道处。

(3)隧道外摄像机应设在距隧道口 100 ~ 400m 处,应能清楚地监视洞口区域的全貌和交通状况。

(4)隧道内摄像机直线段设置间距不应大于 150m,曲线段设置间距可根据实际情况适当减小,应能全程连续监视隧道内车辆运行情况和报警救援设施使用情况。

第二节　视频摄像机

摄像机是视频监视系统的前沿设备,是整个系统的“眼睛”。它设置在被监视场所的某一个位置上,使其视场角能覆盖被监视场所的各个部位。有时,被监视场所面积较大,为了节省摄像机的数量,简化系统,在摄像机上加装电动的(可遥控的)可变焦距(变焦)镜头,使摄像机所能观察到的距离更远,画面更清晰;有时还把摄像机安装在电动云台上,通过控制台的控制,云台带动摄像机进行水平和垂直方向的转动,从而使摄像机能覆盖的范围更大。总之,摄像机就像整个系统的眼睛,把它监视的场景变成图像信号,传送给控制中心的显示设备。常用的摄像机如图 7-1 所示。

a)　　b)　　c)

图 7-1　常用的摄像机

a)固定摄像机;b)固定半球摄像机;c)快球摄像机

一、摄像机的基本结构

摄像机主要由光学镜头、感光元件(CCD)、聚集环、光圈环、同步系统、视频处理放大通道和电源等辅助部分组成。

二、摄像机的技术指标

摄像机是拾取图像信号的设备,也就是说,被监视场所的画面是由摄像机将其光信号(画面)变为电信号(图像信号)的。目前,无论是彩色摄像机还是黑白摄像机,其光电转换的器件均采用电荷耦合器件(Charge Coupled Device,CCD),即“电耦合”器件。摄像机通过它的镜头使被监视场所的画面成像在 CCD 片子(靶面)上,通过 CCD 本身的电子扫描(即 CCD 电荷转移),把成像的光信号变为电信号,再通过放大、整形等一系列信号处理,最后变为标准的视频信号输出。

由于摄像机部分是系统的最前端,并且被监视场所的景象是由它变成图像信号传送到控制中心显示设备上的,因此从整个系统来讲,摄像机部分是系统的原始信号源。因此,摄像部分及其产生的图像信号的质量将影响整个系统的质量。

衡量摄像机性能的指标主要有:

1)清晰度

一般多给出水平清晰度。视频监视系统使用的摄像机,要求彩色摄像机水平清晰度在350线以上,黑白摄像机水平清晰度在400线以上。这样的指标即可满足一般视频监视系统的要求。

2)照度

照度是衡量摄像机在什么光照强度的情况下,可以输出正常图像信号的一个指标。关于照度,往往给出"正常照度"和"最低照度"两个指标。"正常照度"是指摄像机在这个照度下工作时,能输出满意的图像信号。"最低照度"是指如果低于"最低照度",摄像机输出的图像信号就难以使用,或者说摄像机至少要工作在"最低照度"以上。在选择摄像机时,有关最低照度指标的考虑是这样的:被监视场所在需要监视时,可能出现的最低照度就是所选择摄像机的"最低照度"指标。如果摄像机的最低照度无法满足被监视场所的要求,就要考虑采用具有红外成像功能的摄像机或在被监视场所加装不易损坏的照明装置。

照度一般用勒克斯(lx)表示,如某一摄像机的最低照度为0.0036lx。

3)信噪比

信噪比是摄像机的图像信号与它的噪声信号之比。这一指标往往用S/N表示。S表示摄像机在假设无噪声时的图像信号值,N表示摄像机本身产生的噪声值(比如热噪声等)。信噪比的单位一般为分贝(dB)。一般认为信噪比越高越好。视频监视中使用的摄像机,一般要求其信噪比高于50dB。

这里还需要指出的是,由于摄像机是整个视频监视系统的最前端,其信噪比对整个系统的信噪比起着举足轻重的作用,因而,在有条件的情况下,应尽量选择信噪比高的摄像机。

4)输出信号幅度

一般用输出信号电压的峰-峰值表示摄像机的输出信号幅度。摄像机输出的图像信号一般都是$1 \sim 1.2V_{p-p}$,即$1 \sim 1.2V_{峰\text{-}峰值}$,且为负极性输出。

5)供电电源

摄像机的供电电源分为直流供电和交流供电两种形式。常见的直流供电电压为12V,交流供电电压为220V,交流供电的摄像机,在其内部装有适配器,即有一个将交流电变为直流电的装置,而直流供电的摄像机则没有这一装置。CCD摄像机的耗电量都很小,但对直流供电的电源要求较高,给出的直流供电电压的稳定度及纹波系数应满足其要求。总之,提供给摄像机的电源,无论是直流电源还是交流电源,其电压都应是稳定的,即便是交流电源,其电压变动范围也不允许超过5%。

6)电子亮度控制

有些CCD摄像机可以根据射入光线的亮度,利用电子快门来调节CCD图像传感器的曝光时间,从而在光线变化较大时不用自动光圈镜头。

7)逆光补偿

当只能逆光安装摄像机时,采用普通摄像机会使拍摄到的物体图像发黑,此时应选用具有逆光补偿的摄像机,以获得较为清晰的图像。

三、摄像机应满足的要求

摄像机应满足下列技术要求:

(1)隧道外摄像机应为配有光圈自动调节、变焦镜头、云台、全天候防护罩的低照度 CCD 彩色遥控摄像机。

(2)未设置隧道外引导照明的隧道,隧道外摄像机宜配置夜间补偿辅助光源。

(3)隧道内摄像机应为配置有自动光圈、定焦距和防护罩的低照度摄像机,应具有彩色/黑白、昼/夜自动转换功能。

(4)设置于隧道洞口变配电所、洞内变配电所、地下风机房的摄像机,应具有目标移动报警功能。

(5)隧道内紧急停车带、车行横通道、人行横通道处摄像机宜有遥控功能。

设计视频监视系统时,在种类繁多的产品型号中,能否选定满足需要的摄像机类型,是决定此系统能否达到设计要求,以及能否以经济、实用的方法实现目的的关键。

四、摄像机的选择

摄像机的选择与摄像器件有着密切的联系,并存在着十分明显的性能价格比的差别。主要应根据技术指标(清晰度、灵敏度、信噪比)、使用环境(照度、温度、湿度)和经费情况全面考虑,选择性能指标适用的机型。

在交通视频监视系统中,主要观察目标是相对于道路而发生变化的交通流,以及车牌号等信息。

第三节 摄像机辅助设备

摄像机是视频监视系统的关键设备,而为了达到系统的综合技术性能指标,对摄像机的辅助设备(如镜头、防护罩、云台、解码器等)的选配也是必不可少的。这些设备决定了摄像机以怎样的方式才能取得最佳摄像效果,并根据摄像机设置地点的环境条件考虑保护措施。

一、镜头

视频摄像机镜头的作用是把被摄景物成像在摄像器件的靶面上,形成清晰的光学影像,便于进行后期的电信号处理。如果把摄像机比喻成视频系统的"眼睛",那么镜头就是眼睛中的"晶体"。摄像机镜头的质量,以及镜头与整机配套程度,直接影响整个系统的技术效果。常用的镜头如图 7-2 所示。

图 7-2 常用的几种镜头

镜头的尺寸应大于或等于摄像机成像面尺寸。例如,若 1/2″摄像机采用 1/3″镜头,则进光量会变小,色彩会变差,甚至图像也会缺损;反之,若 1/3″摄像机采用 1/2″镜头,则进光量会变大,色彩会变好,图像效果会变好。当然,综合各种因素,摄像机最好还是选择与其相配套的镜头。

摄像机镜头的有关参数较多，在实际使用中应主要了解以下几项：

1. 焦距(f)

焦距决定物与像的比例。焦距越大，监视距离越远，水平视角越小，监视范围越窄；焦距越小，监视距离越近，水平视角越大，监视范围越宽。镜头焦距可按式(7-1)估算。

$$f = y' \times l/y \tag{7-1}$$

式中：f——镜头焦距，mm；

y'——CCD 聚焦平面的水平宽度，mm；

l——镜头到被摄物体间的距离，m；

y——l 处的水平视场宽度，m。

镜头的焦距可分为短焦、中焦、长焦几种。根据所要观察目标的实际需要，可选择定焦或变焦镜头。交通监视的汽车与镜头的距离大都在 200m 以内，一般采用能自动调焦的摄像机，焦距变化范围选 20～400mm。如果要求看清车牌号，则应选择变焦倍数较大的变焦镜头。变焦镜头则要根据所观察的视角进行选取。

大桥监控中常选用定焦镜头，摄像机按要求全路段设置，选择焦距固定、光圈自动可调、焦距在 50mm 左右的镜头。立交或高速公路路段监控中常选用变焦镜头，通过缩小焦距俯视监视区域全景或放大焦距监视细节。变焦镜头焦距常选用 10～100mm，光圈自动可调。

2. 光圈值

手动光圈和自动光圈的选择对图像的采集起着十分重要的作用。一般来说，对于光线变化不明显的环境，常选用手动光圈镜头，将镜头手动调到一个比较理想的数值后固定不动；如果光线变化较大，如室外 24h 监视，夏日阳光下环境照度达 50000～100000lx，夜间路灯仅为 10lx，照度变化幅度很大，则应选用自动光圈，它能根据光线的明暗变化自动调节光圈值的大小，从而保证图像质量。

3. 镜头接口

镜头接口与摄像机接口应一致。常用的镜头接口有 C 型和 CS 型。CS 型摄像机可以和 CS 型、C 型镜头配接，但和 C 型镜头配接时，必须在镜头和摄像机之间加接配环，否则可能碰坏 CCD 成像面的保护玻璃，造成 CCD 摄像机的损坏。C 型摄像机不能和 CS 型镜头配接。

二、防护罩

交通视频监视系统的前端设备大多在室外工作，所以它必须能在室外各种条件下正常工作。这仅靠摄像机本身的性能是不可能达到的，只有通过外加防护罩予以解决。

气候条件对整机性能产生影响，通常是由于在气候变化时元器件和材料的电参数发生变化，以及机械性能变化造成的。气候条件对设备的影响主要有以下几个方面：

1. 温度

夏天全国范围的最高温度可达 48℃，在室外阳光直射情况下，摄像机表面温度为 50℃左右；加上摄像机内部各元器件工作时发出的热量，机内温度可达 60℃以上。因此，应在机内安装风扇排热，并在防护罩外加装与机身隔开通风的遮阳板，使外壳与内罩间有一空间，通过流通的空气，把内部热量转移到外界。同样，在 –40℃以下，元器件的参数也难以保证，并且摄像机的表面玻璃上易结霜,影响观看;故应在机内安装加热器,使机内温度回升,或使用电热玻璃以防止结霜。风扇和加热器的工作均由温度继电器控制,自动启动。

2. 相对湿度

相对湿度是指在一定温度条件下,空气中的实际含水率与饱和值之比,其应能满足我国湿度极值范围,并考虑雨天情况下防水措施及必要时安装刮水器。

3. 气压

气压主要是在高原、空中、水下使用设备时考虑的因素。

4. 盐雾

当在沿海城市使用设备时应考虑盐雾沉积量对金属镀层的耐热蚀性能提出的要求。

5. 大气污染

工业废气会引起金属腐蚀、有机材料性质发生变化,进而对摄像机性能造成影响。

6. 霉菌

主要在湿热地区、通风不畅的场所,霉菌会迅速繁殖,污染摄像机。

7. 灰尘颗粒

主要在北方地区,大气中存在的直径为 0.005 ~0.02mm 的灰尘颗粒,对摄像机的防护密封性提出较高要求。

8. 日照

阳光中的紫外线辐射,对室外露天设备会有影响。

以上种种气候条件,要求全天候摄像机的防护罩采用密封式,并根据需要用特殊的耐腐蚀材料制成,或在外表面涂防腐蚀、防老化的材料,如丙烯酸氨基烘漆等。所有暴露在罩外的接插件、铰接件也均需采用密封、防锈措施,并能通过加热器、风扇、刮水器、电热玻璃、遮阳罩等调节自然环境变化对机内环境的影响。有些防护罩还必须安装锁定装置。防护罩的开启应考虑高空维修时的便利。防护玻璃的安放应便于擦拭(内、外面)。

考虑以上若干方面的防护罩,基本上可以保证摄像机系统在室外环境下正常工作。

然而,要求设备按全国范围的气候条件设计,是不尽合理的。因为设计和制造一个既耐湿热又耐寒冷的十全十美的设备,不仅技术复杂,而且成本会大大增加,所以应按照所使用地区的实际情况进行选择。常用的防护罩如图 7-3 所示。

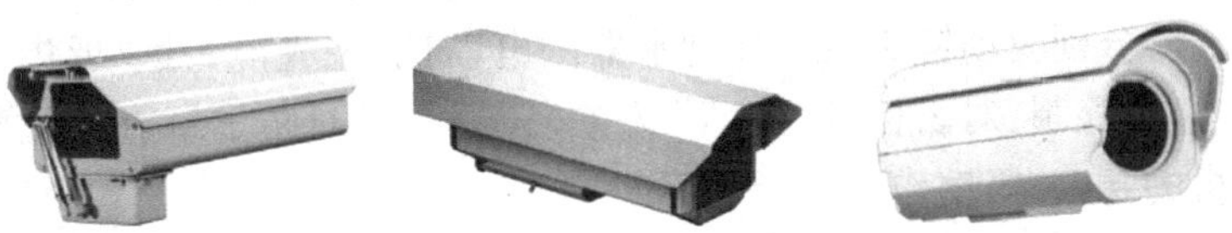

图 7-3　常用的防护罩

三、云台

摄像机的安装除使用固定支架方式外,还可以采用灵活方便的电动云台,以扩大摄像机的观察范围。云台可以带动摄像机在水平和垂直方向转动,做左右、上下的动作。在水平与垂直方向一般还设有限位开关,控制其在需要的范围内转动。云台的工作原理如图 7-4 所示。水平和垂直转动的幅度可以通过微动限位开关 1SQ、2SQ、3SQ、4SQ 进行限位控制。当云台旋转达到规定位置时,微动限位开关将自动切断微型电动机 M 的工作电源,使电动机停止工作。由于采用了带自锁能力的蜗轮、蜗杆减速机构,因此当电动机停止时,摄像机能够停在任意工作位置,达到在设定范围内跟踪监控目标的目的。

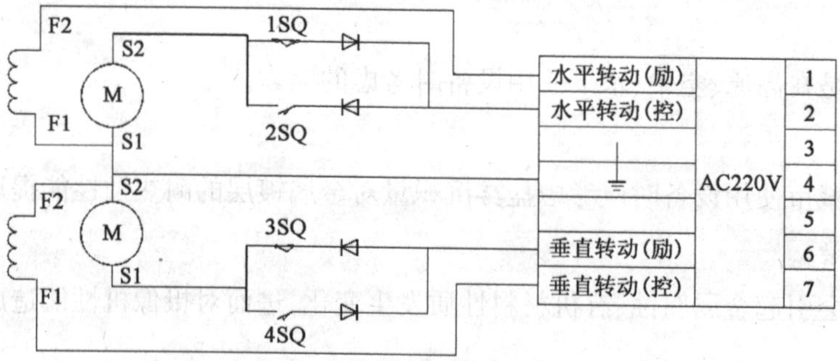

图 7-4　云台控制线路图

云台的转速取决于齿轮组的传动比,可选择水平和垂直方向不同转速的云台来满足需要。云台的转速要均匀,而且不能有任何抖动,以满足图像稳定的要求。目前,对于可变速云台,其水平转速从 0.01°/s ~60°/s 连续可变,垂直转速从 0.01°/s ~30°/s 连续可变,与变焦镜头配合,加上熟练的操作,可以实现交通监视中对快速移动物体的跟踪监视。常用的云台和支架如图 7-5 所示。

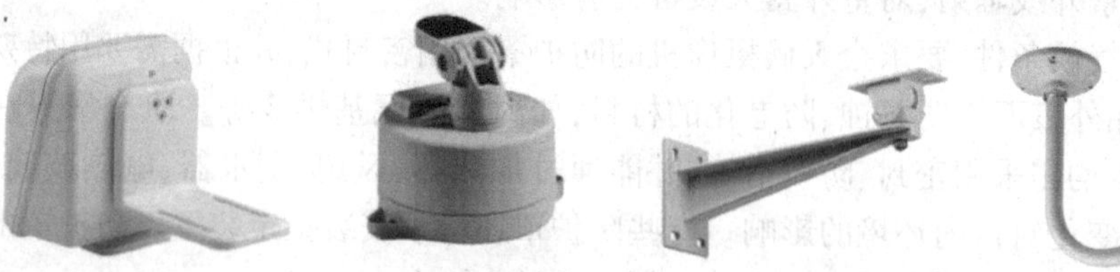

图 7-5　常用的几种云台和支架

四、解码器

在长距离传输的视频前端设备中,通常设有一个解码器(中继器、控制盒)将计算机或控制键盘发送来的数字控制信号转变成模拟控制信号。它的任务是接收来自控制室的信息,通过继电器或可控硅,分别驱动镜头、云台、刮水器的电动机,完成镜头远/近焦距调节、广角/窄角变焦、光圈的开/关控制;对云台进行上下、左右转动控制;对防护罩进行风扇、喷水、刮水等控制;实现摄像机的开、关等动作。

解码器是保证摄像机可靠工作的基础,因此,要求其工作准确无误,供电可靠。为使现场维修方便,解码器一般带有自检功能,即无须远端控制室发出指令,解码器本身即可执行全部动作,以迅速判断故障部位。

由于解码器也是在室外工作,因此同样应具有防护罩的全天候工作条件,只是要求较低。只要元器件可靠,有时采用开散热孔、加隔热罩的简单防护措施。在安装高速公路监控系统时,解码器可以吊装在摄像机立柱的顶端、摄像机的背后或摄像机立柱柱体内。

五、其他辅助设备

摄像机的辅助设备除以上几种主要设备外，根据需要还有其他种类，如夜间监视环境照度不足时，可与摄像机一起将一至两个聚光灯共同装在云台上，随着云台的转动，使摄像机拍摄的物体总有辅助照明。当为短焦镜头时，可开启散光灯，以进行大面积观察；当为长焦镜头时，可开启聚光灯，使观察的局部有足够的亮度。又如有些系统还要配以有线广播或报警功能等。

第四节 视 频 传 输

根据图像距离的不同，视频传输分为近距离传输和远距离传输。为了保证远距离传输的效果，往往在传输系统中使用发射机、接收器等设备，甚至使用光纤传输，增加光端设备。

在监控系统中，特别是在远距离传输信号的情况下，由于传输方式不同，往往在系统中要采用不同的传输设备。

传输部分就是系统的图像信号通路。一般来说，传输部分仅传输图像信号。但是，由于某些系统中除图像外，还要传输声音信号，同时需要在控制中心通过控制台对摄像机、镜头、云台、防护罩等进行控制，因而在传输系统中还包含有控制信号的传输。因此，此处所讲的传输部分，通常是指所有要传输的信号形成的传输系统的总和。

对图像信号的传输，重点要求是在图像信号经过传输系统后，不产生明显的噪声、失真，保证原始信号的清晰度和灰度等级没有明显下降等。这就要求传输系统在衰减、引入噪声方面都有良好的性能。

一、同轴电缆传输系统

当视频检测点与监控室的距离较近时，传输系统比较简单，一般用视频基带传输方式，将视频信号不经调制直接送入同轴电缆传输系统，中间没有发射机、中继器等设备，广泛用于2km以内的图像传输。

同轴电缆是一种非平衡传输线，为了与其他设备实现阻抗匹配，均采用75Ω同轴电缆。若传输距离在300m以下，选用SYV75-5（“75”表示该种电缆的特性阻抗，“5”表示电缆的线径）的同轴电缆作为传输线。当进行长距离传输时，可以选用线径为7mm或9mm的同轴电缆或在靠近监视器处安装一台后均衡视频放大器，通过补偿视频信号中容易衰减的高频部分，达到长距离传输视频信号并保持一定强度的目的。后均衡视频放大器也称电缆均衡器，通过电缆校正电路来进行高频特性的补偿，以使信号传输通道的总频率特性基本上是平坦的。表7-1所示为75Ω同轴电缆最大传输距离。需要指出的是，后均衡视频放大器只能安装在靠近监视器的地方，如果安装在摄像机附近则会失效。

75Ω同轴电缆最大传输距离 表7-1

电缆型号	SYV75-3	SYV75-5	SYV75-7	SYV75-9
传输距离（m）	180	300	380	500

一般情况下，当传输距离大于1km时，就认为传输距离比较远，需要进行中继处理。

二、视频光纤传输系统

光纤是一种能使光以最小的衰减从一端传到另一端的透明玻璃和塑料纤维。它将视频及控制信号转换为激光信号在光纤中传输。光纤传输具有距离远、容量大、抗干扰能力强等优点。将视频信号进行编码转换成光信号,再通过光纤介质传输的设备称为光端机。现场摄像机将图像信号通过同轴电缆连接至光发送端机上,光发送端机将转换的光信号通过光缆传输至距离较远的光接收端机(一般安装在中央控制室),由光接收端机将信号转换后连接同轴电缆,将信号送到接收设备。

光纤传输方式的优点:

(1)通过视频复用技术,可以在一芯光纤上传输多路视频信号,节约线路成本。

(2)传输距离较远,通过选择不同发射功率的光端机并辅以光中继设备,可以实现上百以及上千千米的视频传输。

(3)视频信号通过光路传输,不受电磁信号干扰,且信号衰减小,图像质量高。

(4)通过使用复用光端机、节点式光端机,可灵活组织传输方案。

视频光纤传输系统主要有以下传输形式:

(1)传输图像的基本形式。图7-6所示为一路光纤视频传输系统,一根光纤上传输一路视频信号。

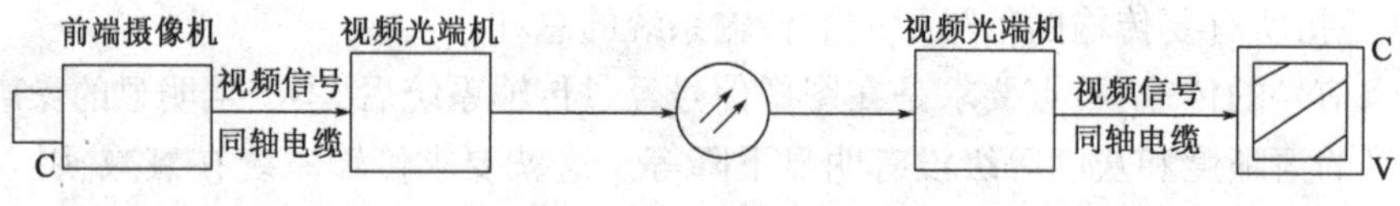

图7-6　一路光纤视频传输系统

C-Client;V-Video

(2)多路光纤视频复用传输。图7-7所示为多路光纤视频复用传输系统,可以在一根光纤上传输多路视频信号。

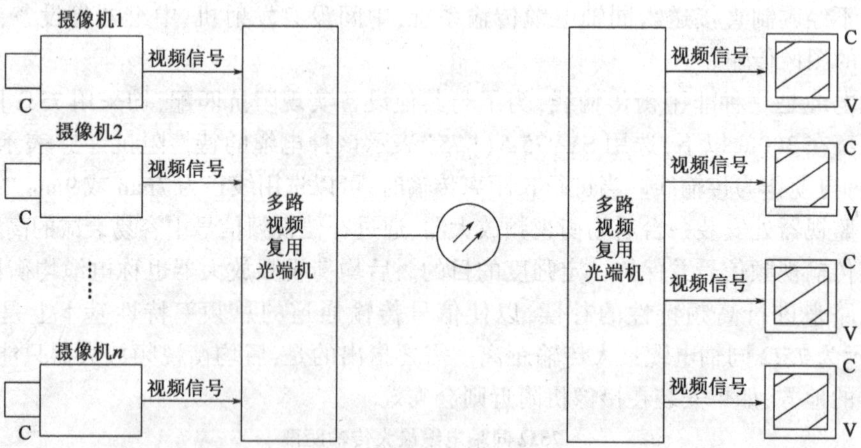

图7-7　多路光纤视频复用传输系统

(3)视频与反向数据光纤传输。图7-8所示为带云台控制的光纤传输系统,一路正向传输复合视频信号供显示,另一路反向传输RS422接口数据,实现经解码器对云台和镜头的控制。

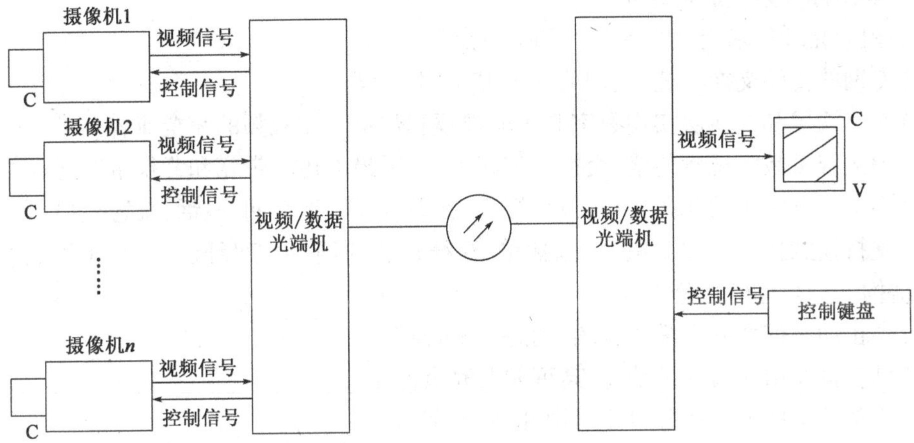

图 7-8 带云台控制的光纤传输系统

三、视频传输设备

视频传输设备包括视频分配放大器、光端机、光中继器、数字视频光纤传输交换平台等。

1. 视频分配放大器

视频信号经电缆远距离传输后，必然会有较大的衰减，特别是视频信号的高频部分衰减更大，这种衰减随着传输距离的增加而增大。因此，在远距离传输线路中必须对视频信号进行放大，特别是对视频信号的高频部分进行补偿。

此外，经常需要将一个视频信号同时送往几个不同的地点。当有两个不同地点时，利用转接插头或者某些终端装置上配有的二路输出器来完成；但在地点数量较多时，因为并联视频信号衰减较大，传输给多个输出设备后由于阻抗不匹配等原因，图像会严重失真。

2. 光端机

光端机一端的发射机把图像、声音和控制电信号转变为光信号，由光缆传输到另一端，另一端的接收机则把光信号还原成电信号，传输给有关设备。根据传输信号的不同，有只传输视频、音频或数据的光端机，也有两者或三者复合传输的光端机，还有同时在一根光缆上传输多路信号的光端机。

3. 光中继器

由于光纤损耗及带宽限制，当光纤通信线路较长时，需要每隔一定距离加设一个中继器。中继器由光接收机和光发射机组成，前者接收从光纤中传来的光信号，并变换成电信号，然后进行放大，再用电信号直接调制光源产生光波，最后送入光纤继续传送。

4. 数字视频光纤传输交换平台

数字视频光纤传输交换平台集数字视频光纤传输网络、多业务接入和分布式数字视频矩阵于一体，是具有全数字、大容量、高品质图像、高扩展性的视频管理及网络管理能力的光纤网络传输交换平台。数字视频光纤传输交换平台既满足高清晰实时图像的需求，又满足数字化存储、IP 网络传输要求，替代了传统的光端机 + 视频分配器 + 模拟矩阵 + 解码器 + 视频综合管理软件 + 光端机网管软件等众多设备，使得日益庞大的视频监控系统变得简单，大大增强了系统的性能指标和系统的可维护性。

数字视频光纤传输交换平台具有如下特点：

(1)专网的传输交换性能，通用的标准 IP 网络协议。

(2)在传输层和交换层实现数字非压缩视频和数字压缩视频的完全兼容。

(3)超大容量数字视频传输/交换处理能力，单纤最大传输带宽和背板带宽达 40Gb。

(4)支持所有常用的业务接口，包括视频、音频、数据、以太网、电话、报警接口。

(5)支持任意拓扑结构及组合，包括单/双纤自愈环网、单/双纤链网、星形网、树形网、相切环网结构、链形/环形光分支等。

(6)真正动态带宽分配算法，按需动态分配带宽。

(7)具备自动切换与保护功能，高可靠及冗余性设计。

(8)全部采用插卡式业务单元结构，即插即用。

(9)无损伤信息交换，无距离限制。

(10)视频压缩编码协议采用 H.264。

第五节　显示设备

显示部分一般由几台或多台监视器组成。它的功能是将传送过来的图像一一显示出来。在视频监视系统中，特别是在由多台摄像机组成的视频监视系统中，一般都不是一台监视器对应一台摄像机进行显示，而是几台摄像机的图像信号用一台监视器轮流切换显示。这样做，一是可以节省设备，减少空间占用；二是没有必要一一对应显示。因为被监视的场所不可能同时发生意外情况，所以平时只要隔一定时间(比如几秒、十几秒或几十秒)显示一次即可。当某个被监视的场所发生情况时，可以通过切换器将这一路信号切换到某一台监视器上并一直显示，同时通过控制台对其遥控跟踪记录。所以，在一般的系统中通常都采用 4∶1、8∶1，甚至 16∶1的摄像机对监视器的比例数设置监视器的数量。目前，常用的摄像机对监视器的比例数为 4∶1，即 4 台摄像机对应 1 台监视器进行轮流显示；当摄像机的台数很多时，再采用 8∶1 或 16∶1 的设置方案。另外，由于画面分割器的应用，在有些摄像机台数很多的系统中，用画面分割器把几台摄像机送来的图像信号同时显示在一台监视器上，也就是在一台较大屏幕的监视器上，把屏幕分成几个面积相等的画面，每个画面显示一个摄像机送来的画面。这样可以大大减少监视器的数量，操作人员观看起来也比较方便。但是这种方案不宜在一台监视器上同时显示太多的分割画面，否则会使某些细节难以显示清楚，影响监视的效果。

监视器放置的位置应适合操作者观看，从高度、距离、角度几个方面考虑。一般是在总控制台的前方，设置专用的监视器架子(称为电视墙)，把监视器摆放在电视墙上。

监视器的选择应满足系统总的功能技术指标要求，特别是应满足长时间连续工作的要求。

一、监视器

监控室的工作人员通过大屏幕投影或监视器获得摄像机的现场数据。对于需要长时间监视，并对图像质量有较高要求的监视任务，一般选用专业监视器。交通视频监视系统因为要长时间不间断监视交通状况，通常选用专业监视器。

监视器的技术指标主要有：

(1)分辨率：指屏幕上每行有多少像素点、每列有多少像素点，一般用矩阵行列式来表示。如1600×1280，1600为水平像素数，1280为垂直像素数。

(2)点距：指一种给定颜色的一个发光点与离它最近的相邻同色发光点之间的距离。

(3)刷新率：指显示帧频。刷新率过低可能出现屏幕图像闪烁或抖动的现象。

(4)亮度及对比度。亮度是表征发光物体外表发光强弱的物理量，是衡量显示器发光强度的主要指标。对比度是屏幕上同一点最亮时(白色)与最暗时(黑色)的亮度比值，高的对比度意味着相对较高的亮度和相对艳丽的颜色。

(5)响应时间：指液晶体从暗到亮(上升时间)再从亮到暗(下降时间)的整个变化周期的时间总和。响应时间以毫秒(ms)为单位。

(6)可视角度：指用户可以从不同的方向清晰地观察屏幕上所有内容的角度。

(7)整机功耗。一般要求工作时整机功耗不大于30W，省电时整机功耗不大于3W。

二、硬盘录像机

硬盘录像机的原理是将视频输入信号送入计算机(工业控制计算机)中，通过计算机内的视频采集卡，完成A/D转换，将模拟视频信号转换为数字视频信号，并按一定的格式存储，通过视频管理软件，可以对存储数据进行进一步的处理。

硬盘录像机有单路硬盘录像机和多路硬盘录像机，按照工作方式的不同，可以分为嵌入式硬盘录像机和独立系统硬盘录像机。在交通视频监视系统中，主要应用的是独立系统硬盘录像机。

不管是延时录像机还是硬盘录像机，一些技术指标决定了录像机的性能，这些指标包括：录制多少路信号、信号的每帧分辨率、每秒录制的帧数，以及可以录制的时间等。

在图像显示时，每秒录制的帧数超过24帧时，人的眼睛就感觉不到各帧之间的停顿，因此，要产生连续的没有动画感的视频信号，录像和输出时，帧数应不低于25帧/s。目前的硬盘录像机一般具有如下功能：

(1)多路视频、音频输入。

(2)视频、音频同步回放。

(3)回放速度任意设置。

(4)实时单路、多路监控图像抓拍。

(5)具有软控制键盘的功能。

(6)按时间、地点等条件对录像进行检索。

(7)资料备份功能，可以将资料备份到光盘、活动硬盘等存储设备中。

(8)按操作权限管理，只有授权的操作人员才能对数据进行操作。

第六节　切换控制设备

在视频监视系统中，为实现操作，需设置切换控制设备。切换控制设备主要有视频切换器、键盘、画面分割器等。

一、视频切换器

视频切换器是选择视频图像信号的设备。也就是说,如果将几路视频信号加在它的输入端,通过对它的控制,可以选择任何一路或几路视频信号输出,其他信号则不输出。

视频切换器是控制中心主控制台上的一个关键设备。在多路摄像机组成的视频监视系统中,一般是按一定的比例用一台监视器轮流切换显示几台摄像机的视频信号。例如用 2 台监视器轮流显示 4 台摄像机的信号,称为“4 进 2 出”方式。

目前所使用的主控制台上的视频切换器,一般都做成矩阵切换形式以及积木式,可根据系统中摄像机的数量以及摄像机与监视器的比例来选用视频切换器的输入/输出路数,任意组成切换比例。

视频切换器的主要技术指标有:

1. 切换比例

切换比例是指切换器的输入路数与切换后输出的路数的比值。如果是矩阵形式的视频切换器,可通过编码任意选择切换比例。有时切换比例是固定的,比如常用的“32 进 16 出”“64 进 32 出”等。

2. 隔离度

隔离度是衡量多路视频信号输入切换器时,各路视频信号之间以及它们与切换后输出的信号之间隔离的程度,单位一般用分贝(dB)表示。此项指标值越高越好。目前的视频切换器隔离度可达到 80dB 以上。

3. 微分增益、微分相位

微分增益(Differential Gain,DG)是指被切换后输出的视频信号与切换前的信号在幅度上的失真程度。此指标值越小,表明在幅度上失真越小。

微分相位(Differential Phase,DP)是指被切换后输出的视频信号与切换前的信号在相位上的失真程度。此指标值越小,表明在相位上失真越小。

4. 输入电平与输出电平

有些视频切换器还给出输入电平(或输入电压)和输出电平(或输出电压)的技术指标。输入电平是指视频切换器输入端对输入信号电压幅度的要求,一般为 $0.8 \sim 1.2V_{p-p}$;输出电平是指视频切换器输出端输出电压的幅度标准,一般为 $1 \sim 1.2V_{p-p}$。

二、键盘

在交通视频监视中,通过键盘可以对摄像机动作和景深进行控制。如广场摄像机,除了监视广场的一般情况外,还能在突发事件发生的时候完成取证的任务。为了较好地对事故发生点的情况进行摄像,需要调整摄像机的监视区、焦距等参数。当有多个报警点时,应可以根据报警点的位置,判断云台的旋转参数,使用控制键盘能够预先对云台编程,使其对应于多个报警点的位置;当有报警信号时,能够快速旋转,使摄像机对准报警点进行跟踪摄像。常用的键盘如图 7-9 所示。

1. 键盘的功能

图 7-9　常用的几种键盘

(1)通过屏幕菜单或键盘液晶菜单实现预置功能。

(2)通过菜单设置键盘的主控、分控工作方式。

(3)通过控制解码器实现对摄像机电源的开关控制、除尘器的开关控制、报警器的布防及撤销、镜头控制、云台控制等。

(4)控制报警及联动。

(5)前端摄像机镜头变焦、聚焦和光圈控制。

(6)控制矩阵切换器。通过对矩阵切换器屏幕菜单进行操作,可设置切换时间间隔,完成图像切换中的召回和跳过、选路操作等。

2. 键盘的技术参数

(1)供电电源。对供电电源的要求,如直流、交流供电方式,交流频率等。

(2)功耗。键盘的工作功率。

(3)通信规程。与终端解码箱的通信方式,如 RS232、RS485 方式。

(4)通信速率。控制信号的传送速率,一般为 1200 ~ 9600bps。

(5)安全控制距离。键盘与所控制的终端解码箱之间的距离。

(6)可控解码箱数量。用同一键盘所能控制的终端解码箱的数量。

(7)环境温度。考虑设备的工作温度与使用环境能够匹配。

(8)相对湿度。对工作环境相对湿度的要求。

(9)外形尺寸。在进行设备摆放时要考虑键盘的外形尺寸。

三、画面分割器

在有多个摄像机的视频监视系统中,为了减少监视器的数量,为监控人员提供全视野画面,往往采用画面分割器使多路图像显示在一台监视器上。当采用几台画面分割器时,就有可能用与画面分割器相同数量的监视器将所有摄像机传输来的多个画面同时显示在较少的监视器上。这样,既减少了监视器的数量,又使监控人员能监视各个部位的情况。常用的画面分割器有四画面分割器、九画面分割器、十六画面分割器等。

以四画面分割器为例,它是将四路摄像机传输的图像信号同时输入给四画面分割器的输入端,再从四画面分割器的输出端将输出信号传至一台监视器的输入端,于是就会在这台监视器上按四象限分割方式将 4 个画面一起显示出来。每个画面都有编码,因而很明确地知道每个画面所显示的监控部位,九画面分割器和十六画面分割器也是采用同样的显示方法。

画面分割器的基本工作原理是采用图像压缩和数字化处理的方法,把几个画面按同样的比例压缩在一个监视器的屏幕上。画面分割器有的还带有内置顺序切换器的功能,此功能可将各台摄像机输入的全屏画面按顺序和时间轮流输出显示在监视器上(如同切换主机轮流画面),并可用录像机按上述的时间间隔将画面记录下来。其时间间隔一般是可调的。录像机记录下来的各画面都是不经过压缩的全屏画面,所以画面在重放时更加清晰。

画面分割器的主要性能和主要技术指标如下:

1. 主要性能

(1)全压缩图像。数字化处理的彩色/黑白四画面(或九画面、十六画面)。

(2)四路(或九路、十六路)视频输入并带有四路(或九路、十六路)视频的环节输出。

(3)内置可调校时间的顺序切换器和独立的切换输出。根据摄像机的编号对全屏画面按顺序切换显示,每路画面的显示时间可由用户自己进行优化编程调整。

(4)录像重放时可实现1/4(或1/9、1/16)画面到全屏画面的变焦(还原为实时全屏画面)。

(5)有报警输入/输出接口,可与报警系统联动。当报警信号产生时,与该报警相关区域的场景将以全屏画面显示出来,并可自动录像。用户可自行设定报警的持续时间和录像的持续时间。报警输入接口数目与画面输入数目相同。

(6)报警画面叠加、视频信号丢失指示。该功能可方便用户快速查明视频信号丢失的原因。

(7)设置屏幕菜单供编程/调用。编程简单、操作容易,人机界面友好。

(8)电子保险锁。用户可自行设定密码,只有被允许的操作者才能进行系统的操作。

2. 主要技术指标

(1)视频标准。如PAL/NTSC制式,625行、50场/s。

(2)视频输入。如1.0V_{p-p}复合信号、75Ω或高阻、BNC接头。

(3)监视器输出。如1V_{p-p}复合信号、75Ω、BNC接头。

(4)图像显示分辨率。如720像素×576像素等。

(5)视频带宽。如10MHz等。

(6)图像显示帧数。如25帧/s。

(7)图像分割方式。如1:4、1:9画中画等。

(8)画面显示信息。如摄像机标题、时间、报警指示等。

(9)电源。如220VAC±10%,50/60Hz。

第七节 隧道视频监视系统详解

隧道视频监视系统可对隧道全部路段进行完全的可视性监视,对隧道出入口及隧道内的交通流量、车流密度及道路使用状况进行监视。可及时、直观地得到关于交通阻塞地现场情况的画面,进而辨认事故及其严重程度、事故类型等。

通过视频监视系统可对隧道控制信号设施(如车道灯、交通信号灯、可变限速标志、可变信息标志等)进行直观确认,作为除中心计算机外自动收集设备运行状况反馈信号的又一确认手段。

隧道视频监视系统还有一个最突出的作用就是监视隧道内各种防灾设备,尤其是对隧道内的火灾报警予以确认。该系统从中心计算机接收来自隧道内各设备发出的报警信息,进行摄像机的选择控制,自动显示报警区段及相邻区段的图像,并自动录像,自动将时间、摄像机号码记录在录像信息中,为值班人员提供处理事故的直接依据。实际应用中有可能几种设备同时报警,系统设计时应将火灾报警区定为优先显示。

可在控制台上设视频监视系统主监视器1～2台,用以切换显示任意一台摄像机的画面。若长隧道摄像机数量太多,监视器可采用一对多的选择显示方式。每个摄像机的图像以预定的速度显示在监视器上或进行选择显示,监视器也可采用多画面显示方式。

一、隧道视频监视系统的构成及功能

隧道视频监视系统由管理站视频以太网交换机、视频管理服务器、大屏幕显示系统、视频控制工作站、视频回放工作站、控制键盘、视频事件检测系统、节点光端机远端机、视频解码器、外场摄像机等设备构成。视频以太网交换机、控制台、大屏幕显示系统、视频矩阵切换控制系统、硬盘录像机、监视器、光端机、电缆等设备设在隧道管理站控制室(图7-10)。外场摄像机设在隧道洞外转向车道处和隧道内及变配电所内(洞外为遥控摄像机,变配电所内和洞口处为球形摄像机,隧道内为固定摄像机,每间隔约150m设1套)。外场摄像机将反映隧道内及洞口外的交通状况、道路状况、能见度状况的图像传到监控站,在监控站控制室内的大屏幕显示系统上显示,为选择控制方案提供依据,并可对所有的视频图像进行录像,以便分析及取证。隧道洞内可设配有防护罩的数台低照度定焦距摄像机,摄像机配有自动光圈以适应光线的变化,从而达到连续监视全隧道各种设备及运行状态的目的。

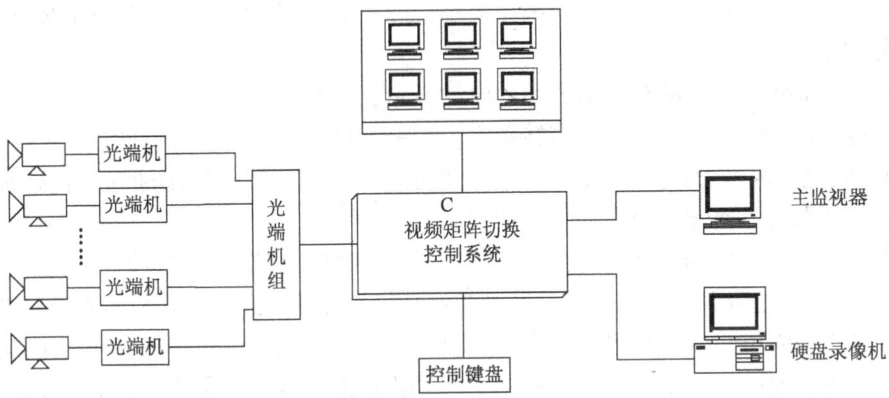

图7-10 隧道视频监视系统的构成

隧道视频监视系统功能如下:

(1)当隧道内车辆正常运行时,采用循环切换或定点监视的方式监视隧道内各路段车辆运行情况;无论系统处于何种工作状态,均能及时监视到报警处的情况。

(2)当隧道内发生异常情况,如火灾检测、车辆堵塞、紧急电话报警等时,主监视器能自动显示相应路段摄像机的图像,如果几个路段同时报警,则火灾报警区优先显示。在报警时,自动开启硬盘录像机,并能把时间、摄像机号码记录在硬盘上。

(3)可自动向前、向后灵活循环扫描监视;也可人工进行自动加一、自动减一选择监视;或由人工选择某个(某段)摄像机的图像。

(4)控制台对所有外场摄像机有自动检测功能,至少应能将检测到该系统的正常或故障信号传至中心计算机,并启动投影屏上相应的指示灯,有故障时,触发声光报警器。同时控制主机与中心计算机提供相关信息。

(5)视频控制工作站外接遥控键盘,可以在计算机键盘上操作,也可以在遥控键盘上完成对外场摄像机的控制，并可切换任一路摄像机图像在显示器上显示。

(6)隧道管理站内设置硬盘录像机，对隧道内所有的视频图像进行记录，可按时间或摄像机编号精确快速回放，具有对视频记录的防篡改功能。

(7)上级视频控制系统可通过以太网对本级矩阵实现连网，对本级图像进行调用。

二、隧道视频监视系统设备的选择

1.摄像机

在隧道视频监视系统中，主要观察目标是交通状态、异常情况等，应选择清晰度高、对外界光线适应范围大、可靠性高、售价低、维修容易、对外界温度和湿度要求较低的摄像机。因此，在隧道视频监视系统中，建议采用CCD视频摄像机。此外，摄像机辅助设备，如镜头、云台、防护罩等的选配也是必不可少的。这些设备决定了摄像机的摄像效果。

(1)洞口摄像机。应选用彩色摄像机，信噪比大于64dB，最低照度为0.3lx，镜头接口配合选用的摄像机，一般为C型或CS型，焦距范围要实现对宏观场景与局部细节的综合观察。需采用变焦镜头，变焦镜头的变倍率应根据观测范围的需要选择。

在设计中，为使摄像机适应全天候的照明变化，应考虑自动光圈控制功能；实际应用中，在夜间观察交通状况时，对突然出现的汽车前照灯灯光的照射，自动光圈因是对光通量平均值取样的，所以难以看清周围情况，此时应采用手动光圈控制，人为加大光通量，使观察者得到较满意的图像。

①云台。室外摄像机配有灵活方便的电动云台，云台可带动摄像机做左右、上下动作，扩大摄像机的观察视域。一般要求其旋转角度：水平为0°~340°（或350°），垂直为向上15°、向下60°；旋转速度：水平为6°/s，垂直3°/s。负载要大于摄像机、镜头、防护罩（包括加热器、遮阳罩、风扇、刮水器、清洗器等）总质量的30%。

②防护罩。在室外，摄像机要在各种条件下正常工作，这仅靠摄像机本身的性能是不可能达到的，要通过外加防护罩予以解决温度、相对湿度、日照等问题。摄像机装在防护罩内，防护罩应附有可自动回位的电动刮水器，以及清洗观察窗的清洗器，包括高压泵和一个清洗剂瓶。

防护罩内温度应能自动调节，夏季应防止高温造成元器件参数变化，避免摄像机性能改变。在防护罩内应有排风散热装置，当防护罩内温度高于32℃左右时，自动开启排风散热装置。当温度降至约26℃时，自动关机。为防止在冬季使用摄像机时低温造成元器件参数变化及观察窗玻璃上结霜，在防护罩内应装有电热装置。当罩内温度低于4℃时，自动接通加热器，当温度高于10℃时，自动切断电源。

③遮阳罩。遮阳罩可防止阳光直接照射到摄像机外壳上而产生热量。其额定风负荷以当地历史最高风速作为设计依据。遮阳罩应满足镜头、摄像机安装空间要求。

④解码器。安装在摄像机立柱杆上或杆下，提供摄像机电源；接收来自控制室的组合编码信号；提供摄像机的工作电压及开关机信号，云台左右扫描和上下俯视动作电压，以及镜头变焦、聚焦、光圈大小调整的动作电压；此外，还有刮水器、清洗器的开启，防护罩清洗剂的喷射，报警信号的传输等功能。

(2)洞内摄像机。应选用固定焦距镜头，具备自动光圈功能。因隧道内污染较严重，洞内摄像机一般需要配备室内防护罩，若环境条件特殊，则需要增加散热设备，在现场环境条件和投资允许的情况下，可配备电动云台。

2. 中控室设备

(1)视频监视器。控制中心闭路电视控制台上及控制室电视墙上应配置高质量的监视器。

(2)录像机。为记录交通情况,控制台应设有可手动或自动控制的硬盘录像机。

(3)切换控制器。在显示器有限的情况下,可对提供的多路视频信号进行人为有选择的控制显示。配备标准的视频切换矩阵板,将输入的各摄像机信号中的任一个送到控制台或电视墙上的视频监视器上。为便于值班操作员监视和记录,可进行自动时序切换,并可保持延时,还可进行手动切换。

(4)视频分配器。常见的视频分配器有一入二出、一入四出等类型。

(5)闭路电视控制器。应配备相应的控制键盘,实现如下功能:

①对摄像机进行开机、关机控制。

②可对云台进行遥摄和俯仰摄的遥控。

③可对镜头进行变焦、聚焦、光圈的控制。

④可对刮水器进行开启、停止的控制。

⑤可对防护罩清洗器进行开启、停止的控制。

⑥具有汉字叠加功能。能在每幅图像中叠加摄像机号码、地点等固定文字符号,以及实时变化的年、月、日、时、分、秒,并可与计算机实行联机,利用计算机键盘,通过闭路电视控制器在图像上叠加说明性质的文字,以完善录像资料。

⑦具有报警信号接口,在收到报警信号后,在控制台的监视器上自动切换至报警地点的画面,并控制录像机自动录像。当火灾检测、应急电话或各种门报警同时报警时,控制台显示器应优先显示火灾报警区。

⑧闭路电视控制器对隧道内外摄像机有自动监测功能,将监测到的该系统正常或故障的信号传至中心计算机,从而点亮地图板上相应的指示灯。

⑨闭路电视控制器应采用积木式结构,并留有扩展余量。

⑩中控室闭路电视控制台桌面的布局设计应便于摄像机设备、监视器、录像机等的操作和无误差控制。设计时应特别注意监视器不能受外来强光线直射,当有不可避免的强入射光时,应加遮光罩遮挡。

3. 传输设备

(1)光缆。光缆由缆芯、加强元件和护层组成。缆芯常由多根二次涂敷处理后的光纤组成。加强元件用钢丝或合成纤维增强塑料制成,顺轴向布置在缆芯中心或四周。护层要求耐压、防潮、防腐等,常用聚乙烯内层,外层用铝带或塑料。

通信中有代表性的几种光缆结构如下:

①层绞式光缆:将几根至十几根或更多根光纤或光纤带子单元围绕中心加强件螺旋绞合(S 绞或 SZ 绞)成一层或几层的光缆。

②中心管式光缆:将光纤或光纤带未经绞合直接放到光缆中心位置的套管中而制成的光缆。

③骨架式光缆:将光纤或光纤带经螺旋绞合置于塑料骨架槽中构成的光缆。

(2)节点式光端机。节点式光端机又称总线型光端机,是采用单/双纤链路式组网形式的图像传输系统,也称为链路式光端机。采用的技术是电信中常用的时分复用(Time Division Multiplexing,TDM)技术和分插复用(Add Drop Multiplexing,ADM)技术,具有节省光纤资源、延长传输距离等优点。由于采用ADM技术的链路式光端机在传输容量上受到较大限制,一般将TDM与ADM结合使用。在没有富余光纤资源的情况下,更多采用TDM技术,这样可以使不同业务平台的光通信信号在一芯光纤上传输。在一芯光纤上可同时传送至少10路视频信号,最多支持10个节点数。节点式光端机远端设备可接入一到多路视频信号。每个节点机上能支持一路独立的双向数据/双向音频/以太网,同时每个节点上还支持一路公共总线RS485数据。远端设备可以选配光链路保护机盘(即光开关),能自动隔离故障节点,确保其他节点机正常工作。设备可实时输出10路视频、10路音频、10路数据、1路公共RS485数据。

4.供电与接地

隧道视频监视系统的供电与接地,应符合《电气装置安装工程　低压电器施工及验收规范》(GB 50254—2014)的有关规定。

(1)供电。隧道视频监视系统一般把摄像机安装位置附近的本地交流电源接入外场控制箱内,长期供电。

(2)避雷接地。隧道口外摄像机立柱顶端应设避雷针,接地电阻不大于10Ω。

三、摄像机的布设

1.设置间距

隧道视频监视系统设置间距的确定首先须明确设置的目的,即对被监视物要求监视到什么程度,不同的目的对应不同的设备和设置间距。摄像机的覆盖范围及监视器上被监视物画面的大小,应能足以让控制人员辨别事故的程度和位置。

其次须考虑隧道的线形及坡度、可能识别画面的大小、镜头的焦距等因素。由于隧道的线形或坡度等地形存在差异,摄像机的视野(能见度)不尽相同,要根据具体隧道的情况预先选择摄像点,再决定安装位置。在隧道内应考虑烟尘等对视距的限制和摄像机附近的死角等问题。

(1)隧道内摄像机的设置要使主要监视对象物(应急电话、消防洞、手动按钮等应急设备)处于摄像机观察最佳位置上,如图7-11所示。在某些特定位置(如紧急停车带、人行横通道、车行横通道)处,摄像头也应能提供清晰的图像。

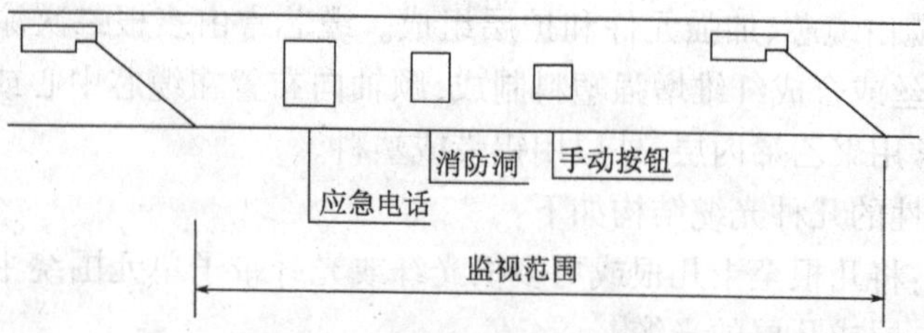

图7-11　摄像机位置关系图

(2)隧道内摄像机的设置以在全区间内无死角为原则,来确定透镜的规格和配置位置及间隔,如图7-12及表7-2所示。一般直线隧道安装间距定为150~200m,镜头的焦距f为50mm或75mm。

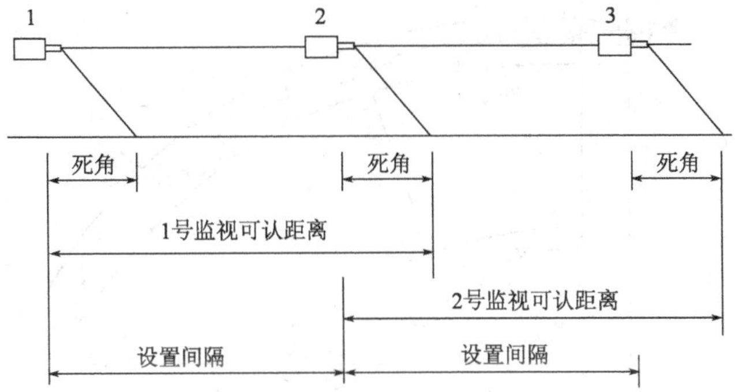

图 7-12 摄像机设置间隔图

摄像机设置间隔参考表 表 7-2

监视参数	f 值(mm)					
	12.5	25	50	75	100	135
监视可认距离 l(m)	42	84	165	255	330	460
死角 S(m)	3.6	8.2	17.0	24.4	34.3	42.9
设置间隔 $L=(l-S)$(m)	38.4	75.8	148	230.6	295.7	417.1

(3)摄像机的视线对于具有平曲线的隧道侧壁造成障碍,而形成死角,设置在曲线的内侧壁和外侧壁是不同的。

①摄像机设置在隧道内侧壁的场景如图 7-13所示。

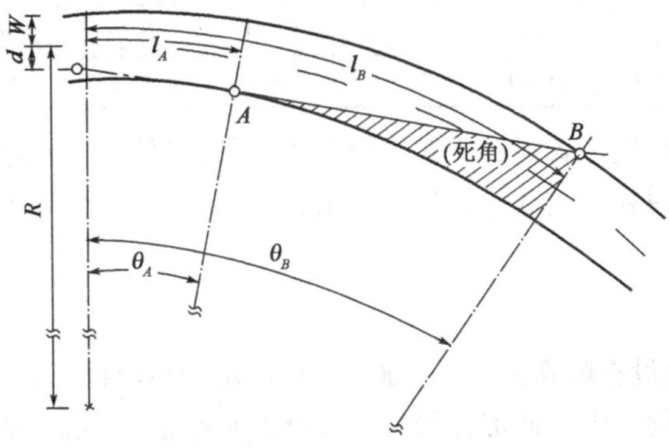

图 7-13 摄像机在隧道内侧壁设置

R-平曲线半径;W-自道路中心到隧道侧壁面的距离;d-自道路中心到摄像机的距离;A-来自摄像机的视线与隧道内侧壁的交叉点;B-来自摄像机视线的延长线与隧道外侧壁的交叉点

图 7-13 中,摄像机到 A 点和 B 点的距离 l_A、l_B 通过式(7-2)、式(7-3)求得。

$$l_A = \frac{\pi}{180} R \arccos \frac{R-W}{R-d} \tag{7-2}$$

$$l_B = \frac{\pi}{180} R \left(\arccos \frac{R-W}{R-d} + \arccos \frac{R-W}{R+W} \right) \tag{7-3}$$

②摄像机设置在隧道外侧壁的场景如图 7-14 所示。

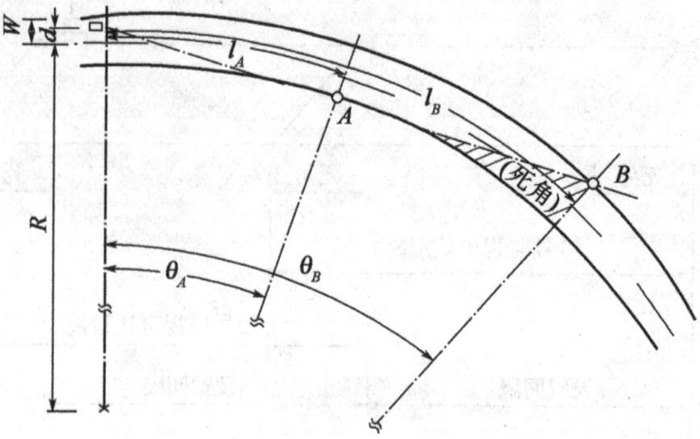

图 7-14　摄像机在隧道外侧壁设置

摄像机到 A 点和 B 点的距离 l_A、l_B 通过式(7-4)、式(7-5)求得。

$$l_A = \frac{\pi}{180} R \arccos \frac{R-W}{R+d} \tag{7-4}$$

$$l_B = \frac{\pi}{180} R \left(\arccos \frac{R-W}{R+d} + \arccos \frac{R-W}{R+W} \right) \tag{7-5}$$

为给设计人员提供方便,就常见的几种 R 值求出 l_A、l_B,如表 7-3 所示,以供查用。计算时 R 分别为 300m、500m、700m、1000m,$W=5\text{m}$,$d=4.7\text{m}$。

不同平曲线半径隧道中摄像机的设置(m)　　表 7-3

R	内侧设置		外侧设置		R	内侧设置		外侧设置	
	l_A	l_B	l_A	l_B		l_A	l_B	l_A	l_B
300	13.5	90.6	75.9	152.9	700	20.6	138.6	116.3	234.3
500	17.4	117.1	98.1	197.9	1000	24.6	165.7	139.1	280.3

可以明显看到,摄像机设置在外侧壁时死角小,利用率较高。实际上,因经济关系,设置摄像机台数有限,还要考虑和隧道其他设施的关系,要完全没有死角是很困难的,但要尽量减少死角。

2. 设置位置

隧道口摄像机一般设在隧道入口外 100 ~ 400m 处,若双管隧道两洞口相距不远,其间地势平坦,则可设置在两洞口中间地带,同时监视两洞口交通流状况。若因地形限制,一台摄像机不能监视两个洞口,可在两个洞口处各设一台摄像机。安装时,应使摄像头静止位置对准隧道洞口的方向。

隧道内摄像机的设置位置要求如下:

(1)摄像机应设置为指向交通流离去的方向,这样可以避免迎摄像机方向而来的车辆前照灯的眩光造成不利观察的问题。但在事故情况下可以调节摄像机,使其对向事故现场的前面或后面,当指定摄像机镜头指向特定方向的命令结束时,镜头会自动地恢复到“正常”位置,即指向车辆离去的方向。在投资允许的情况下,采用这种方式更具灵活性。

(2)摄像机的安装位置除考虑光学摄像角度外,还要考虑汽车前照灯的眩光引起的图像失真以及便于维修的问题,摄像机可吊挂在隧道正中央或安装在信号电缆沟一侧的侧壁上,但应避开隧道衬砌接缝处,以免衬砌漏水影响摄像机工作。

(3)摄像机的安装应考虑使镜头避开内照标志和照明灯具。内照光和照明灯光的直射会影响摄像机的灵敏度。

(4)有水喷雾设备的隧道,不要把摄像机放在水喷雾喷嘴处,以免喷出的水雾附着在摄像机透镜上,特别是在火灾时,水雾会影响视线。

(5)摄像机不应设在射流风机风口近前。

(6)为便于维修,摄像机解码器一般安装在摄像机下方。在隧道内,可用膨胀螺栓将解码器钉在隧道侧壁上或嵌入隧道侧壁洞室内。隧道外解码器一般挂在摄像机立柱上。

(7)摄像机的安装位置尽可能架高以开阔视野,应考虑使各台监视器上的画面处于尽量相同的位置,若多台摄像机不在一条水平线上,容易形成看上去晃动的画面。

3. 设置高度

隧道内摄像机最好设置在隧道内照明灯具的上方。隧道口外摄像机设于立柱顶部,立柱高约5m。

四、远程监视功能的实现

1. 监视网络构架

数字视频监视系统以其控制灵活、信息容量大、存储和检索方便等优点逐步取代了传统的模拟视频监视系统,被广泛应用于安防、监控、质检等方面。随着计算机及网络技术的发展、普及和网络带宽的迅速扩大,视频监视又产生了新的需求,即将数字视频监视技术与网络技术相结合,在现场监视主机无人值守的情况下,实现局域网或Internet远程监控的功能。因此,既不影响原有集中监控系统正常工作,又能实现异地实时远程视频监视非常重要。

双流技术是新一代IP智能监视系统的关键技术,在IP智能监视系统中,涉及设备包括视频监视管理服务器(Video Manager Server,VMS)、媒体交换服务器(Media Server,MS)、数据管理服务器(Data Manager Sever,DMS)、编码器(Encoder,EC)/解码器(Decoder,DC)系列监视媒体终端、客户端软件(Video Client,VC)、IP-SAN网络存储设备、IP网络等。

VMS是监视系统业务控制和管理的核心,负责业务的信令交互和调度,管理整个系统的设备信息和用户信息,是整个监视系统的指挥中心。

MS的主要功能是进行实时音、视频流的转发、分发。MS可接收编码器发送的单播媒体流,以单播的方式进行转发,发送给解码客户端进行解码播放,也可接收编码器发送的组播媒体流,以单播的方式进行转发和分发。

DMS的主要功能是管理存储在IP-SAN网络存储设备中的视频数据,包括定时巡检存储设备并记录数据存储状态、协助EC建立与存储资源的连接、协助VC检索回放视频数据、备份视频数据、存储资源状态监视、历史数据的视频点播(Video on Demand,VOD)等功能。

编码器(Encoder,EC)是将模拟的视频、音频信号转换成数字信号并进行编码压缩的设备。它采用TCP/IP技术,支持单播、组播传送方式,支持移动侦测报警,支持通过RS485接口对云台、球机的控制,支持接入对讲设备和报警输入/输出设备,满足监视监听、云台控制、对讲和报警接收联动的基本需求,支持实时流和存储双流输出,支持端到端的IP-SAN架构网络存储。

解码器(Decoder,DC)是把从网络上接收的数字音、视频数据流进行解码并输出模拟音、视频信号的设备。在IP智能监视系统中,解码器从网络上获取音、视频数字编码压缩数据流,将数字信号转换还原为模拟信号，输出到电视、多媒体大屏幕等模拟音、视频设备。解码器支持 H.264、MAPEG、MPEG2、MPEG4 编解码协议。

客户端软件的主要功能是根据用户的需求，实现摄像机的选择、视频的实时播放、存储、回放、抓拍等。

IP-SAN 是网络存储设备，是基于高速以太网构建的存储区域网络（Storage Area Network，SAN）架构，同时可以提供网络附属存储（Network Attached Storage，NAS）服务，通过以太网小型计算机系统接口（Internet SCSI，ISCSI）协议来实现存储数据在服务器和存储设备之间高速传输。

IP 智能监视系统基于 IP 网络构建，因此，系统中各个部件都可以根据需求分布式部署并加以集中管理。与传统监视系统的组成类似，IP 智能监视系统包括视频源、传输及交换、存储、显示及管理控制等组成部分，系统结构如图 7-15 所示。

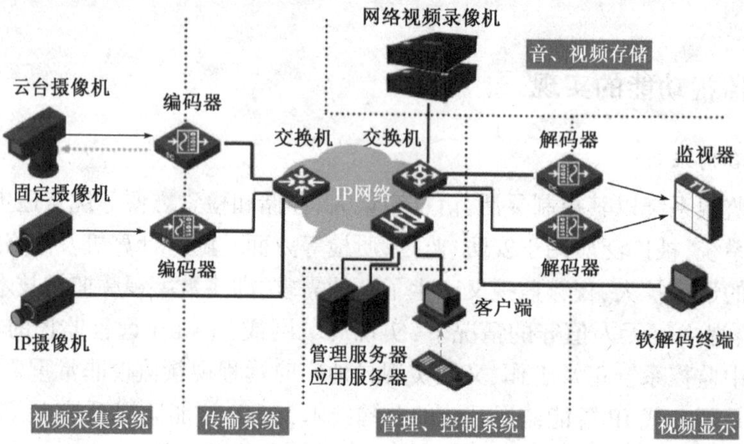

图 7-15　IP 智能监视系统结构

2. 监视数据双流原理与流程

双流就是一路模拟信号输入，经过数字化后输出两路码流，一路用于实况，另一路用于存储，其数据流程如图 7-16 所示。两路码流可以采用相同或不同的编码格式。

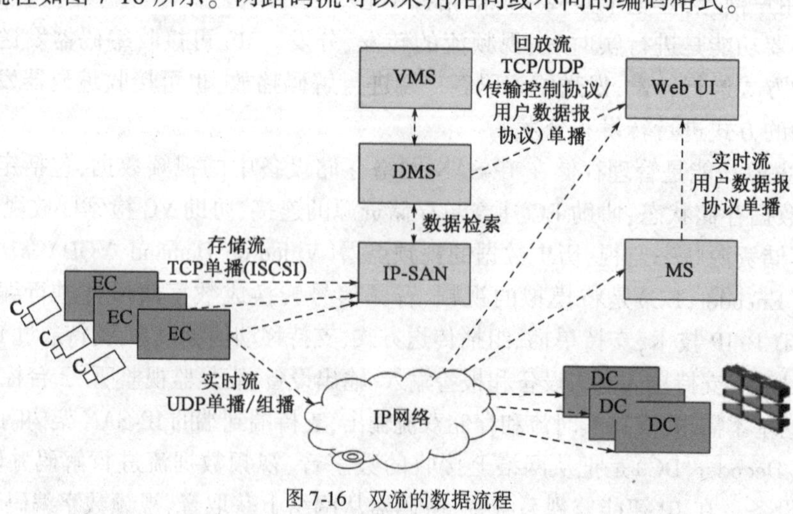

图 7-16　双流的数据流程

双流流程是在一个 IP 监视承载网络中既可传输用户数据报协议(User Datagram Protocol, UDP)的组播数据流,也可传输 ISCSI 单播数据流。组播数据流支持实时传送,可供多个用户或者操作人员在网络的任意地点实时观看所需监测摄像头采集来的实时图像。由于采用组播方式,当多人访问同一个监视源时,网络中只需要传输一路数据,这大大减轻了网络传输的压力,节省了带宽。对于无须实时监测的监测点,还可以通过虚拟机关闭该节点的广播报文,以节省带宽。智能视频监控(Intelligent Video Surveillance, IVS)的每个监测点可以根据 DMS 制定的存储策略发送 ISCSI 单播数据到 IP-SAN 存储数据库,实现数据的可靠存储,供事后回访和事件回放。

双流技术可以在一台 EC 设备上同时支持不同的编码技术,根据用户需求灵活设置。对于实时观测组播流,可以使用 H.264 或者 MPEG2/4 等编码方式,保证图像的流畅观看。对于存储单播流,可以采用高品质的 MPEG2 等,确保存储图像的高解析度,可为今后的事件回溯提供 DVD 画质的图像资料。

1)实时监视流程

VMS 可以通过配置 EC、DC 的单/组播发送/接收方式,实现多种实时流转发策略。EC 上可以配置数据流的单/组播发送方式,以及 MS 媒体转发策略。DC 可以配置数据流的单/组播接收方式。在进行实时监视业务时,由 VMS 上的媒体流控制模块进行媒体流的转发方式决策,协商原则为:如果实时监视双方(EC、DC)都支持组播,则优先以组播传输媒体流;如果协商结果为单播(即有一方没有使用组播),此时如果系统中配置了 MS,则优先经过 MS 转发,否则由 EC 直接发单播到 DC;经过媒体协商后,EC 需要发送辅流,则统一通过单播方式发送。

如果 EC 以 IP 组播方式发送实时视频流,需要观看视频的 VC 和 DC 可以加入该 EC 所对应的组播组中,通过网络用户界面(Website User Interface, Web UI)便可直接观看相应的实时视频图像。由于采用了 IP 组播,无论有多少个 VC 或 DC 在观看该 EC 的实时视频流,所占用的 IP 主干网带宽都是一路视频流带宽,从而节省了大量网络带宽。

2)计划存储流程

(1)用户通过 DMS 给每个摄像机配置存储计划,并指定存储资源。配置中需要指定摄像机对应的 IP-SAN 网络存储设备、存储空间、数据保留期、录像存储时段等。

(2)VMS 给摄像机对应的 EC 下发存储资源和存储计划信息。

(3)EC 与指定的网络存储设备(IP-SAN)建立 ISCSI 数据通道,开始按照存储计划进行数据的存储。

(4)当存储的数据达到预先分配的空间后,覆盖最早写入的数据,循环存储。

(5)用户可以对配置的存储计划进行使能/不使能操作。如果执行了不使能操作,VMS 通知 EC 暂停录像存储,使用后则重新恢复存储。

双流技术可以满足用户对实时流和存储流的不同需求,既可实现实时流清晰、流畅,存储流低码率、低存储空间的特点,也可以满足低码率实时流、高码率高质量存储流的需求。但是,双流监视方案对网络带宽的要求相对较高,适用于带宽资源丰富、对实时流和存储流有不同要求的情况。

第八节 视频事件监测系统

视频事件监测系统是在视频监视系统硬件设施的基础上,利用视频监视系统采集到的视频信号,经过进一步的图像处理和视频监测算法,监测交通事件。视频事件监测系统一般由系统初始化模块、视频事件监测器(图像采集模块)、图像预处理模块、目标检测与跟踪模块、交通流参数监测模块组成。

一、系统初始化模块

在该模块中,设定系统初始值,包括设定图像输入参数(采集图像的分辨率、亮度、对比度,图像采集卡视频端口的制式、每秒采集的帧数等)、监测区域的大小和个数、监测线之间的距离、图像二值化的阈值、识别算法及模板、不同类型车辆的特征值等。

二、视频事件监测器

视频事件监测器即摄像机,根据布设的位置和用途不同,可选择不同类型的摄像机、镜头、防护罩等。

视频事件监测器的设置应符合下列规定:

(1)视频事件监测器宜设置在洞口、紧急停车带、横通道等区域。

(2)视频事件监测器应能监测停车、交通堵塞、车辆行驶速度低于允许最低行驶速度、行人和车辆逆行、火灾、车辆掉物、车辆抛物等事件。

三、图像预处理模块

成像系统获取的图像由于受到种种条件的限制和随机干扰,往往不能满足图像检测和识别的需求,如由于环境光线对车牌的不均匀反射、极强阳光形成的车牌处阴影、摄像机快门值设置过大而引起的车辆图像拖影、视频传输引起的图像质量下降等。图像预处理模块即在早期针对不同的情况对原始图像加以预处理,尽可能提高图像中所需特征识别的准确率。图像预处理模块包括滤波去噪、倾斜校正、图像增强等功能。

四、目标监测与跟踪模块

目标监测与跟踪模块是视频事件监测系统的核心模块。该模块的功能是使用视频分析算法,发现并标记每帧视频图像中的被监测目标,进而获取其运动轨迹。在视频事件监测系统中,对目标的监测和跟踪是提高监测准确度和精度的关键所在。系统在监测和跟踪到目标物体后,可以对物体进行特征提取及识别,进而对物体归类,判断其大小、运动方向、运动速度等特征信息。

目标监测与跟踪技术综合了图像处理、模式识别、概率统计等多种理论与方法,但考虑隧道监控现场实时性和建设成本的要求,在实际系统中应采用经过实践检验的成熟算法。

五、交通流参数监测模块

交通流参数监测是车辆监测重点之一。基于视频的交通流监测方法是通过监测和跟踪车辆进行车辆数目的统计和车速计算,进而得到交通流量、车速、车道占有率等参数。

最简单的车辆计数方法是设定一个监测区域,当车辆第一次进入监测区域内部时,车辆计数器加1,计数的同时对已经进入监测区域内的车辆进行跟踪,直至其驶出监测区域。这样,在单位时间内,每有一辆车驶过监测区域,车辆计数器自动加1,就可以求出交通流量。

最常用的车速算法是通过在行车方向上设置两条相邻的监测线,并设定监测线之间的实际距离。这样,只需计算车头分别到达两相邻监测线之间的时间差便可以计算出车速。当然采用这种方法时,应考虑相邻监测线间不能出现超车的情况,因此相邻监测线间的距离不宜太长。

本章习题

1. 公路隧道视频监视系统的主要作用有哪些?
2. 在公路隧道内设置摄像机时,应符合哪些规定?
3. 什么是摄像机的信噪比?如何根据信噪比选择摄像机?
4. 衡量摄像机性能的指标主要有哪些?
5. 定焦镜头和变焦镜头有何不同?其分别应用于哪种视频监视场景?
6. 视频信号的传输方式有哪些?这些方式各有什么特点?
7. 硬盘录像机一般具备哪些功能?
8. 公路隧道视频监视系统必须具备哪些功能?
9. 在公路隧道视频信号传输中,有代表性的光缆结构有哪几种?
10. 在公路隧道视频监视系统中,隧道内摄像机的间距应如何确定?
11. 公路隧道内,摄像机的设置位置应符合哪些要求?

本章参考文献

[1] 吴建波,陆峰,王砚萍,等. 高速公路智能高清视频监控技术与应用[M]. 北京:人民交通出版社股份有限公司,2014.

[2] 杨志伟,林晓辉. 高速公路机电系统集成与维护[M]. 北京:人民交通出版社,2014.

[3] 吴兵,李晔. 交通管理与控制[M]. 5版. 北京:人民交通出版社股份有限公司,2015.

第八章

公路隧道供配电系统

第一节　公路隧道供配电系统概述

公路隧道内设置有通风、照明、监控、消防报警等设施，为确保这些设施正常运行，要求供配电系统无故障运行。公路隧道供配电系统一般要求配有一套外电源和一套自备电源，在外电源发生故障的情况下，自备柴油发电机组运转发电。另外，需要注意的是，安装在隧道内的供配电设备必须符合特殊使用条件，如湿度、废气、污物、防冻、高压水、雾等必须满足保护方式IP65的要求。

一、公路隧道对供配电系统的要求

为了能充分发挥公路隧道的优势，达到有效使用的目的，必须根据工程特点合理选择供配电设备并满足以下要求：

1. 安全

供配电系统的安全性是指电能在隧道各系统的供应、分配和使用过程中，不应发生任何人身伤亡事故、设备损坏事故和由电能引起的其他事故。因此，供配电系统应具有自身完善的安全保护系统；同时相关的工程技术人员必须掌握安全用电的基本知识，使电能更好地为公路隧道现代化管理服务。

2. 可靠

供配电系统的可靠性是指电能的供应与分配满足不中断供电的要求。一旦供配电系统发生突然停电故障，隧道内的通风、照明、监控、消防报警等系统将会瘫痪，从而丧失对隧道交通运行的监视与控制功能。因此，为满足隧道供配电系统的要求，增强供配电系统的可靠性，隧道供配电系统一般按一级负荷配置。

3. 优质

供配电系统应满足机电系统设备对供电电压、频率、波形、电流等参数的质量要求。供配电部门对电力系统中用户的电压波动幅度（对额定电压的偏差值）有以下规定：

（1）10kV 及以下的高压和低压电力用户为 ±7%。

（2）照明用电：在一般工作场所为 ±5%；对于远离变配电所的小面积一般工作场所，难以满足上述要求时，可为 +5%、-10%；应急照明、道路照明用电等为 +5%、-10%。

(3)其他用电设备在无特殊规定时为 ±5%。

注意：电力系统中，如果电源容量不足或缺少带负荷调压设备，电力系统可能会超出电压变动幅度，在低电压状况下运行。

4. 经济

供配电系统的经济性是指在满足隧道用电要求的前提下，系统建设成本和运行费用要低，利用效率要高。

二、公路隧道供配电系统的设计原则

公路隧道供配电系统设计与工矿企业供配电系统设计有所区别，但总的来说，应按《供配电系统设计规范》(GB 50052—2009)、《20kV 及以下变电所设计规范》(GB 50053—2013)、《低压配电设计规范》(GB 50054—2011)等规定执行。

公路隧道供配电系统设计具有自身的特点，设计时应遵循以下原则：

(1)供配电系统应满足负荷对供电可靠性和电能质量的要求，同时系统构成应简单明确，电能损失小，便于管理和维护。

(2)单相用电设备应适当配置，力求达到三相负荷基本平衡。

(3)应根据公路隧道供配电系统的特点、规模和发展规划，处理好近期建设与远期发展的关系，做到远近结合，留有余地。

(4)结合我国国情，在进行隧道供配电系统设计时应有选择地采用国内外先进技术，选取技术先进、经济合理的方案，不仅要满足用户的使用要求，而且要做到安全和经济用电。

(5)与当地供配电部门和其他有关系统协调一致。

(6)应采用符合国家现行有关标准的先进、环保、可靠的电气产品。

三、公路隧道的电力负荷分级

隧道供配电系统设计必须执行国家技术经济政策，做到保障人身安全、供电可靠、电压质量好和技术经济合理。根据《公路隧道设计规范　第二册　交通工程与附属设施》(JTG D70/2—2014)第 11.2.1 条的规定，公路隧道重要电力负荷的分级应符合表 8-1 的要求。

公路隧道重要电力负荷分级　　表 8-1

序　号	电力负荷名称	负荷等级
1	应急照明设施	一级[a]
	电光标志	
	交通监控设施	
	通风及照明控制设施	
	紧急呼叫设施	
	火灾检测与报警设施	
	中央控制设施	
2	消防水泵[b]	一级
	排烟风机	

续上表

序 号	电力负荷名称	负荷等级
3	非应急的照明设施	二级
	通风风机[c]	
	消防补水水泵[d]	
4	其余隧道电力负荷	三级

注：a 表示该一级负荷为特别重要负荷。

b 表示为消防管道维持正常水压的加压水泵。

c 表示除作为一级负荷之外的其他通风风机。

d 表示为高、低位水池补水的给水泵。

四、公路隧道供配电系统的构成

公路隧道供配电系统一般由变配电所、高压供电系统、低压配电系统、应急电源系统、接地系统等组成。

1. 变配电所

变配电所的任务是接收电能、变换电压和分配电能。

变配电所的设计内容应包括：变配电所负荷的计算及无功功率的补偿，所址的选定，变配电所主变压器台数和容量、形式的选定，变配电所主接线方案的选择，进出线的选择，线路架设方式的选择，系统短路计算，开关设备的选择，二次回路方案的确定及继电保护系统的选择与整定，防雷保护与接地保护的设计，以及变配电所内照明系统的设计等。

2. 高压供电系统

目前，我国公用电力系统城市配电网电压等级一般采用 110kV、35kV、10kV 和 0.38kV。公路隧道的最高一级配电电压通常采用 10kV。高压供电系统负责将 10kV 电源接入隧道供配电系统。10kV 配电装置一般由户内 10kV 交流金属封闭型固定式开关柜组成。交流电源一般自室外 10kV 架空线路分线开关下端经交联铠装电缆引至高压配电室电源进线柜，然后由电缆出线柜经高压电缆引至变压器。除特长隧道外，一般在隧道进出口附近建 1 ~ 2 座变配电所，分别设置 1 ~ 2 台变压器，负责隧道的通风、照明、监控、消防及生活用电。

隧道用电属于一级负荷，通常采用高压双回路（来自不同的供电回路）供电、高压计量、低压无功补偿的供电方式（或增设自动化发电机组）。对于特长隧道或隧道群，考虑由于供电距离太长可能带来较大的线路损耗，可采用高压集中配电，设置多个变配电所的方式进行供电，以减少线路损耗。对于中短隧道，为节省投资、减少维护费用，可考虑采用箱式变电站。

3. 低压配电系统

设置在变配电所内的低压配电装置，由组合式抽屉柜或封闭式开关柜组成。低压配电采用 380V/220V、50Hz 变压器中性点直接接地系统。隧道内通风、照明、监控、消防及生活用电各自设置单独的回路。

(1)为了保证隧道内照明供电的需求，应在变配电所内各设置一台自启动发电机。当 10kV 电源停电后，发电机即自行启动，维持隧道内基本照明用电。当市电恢复后，发电机停机，实现两种电源切换。各变配电所内另设一套不间断电源（UPS）或应急电源装置（EPS），作为两种电源切换过程中的隧道应急照明供电电源。

(2)隧道照明应划分成若干个三相四线回路，分别为入口过渡照明、出口过渡照明、基本照明、应急照明、洞外路灯照明等。

(3)每组(台)通风机采用一条专用电缆由变配电所洞外电缆排管(或电缆沟)及洞内电缆沟引至洞内配电箱，再由配电箱引至风机。

4. 应急电源系统

为保证隧道内设备用电的可靠性，必须采用应急电源系统。《公路隧道照明设计细则》(JTG/T D70/2-01—2014)第8.1.4条规定，在断电时应设置应急照明且亮度至少为中间段亮度的10%。这是为了尽可能减少驾驶人员在突然停电时，出于本能反应而紧急制动，造成尾撞事故，或当洞内发生事故时，能尽快展开救援工作。所以，当供配电系统发生停电问题时，应急供电电源将在柴油发电机完全启动前取代市电，继续向用电设备供电，以确保一级负荷电源不间断。除此之外，隧道的计算机运营管理系统及信号、通信等设备，也要求可靠供电。基于以上原因，在隧道洞口附近变配电所内，各设置带有旁路的应急电源，输出380V/220V、50Hz的交流电，一方面向应急照明、人行横通道照明供电，另一方面向监控、检测、监视、信号、通信等设备供电。

5. 接地系统

将电气设备或电气装置的某一部分经接地线连接到接地极称为接地。电气设备是指发电、变电、输电、配电和机电设备，如电力设备、通信设备、电子设备、闭路电视、照明灯具等。电气装置是一定空间中若干相互连接的电气设备的组合。隧道供配电装置的工作接地和保护接地共用一个接地系统，采用TN-S系统。变配电所和隧道内的所有电气设备外壳、所有金属管路等，都应与接地网可靠连接，构成等电位接地系统。

第二节 公路隧道供配电系统设计

一、公路隧道供配电系统的计算负荷

确定计算负荷的目的是合理选择供配电系统中的导线、开关、变压器等设备，使供配电系统能够在正常条件下可靠运行。计算负荷确定得是否正确、合理，将直接影响变压器、供配电设备和导线的选择是否经济、合理。如果计算负荷确定得过大，设备及导线的选择余量将过大，造成投资和有色金属的浪费；反之，如果计算负荷确定得过小，电器和导线运行时会增加电能损耗，并产生较大的热量，引起绝缘的过早老化，严重时会烧毁变压器、供配电设备或导线而引发火灾。由此可见，正确确定系统的计算负荷对隧道供配电系统的设计有重要意义。

计算负荷即计算正常工作时电力系统的实际最大负荷，其目的是合理选择各级电压供电网络、变压器容量、电气设备的型号等，以保证设备在正常工作电流时不至于过热而损坏。实际中，常采用以30min为时间间隔求出的最大平均有功计算负荷P_{30}作为按发热条件选择电气设备或导线的依据。我国目前普遍采用的确定计算负荷的方法有需要系数法和二项式系数法。

1. 按需要系数法确定计算负荷(单组和多组)

需要系数法是一种计算有功功率的方法,该方法简便易行,目前应用最为广泛,适用于电气组中的设备台数较多且设备之间容量差距较小的情况。

1)基本公式

需要系数就是用电设备组在最大负荷时需要的有功计算负荷 P_{30} 与其设备容量 P_e 的比值,即

$$K_d = \frac{P_{30}}{P_e} \tag{8-1}$$

式中,用电设备组的设备容量 P_e 是指用电设备组所有设备(不包括备用设备)的额定容量 P_{Ni} 之和,即

$$P_e = \sum_{i=1}^{n} P_{Ni} \tag{8-2}$$

由此,可得按需要系数法确定三相用电设备组有功计算负荷的基本公式为

$$P_{30} = K_d \cdot P_e \tag{8-3}$$

在求出有功计算负荷 P_{30} 后,可按下列各式分别求出其余的计算负荷。

无功计算负荷为

$$Q_{30} = P_{30} \cdot \tan\varphi \tag{8-4}$$

式中:$\tan\varphi$——用电设备组 $\cos\varphi$ 对应的正切值;

$\cos\varphi$——用电设备组的平均功率因数。

视在计算负荷为

$$S_{30} = \frac{P_{30}}{\cos\varphi} = \sqrt{P_{30}^2 + Q_{30}^2} \tag{8-5}$$

计算电流为

$$I_{30} = \frac{S_{30}}{\sqrt{3}\,U_N} \tag{8-6}$$

式中:U_N——用电设备组的额定电压,V。

2)多组用电设备计算负荷的确定

确定拥有多组用电设备的变配电所低压母线上的计算负荷时,应首先计算出每一设备组的计算负荷,同时还应考虑各组用电设备的最大负荷不同时出现的因素。因此,在确定低压母线上的计算负荷时,可结合具体情况对其有功计算负荷和无功计算负荷分别计入一个同期系数(又称参差系数或综合系数)。

总的有功计算负荷为

$$P_{30} = K_{有功} \cdot \sum_{i=1}^{n} P_{30i} \tag{8-7}$$

总的无功计算负荷为

$$Q_{30}=K_{无功}\cdot\sum_{i=1}^{n}Q_{30i} \tag{8-8}$$

式中：$\sum_{i=1}^{n}P_{30i}$、$\sum_{i=1}^{n}Q_{30i}$——分别表示各组设备的有功计算负荷和无功计算负荷之和；

$K_{有功}$、$K_{无功}$——分别为有功计算负荷和无功计算负荷的同期系数。

总的视在计算负荷为

$$S_{30}=\sqrt{P_{30}^{2}+Q_{30}^{2}} \tag{8-9}$$

总的计算电流为

$$I_{30}=\frac{S_{30}}{\sqrt{3}\,U_{N}} \tag{8-10}$$

2. 按二项式系数法确定计算负荷

按二项式系数法确定计算负荷的特点是考虑了多台电气设备组中有少量容量特别大的设备对计算负荷的影响。因此，在计算电气设备台数较少，而容量差别较大的低压分支线和干线上的计算负荷时，用需要系数法计算的结果往往偏小，而二项式系数法比较适用于这种情况。

1）基本公式

二项式系数法的基本计算公式为

$$P_{30}=b\cdot P_{e}+c\cdot P_{x} \tag{8-11}$$

式中：$b\cdot P_{e}$——用电设备组的平均负荷，其中 P_{e} 是用电设备组的设备总容量；

$c\cdot P_{x}$——用电设备组中 x 台容量最大的设备投入运行时增加的附加负荷，其中 P_{x} 是 x 台最大容量的设备总容量；

b、c——二项式系数。

2）多组用电设备计算负荷的确定

采用二项式系数法确定多组用电设备的干线上或低压母线上的计算负荷时，同样应考虑各组用电设备的最大负荷不同时出现的因素。因此，在确定总的计算负荷时，只能在各组用电设备中取其中一组最大的附加负荷 $c\cdot P_{x}$，再加上所有各组的平均负荷 $b\cdot P_{e}$，所以，总的有功计算负荷和无功计算负荷分别为

$$P_{30}=\sum_{i=1}^{n}(b\cdot P_{e})_{i}+(c\cdot P_{x})_{max} \tag{8-12}$$

$$Q_{30}=\sum_{i=1}^{n}(bP_{e}\cdot\tan\varphi)_{i}+(c\cdot P_{x})_{max}\cdot\tan\varphi_{max} \tag{8-13}$$

式中：$\sum_{i=1}^{n}(b\cdot P_{e})_{i}$——各组有功平均负荷之和；

$\sum_{i=1}^{n}(bP_{e}\cdot\tan\varphi)_{i}$——各组无功平均负荷之和；

$(c\cdot P_{x})_{max}$——各组中最大的一个有功附加负荷；

$\tan\varphi_{max}$——$(c\cdot P_{x})_{max}$ 设备组的正切值。

关于总的视在计算负荷 S_{30} 和总的计算电流 I_{30}，仍分别按式(8-9)和式(8-10)计算。

3.单相用电设备组计算负荷的确定

在隧道各种电气设备中,除了三相设备外,还有各种单相设备。单相设备接在三相线路中,应尽可能地均衡分配,使三相负荷尽可能地平衡。如果单相设备的总容量不超过三相设备总容量的15%,则不论单相设备如何分配,均可按三相平衡负荷计算。

由于确定计算负荷的目的,主要是合理选择线路上的设备和导线,使线路上的设备和导线在计算电流通过时不致过热损坏,因此,在接有单相用电设备的三相线路中,不论单相设备接于相电压还是接于线电压,只要三相负荷不平衡,就应以最大负荷相的有功负荷的3倍作为等效三相有功负荷,以便满足三相线路中所选设备和导线安全运行的要求。

1)单相设备接于相电压时的计算负荷

首先按最大负荷相所接的单相设备 $P_{e\cdot m\varphi}$ 乘3求得其等效三相设备容量 P_e,即

$$P_e = 3P_{e\cdot m\varphi} \tag{8-14}$$

然后按式(8-3)~式(8-6)分别计算其等效三相计算负荷 P_{30}、Q_{30}、S_{30} 和 I_{30}。

2)单相设备接于同一线电压时的计算负荷

由于容量为 $P_{e\cdot\varphi}$ 的单相设备接在线电压上产生的电流 $I=\dfrac{P_{e\cdot\varphi}}{U\cdot\cos\varphi}$,这一电流应与其等效三相设备容量 P_e 产生的电流 $I'=\dfrac{P_e}{\sqrt{3}U\cdot\cos\varphi}$ 相等,因此其等效三相设备容量为

$$P_e = \sqrt{3}P_{e\cdot\varphi} \tag{8-15}$$

然后按式(8-3)~式(8-6)分别计算其等效三相计算负荷 P_{30}、Q_{30}、S_{30} 和 I_{30}。

3)单相设备分别接于线电压和相电压时的计算负荷

首先,应将接于线电压的单相设备容量换算为接于相电压的设备容量;然后,分相计算各相的设备容量和计算负荷。而总的等效三相有功计算负荷就是最大有功负荷相的有功计算负荷的3倍,即

$$P_{30} = 3P_{30\cdot m\varphi} \tag{8-16}$$

总的等效三相无功计算负荷就是最大有功负荷相的无功计算负荷的3倍,即

$$Q_{30} = 3Q_{30\cdot m\varphi} \tag{8-17}$$

总的 S_{30} 和 I_{30} 则分别按式(8-5)和式(8-6)计算。

二、公路隧道变配电所设计

1.变配电所位置

公路隧道变配电所宜设置在隧道外行车道旁,对中、短隧道,可在隧道口一侧设置变配电所;对长隧道,要考虑在隧道口两侧分别设置变配电所;对于特长隧道,必要时设置洞内变配电所。在隧道连续区段可将几条隧道统一考虑,便于管理,同时也可减少投资。

2.变配电所变压器容量和台数的确定

确定供配电系统变压器的容量和台数,不仅要考虑供电的可靠性,还要兼顾技术经济上的

合理性,具体原则如下:

(1)变压器的总容量必须满足该变配电所计算负荷的要求,即变压器总容量不小于用电设备总计算负荷。

(2)一般情况下只选择 1 ~2 台变压器,因为台数过多,不仅使电气主接线复杂,增加电气工程和土建工程投资,而且不便于运行管理。

(3)对于一级、二级负荷较多,又来不及更换故障变压器的变配电所,为了满足供电可靠性要求,宜采用 2 台变压器,此时当 1 台变压器切除时,一级、二级负荷不致被中断供电。

(4)变配电所选用的变压器,其单台容量一般不应超过 1000kV · A,并以 750kV · A 及以下为宜,这样便于变压器安装和接近负荷中心。

(5)应适当考虑发展因素,变压器室的建筑应按装设大一级的变压器容量来设计。

(6)在一个变配电所的供电范围内,应尽量考虑变压器型号的一致性,变压器的容量等级应尽量减少,这样有利于维修和减少备用变压器台数。

(7)隧道主要的电力负荷为照明及通风机,当隧道长,通风机台数较多、容量接近或超过照明负荷容量时,为了避免通风机启动时对照明系统的冲击,保证照明系统供电电压的稳定,延长灯泡使用寿命,可设照明专用变压器。

3. 变配电所的构成

变配电所包括高压配电系统变压器、有载调压分接开关、0.4kV 配电系统和发电机组并配有值班室,供消防、照明、动力及生活用电,同时还供安装在隧道内的通信、监控设备用电。

4. 供配电电压的选择

供配电电压是指需经过变换电压等级后才能进行配电的电压。供配电电压的选择,一般取决于传输距离(负荷矩)、用电设备电压的等级、用电负荷、供电线路敷设方式、传输功率等因素。输送功率和输送距离的关系见表 8-2。在相同输送功率的条件下,电压越高,线路电流越小,则可选用小截面的电线或电缆,从而可降低输电线路的建设成本。

输送功率和输送距离的关系 表 8-2

线路电压(kV)	线路结构	输送功率(kW)	输送距离(km)	情况分析
0.38	架空线路	≤100	≤0.25	电缆线路比架空线路功率大 75%,而且供电距离远
0.38	电缆线路	≤175	≤0.35	
6	架空线路	≤2000	3 ~ 10	10kV 比 6kV 输电距离远,而且功率大
6	电缆线路	≤3000	≤8	
10	架空线路	≤3000	5 ~ 15	
10	电缆线路	≤5000	≤10	
35	架空线路	2000 ~ 15000	20 ~ 50	电压大 1 倍,功率大 1 倍,且输电距离远
63	架空线路	3500 ~ 30000	20 ~ 100	

高压配电是指变配电所变压器高压侧的配电设置,高压电源由附近高压网引入。

高压配电电压一般多用 10kV,在个别情况下,也可同时采用 6kV 和 10kV 两种电压配电。当从工作便利性、经济效益和可靠性方面考虑能够体现较大的优越性时,也可采用更高的配电电压。

5. 变配电所母线的主接线方式

主接线是指电气设备按照规定的次序连接，完成输送和分配电能任务的电路。其中变压器、开关、母线、电缆、电容等设备称为一次设备。连接一次设备的电气线路称为一次接线，其主要作用是接收电能和分配电能。变配电所的主接线是供电系统的重要组成部分，主接线的确定对供电系统安全、稳定、灵活、经济的运行以及变配电所的电气设备选择、配电装置的布置、继电保护和控制方法的确定将产生直接影响。

母线即汇流排，它是接收电能和分配电能的导体，母线的接线方式直接关系各路负荷运行的可靠性、安全性与灵活性。母线的材料通常采用扁铜或扁铝。母线制是指变压器或电源进线与各馈出线之间的连接方式。常用的母线制主要有单母线制、单母线分段制和双母线制三种。

1）单母线制

单母线制接线图如图8-1所示，用于只有一回进线的情况。单母线制的可靠性和灵活性都较低，母线或连接于母线上的任一隔离开关发生故障或正在检修时，都将影响全部负荷的用电。

2）单母线分段制

在两回电源进线的情况下，宜采用单母线分段制，母线分段开关可采用隔离开关或断路器，如图8-2所示。当分段开关需要带负荷操作或继电保护和自动装置有要求时，应采用断路器，否则可仅装设隔离开关。

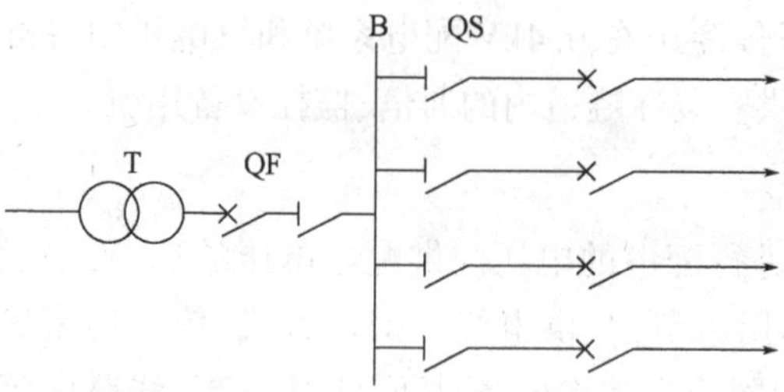

图8-1　单母线制接线图

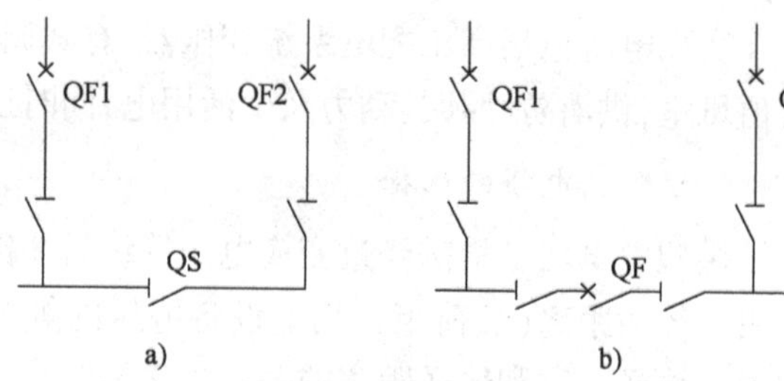

图8-2　单母线分段制接线图

a）用隔离开关分段；b）用断路器分段

单母线分段制在可靠性和灵活性方面较单母线制有所提高，基本上可满足一、二类负荷用户的要求。当双回路同时供电时，母线分段开关通常是打开的，一条回路发生故障或一段母线发生故障将不影响另一段母线的正常供电。此外，检修亦可采用分段检修方式，不致使全部负荷供电中断。单母线分段制中，正常情况下，母线是“合”还是“分”，应根据技术经济比较而定。在用户供电系统中，一般采用“分”的方式。

单母线分段制的缺点：①某分段上的母线、母线分段开关发生故障或正在检修时，电源只能通过一回进线供电，供电功率较低，从而使部分用户停电；②当在分段上进行检修时，该段重要用户失去备用母线。

3）双母线制

对于特别重要的负荷，当采用单母线分段制而可靠性仍不能满足要求时，可考虑采用双母线制。图8-3为双母线制接线图，B1为工作母线，B2为备用母线，每一进出线路经一个断路器和两个隔离开关接于双母线上。

双母线制的优点：①轮流检修母线而不致引起供电中断；②检修任一母线隔离开关仅使本回路断开；③在工作母线发生故障时，通过备用母线能迅速恢复供电。

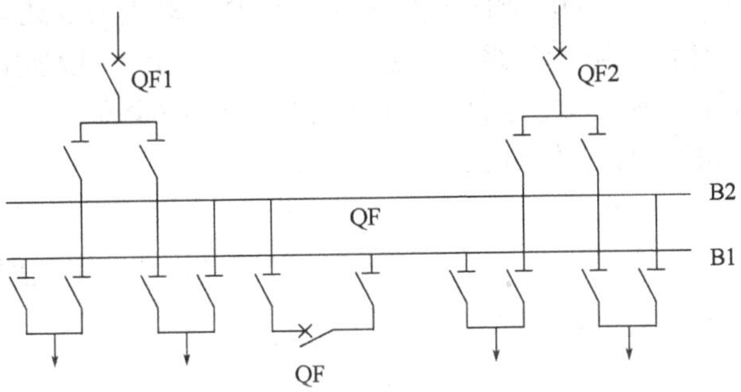

图 8-3 双母线制接线图

双母线制的缺点：开关数目增多，联锁机构复杂，切换操作烦琐，造价高。在隧道供电系统中不推荐使用双母线制。

6. 电气主接线

电源以电缆方式进入变压器室，经户内负荷开关或高压开关柜接到变压器。低压配电采用 220V/380V、50Hz 变压器中性点直接接地系统，当低压系统失电后，由备用柴油发电机供电，工作电源恢复后，发电机组应能被切除。

7. 高压配电线路的接线方式

1）放射式

每一变配电所分别由母线单独供电，没有分支触点，若其中一个干线有故障不会影响其他干线。因此，放射式供电可靠性较高，线路敷设简单，操作、维护方便，一旦发生故障，其影响范围小，便于切换，保护较简单，便于实现自动控制，但其成本较高。放射式高压配电系统如图 8-4所示。

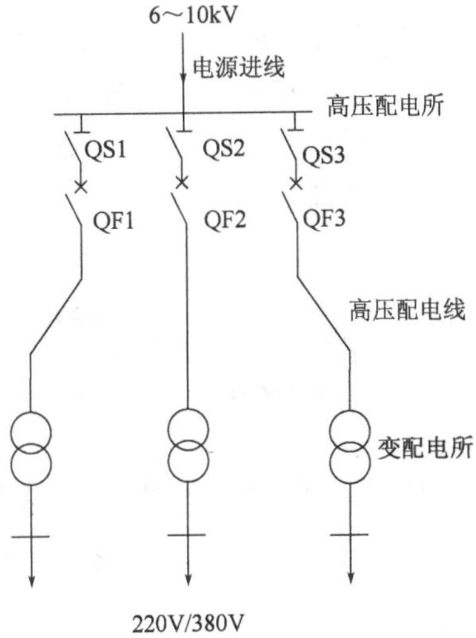

图 8-4 放射式高压配电系统

2）树干式

树干式高压配电系统如图 8-5 所示，由地区变电站引出的每路高压配电干线沿高速公路架空敷设，各隧道变配电所都从该干线上直接接出分支供电，分支线数目 n 不宜太大，通常 $n \leq 6$，并要根据故障供电的影响、负荷的大小和干线在系统中的地位而定。这种线路的优点是总降压变配电所 6 ~ 10kV 的高压配电装置数量少、投资小、敷设简单，可节省有色金属、降低线路的损耗；缺点是供电可靠性差，只要线路上任何一段发生故障，该线路供电的所有变配电所均断电，影响范围较大。

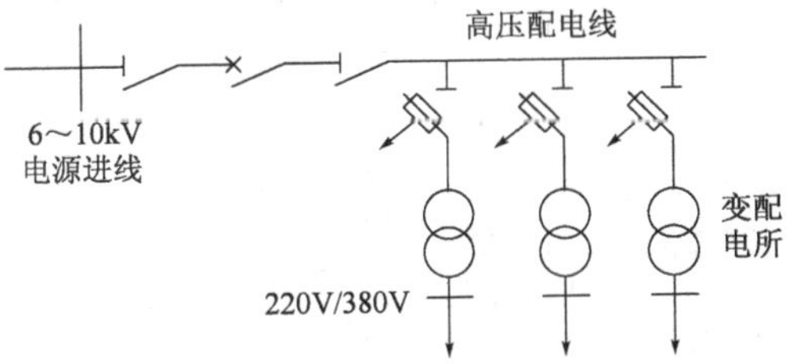

图 8-5 树干式高压配电系统

8. 低压供配电

1）配电电压

公路隧道的用电设备电压多为 380V/220V，其低压配电电压也多采用 380V/220V。线电压为 380V，主要为三相动力设备提供电源；相电压为 220V，主要为 220V 的用电设备及普通照明灯具提供电源。当负荷中心离变配电所较远时，考虑线路的电压降，可采用 660V 中压进行配电。采用660V电压配电与380V相比,不仅可以减少远距离输送造成的线路电压损耗,提高负荷端的电压水平,还能在降低线路有色金属消耗量的前提下,增加配电半径和减少线路的电能损耗。因此提高低压供配电电压,可以提高供电能力,减少变电点,简化配电系统,具有明显的经济效益,是节约电能的有效手段之一。

2)配电方式

低压380V/220V配电系统类似于高压配电系统,引出若干支路到用电设备,有放射式、树干式和二者兼用的混合式及链式等。

(1)放射式。

放射式低压配电系统如图8-6所示。干线1由变配电所低压侧引出,接至用电设备或主配电箱2,再以支干线3引到分配电箱4后接到用电设备上(图中未画出),由4接至用电设备的线路称为支线。

(2)树干式。

树干式低压配电系统如图8-7所示。树干式配电方式不需要在变配电所低压侧设置配电盘,从变压器二次侧的引出线经过空气开关或隔离开关直接引至用电负荷,因此,这种配电方式简化变压器低压侧结构,减少了电气设备需要量。

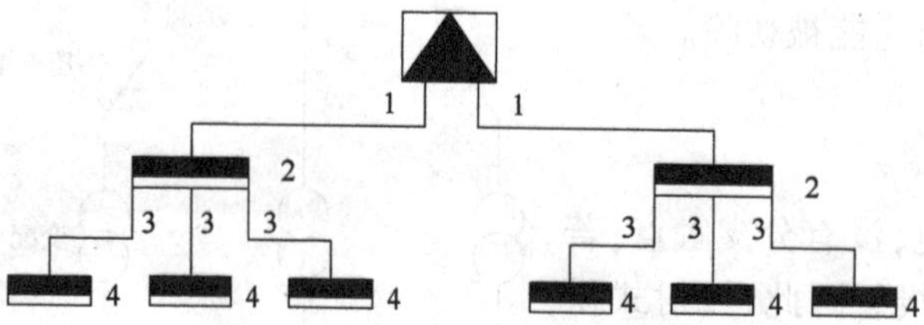

图8-6 放射式低压配电系统

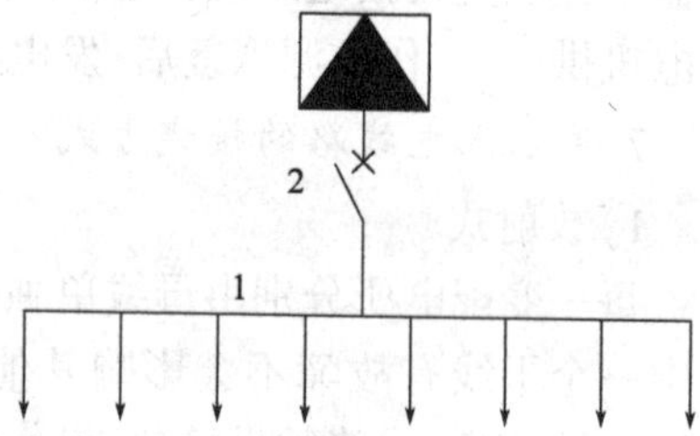

图8-7 树干式低压配电系统

1-干线;2-低压断路器

(3)混合式。

纯树干式极少单独使用,往往采用的是树干式与放射式的结合,称为混合式。混合式是一种常用的配电方式。如图8-8所示,混合式低压配电系统由变配电所变压器二次侧经低压断路器2将干线1引至不同的用电区域,3为熔断器,4为支干线,然后由支线5引至用电设备。

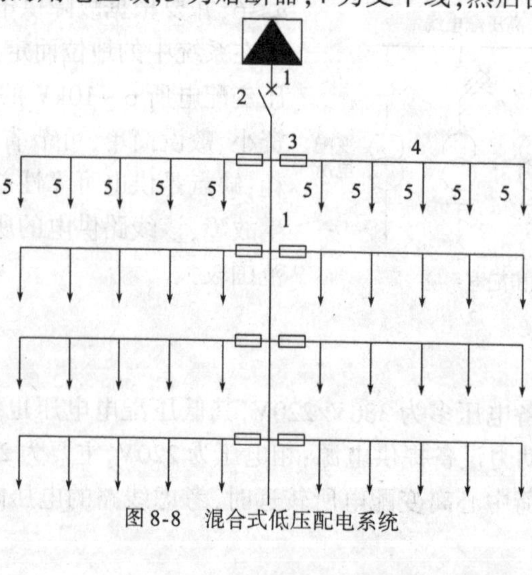

图8-8 混合式低压配电系统

(4)链式。

图 8-9 所示为链式低压配电系统。链式低压配电系统只用于相互距离近、容量又很小的用电设备。链式低压配电系统只设置一组总的熔断器,可靠性低。

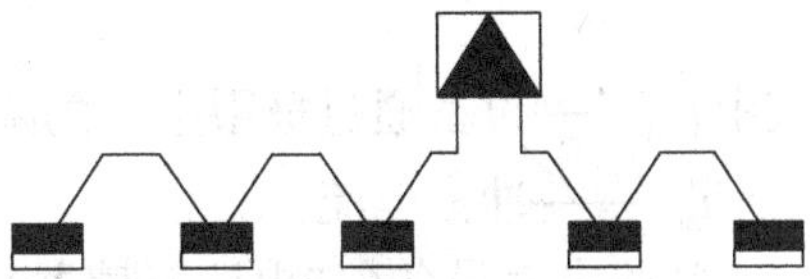

图 8-9　链式低压配电系统

三、高低压设备的选择

为保证高低压供配电系统的可靠运行,所用高低压电器和设备应按正常工作条件下的额定电压、电流等进行选择,并按短路电流校验力稳定和热稳定性能,对断路器和熔断器还要按三相短路容量校验其断流能力。此外,还要根据电气设备的安装、使用环境(如温度、空气介质及海拔)等,选用不同类型的高低压电器。

各种电气设备的功能尽管不同,但都在供电系统中工作,所以在选择时必然有相同的基本要求。在正常工作时,必须保证工作安全可靠、运行维护方便、投资经营合理。在短路情况下,能满足力稳定和热稳定的要求。

1. 按正常工作条件选择时要考虑的因素

1)环境

产品制造上分户内型和户外型,户外型设备工作条件较差,选择时要注意。此外,还要考虑防腐蚀、防爆、防尘、防火等要求。

2)电压

选择设备时应使装设地点的电网额定电压 U_N 小于或等于设备的额定电压 U_{Net},即

$$U_N \leqslant U_{Net} \tag{8-18}$$

但设备可在高于其铭牌标明的额定电压 10% ~15% 的情况下安全运行。

3)电流

电气设备铭牌上给出的额定电流是指周围空气温度为 θ_0 时电气设备长期允许通过的电流。选择电气设备或载流导体时应保证满足以下条件:

$$I_{Net} \geqslant I_{r,max} \tag{8-19}$$

式中:I_{Net}——设备铭牌标出的额定电流,A;

$I_{r,max}$——该设备或载流导体长期通过的最大工作电流,A。

目前,我国规定电气产品的 $\theta_0 = 40℃$,如果电气设备或载流导体所处的周围环境温度是 θ_1,则电气设备或载流导体允许通过电流 I'_{Net} 可按下式修正:

$$I'_{Net} \geqslant I_N \sqrt{\frac{\theta_N - \theta_1}{\theta_N - \theta_0}} \tag{8-20}$$

式中:θ_N、θ_1——分别为电气设备或载流导体在长期工作时允许的最高温度和实际环境温度,℃。

2. 按短路情况进行力稳定和热稳定校验

1)短路情况下的力稳定校验

即以制造厂的最大试验电流幅值与短路电流的冲击电流相比,且

$$i_{et} \geqslant i_{sh}^{(3)} \tag{8-21}$$

式中：i_{et}——设备通过极限电流的幅值，A；

$i_{sh}^{(3)}$——冲击电流，A。

某些电气设备（如电流互感器）由制造厂家提供力稳定倍数 k_d，选择设备时要求：

$$k_d \geqslant \frac{i_{sh}^{(3)}}{\sqrt{2} I_{N1 \cdot TA}} \tag{8-22}$$

式中：$I_{N1 \cdot TA}$——电流互感器一次侧额定电流，A。

2）短路情况下的热稳定校验

热稳定应满足

$$I_t^2 t \geqslant I_\infty^2 t_j \text{ 或 } I_t \geqslant I_\infty \sqrt{\frac{t_j}{t}} \tag{8-23}$$

式中：I_t——设备在 t 时间内允许通过的热稳定电流值，A；

I_∞——稳态短路电流有效值，A；

t_j——短路电流作用的假象时间，s；

t——由产品目录中给定的热稳定时间，s。

对电流互感器则要满足下面的热稳定关系：

$$(k_t I_{N1 \cdot TA})^2 t \geqslant I_\infty^2 t \tag{8-24}$$

式中：k_t——产品目录中给定的热稳定倍数。

3. 电气设备的选择与校验

在工程设计中，选择各类电气设备和载流导体时，除了考虑上述基本条件外，还应考虑它们在供电系统中不同的功能，根据其特殊的工作条件进行校验。

四、无功功率补偿

1. 无功功率对隧道供配电系统的影响

在隧道供配电系统中，绝大部分用电设备都具有电感特性，需要从电力系统吸收无功功率，当有功功率需要量保持恒定时，无功功率需要量的增大将引起以下问题：

（1）电流增加。电力系统中的元件，如变压器、电气设备、导线等容量增大，隧道内部的启动控制设备、量测仪表等规格尺寸增大，因而提高了投资费用。

（2）传送同样有功功率的情况下，总电流增大。设备及供电线路的功率损耗和电能损耗大大地增加。

（3）线路及变压器的电压损失增大，使调压困难。

（4）无功电流增大。对电力系统的发电设备来说，发电机转子的去磁效应增加，电压降低，过度增大励磁电流，则使转子绕组的温升超过容许范围。为了保证转子绕组的正常工作，不允许发电机达到预定的出力。此外，原动机的出力是以有功功率衡量的，当发电机发出的视在功率一定时，无功功率的增加，将导致原动机出力的相对降低。

无功功率对隧道供配电系统有着极为不良的影响，因此有必要降低系统的无功功率。无功功率的减小就相应地提高了功率因数 $\cos\varphi$。功率因数是反映电力用户设备合理使用状况和利用程度的具有代表性的重要指标。

2. 功率因数的基本概念及分类

电网中的电气设备、变压器等属于既有电感又有电阻的电感性负载,电感性负载的电压和电流的相量间存在着一个相位角,相位角的余弦 $\cos\varphi$ 即是功率因数。

功率因数有瞬时功率因数、平均功率因数和最大负荷时功率因数。

1)瞬时功率因数

瞬时功率因数由功率因数表(相位表)直接读出,或由功率表、电流表和电压表在同一时刻的读数按式(8-25)求出:

$$\cos\varphi = \frac{P}{\sqrt{3}UI} \tag{8-25}$$

式中:P——功率表测出的三相功率读数,kW;

U——电压表测出的线电压读数,kV;

I——电流表测出的线电流读数,A。

瞬时功率因数只用来观察、了解和分析设备在生产过程中功率因数的变化情况,以便采取适当的补偿措施。

2)平均功率因数

平均功率因数是指某一规定时间内功率因数的平均值,也称加权平均功率因数,按式(8-26)计算:

$$\cos\varphi = \frac{W_{\mathrm{p}}}{\sqrt{W_{\mathrm{p}}^2 + W_{\mathrm{q}}^2}} = \frac{1}{\sqrt{1 + \left(\frac{W_{\mathrm{q}}}{W_{\mathrm{p}}}\right)^2}} \tag{8-26}$$

式中:W_{p}——某一时间内消耗的有功电能,kW · h,由有功电能表读出;

W_{q}——同一时间内消耗的无功电能,kVar · h,由无功电能表读出。

3)最大负荷时功率因数

最大负荷时功率因数是指在年最大负荷(即计算负荷)时的功率因数,按式(8-27)计算:

$$\cos\varphi = \frac{P_{30}}{S_{30}} \tag{8-27}$$

高压供电系统,最大负荷时功率因数不得低于0.9;其他供电系统,最大负荷时功率因数不得低于0.85。如果达不到上述要求,则必须采取人工补偿措施。无功负荷的变化较有功负荷的变化平缓,所以大负荷时的功率因数较小负荷时高,用计算负荷求得的功率因数必然要比用平均负荷求得的功率因数高,据此求出的补偿容量偏小。由于计算负荷本身偏大,因此设计中用计算负荷求得的 $\cos\varphi$ 来确定补偿容量是允许的。供电设计时确定无功补偿容量,就是按最大负荷时功率因数来计算的。

3. 无功功率补偿计算

把容性装置与感性负荷连接在同一电路,当容性装置释放能量时,感性负荷吸收能量,而当感性负荷释放能量时，容性装置吸收能量，能量在相互转换，感性负荷所吸收的无功功率可从容性装置输出的无功功率中得到补偿。

1）无功功率补偿的目的

（1）补偿无功功率，提高功率因数。

在电网运行中，因大量非线性负载运行，除了要消耗有功功率外，还要消耗一定的无功功率。负荷电流在通过线路、变压器时将会产生功率与电能损耗，由电能损耗公式可知，当线路或变压器输送的有功功率和电压不变时，线损与功率因数的二次方成反比。功率因数越低，电网所需无功功率就越多，线损就越大。因此，在受电端安装无功功率补偿装置，可减少负荷的无功功率损耗，提高功率因数，降低线路电能损耗。

（2）提高电气设备的供电能力。

由公式 $P=S\cos\varphi$ 可以看出，当设备的视在功率 S 一定时，如果功率因数 $\cos\varphi$ 提高，P 也会增大，电气设备的供电能力也就提高了。

（3）降低电网中的功率损耗和电能损耗。

由公式 $I=\dfrac{P}{\sqrt{3}U\cos\varphi}$ 可知，当有功功率 P 为定值时，负荷电流 I 与 $\cos\varphi$ 成反比，安装无功功率补偿装置后，功率因数提高，使线路中的电流减小，从而使功率损耗和电能降低。降低电网中的功率损耗和电能损耗是安装无功功率补偿设备的主要目的。

（4）改善电压质量，节省电网投资。

减少线路中的无功功率，就减少了电压损失，提高了电压质量；同时由于电流减小，系统中的电气设备、导线等容量规格就减少了，从而可节省初期投资。

2）无功功率补偿容量的确定

（1）按提高功率因数值确定补偿容量。

要使功率因数由 $\cos\varphi$ 提高到 $\cos\varphi'$，就必须装设人工补偿设备，通常是装设并联电容器。其补偿容量应为

$$Q_c=Q_{30}-Q'_{30}=P_{30}(\tan\varphi-\tan\varphi') \tag{8-28}$$

或

$$Q_c=\Delta q_c\cdot P_{30} \tag{8-29}$$

式中：$\tan\varphi$——补偿前的功率因数 $\cos\varphi$ 对应的正切值；

$\tan\varphi'$——补偿后的功率因数 $\cos\varphi'$ 对应的正切值；

Δq_c——无功功率补偿系数，kVar/kW。

（2）按感应电动机空载电流值确定补偿容量。

电动机的无功功率补偿一般采用就地补偿方式，电容器随电动机的运行停止，容量以不超过电动机空载的无功功率损耗为宜，计算公式如下：

$$Q_c\leqslant\sqrt{3}I_0U_N \tag{8-30}$$

式中：U_N——电动机额定电压，kV；

I_0——电动机空载电流，A，可用钳形电流表测出，若粗略估算，也可采用式（8-31）计算。

$$Q_c=\left(\frac{1}{4}\sim\frac{1}{2}\right)P_N \tag{8-31}$$

式中：P_N——电动机额定功率，kW。

(3)按配电变压器容量确定补偿容量。

配电变压器低压侧安装电容器集中补偿时，应考虑以下原则：在轻负荷时，防止向10kV配电网倒送，以取得最佳的节能效果。根据配电变压器容量，补偿容量可按式(8-32)估算：

$$Q_c = (0.10 \sim 0.15) S_N \tag{8-32}$$

式中：S_N——配电变压器容量，kV·A。

五、应急电源系统

应急电源系统是满足隧道供配电系统中重要负荷不断电要求的应急电源。应急电源作为独立于电网之外的备用电源，对隧道供配电系统的可靠性起重要作用。目前，应急电源包括不间断电源(UPS)系统、应急电源(EPS)系统。

1. UPS系统

在选择UPS的容量时，先计算设备的负载容量，从而得到UPS的额定输出容量，见式(8-33)。

$$S = n \cdot m \cdot P \tag{8-33}$$

式中：S——UPS容量，kV·A；

P——实际负载容量，kW；

n——UPS安全系数，一般为1.2～1.5；

m——余量系数，通常为1.15～1.2。

UPS最大启动负载应控制在UPS额定输出功率的80%以内。实践证明，UPS将其负载控制在30%～70%以内为最佳方式。UPS容量选择过大或过小都会对UPS产生不良影响，容量过大，过度轻载，虽然降低了逆变器的损坏概率，但也可能造成市电停电时蓄电池放电电流小，放电时间偏长，进而造成蓄电池深度放电，从而致电池组永久损坏；而容量过小，虽然节约一部分资金，但UPS长期处于重载状态，输出波形发生畸变，也容易造成逆变器的损坏。因此，UPS的选择对于提高UPS的工作效率、改善UPS的工作状况是非常重要的。

2. EPS系统

隧道应急照明宜采用EPS供电，EPS维持供电时间不应小于30min；EPS的额定输出功率不应小于应急照明额定功率总和的1.3倍；EPS用于照明电源装置时，切换时间不应大于0.2s；EPS应具有对电池组进行测量及显示的功能。

六、柴油发电机

柴油发电机组供电系统是为防范市电故障停电情况而设置的备用电源，主要提供隧道火灾通风、基本照明、监控、消防等一级负荷所需要的电能，市电停电时先由应急电源过渡，再通过联锁及自动切换系统接至备用发电机，以此提高供电系统的供电可靠性。柴油发电机组供电系统同时配备手动切换装置，以供测试之用。柴油发电机容量应根据应急负荷以及启动时母线电压降等因素综合考虑确定。

1）按应急负荷计算发电机容量

$$S_{C1}=\frac{\sigma}{\cos\varphi}\sum_{k=1}^{n}\frac{P_k}{\eta_k} \tag{8-34}$$

式中：S_{C1}——柴油发电机容量，kV·A；

P_k——每台或每组设备容量，kW；

η_k——每台或每组设备效率；

σ——总负荷率；

$\cos\varphi$——发电机组额定功率因数。

2）按最大单台电动机或成组电动机启动的需要计算发电机容量

$$S_{C2}=\frac{1}{\cos\varphi}\left(\sum_{k=1}^{n-1}\frac{P_k}{\eta_k}+P_m\cdot K\cdot C\cdot\cos\varphi_m\right) \tag{8-35}$$

式中：S_{C2}——柴油发电机容量，kV·A；

P_m——启动容量最大的电动机或成组电动机容量，kW；

K——电动机的启动倍数；

C——按电动机启动方式确定的系数。

全压启动时：$C=1.0$；Y-D启动时：$C=0.67$；自耦调压器启动时：50%抽头，$C=0.25$，65%抽头，$C=0.42$，80%抽头，$C=0.64$。

式（8-35）中括号内第一项为除去最大一台电动机后，其余设备的计算值。

3）按启动电动机时母线允许电压偏差计算发电机容量

$$S_{C3}=P_{\Sigma}\cdot K\cdot C\cdot X''_{d}\left(\frac{1}{\Delta U\%}-1\right) \tag{8-36}$$

式中：S_{C3}——柴油发电机容量，kV·A；

P_{Σ}——电动机总容量，kW；

X''_{d}——发电机的次暂态电抗，一般取0.25；

$\Delta U\%$——发电机母线允许的电压偏差。

全压启动最大容量笼型电动机时，发电机母线线电压不应低于额定电压的80%，即$\Delta U\%\leqslant 20\%$；当无电梯负荷时，发电机母线线电压不应低于额定电压的75%，即$\Delta U\%\leqslant 25\%$。

第三节　公路隧道电力电缆

一、导线和电缆截面的选择

1. 选择导线和电缆截面应满足的条件

为了保证供配电系统安全、可靠、优质、经济地运行，选择导线和电缆截面时必须满足下列条件：

1）发热条件

导线和电缆（包括母线）在通过正常最大负荷电流（即计算电流）时产生的发热温度，不应超过其正常运行时的最高允许温度。

2)电压损耗条件

导线和电缆在通过正常最大负荷电流时产生的电压损耗,不应超过正常运行时允许的电压损耗。对于输送距离较短的高压线路,可不进行电压损耗检验。

3)经济电流密度

对于高压线路及特大电流的低压线路,一般应按规定的经济电流密度选择导线和电缆截面,以使线路的年运行费用接近最小,节约电能和有色金属。但对很短的10kV及以下的高压线路和母线,可不按经济电流密度选择。

4)机械强度

导线的截面不应小于最小允许截面,如表8-3和表8-4所示。对于电缆,不必校验机械强度,但需校验短路热稳定度。

架空裸导线的最小截面面积 表8-3

导线种类	最小允许截面面积(mm^2)	
	高压(至10kV)	低压
铝及铝合金线	35	16*
铜芯铝线	25	16

注:* 与铁路交叉跨越时应为35mm^2。

绝缘导线线芯的最小截面面积 表8-4

用途或敷设方式			线芯最小截面面积(mm^2)	
			铜芯	铝芯
照明用灯头引下线			1.0	2.5
敷设在绝缘支持件上的绝缘导线,L为其支持点间距	室内	$L \leq 2m$	1.0	2.5
	室外	$L \leq 2m$	1.5	2.5
		$2m < L \leq 6m$	2.5	4
		$6m < L \leq 15m$	4	6
		$15m < L \leq 25m$	6	10
穿管敷设;槽板、护套线扎头明敷;线槽			1.0	2.5
PE线或PEN线	有机械保护时		1.5	2.5
	无机械保护时		2.5	4

此外,对于绝缘导线和电缆,还应满足工作电压的要求。

根据设计经验,低压动力线,因其负荷电流较大,所以一般先按发热条件来选择截面,再校验其电压损耗和机械强度。低压照明线,因其对电压水平要求较高,所以一般先按允许电压损耗条件来选择截面,然后校验其发热条件和机械强度。而高压线路因其造价较高,一般先按经济电流密度来选择截面,再校验其他条件。

2. 按发热条件选择导线和电缆的截面

1)导线和电缆的截面选择必须满足的发热条件

按发热条件选择三相线路中的相线截面时,应使其允许载流量I_{al}不小于通过相线的计算电流I_{30},即

$$I_{al} \geqslant I_{30} \tag{8-37}$$

所谓导线的允许载流量(allowable current-carrying capacity),就是在规定的环境温度条件下,导线能够连续承受而不致使其稳定温度超过规定值的最大电流。如果导线敷设地点的环境温度与导线允许载流量所采用的环境温度不同,则导线的允许载流量应乘温度校正系数 K_θ:

$$K_\theta = \sqrt{\frac{\theta_{al} - \theta_0'}{\theta_{al} - \theta_0}} \tag{8-38}$$

式中:θ_{al}——导线正常工作时的最高允许温度,℃;

θ_0——导线允许载流量所采用的环境温度,℃;

θ_0'——导线敷设地点实际的环境温度,℃。

2)低压系统中性线、保护线和保护中性线的截面选择

(1)中性线截面的选择。

中性线(N 线)的允许载流量,按规定,不应小于三相线路中最大的不平衡负荷电流,同时应考虑谐波电流的影响。中性线截面面积一般应不小于相线截面面积的 50%。

对于 3 次谐波电流相当突出的三相线路,由于各相的 3 次谐波电流都要通过中性线,中性线的电流可能接近相电流,在这种情况下,中性线截面面积宜与相线截面面积相同或相近,即 $A_0 \approx A_\varphi$。

对于由三相线路分出的两组线路及单相线路中的中性线,由于其中性线的电流都与相线电流完全相等,在这种情况下,中性线截面面积应与相线截面面积完全相同,即 $A_0 = A_\varphi$。

(2)保护线截面的选择。

保护线(PE 线)的电导,按规定,一般不得小于相线电导的 50%,因此,保护线的截面面积不得小于相线截面面积的 50%,但考虑短路热稳定要求,当 $A_\varphi \leqslant 16\text{mm}^2$ 时,保护线的截面面积应与相线截面面积相等,即 $A_{PE} = A_\varphi$。

保护线还要满足单相接地故障保护的要求。在 TN 系统中,设备发生单相接地故障时,即形成相线与保护线(φ-PE)间的单相短路,按规定,单相短路电流 $I_k^{(1)}$ 要满足下述要求,以确保保护装置可靠动作:

对熔断器保护

$$I_k^{(1)} = \frac{U_\varphi}{|Z_{\varphi-PE}|} \geqslant 4I_{N*FE} \tag{8-39}$$

对低压断路器的保护

$$I_k^{(1)} = \frac{U_\varphi}{|Z_{\varphi-PE}|} \geqslant 1.5I_{op} \tag{8-40}$$

式中:U_φ——系统的相电压,V;

$|Z_{\varphi-PE}|$——相线与保护线的回路阻抗,Ω;

I_{N*FE}——熔断器的熔体额定电流,A;

I_{op}——低压断路器的短路动作电流,A。

相线与保护线的回路阻抗可用式(8-41)计算:

$$|Z_{\varphi-PE}| = \sqrt{(R_T + R_{\varphi-PE})^2 + (X_T + X_{\varphi-PE})^2} \tag{8-41}$$

式中：R_T、X_T——分别为变压器单相的等效电阻和电抗，Ω；

$R_{\varphi-PE}$、$X_{\varphi-PE}$——分别为相线与保护线间的回路电阻和电抗，Ω。

当 $I_k^{(1)}$ 不满足式(8-39)或式(8-40)要求时，还要加大保护线的截面。

(3)保护中性线截面的选择。

保护中性线(PEN 线)兼有保护线(PE 线)和中性线(N 线)的双重功能，因此，其截面选择应同时满足上述保护线和中性线的要求，取其中的最大值，所以其截面应视具体情况选为相线截面的 50% ~100%，而且要按式(8-39)或式(8-40)进行单相短路保护校验。

3. 按经济电流密度选择导线和电缆的截面

导线和电缆的截面越大，电能损耗就越小，但是线路投资、维修管理费用和有色金属消耗量要增加。因此从经济方面考虑，导线和电缆应选择一个比较合理的截面，既使电能损耗小，又不致过分增加线路投资、维修管理费用和有色金属消耗量。

各国根据其具体国情特别是有色金属资源的情况，规定了导线和电缆的经济电流密度(economic current-density)。我国规定的导线和电缆的经济电流密度如表 8-5 所示。

我国规定的导线和电缆的经济电流密度 j_{ec}(A/m²) 表 8-5

线路类别	导线材料	年最大负荷利用小时		
		3000h 以下	3000 ~5000h	5000h 以上
架空线路	铝	1.65	1.15	0.90
	铜	3.00	2.25	1.75
电缆线路	铝	1.92	1.73	1.54
	铜	2.50	2.25	2.00

经济截面面积与电流密度的关系式为

$$A_{ec}=\frac{I_{30}}{j_{ec}} \tag{8-42}$$

式中：I_{30}——线路的计算电流，A。

按式(8-42)计算出 A_{ec} 后，应选最接近的标准截面。

4. 按允许电压损耗选择导线和电缆的截面

线路输送电能时，由于线路存在阻抗，因此负荷电流通过线路时会产生电压损耗。按规定，高压配电线路的电压损耗，一般不超过线路额定电压的 5%；从变压器低压侧到用电设备受电端的低压线路的电压损耗，一般不超过用电设备额定电压的 5%，对视觉要求较高的照明线路，则为 2% ~3%。如线路的电压损耗值超过了允许值，则应适当加大导线的截面，使之满足允许的电压损耗要求。

在进行设计时，常常是按照给定电压损耗的允许值，选求导线和电缆的截面。计算低压线路的电压损耗时，由于三相线路的线间距离很近，导线截面小，电阻的作用大，因此电抗可忽略不计。这样，计算电压损耗时，只考虑线路电阻、功率和功率因数。

对于三相四线制：

$$\Delta U_{al}\%=\frac{Pl\rho}{U_n^2\cdot S}\times 100 \tag{8-43}$$

对于单相制：

$$\Delta U_{\mathrm{al}}\% = \frac{2Pl\rho}{U_{\mathrm{n}}^2 \cdot S} \times 100 \tag{8-44}$$

令

$$C = \frac{U_{\mathrm{n}}^2}{\rho \times 100} \text{或} C = \frac{U_{\mathrm{n}}^2}{2\rho \times 100} \tag{8-45}$$

则式(8-43)、式(8-44)改写成

$$\Delta U_{\mathrm{al}}\% = \frac{Pl}{CS} \tag{8-46}$$

式中：$\Delta U_{\mathrm{al}}\%$——允许电压损耗，%；

P——负荷的功率(单相或三相)，kW；

U_{n}——额定电压，V；

l——线路长度，m；

S——导线或电缆截面面积，mm^2；

C——由电路的相数、额定电压及导线材料的电阻率等决定的常数，称为电压损耗计算常数，见表8-6。

电压损耗计算常数 表8-6

线路系统	额定电压(V)	C 值	
		铜线	铝线
三相四线制	380/220	77	46.3
单相交流	220	12.8	7.75

二、导线敷设

电缆通道是电缆敷设的必经之路，隧道电缆通道一般随隧道土建主体工程实施，其设计与施工的优劣直接影响电缆的施工质量的优劣，若质量低劣，甚至可能导致无法施工，造成较大的经济损失。隧道电缆通道分洞外部分和洞内部分，洞外部分电缆通道宜采用电缆沟，安装电缆支架敷设电缆，因电缆数量较多，宜采用3～4层支架，两侧交错布置，另外对强电及弱电电缆宜分沟敷设。洞外部分电缆通道应特别引起注意的地方是洞口段，因该段地域狭窄，管线及设施众多，工程各方应充分重视，在设计阶段就要做好协调工作。洞口地段一般有电缆沟、水沟，通信管道及设施，消防管道及设施，监控设施，路灯，安全设施及接地等，并且受到洞口高边坡及路面的限制。其中路灯基础及其他设施基础宜在电缆沟旁制作，可减少预埋穿线管，其他设施分开布设。故洞口处应预留适当空间。洞内部分的下部为电缆沟，上部为电缆桥架，电缆桥架宜采用钢制梯式桥架，桥架一般安装于隧道拱顶两侧，距路面6m左右，两侧宜水平安装，严格超限，因隧道内衬砌存在较大的偏差，桥架安装过程中应尽可能消除该偏差，尤其对于曲线隧道和变坡隧道，调整措施有：

(1)加长桥架立臂且开具长孔，加大长度视隧道壁偏差而定。

(2)测量时，先长距离粗定位，后每2m细定位，粗定位长度视隧道曲线情况而定，细定位应按粗定位桩进行调整，以达到从下面观测为一平滑曲线(垂直面)。

(3)调整横臂上下位置，使其横向观测为一平滑曲线(水平面)。

(4)桥架最终成为隧道内三维空间中的一条平滑曲线，增强其美观性。分段桥架与电缆沟以及桥架间电缆通道在工程实际中一般多采用预埋管,由隧道土建工程预埋,土建与机电施工工艺上的差异,会造成预埋位置不正确、管径太小或管路不同程度的卡阻现象,不利于电缆穿管施工,甚至无法施工。若采用电缆管预埋施工,应采用弯管机弯管工艺,不可切口焊接,且管径应足够大。

第四节 公路隧道防雷接地系统

一、隧道防雷系统

1. 变配电所防雷措施

(1)用避雷针或避雷网、避雷带来保护变配电所的建筑物免遭雷击。如果变配电所在附近高大建筑物的避雷装置保护范围以内,则不必再考虑被雷击的防护问题。

(2)在高压侧应在每组母线和每路架空进线上装设阀形避雷器,避雷器应以最短的接地线与变配电所的主接地网连接,主要用来保护主变压器,以免雷电冲击波沿高压线侵入变配电所。

(3)低压侧也应该装设阀形避雷器或保护间隙,主要用来防止雷电波沿低压线路侵入而损坏变配电所内设备。

2. 架空线路的防雷保护

(1)架设避雷线。一般高于 10kV 的架空线路需装设避雷线。由于避雷线造价较高,对小于 10kV 的架空线路只是利用钢筋混凝土杆的自然接地作用和中性点的非直接接地作用。线路电压越高,使用避雷线效果越好。

(2)对不设避雷线的架空线路,应提高线路本身的防雷水平。如可采用木横担、瓷横担或采用高一级的绝缘子,以提高防雷电冲击波的能力。

(3)对低压线路上的断路器、负荷开关、隔离开关及与架空线相连的电能表等,应装设避雷器或保护间隙。

3. 机房防雷保护

机房一般应设于无线电塔避雷针的保护范围之内,需在房顶四周敷设闭合的环形避雷带,钢筋混凝土的屋面板和支柱的钢筋作引下线。同时在机房外地下应围绕机房敷设闭合环形水平接地体,在机房内应沿墙壁敷设环形接地母线。机房内各种电缆的外皮、设备外壳和不带电的金属部分、各种金属管道等,均应以最短的距离与环形接地母线连接。室内的环形接地母线与室外的闭合接地环带及屋顶的避雷带间,应有不少于 4 根连接线互相连接,相邻连接线间的距离不宜超过 18m。

引向机房的电力线、通信线应有金属外皮或金属屏蔽层,应敷设在金属管内,并要求埋地敷设。由机房引出的金属管、线也应埋地敷设,在机房外埋地长度不应小于 10m。

4. 电源防雷保护

(1)机房宜采用专供线路供电,机房内电源配电箱入线侧应安装不低于 C 级的电源 SPD(低压电涌保护器),其电压保护水平应与被保护设备的耐压水平相适应。

(2)变配电所、配电房处的高压柜入线侧和低压柜出线侧应分别安装适配的电源 SPD,并可靠接地。

(3)在各配电箱(屏)处应预留等电位接地端子,并安装与其雷电防护分区相对应的电源 SPD。

(4)洞外配电箱进、出线侧均应安装不低于 B 级的电源 SPD,洞内配电箱入线侧宜安装不低于 C 级的电源 SPD。

(5)洞内监控设备的电源入线端应安装不低于 C 级的电源 SPD。

(6)洞外监控设备的电源入线端应安装不低于 B 级的电源 SPD。

(7)UPS、EPS 电源的输入、输出端应分别安装 B 级或 C 级的电源 SPD。

5.信号防雷保护

(1)进出机房的各类金属信号线缆两端应分别设置信号 SPD。

(2)洞内外监控设备的金属信号线缆两端应设置信号 SPD。

二、隧道接地系统

1.隧道接地系统分类

电气设备的金属外壳在正常情况下是不带电的,但当电气设备的绝缘损伤或意外情况发生时,其金属外壳会带电从而造成触电事故。因此有必要采取技术保护措施,即将电气设备和系统进行接地处理。电气设备的接地按其功能分为工作接地和保护接地两大类,此外还有保证保护接地的重复接地。

1)工作接地

为保证电力系统和设备满足正常工作要求而进行的接地,称为工作接地,如供配电系统中电源中性点接地、高压消弧线圈接地和设备防雷采取的接地等。其中不同的工作接地有不同的功能,如上述三种工作接地设施中,电源中性点接地用于维持三相电力系统中相线对地电压不变;高压消弧线圈接地用于防止系统出现过电压;而设备防雷采取的接地目的在于释放雷电流,实现防雷保护。

2)保护接地

保护接地是为保障人身安全,防止间接触电而将设备外壳进行接地。

保护接地的形式有两种,一种是把设备金属外壳经各自的 PE 线分别直接接地;另一种是将设备金属外壳部分经公共的 PE 线与供电线路的中性线做金属连接,这种连接称保护接零。

低压配电系统按保护接地的形式,可分为 TN 系统、TT 系统和 IT 系统。

(1)TN 系统。TN 系统的电源中性点直接接地,并引出 N 线,属三相四线制系统。当其设备发生一相接地故障时,就形成单相短路,减少人体触电的危险。

(2)TT 系统。TT 系统的电源中性点直接接地,也引出 N 线,属三相四线制,只是设备的金属导电外壳可经各自的 PE 线分别接地(图 8-10)。

这种接地系统不但具有与 TN 系统类似的优点,而且可保证在故障尚未切除、人体触及故障设备的金属外壳时,由于人体电阻远大于保护接地电阻,通过人体的电流比较小,对人体的危险性也小。但这种系统会因设备外壳接地而使漏电流较小,从而导致过电流装置不及时动作,使设备外壳长期带电。对此,应该设置灵活的触电保护装置。

(3)IT 系统。IT 系统的电源中性点不接地或是经一定的阻抗(约 1000Ω)接地,且该系统通常不引出 N 线,属三相三线制系统。其中用电设备的金属导电外壳可经各自的 PE 线分别接地(图 8-11)。

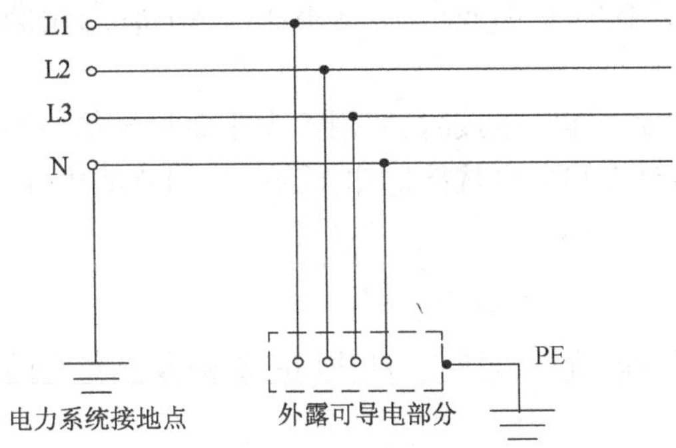

图 8-10 TT 系统

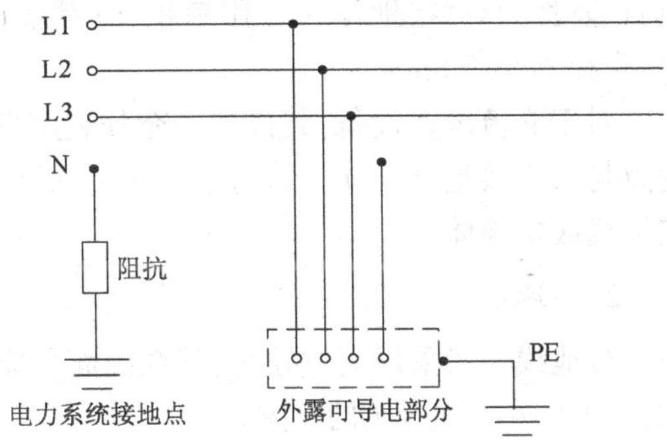

图 8-11 IT 系统

该系统的一个突出优点是在系统发生一相接地的故障时,所有三相用电设备仍可暂时继续运行。但此时另两相的对地电压将由相电压升高到线电压,加大了对人身安全的威胁。该系统的另一个优点与 TT 系统一样,所有三相用电设备外壳经各自的 PE 线分别直接接地,各自 PE 线无电磁联系,因此 IT 系统也适用于对数据处理、精密检测装置供电。

3)重复接地

在 TN 系统中,为确保公共 PE 线的安全可靠,除需要在电源中性点进行工作接地外,还需在 PE 线的下列地方进行必要的重复接地:

(1)在架空线路的干线和分支线的终端及沿线每 1km 处;

(2)在电缆和架空线引入建筑物处。

2. 隧道接地形式选择

在选择系统接地形式时,应根据系统的要求及用电环境进行选择。但应注意:

(1)在同一配电系统中,不允许一部分电气设备采用保护接地措施,而另一部分电气设备采用保护接零措施。这是因为,如果其一接地保护设备绝缘损坏导致外壳带电,会使中线上出现对地的电压,导致所有接零保护的设备都可能有触电的危险。

(2)在电源变压器中性点不接地的系统中,当电压低于 1000V 时,多选用保护接地措施。而对于电压高于 1000V 的设备,无论电源中性点接地与否,都应采取保护接地措施。

(3)在中性点接地的低电压电力网中,电力设备的外壳宜采用保护接地措施,其中性线应在电源处接地。

(4)单相用电设备的保护接零宜采用三眼插座,将设备外壳接在有接地标志的插座上,并通过插座与中性线相连。

(5)隧道低压配电系统宜采用 TN-S 系统。

三、接地装置

在接地系统中,接地体和接地线的总和称为接地装置。

1. 接地体

接地体可分为两类,即人工接地体和自然接地体。人工接地体是人为地把金属管、角钢或扁钢、圆钢等埋入地下。自然接地体是指利用建筑物的钢结构和钢筋、埋地的金属管道及与大地接触的各种金属构件等作为接地体。

最常见的人工接地体是用直径为50mm、长2.5m的钢管或50mm×50mm,长2.5m的角钢垂直埋设。自然接地体一般用扁钢,其截面面积不小于$48mm^2$,厚度不小于4mm;采用圆钢时,直径不小于8mm。

对于交流电气设备,其接地应充分利用自然接地体。连接时,应用不少于2根导体在不同地点与人工接地体相连接。对于直流电回路,不允许利用自然接地体作为电流回路的中性线、接地线或接地体。

2. 接地线

接地线一般采用钢质导线,其截面面积应符合截流量、短路时自动切除故障及热稳定的要求,且不应小于表8-7的要求。

低压电力设备铜或铝线接地线最小截面面积(mm^2) 表8-7

接地线种类	铜	铝
裸导线	4	6
绝缘导线	1.5	2.5
电缆接地芯线	1	1.5

接地线与电力设备的连接,可用螺栓连接或焊接。用螺栓连接时,应设防栓螺母或防栓垫片。而接地线与接地体的连接宜用焊接。每一个电力设备应以单独的接地线与接地干线连接,严禁在一条接地线上串联几个需要接地的设备。

3. 接地电阻

接地电阻是接地体的流散电阻以及接地线电阻和接地体电阻的总和。由于接地线和接地体电阻相对很小,可略去不计,因此可以认为接地电阻就是指接地体的流散电阻。接地电阻有工频接地电阻和冲击接地电阻之分,前者是指工频接地电流流经接地装置所呈现的接地电阻,后者是指雷电流或过电流经接地装置所呈现的接地电阻。一般情况下,需计算接地装置的工频接地电阻,对于防雷和过电压保护的接地装置,则需要计算冲击接地电阻。

部分电力装置所要求的接地电阻见表8-8。

部分电力装置所要求的接地电阻 表8-8

电力装置名称	接地的电力装置特点	接地电阻 R_E
1kV以上电流接地系统	仅用于该系统的接地装置	≤10Ω
1kV以下电流接地系统	与总容量在100kV·A以上的变压器相连的接地装置	≤4Ω
	与总容量在100kV·A以下的变压器相连的接地装置	≤10Ω
建筑物的防雷装置	第一、二类防雷建筑物	≤10Ω
	第三类防雷建筑物	≤30Ω
供电系统的防雷装置	保护变压所的独立避雷针	≤10Ω
无避雷线的架空线	低压线路水泥杆、金属杆	≤30Ω

4. 隧道接地系统中对接地装置的要求

按照位置的不同,隧道接地系统中的接地装置可分为隧道内接地装置、设备机房内接地装置和隧道外设备接地装置。

1）隧道内接地装置的要求

（1）隧道接地装置宜利用隧道支护内锚杆、钢筋网等自然接地体。

（2）应在隧道两侧电缆沟内分别设置一条贯穿隧道的接地干线，接地干线宜与隧道自然接地体重复接地，其重复接地间距不宜大于200m。

（3）在隧道两端洞口附近应各设置一组接地装置。对于有监控设施的隧道，洞口接地装置接地电阻值不应大于1Ω；对于无监控设施的隧道，洞口接地装置接地电阻值不应大于4Ω。该接地装置应与隧道洞内的接地干线可靠连接。

2）设备机房内接地装置的要求

（1）监控通信室交直流工作接地、安全保护接地、防雷接地宜共用一组接地装置，其接地电阻值不应大于1Ω；防雷接地单独设置接地装置时，接地电阻值不应大于10Ω；交直流工作接地、安全保护接地共用一组接地装置时，接地电阻值不应大于4Ω。

（2）变配电所交直流工作接地、安全保护接地、防雷接地宜共用一组接地装置，其接地电阻值不应大于4Ω。

（3）设备机房的接地装置应优先利用建筑物的基础钢筋等自然接地体。

（4）宜在设备机房预留不少于两处（对角线布设）接地汇流排，并应就近与建筑物柱、梁内主钢筋可靠电气连接。

（5）室内金属管道、配电柜、机架等在正常工作情况下不带电的金属构件均应就近可靠接地。

（6）进出设备机房的金属管、槽、线缆屏蔽层应就近与接地汇流排连接。

（7）进出设备机房的电源和信号线缆，宜从同一个进线端点进入，并在入口处做等电位连接，机房内的供电线缆和数据、信号线缆应分别敷设于各自的金属线槽内或金属桥架内，金属线槽和桥架均应全程电气连通，并至少在其两端及穿越房间处与接地汇流排做等电位接地连接。

（8）高压架空供电线路在进入变配电所、配电房前应转用金属护套或绝缘护套电力电缆穿钢管埋地，其金属护套或钢管两端应可靠接地。

3）隧道外设备接地装置的要求

（1）接地体宜为辐射状。防雷接地宜与其他接地分开设置，其电阻值不应大于10Ω；交直流工作接地、安全保护接地宜共用一组接地装置，其接地电阻值不应大于4Ω。

（2）洞外设备顶部安装接闪器保护时，可利用支撑设备的金属构件作为引下线，并与设备基础钢筋连接。

（3）金属线缆宜穿金属管或采用带屏蔽层的线缆埋地敷设，埋设深度不应小于0.7m，金属管应全线电气连通，屏蔽层或金属管两端应就近接地。

本章习题

1. 公路隧道的供电等级及基本要求是什么？对通风、照明、监控、消防的供电要求有什么不同？

2. 公路隧道的供电负荷是如何确定的？

3. 公路隧道的接地系统有哪些基本要求？通常情况下是如何设计的？

4. 假如有一台通风机的功率是30kW，供电距离是550m，使用铜芯电缆供电，试计算所用电缆的截面面积。

5. 公路隧道机电设备中，哪些设备用UPS供电？哪些设备用EPS供电？

本章参考文献

[1] 中华人民共和国交通运输部. 公路隧道设计规范　第二册　交通工程与附属设施：JTG D70/2—2014[S]. 北京：人民交通出版社股份有限公司，2014.

[2] 赵忠杰. 公路隧道机电工程[M]. 北京：人民交通出版社，2007.

[3] 同向前，余健明，苏文成，等. 供电技术[M]. 5版. 北京：机械工业出版社，2017.

第九章

公路隧道消防设施

第一节　公路隧道消防设施概述

一、灭火剂

1. 灭火剂的种类

灭火剂主要有水、泡沫、卤代烷、二氧化碳、七氟丙烷、烟烙尽等。

灭火剂的选择受多种因素影响，应在综合平衡后慎重确定，在众多因素中火灾种类和灭火剂的选用特别重要。在世界范围内，都以水为主要灭火剂，原因在于：

(1)固体可燃物所引起的火灾是最常见的火灾，而普通固体可燃物引起的火灾，以水为灭火剂是最合适的。

(2)水作为灭火剂，具有资源丰富、易于获取和储存、价格便宜、使用方便、器材简单、灭火效果好、对生态环境没有危害作用等优点。

2. 灭火剂的确定

以水为灭火剂的灭火系统不能用于B类火灾和电气火灾，因为水作为灭火剂用于扑救可燃液体火灾时，会造成可燃液体火灾的蔓延，用以扑救电气火灾时会造成触电事故。但当水呈喷雾状态时，情况会有不同：

(1)雾滴的表面积大大超过水滴，从而增强了水与火之间的热交换作用，强化了灭火时的冷却和窒息作用。冷却作用是指水自常温加热至沸点并完全汽化，吸收了约2595J/g的热量，其冷却作用是其他灭火剂所无法比拟的。窒息作用是指水被汽化后形成的水蒸气为惰性气体，且体积膨胀1725倍，水蒸气将占据燃烧区域的空间，在排斥空气的同时窒息燃烧。

(2)水珠呈雾状时，雾滴之间呈不连续的间断喷射状态，雾滴之间混杂有空气，因此表现出良好的电绝缘性能，水雾喷向带电体时不导电，可安全扑救油浸式电力变压器类的火灾。

(3)水雾喷向可燃液体时，其较强的冲击作用，能搅拌液体的表层，使非水溶性可燃液体的表层乳化，并在其燃烧性能明显下降时，终止燃烧。

(4)水雾喷向可燃液体时，其较强的冲击作用，还会使水溶性可燃液体的表层稀释，使燃烧速度减慢，液体浓度降低，在水喷雾的冷却和窒息作用下，达到灭火目的。

二、消防灭火机理

1. 火灾形成的必要条件

可燃物与氧化剂作用发生的放热反应，通常伴有火焰、发光和(或)发烟现象，称为燃烧。火灾是在时间或空间上失去控制的燃烧，而燃烧的发生和发展必须具备以下三个必要条件，即可燃物、氧化剂和温度。只有三个条件同时具备，可燃物才可能燃烧。三个条件缺少其中任何一个，燃烧都不能发生。

燃烧分为无焰燃烧和有焰燃烧两类。无火焰的燃烧称为无焰燃烧，有火焰的燃烧称为有焰燃烧。可燃液体蒸发燃烧和可燃气体燃烧都是有焰燃烧；木炭、焦炭以及某些金属的燃烧都是无焰燃烧。

2. 火灾形成的充分条件

具备了燃烧的必要条件，还应具备燃烧的充分条件：

(1)可燃物浓度。可燃气体只有达到一定浓度，才会燃烧或爆炸，不达到一定浓度，即使有氧气和明火，也不会燃烧。

(2)氧气含量。不同性质的可燃物燃烧时，需要达到最低含氧量的要求。

(3)点火能量。可燃物燃烧，均有最小点火能量要求，小于该数值，燃烧不会发生。

(4)不受抑制的链式反应。无焰燃烧应具备可燃物浓度、氧气含量、点火能量等条件，有焰燃烧还应有未受抑制的自由基，因而不受抑制的链式反应也是燃烧的充分条件之一。

发生火灾以后，如果将继续燃烧所必须具备的条件之一破坏，燃烧就不能继续进行，燃烧停止，火就会熄灭。

3. 灭火的基本方法

任何可燃物燃烧或持续燃烧都必须具备燃烧的必要条件和充分条件。因此，在火灾发生后，灭火就是破坏燃烧条件，使燃烧反应终止的过程。

灭火的基本方法有冷却、窒息、隔离和化学抑制。冷却、窒息和隔离属于物理方法，化学抑制是化学方法。

三、隧道的耐火等级

隧道的构件主要为混凝土构件，混凝土结构受热后由于产生高压水蒸气而导致表层受压，使混凝土产生爆裂。当充分干燥的混凝土长时间暴露在高温下时，混凝土内各种材料的结合水将会蒸发，从而使混凝土失去结合力而产生爆裂，最终会一层一层地穿透整个隧道的混凝土拱顶结构，使增强钢筋暴露在高温中产生变形，最终垮塌，影响疏散和救援。因此，为保证疏散和救援人员安全，隧道结构能否耐受短时间内快速升温的热冲击和长时间的高温作用应作为隧道防火设计中首先考虑的因素。

隧道内发生火灾时，隧道顶部的温度将会很高。有关试验表明：隧道中型火灾发生 3min 左右，隧道顶部温度可达 1000℃左右。而公路隧道墙体内一般埋有电缆等设施，如果墙体耐火等级太低，火灾时极易将电缆烧坏，影响隧道内设备的使用。因而隧道所用的材料耐火极限不应低于 3h，隧道内的拱顶和侧壁的表面应喷涂隧道防火涂料或采用其他措施予以保护，提高其耐火等级，使耐火极限不低于 3h，防止隧道内钢筋混凝土在火灾中迅速升温而降低强度，避免混凝土爆裂、衬内钢筋破坏而失去支撑能力进而导致隧道垮塌,防止墙体内埋的电缆等设施烧坏。同时对墙体内的电缆还应用阻燃电缆或耐火电缆;隧道内的设备、设施如灯具、电话箱和灭火器箱体等亦应用不燃材料制成,各类电气线路均应穿管保护。

第二节 消防系统

一、自动喷水灭火系统

自动喷水灭火系统,一般由喷头、管网、报警阀门系统、探测器、加压装置等组成。自动喷水灭火系统根据喷头的开闭形式不同,可分为开式自动喷水灭火系统和闭式自动喷水灭火系统两大类。

1. 开式自动喷水灭火系统

开式自动喷水灭火系统包括雨淋系统、水幕系统、水雾系统等,通常用于燃烧猛烈、蔓延迅速的某些严重危险场所。开式自动喷水灭火系统的开式喷头,在感温式、感烟式等火灾探测器接到火灾信号后,通过自动控制雨淋阀而自动喷水灭火,不仅可以扑灭着火处的火源,而且可以自动向整个被保护的区域喷水,从而可防止火灾的蔓延和扩大。

2. 闭式自动喷水灭火系统

发生火灾时,温度上升,当温度升高到足以打开闭式喷头上的闭锁装置时,喷头即自动喷水灭火,同时报警阀门系统通过水力警铃和水流指示器发出警报信号,压力开关启动相应给水管路上水阀或消防水泵组。

二、泡沫灭火系统

1. 概述

泡沫灭火系统已在国内外得到广泛的应用。它是用泡沫液作为灭火剂的一种灭火方式。实践证明,该系统具有安全可靠、经济实用、灭火效率较高的特点,是行之有效的灭火手段,尤其对 B 类火灾更显示出它的优越性,是目前油品火灾的基本扑救方式。我国公路隧道场所基本都采用泡沫灭火系统。随着高、中倍数泡沫灭火系统的出现,它的使用范围更为广泛。

1)泡沫灭火剂分类

凡能够与水混溶,并可通过化学反应或机械方法产生灭火泡沫的灭火药剂,统称泡沫灭火剂(或泡沫液)。

泡沫灭火剂一般按泡沫的生成机理、发泡倍数和用途进行分类。

(1)按泡沫的生成机理分类。

按泡沫的生成机理,泡沫灭火剂可以分为化学泡沫灭火剂和空气泡沫灭火剂两大类。化学泡沫是通过两种药剂的水溶液发生化学反应产生的,泡沫中所包含的气体为二氧化碳。空气泡沫是通过空气泡沫灭火剂的水溶液与空气在泡沫发生器中进行机械混合、搅拌而生成的,泡沫中所包含的气体一般为空气。由于空气泡沫是靠机械混合作用形成的,所以空气泡沫有时也称机械泡沫。

目前,我国大型的泡沫灭火系统以采用空气泡沫灭火剂为主。

(2)按发泡倍数分类。

发泡倍数是指泡沫灭火剂的水溶液变为灭火泡沫后的体积膨胀倍数。泡沫灭火剂按其发泡倍数可分为低倍数泡沫、中倍数泡沫和高倍数泡沫三类。低倍数泡沫灭火剂的发泡倍数一般在20以下;中倍数泡沫灭火剂的发泡倍数一般为21~200;高倍数泡沫灭火剂的发泡倍数一般为201~1000。

(3)按用途分类。

按用途,泡沫灭火剂可分为普通泡沫灭火剂和抗溶泡沫灭火剂。普通泡沫灭火剂适用于扑救A类火灾和B类火灾中的非极性液体火灾;抗溶泡沫灭火剂则适用于扑救A类火灾和B类火灾。在目前使用的泡沫灭火剂中,绝大多数是普通泡沫灭火剂。抗溶泡沫灭火剂实际中仅用来扑救B类火灾中的极性液体火灾,其年用量仅为普通泡沫灭火剂的5%。

2)泡沫灭火剂灭火原理

泡沫灭火剂是通过隔绝氧气和抑制燃料蒸发、冷却和稀释等作用,达到扑灭火灾的目的的。

(1)覆盖作用。

灭火泡沫在燃烧物表面形成的泡沫覆盖层,可使燃烧物的表面与空气隔离,可以遮断火焰对燃烧物的热辐射,阻止燃烧物的蒸发或热解挥发,使可燃气体难以进入燃烧区。

(2)冷却作用。

泡沫析出的液体对燃烧物表面有冷却作用。

(3)稀释作用。

泡沫受热蒸发产生的水蒸气有稀释燃烧区氧气浓度的作用。

3)泡沫灭火系统分类

泡沫灭火系统根据泡沫灭火剂发泡性能的不同分为低倍数泡沫灭火系统、中倍数泡沫灭火系统和高倍数泡沫灭火系统三类。这三类泡沫灭火系统又根据喷射方式不同(液上、液下)、设备与管道的安装方式不同(固定式、半固定式、移动式)及灭火范围不同(全淹没式、局部应用式)组成各种泡沫灭火的形式。

2.泡沫灭火系统的组成及适用范围

在公路隧道中大多使用低倍数泡沫灭火系统,低倍数泡沫灭火系统主要用于扑救原油、汽油、煤油、柴油、甲醇、乙醇、丙酮等B类火灾,适用于炼油厂、化工厂、油田、油库、码头、机场、燃油锅炉房以及隧道等。在这里介绍的固定式泡沫灭火系统、半固定式泡沫灭火系统、移动式泡沫灭火系统以及泡沫喷淋系统都属于低倍数泡沫灭火系统,中倍数泡沫灭火系统和高倍数泡沫灭火系统不做介绍。

1)固定式泡沫灭火系统

固定式泡沫灭火系统一般由水池、固定的泡沫泵站(内设泡沫泵液、泡沫液储罐、比例混合器等)、泡沫混合液的输送管道、阀门及泡沫发生器(或液下喷射泡沫发生器、泡沫管道)组成。

在公路隧道中,固定式泡沫灭火系统中水成膜泡沫灭火剂对汽车油类火灾效果很好,因而在国内使用普遍,在这里着重介绍一下水成膜泡沫灭火剂。

水成膜泡沫灭火剂又称“轻水”泡沫灭火剂或氟化学泡沫灭火剂,是20世纪60年代初发展起来的一种新型高效泡沫灭火剂。我国从1977年开始研制“轻水”泡沫灭火剂,于1979年完成了第一代“轻水”泡沫灭火剂的研究工作，已研制出数种可以用于制造“轻水”泡沫灭火剂的氟碳表面活性剂和几种规格的“轻水”泡沫灭火剂，并通过了技术鉴定，是一种无毒、无味的高效灭火剂，存放期可达10年以上。

2）半固定式泡沫灭火系统

该系统有如下两种形式：

一种是由泡沫发生器、泡沫混合液管道及阀门配件固定安装，没有固定泵站，泡沫混合液由泡沫消防车提供的灭火系统。由于没有固定设置的泡沫混合液泵和泡沫液罐等设施，因此在维护、管理上有一定优越性，但要求有一定数量的消防车及专职消防人员，这个条件一般单位难以具备。

另一种是由固定消防泵站、相应的管道和移动的泡沫发生器，用水带连接组成的灭火系统。一般在泡沫混合液管道上留出接口，以便在必要时用水带接泡沫管枪、泡沫钩管等设备来扑灭火灾。

3）移动式泡沫灭火系统

移动式泡沫灭火系统，可用大型泡沫消防车的泡沫炮直接喷射。

该系统在火灾发生后铺设，不会遭到初期燃烧爆炸的破坏，使用起来机动灵活。但采用移动式泡沫灭火设备时往往受风力等因素的影响，泡沫的损失量大，需要供给的泡沫量较大，而且系统操作比较复杂，受外界因素的影响较大，因此其扑救火灾的速度不如固定式泡沫灭火系统和半固定式泡沫灭火系统。因而移动式泡沫灭火设备一般用来作为固定式、半固定式泡沫灭火系统的辅助设施。

4）泡沫喷淋系统

泡沫喷淋系统一般由泡沫泵站、泡沫混合液管道、阀门及泡沫喷头组成。该系统是用喷淋或喷雾形式释放泡沫或释放水成膜泡沫混合液。一般来说，它有如下三种作用：

（1）对保护的物体有冷却作用。

（2）对着火的物体（或设备）附近其他设施有降低热辐射的作用。

（3）对着火设备流散到地面的甲、乙、丙类液体的初期火灾能起到扑救或控制作用。

设置该系统是为了及时扑救或控制初期火灾，避免火灾蔓延和扩大，所以应设自动报警装置，而且宜采用自动控制方式。在火灾发生时，泡沫喷淋系统能自动开启。当然，同时也应设手动控制装置，当自动控制装置失灵时可以启用手动控制装置。

该系统适用于对甲、乙、丙类液体可能泄漏场所的初期保护。它的喷头有吸气型和非吸气型两种。采用吸气型泡沫喷头的喷淋系统主要用于公路隧道具有B类火灾的危险场所，吸气型泡沫喷头可采用蛋白、氟蛋白、水成膜泡沫液或抗溶性泡沫液；采用非吸气型喷头的喷淋系统可适用于公路隧道具有A类或B类火灾的危险场所，它能与水喷雾灭火系统共用，但只能采用水成膜泡沫液。

三、二氧化碳灭火系统

二氧化碳灭火系统是气体消防的一种，灭火主要靠窒息作用，并有一定的冷却降温作用。其适用于扑救气体火灾、液体或可熔化固体（如石蜡、沥青）火灾、固体表面火灾及部分固体（如棉花、纸张）的深位火灾，以及电气火灾；不能扑救含氧化剂的化学品（如硝化纤维、火药等）、活泼金属（如钾、钠、镁、钛、锆等）和金属氢化物（如氢化钾、氢化钠等）的火灾。

二氧化碳灭火系统主要由二氧化碳储存容器、启动气瓶装置、喷嘴、管道等组成。

1. 二氧化碳储存容器

其分高压储存容器和低压储存容器两种。

(1)高压储存容器：其储存压力为5.17MPa，储存容器为无缝钢制容器，耐压值为22.05MPa，为目前国内普遍采用。为了保证高压储存容器灭火效果，应定期检查容器泄漏情况，并设有称重装置。常用称重装置有拉力弹簧秤和杠杆式称重装置两种。两者可以是携带式，也可以是固定式的。

(2)低压储存容器：其储存压力为2.07MPa，但需控制在-20~-18℃的低温环境下。因此，储存容器外还需套以密封的钢制外壳，中间填充绝热材料。在容器的内腔上部还应盘以制冷管，由附近的制冷系统专门制冷。低压储存容器系统复杂，均系国外产品。低压储存容器的二氧化碳充装密度很高，可达0.90~0.95kg/L。其称重要用专门的秤来实现。

2. 启动气瓶装置

二氧化碳灭火系统储存容器的启动方式有多种，按启动动力可分为电启动和气启动两种。

(1)若采用电启动方式，当接收到两种或两路火灾信号后，执行控制盘向火灾区发出声光警报并经延时后，启动主动灭火器瓶上电磁启动器，由主动灭火器瓶中流出的灭火剂，带动从动灭火器瓶的气启动器开启，释放灭火剂灭火。

(2)若采用气启动方式，尚需设置内装氮气的气启动小钢瓶。用于单元独立系统时，首先，由气启动小钢瓶释放出氮气，打开主动储存容器的容器阀；然后，由主动储存容器释放的气体，通过充气管路打开从动储存容器的容器阀。主、从动储存容器阀打开之前，先打开选择阀，从选择阀出气孔逸出气体，再依次打开主、从动储存容器阀。

气启动小钢瓶内氮气充装压力一般不超过0.8MPa。一个气启动小钢瓶最多能启动10个储存容器。

3. 喷嘴

喷嘴按灭火系统的保护方式分为全淹没式喷嘴和局部应用式喷嘴。全淹没式喷嘴能将灭火剂均匀地喷射到整个防护区的封闭空间。它又有带喷管和不带喷管两种。局部应用式喷嘴只是将灭火剂以扇形或锥形方式喷射到特定的被保护物周围的局部范围内。其形式有架空型和槽边型两种。

4. 管道

二氧化碳灭火系统中采用排放软管和金属管道两种管道。

(1)排放软管。排放软管是连接容器阀与集流管的重要部件。由于是通过软管连接，允许储存容器与集流管之间的安装间距存在一定的误差。另外，排放软管的上端装有止回阀，在组合分配系统中，当储存容器释放灭火剂时，可防止无关的储存容器误喷射。排放软管采用国家标准的不锈钢软管，接口口径有DN25、DN50、DN80三种。

(2)金属管道。除排放软管外，灭火系统其他部位应采用金属管道。

二氧化碳灭火系统的启动，可采用自动控制、手动控制和机械应急操作三种方式。经常有人值班的防护场所，可采取手动控制方式。在采用自动控制的灭火系统中，一定要同时设有手动控制和机械应急操作启动装置。手动控制装置一般设置在防护区门外便于操作的地方，机械应急启动装置设置在容器阀的顶部。

四、消火栓消防给水系统

1. 组成

消火栓消防给水系统通常包括以下几个部分：

(1)消防供水水源(市政给水管网、天然水源、消防水池)；

(2)消防供水设备(消防水箱、消防水泵、水泵接合器)；

(3)洞内消防给水管网(进水管、水平干管、消防竖管等)；

(4)室内消火栓(水枪、水带、消火栓、消火栓箱等)。

其中，消防水池和消防水泵的设置需要根据建筑物的性质、高度情况而定。

2. 系统的组件与要求

消火栓按其安装位置分为室外消火栓和室内消火栓。

(1)室外消火栓规格见表9-1。

室外消火栓规格 表9-1

类别	型号	公称压力(MPa)	进水口DN(mm)	出水口(栓口)		计算出水量(L/s)
				口径DN(mm)	个数(个)	
地上式	SS100/65-1.0	1.0	100	65	2	10～15
				100	1	
	SS100/65-1.6	1.6	100	65	2	10～15
				100	1	
	SS150/65-1.0	1.0	150	65	2	15
				150	1	
	SS150/65-1.6	1.6	150	65	2	15
				150	1	
地下式	SA100/65-1.0	1.0	100	65	1	10～15
				100	1	
	SA100/65-1.6	1.6	100	65	1	10～15
				100	1	

(2)室内消火栓规格见表9-2。

室内消火栓规格 表9-2

每支水枪出水量	消火栓型号	龙带规格	直流水枪规格	龙带接口型号
≥5L/s	SN65	DN65	DN65×19(QZ19)	KD65
<5L/s	SN50	DN50	DN50×13(QZ13) 或DN50×16(QZ16)	KD50

消火栓的设置要求：

(1)消火栓的间距，室外低压系统不应超过120m，高压系统不应超过60m。

(2)消火栓应沿道路设置，若道路宽度超过60m，宜在道路两边设置，并靠近十字路口。

(3)沿消防车道设置的消火栓，应尽量设在建筑物的一侧。消火栓距路边不宜大于2m。

(4)消火栓的保护半径不应超过 150m,若室外消防用水量不超过 15L/s,可不设室外消火栓。

(5)室外地上式消火栓应有一个直径为 150mm 或 100mm 和两个直径为 65mm 的栓口。室外地下式消火栓应有直径为 100mm 和 65mm 的栓口各 1 个,并有明显的标志。

在现阶段的公路隧道中,消火栓设计一般遵循以下原则:

(1)设有消防给水的隧道,均应设置消火栓。

(2)消火栓应成组安装在消防箱内,消防箱宜固定安装在隧道沿行车方向的右侧壁消防洞室内,单洞双向通行隧道可按单侧布设。

(3)单洞双车道公路隧道消火栓间距不应大于 50m,单洞三车道、四车道公路隧道消火栓间距不应大于 40m。

(4)消火栓应采用统一的型号规格,隧道内宜选用减压稳压型消火栓。消火栓栓口直径应为 65mm,水枪喷嘴口径不应小于 19mm,水带长度不应超过 30m。

(5)消火栓栓口离地面或操作基面高度宜为 1.1m,其出水方向宜与设置消火栓的墙面成 90°角,栓口与消防箱内边缘的距离不应影响消防水带的连接。

(6)消火栓的水枪充实水柱长度不应小于 10m。

(7)消火栓栓口处的出水压力大于 0.5MPa 时应设置减压设施。

(8)当消火栓系统压力由消防水泵直供时,每个消火栓处应设置直接启动消防水泵的按钮。

(9)消防箱门上应注明“消火栓”字样。

3. 消防给水管道

消防给水管道一般应符合以下常用要求:

(1)消防给水管道均应呈环状布置,当布置成环状有困难时,可采用枝状布置。

(2)环状管网和输水干管及向环状管网输水的输水管均不应少于两条,当其中一条发生故障时,其余的干管应仍能通过消防用水总量。

(3)进水管管径,按式(9-1)计算:

$$D_{\mathrm{j}} = \sqrt{\frac{4Q}{\pi(n-1)v_{\mathrm{j}}}} \tag{9-1}$$

式中:D_{j}——进水管(连接管)管径,m;

Q——消防用水总量,$\mathrm{m^3/s}$;

v_{j}——进水管水流速度,m/s,一般不宜大于 2.5m/s;

n——进水管的数目,且 $n>1$。

(4)环状管道应用阀门分成若干独立段,每段内消火栓的数量不宜超过 5 个。消火栓较少时,至少应用阀门将环网分成能独立工作的两段。

在公路隧道,消防给水管道的布置一般应符合以下要求:

(1)洞内消火栓应有两条进水管与洞外环状管网连接,有条件的情况下,还应将洞内管道连成环状或进水管与室外管道连成环状。当环状管网的一条进水管发生事故时,其余的进水管应仍能供应全部用水量。环状管网连接的做法是,通过人行横通道、车行横通道利用支管连接。

(2)隧道内的消防给水管道宜采用外壁热镀锌钢管或无缝钢管,管道的连接宜采用沟槽式连接件(卡箍)或丝扣、凸缘(法兰)连接。

(3)隧道洞内消防给水管道应设检修阀,当管径大于或等于100mm时,宜采用软密封闸阀。设有固定水成膜泡沫灭火装置的隧道,在给水管道引入隧道前宜设置管道过滤装置。

(4)洞内消防给水管道根据需要可设置管道伸缩器,穿越路面时应有保护措施。

(5)洞内消防给水管道应采用消防阀门分成若干独立段。某段消防给水管道损坏时,停止使用的消火栓数量不应超过5个,阀门应经常处于开启状态,并应有明显的启闭标志。

(6)消防引入管上设置的计量装置,不应降低引入管的过水能力。水表两侧和水表的旁通管上应设阀门,以确保水表检修时能通过消防用水。

(7)消防给水管道要注意防冻。对于敷设在寒冷地区且室温低于4℃场所的管道,应采取防冻措施。消防给水管,可采用加厚保温层外加空气隔热层双重保温的措施防冻,也可采用管道外加电阻丝加热的防冻保温措施。

(8)沿海地区公路隧道消防给水管道应具有防盐雾腐蚀措施。

第三节 消防水源与给水系统

一、消防水源

1. 消防水源的要求

消防水源是指能提供消防用水的水源。消防水源应满足消防系统对用水水质和用水量的要求。消防水源是消防系统的重要组成部分,也是消防的基本保证。

消防系统的给水应无污染、无腐蚀、无悬浮物。其要求是消防系统能正常运行。消防水源的水质不应堵塞报警阀的运行、喷头的出水,对水源中的悬浮物需加以清除。给水不应对消防系统的管道和设备造成腐蚀。由于公路隧道消防系统平时使用较少,故还需防止消防水源的污染。通常,消防系统水质的悬浮物含量基本上要达到生活用水水质标准的要求。而与生活用水合用的消防用水,其储水的水质应符合生活饮用水水质标准。消防系统的给水应确保系统持续喷水时间内的用水量。消防水源的水量应充足、可靠,系统的持续喷水时间是由设计考虑的火灾延续时间确定的。

2. 消防水源的分类和选择

1)消防水源的分类

消防系统的消防水源主要是市政消防给水管网、消防水池、天然水源。

(1)市政消防给水管网。在能保证消防用水的前提下,市政消防给水管网是消防用水的首选水源。

(2)消防水池。消防水池主要在下列情况下设置:

a. 市政消防给水管网引入管不能满足消防用水量(消防系统的设计流量);

b. 不允许消防泵直接从市政消防给水管网吸水。

(3)天然水源。天然水源可分为地下水源和地表水源。在天然水源中,一般宜以地表水源作为消防水源。当以地下水源作为消防水源时,应考虑水井出水量是否满足要求,水泵电源的可靠性和除砂等技术措施。采用天然水源需符合以下条件:水源丰富,水质符合消防系统给水要求,取水方便等。

2)消防水源的选择

消防水源的选择宜遵循下列原则:

(1)消防水源应优先采用市政消防给水管网。市政消防给水管网是消防水源中最可靠、最简单、最经济的一种方式。在有条件的情况下,选用市政消防给水管网也有利于水资源的利用和系统的节能。

(2)对于单一水源不能满足系统对消防水源要求时,系统可采用多种水源给水。

3. 消防水源的保护措施

1)防止消防水源被挪用

在消防水源的设计中,需确保消防水源的水量,防止消防水源被挪用。对于市政消防给水管网、天然水源,在设计中需按规范的要求考虑。

2)消防水源的卫生

对于消防水源与其他给水合用的情况,除了考虑消防水源的水质外,还需注意其他给水的卫生问题。消防水源平时处于准工作状态,或许很长时间不使用,而生活用水的卫生要求较高。一般生活用水的储藏时间不宜超过24h,而合用的水池最长也不宜超过48h。消防水源特别是消防系统的给水水源与生活用水合用,其水质有利于消防系统,但对生活给水的卫生不利。可以在水池内加消毒剂,以保证其他用水的水质。

对于独立设置的消防水源,也有必要考虑消防水源的卫生问题。如独立设置的消防池,可在消防泵出水的管路上设置旁通管,对消防水池内的水定期加消毒剂、循环。

3)消防水源的防冻

寒冷地区的消防水源必须考虑防冻问题。在公路隧道,洞外水源需考虑结冰的影响。设消防水池的水源,外部应采用保温措施。

4. 消防水源的可靠性

(1)隧道消防水源宜设置高位消防水池,利用重力流供水,即常高压给水系统。当无条件设置高位消防水池时,应采用稳高压供水系统,保证消防水源的可靠性。

(2)消防水泵吸水方式对系统可靠性的影响。

临时高压消防给水系统消防水泵宜采用自灌式引水。通常把消防水泵自灌分为全程自灌和半程自灌两种工况,全程自灌即无吸水底阀消防泵在消防水池任何水位都能自灌自动启动,半程自灌即无吸水底阀消防泵在消防水池水位一半高度以上都能自灌自动启动。显然半程自灌工况下,当一台消防泵在中途因某种原因不能运行,而需另一台消防泵自动启动时,有可能不能自动启动,这样系统供水的保证率就低。

解决临时高压消防给水系统因消防泵不能全程自灌而降低保证率的措施是在水泵的吸水管上加底阀,并可从出水管上接一根直径为6~8mm的细管给吸水管补水,以保证吸水管有水。

(3)消防水泵启动时间对系统可靠性的影响。

隧道消防系统的稳压装置和消防主泵自动启泵时间对系统可靠性有一定的影响,系统的稳压装置和消防主泵启泵密切相关，消防泵应保证在火警后5min内开始工作；《自动喷水灭火系统施工及验收规范》(GB 50261—2017)第7.2.3条规定，以自动或手动方式启动消防水泵时，消防水泵应在55s内投入正常运行，以备用电源切换方式或备用泵切换启动消防水泵时，消防水泵应在1min或2min内投入正常运行。

有很多公路隧道火灾在5min内就可以发展成轰燃，酿成大火。因此消防泵的及时启动对系统灭火的可靠性非常重要，为加速消防主泵的启动，可在系统管网上设置低压压力开关自动启泵。

(4)报警阀对系统可靠性的影响。

临时高压给水系统中，消防系统的启泵时间与报警阀的性能和延时器、水泵的动力情况等有关。湿式系统因系统补水，可能产生压力波动，而在报警阀组设置延时器，可以使系统压力开关的动作时间延后15～90s，通常设置在30～60s之间，这样再加上水泵的启动时间，水泵喷头动作滞后约6min，可见时间太长，对于灭火不利。这个问题的解决办法是选择优质的报警阀，并在系统主干管上加装低压启泵压力开关，系统稳压装置的压力足够，稳压泵的压力应高于消防主泵压力0.10～0.20MPa为宜，这样可使系统的可靠性提高。

在实际工程中应尽可能地缩短消防水泵的启动时间，使系统发挥更佳的灭火作用。

二、消防水池

1.消防水池的功能

(1)储水功能。设置消防水池的目的是储存消防给水用于扑灭火灾。

(2)吸水功能。消防水池应满足消防系统消防水泵的吸水要求。

2.消防水池的分类

消防水池按使用功能可分为专用消防水池和合用消防水池。专用消防水池需注意水质问题，合用消防水池需有确保消防用水量不被挪用的技术措施。公路隧道消防水池一般设置在洞外地势比较高的地方，以确保公路隧道洞内最不利点处喷头的水压。消防水池可以选用钢筋混凝土、玻璃钢、不锈钢等多种材料建造。

3.消防水池的设置要求

(1)消防水池的设置条件：当天然水源因水位太低、水量太少且枯水季节不能保证消防用水量时。

(2)消防水池的容积应满足在火灾延续时间内消防用水总量的要求。当消防水池有两条补水管，在火灾情况下能连续供水时，消防水池的容量可以减去火灾延续时间内补充的水量。该补水量应按管径较小的补水管计算。当水压不同时，按补水量较小的补水管计算。消防水池的最小容量不宜小于36m^3。

(3)消防水池的补水时间不宜超过48h，但缺水地区可延长到96h。

(4)为防止生活、生产、工艺水质污染，消防水池一般与生活、生产、工艺用水储水池分开设置。

(5)在寒冷地区的消防水池应有防冻措施，如消防水池必须有盖板，盖板上必须覆土保温。

(6)消防水池的补水时间不宜超过48h，间接指出了水池的最小进水管直径要求，其目的是保证在一定时间内提供可能发生第二次火灾使用的消防用水量。当设有 2 路及以上供水且在火灾情况下均能保证连续补水时，消防水池的容量可减去其中最小直径进水管在火灾延续时间内补充的水量。火灾延续时间的给水量应根据消防水池补水管的直径、自来水的压力和给水管出水口水头，通过水力计算确定，一般工程实践中可按给水管流速为 1.0 ~ 2.0m/s 进行计算。

(7)其他。消防水池应设有进水管、出水管、溢流管、泄水管、回流管、人孔、爬梯和液位计。消防水池宜在底部设吸水井(坑)，以减少水池的无效水容积、利于消防泵的吸水。消防水池应使消防泵能自灌式吸水。消防水池不宜采用敞开式水池，以防止消防给水被污染。为便于平时的检修、清洗、换水维护和提高消防给水的可靠性，当消防水池的消防储水总容积超过 500m^3时，应分设成 2 个能独立使用的消防水池。在 2 个水池之间可用连通管连接，便于水池水面的平衡。

消防水池宜设二次消毒装置或每年定期换水一次。二次消毒可采用次氯酸钠溶液、二氧化氯溶液等。消防高位水池应设水位遥测装置，且消防水池内的水一经动用，应尽快补充，以供在短时间内可能发生的第二次火灾使用。在消防用水与其他用水共用水池时，应符合消防用水量不作他用的技术要求，并符合寒冷地区的防冻要求。

4. 消防水池的配管

(1)进水管。其作用是向消防水池进水、补水，其管径不小于补水时间要求的管径。当水池利用管网压力进水时，其进水管上应装设浮球阀或液位控制阀。该阀一般不宜少于 2 个，采用 1 备 1 用，保证水池能正常进水。阀门的直径与进水管的直径相同。

(2)出水管。其直径不应小于消防水泵吸水管的直径。

(3)溢流管。溢流管直径应按水池的最大入流量确定，一般比进水管的直径大一级。消防水池的溢流管排出的水不得排入生活饮用水储水池。溢流管出口应设网罩，用以防止鼠、雀类小动物进入水池栖居。

(4)泄水管。其直径可按放空时间确定，且最小直径应大于 50mm。放空时间一般不大于 48h。泄水管应设在水池的最底部。对地下消防水池的泄水，也可采用潜水排水泵来排出。

(5)回流管。回流管主要是指消防水泵检验和消防水池循环时，将水回流至消防水池的管道。消防水泵回流管的直径为 70mm。

5. 消防水池的规格

消防水池可设在室外或室内，可独立亦可联合。

对于室外消防水池，一般采用钢筋混凝土结构，可套用国家标准图集的钢筋混凝土蓄水池设计亦可自己设计。其形式通常有圆形和矩形两种，规格有 50m^3、100m^3、150m^3、300m^3、400m^3、500m^3、600m^3、800m^3、1000m^3不等。对于室内消防水池，可采用钢筋混凝土水池，亦可采用钢板等成品水池，室内钢筋混凝土水池大都采用非标结构。在公路隧道中，受条件限制，一般采取室外消防水池。

6. 消防水池的总容积

消防水池的总容积分为有效容积和无效容积。消防系统消防水池的有效容积为消防系统的设计流量与火灾延续时间内可连续补充的水流量的差值乘火灾延续时间，即

$$V = (Q - Q_b) \cdot t \tag{9-2}$$

式中：V——消防水池的有效容积，m^3；

Q——消防系统的设计流量，m^3/h；

Q_b——在火灾延续时间内可连续补充的水流量，m^3/h；

t——火灾延续时间，h。

公路隧道消防用水量根据同一时期内的火灾次数和一次灭火用水量确定，用水量一般根据同一时期内发生火灾次数为一次计算，从而确定火灾延续时间。因此，火灾延续时间与隧道的长度有关，见表9-3。

隧道消防用水量 表9-3

隧道长度 L（m）	隧道内消火栓一次灭火用水流量（L/s）	同时使用水枪数量（支）	火灾延续时间（h）
$500 \leqslant L < 1000$	15	3	2
$1000 \leqslant L < 3000$	20	4	4
$L \geqslant 3000$	20	4	6

注：每支水枪最小流量为5L/s。

无效容积主要是指水池的超高、吸水井和内部构件部分。超高是指水池水面高程上部被溢水管、浮球阀和上部空气等所占用的高度，一般为200～300mm。而水池下部无法被消防泵取用和水池中立柱、隔墙、导流装置等的容积也属无效容积。

三、给水系统

1. 给水系统的分类与选择

1）给水系统的分类

消防系统的给水系统包括消防水源、消防水泵、消防传输泵和消防稳压泵、水泵接合器等。这里的给水系统是指消防系统中报警阀前的管网和给水设施。

消防系统的给水系统按水压，可分为常高压消防给水系统、稳高压消防给水系统和临时高压消防给水系统；按供水范围，可分为单体消防给水系统和区域（集中）消防给水系统；按供水功能，可分为独立消防给水系统和联合消防给水系统。给水系统的分类见表9-4。三种高压消防给水系统的主要区别见表9-5。

消防系统给水系统的分类 表9-4

分类方式	系统名称	定义
按水压分	常高压消防给水系统	能始终保持满足水灭火设施所需的工作压力和流量，火灾时无须消防水泵直接加压的供水系统
	临时高压消防给水系统	平时不能满足水灭火设施所需的工作压力和流量，火灾时能自动启动消防水泵以满足水灭火设施所需的工作压力和流量的供水系统
	稳高压消防给水系统	能满足车载或手抬移动消防水泵等取水所需的工作压力和流量的供水系统

续上表

分类方式	系统名称	定义
按供水范围分	单体消防给水系统	单一建筑物消防系统的给水系统自成体系、独立工作
	区域(集中)消防给水系统	两个及以上的建筑物共用一个消防给水系统
按供水功能分	独立消防给水系统	单独给一种灭火系统供水,如自动喷水灭火系统
	联合消防给水系统	同一水源给两种及以上灭火系统供水,如给自动喷水和消火栓同时供水的联合系统;自动喷水和水喷雾联合的供水系统等

三种高压消防给水系统的主要区别 表9-5

项目	系统分类		
	常高压消防给水系统	稳高压消防给水系统	临时高压消防给水系统
最不利点处的水压	满足设计额定压力	满足设计额定压力,平时压力高于设计额定压力	不满足设计额定压力,但能自动启动消防水泵,因此可以认为压力低于设计额定压力
最不利点处的流量	任何时间、任何地点满足设计流量	消防主泵启动前仅满足系统启动流量,启泵后满足系统设计流量	消防主泵启动前,部分满足、部分不满足消防设计流量,启泵后满足系统设计流量要求
稳压方式	不需要	稳压泵	高位消防水池或者增设稳压阀
是否需设消防主泵	不需要	设置	设置
控制方式	不需要	水泵房内压力开关组	报警阀压力开关、高位消防水池最低水位(或系统管网低压开关)

稳高压消防给水系统在区域联合消防给水系统中,因服务面积大,各种消防设施多,如消火栓、泡沫、自动喷水、水喷雾等较多,系统控制不能仅用消防系统的压力开关自动启动,因而应在水泵房内设置压力开关组,使系统自动启动。稳高压消防给水系统一般要求真正意义上的双电源一用一备或多用一备消防水泵,或柴油泵与电泵相互备用的供水系统。

2)给水系统的选择

消防系统的给水系统的类型按表9-4选择,如有的系统既是常高压系统,又是双水源,还是区域消防给水系统和联合消防给水系统,也可能是一种临时高压消防给水系统、单体消防给水系统、独立消防给水系统。在公路隧道中,一般根据具体实际情况分析如下:

(1)对于特长隧道或隧道群等,因设计流量大,供水距离远,压力高,受地形条件限制,设置高位水池困难的,宜采用稳高压消防给水系统,一般为双水源系统、区域或联合消防给水系统;

(2)对于长隧道,因受地形条件限制,设置高位水池困难的,宜采用临时高压消防给水系统、单体或独立消防给水系统;

(3)对于一般的隧道,方便设置高位水池的,宜采用常高压消防给水系统、区域或联合消防给水系统。

现阶段,对于公路隧道,当有地形可利用时,常高压消防给水系统是隧道消防系统最常用的一种,一般情况下将消防水池设于高处,利用高位水池的重力流供水,对消防供水较为安全,也可减少用泵加压造成的运行费用及维护工作量增加;当无地形可利用时,可考虑采用自动加压供水方式,且水源一般也采用单水源系统。

2. 给水系统的设计

1)给水系统的设计理念

在消防给水系统设计中,设计者应建立现代消防设计的新理念,即以系统为主线的消防给水设计。消防系统的给水系统设计也是如此,它需要从消防给水的特点出发,强调“系统”和“功能”的新概念。

在设计中,应始终以系统为主线,首先明确系统的形式,再通过技术措施来满足系统的要求,而不是仅仅局限于系统中的某一部件或设备形式,如高位消防水池的设置、稳压泵的选择等。从系统工程的角度出发,提高整个系统的可靠性。

同时,认识水灭火系统的功能也是必要的。不同的水灭火系统,其在火灾中的作用也不尽相同。即使是同一系统,应用在不同的场合中,其理念也有区别。如公路隧道消防系统在消防中主要起控火作用,防止火灾的蔓延,强调对人员的保护,喷头要求快速反应,以利于控制烟雾、保证人员的疏散,其作用除了控火外还有灭火,强调对财产的保护。根据设计的不同,确定系统的功能,明确给水系统的要求,最终选择合适的给水系统。

这种以系统为主线的方法,有利于完善隧道消防系统给水方案,使水灭火系统的应用更具可靠性、实用性和可操作性。

2)给水系统的设计要求

消防系统的给水系统设计的要求是,在灭火时其能满足系统的水压和流量要求。给水系统应根据建筑物的特点、设备管材的压力等因素综合确定。在系统的设置问题上应注意:一般埋地给水管道的工作压力不应大于 1.2MPa,室内架空管道的工作压力不应大于 2.40MPa,配水管道的工作压力不应大于 1.2MPa;对严寒、寒冷地区及可能发生冰冻的场所,在系统中可能遭受冰冻影响的给水部分,应采取有效的防冻措施;需要保证报警阀组前设环状给水管道。

系统的压力要求可通过给水分区来解决。给水系统的防冻可采用保温、冬季局部加热、注入防冻液体等措施。

3)给水系统的设计特点

(1)常高压消防给水系统。其特点是系统不设消防水泵,系统中的喷头随时都能满足喷水的水压和流量的要求。即使在火火时,系统中也无须再加压。这是最可靠的给水系统。

(2)稳高压消防给水系统。它是介于常高压消防给水系统与临时高压消防给水系统之间的一种系统。系统平时由消防稳压泵来维持压力,在灭火时启动消防水泵,由消防水泵来提供灭火所需要的水压和流量。

(3)临时高压消防给水系统。它是在一般情况下采用最多的系统。灭火时,系统需要启动消防水泵供水。但平时系统内应充满水,并由高位水池维持系统压力和水力自动启动给水系统。

第四节 消防管道、消防水泵及消防水泵接合器

一、消防管道

1. 管网

1)管网分类

报警阀前的管网为水源部分,通常分为枝状管网和环状管网。报警阀后的管网主要由排水阀、信号阀、水流指示器、管道、喷头、试水装置、自动排气阀等组成。

管网的布置形式有3种,即枝状管网、环状管网和格栅状管网。3种管网布置形式技术经济比较,见表9-6。

管网布置形式技术经济比较　表9-6

管网的布置形式	供水效果	水力计算难易	技术经济比较
枝状管网	差	易	差
环状管网	较好	中	较经济
格栅状管网	好	难	经济

2)管网的选择

在公路隧道中,单洞内一般采用枝状管网,但双洞隧道的消防给水系统应采用环状供水管网,格栅状管网目前在国内公路隧道还没有采用。

2. 管道材料

给排水管道材料,应根据压力、给排水性质、外部荷载土壤性质、施工维护和材料供应等条件确定。公路隧道中,消防给水管道一般采用内外壁热镀锌钢管、无缝钢管或内外涂塑钢管。采用沟槽式(卡箍)连接或丝扣、法兰连接。

3. 管道接口

管道连接形式分为卡箍连接、螺纹连接、焊接和法兰连接。《公路隧道设计规范　第二册　交通工程与附属设施》(JTG D70/2—2014)第10.2.8条规定,消防给水管道的连接,宜采用沟槽式(卡箍)连接或丝扣、法兰连接。

1)沟槽式(卡箍)连接

沟槽式(卡箍)连接的管材应符合国家标准管材的要求。

沟槽式连接件(管接头)和钢管沟槽深度应符合住建部行业标准的规定。

公称直径DN≤250mm的沟槽式管接头的最大工作压力为2.5MPa,公称直径DN≥300mm的沟槽式管接头的最大工作压力为1.6MPa。

有振动的场所和埋地管道应采用挠性接头,其他场所宜采用刚性接头,当采用刚性接头时,每隔4~5个刚性接头,应设置一个挠性接头。

当三通、四通侧向出口管径不小于DN80mm时,应采用沟槽式三通、四通管件,当三通、四通侧向出口管径不大于DN80mm时可采用机械三通。四通接头时,其开孔大小和开孔间距

不应影响被开孔管道的强度。通常开孔最大直径宜小于被开孔管道直径 50mm 左右，开孔间距与开孔大小有关，一般不宜小于 2m。沟槽式连接与其他形式的接口连接时应采用转换接头。

2）螺纹连接

（1）系统中管径小于 DN100mm 的热浸镀锌钢管或热浸镀锌无缝钢管均可采用螺纹连接。当系统采用热浸镀锌钢管时，其管件可采用锻铸铁螺纹管件；当系统采用热浸镀锌无缝钢管时，其管件可采用锻钢制螺纹管件。

（2）钢管壁厚小于 Sch30（DN≥200mm）或小于 Sch40（DN <200mm）时，均不得使用螺纹连接件连接。

（3）当管道采用 55°锥管螺纹（Rc 或 R）时，螺纹接口可采用聚四氟带密封；当管道采用 60°锥管螺纹（NPT）时，螺纹接口宜采用密封胶密封；密封带应在外螺纹上施加。

（4）管径大于 DN50mm 的管道不得使用螺纹活接头。

（5）在管径改变处应采用单体异径接头。

3）焊接或法兰连接

（1）法兰类根据连接形式可分为平焊法兰、对焊法兰、螺纹法兰等。

（2）当系统采用法兰连接，且为热浸镀锌钢管时，应采用螺纹法兰。

（3）系统管道在报警阀前采用内壁不防腐管道时，可焊接连接。

（4）管道焊接应符合《现场设备、工业管道焊接工程施工规范》（GB 50236—2011）。

（5）当系统采用法兰连接时，可在加工工厂内将管道分段焊上法兰，镀锌后运至现场安装；也可在现场将管道分段焊接，并安装就位，然后将管道拆卸送往加工工厂进行镀锌后，再运回现场二次安装。

（6）进行焊接时应做到：

a. 管壁上的出口孔在焊接配件时，应先将其孔口扩至与配件内径完全吻合。

b. 圆盘应进行修补。

c. 管壁上的孔洞应光滑，其内所有焊渣及其他焊接残留物均需清除。

d. 配件不得伸入管道内。

e. 管道或配件两端不得焊接钢板。

f. 管件不得变形。

（7）在任何管段上，当需要改变管径时，应使用符合标准的异径管接头和管件。

（8）消防系统改造或维修时不得使用气割和气焊。

4. 管道布置及附件

1）管道布置

（1）给水管道的布置应考虑安全供水、水质不被污染、管道不被破坏、生产不受影响和设备便于维护与检修等因素。

（2）给水管网应根据供水安全要求设计成环状管网、枝状管网或贯通枝状管网，同时引入管应采取相应的措施。如环状管网和枝状管网应有 2 条或以上引入管，或采用储水池或增设第二水源等。

（3）给水管道的布置，不得妨碍生产操作、交通运输和建筑物的使用。不应布置在遇水会引起燃烧、爆炸或损坏的设备上方，如配电室、配电设备、仪器仪表上方。

(4)给水管道不得穿越设备基础、风道、烟道、橱窗、壁柜等。不得穿过伸缩缝、沉降缝。如必须穿过,应采取以下措施:预留钢管套、采用可曲挠配件、上方留有足够沉降量等。

(5)给水管道可明设或暗设,暗设时,给水管应敷设于管沟和竖井内。暗设时,应考虑管道及附件安装、检修的可能性,如吊顶留活动检修口、竖井留检修门。

(6)给水管穿过地下室外墙或构筑物墙壁时,应采用防水套管。穿过承重墙或基础时,应预留洞口并留足沉降量。

(7)给水管宜设计成0.002~0.005坡度,坡向泄水处。

(8)有结露可能的地方,应采取防结露措施;有可能冰冻的地方,应考虑采取防冻措施。

(9)相邻双孔公路隧道的消防管道布置成环状管网,可增加管网供水的安全性。

2)附件

(1)阀门。给水管网上应设置阀门,例如,引水管、水表前后和立管,环状管网的分干管、枝状管网的连通管,工艺要求设阀门的生产设备配水管或配水支管。管径小于或等于50mm时,宜采用闸阀或球阀;管径大于50mm时,宜采用闸阀或蝶阀;在双向流动和经常启闭管段上,宜采用闸阀或蝶阀,不经常启闭而又需快速启闭的阀门,应采用快开阀。

①蝶阀。蝶阀具有体积小、质量轻、开启容易和占地少等优点,在工程中可广泛采用。其密封材质有软密封(如内衬橡胶、聚四氟乙烯等)和硬密封(如弹性钢圈等)。阀门材质有铸铁、碳钢和不锈钢等。阀门形式有手动、电动、气动等。应根据工程需要合理采用。

②止回阀。止回阀应装设在相互连通的两条或以上的和建筑物室内连通的每条引入管上;利用室外管网压力进水的水池,其进水管和出水管合并为一条的出水管道上;消防水泵接合器的引入管和水池消防出水管上;配水支管上;水泵出水管和采用升压给水方式的水泵旁通管上。

止回阀分为新型节能止回阀、缓闭止回阀、防水锤止回阀等,可在工程设计中推广使用。

③减压阀。减压阀设置在要求阀后降低水压的部位。减压阀有减动压阀和减静压阀之分,采用时应合理选择。用于给水分区的减压阀和用于消防系统的减压阀应采用同时减静压和减动压的减压阀,如比例式减压阀。

比例式减压阀的设置应符合以下要求:减压阀宜设置两组,其中一组备用;减压阀前后装设阀门和压力表;减压阀前应装设滤清器;消防给水减压阀后应装设泄水龙头,定期排水;不得绕过减压阀设旁通管;减压阀前后宜装设可曲挠橡胶接头。

(2)伸缩器。为了保证管路的稳定性和使用安全,减小管道受热膨胀产生的热应力,在不可能依靠管路弯曲的自然补偿作用时,管道上每隔一定距离应设置热膨胀补偿装置,如伸缩器。

管道伸缩器应力求放在两固定支座的中间位置,并应尽量采用同一形式、同一规格,以减小对固定支架的推力,简化支架结构。除自然补偿外,所有伸缩器均应按热伸长量的50%预拉伸进行计算。

在公路隧道内,消防给水管道如为刚性连接,须设置管道伸缩器,伸缩器选用应根据温差计算。

二、消防水泵

1.水泵扬程计算

水泵扬程应满足最不利配水点或消火栓等所需的水压和水量。

(1)水泵与高位水池结合供水时,水泵扬程按式(9-3)计算:

$$H_b \geqslant H_s + 0.01\left(H_y + \frac{v^2}{2g}\right) \tag{9-3}$$

式中:H_b——水泵扬程,m;

H_y——扬水高度,即储(吸)水池最低水位至高位水池入口的几何高差,m;

H_s——水泵吸水管和出水管(至高位水池入口)的总水头损失,m;

v——水池入口流速,m/s;

g——重力加速度,m/s^2。

(2)当水泵单独供水时,水泵扬程按式(9-4)计算:

$$H_b \geqslant H_s + 0.01(H_y + H_c) \tag{9-4}$$

式中:H_c——最不利配水点或消火栓要求的流出水头,m。

(3)水泵直接从室外给水管网吸水时,水泵扬程应考虑外网的最小水压,同时应按外网可能最大水压核算水泵扬程是否会对管道、配件和附件造成损害。

2. 水泵出水量计算

(1)在水泵后无流量调节装置时,如采用变频调速供水方式,应按设计秒流量计算。

(2)在水泵后有水箱等流量调节装置时,一般应按最大小时流量计算。当用水量较均匀,高位水池容积允许适当加大,且在经济上合理时,也可按平均小时流量计算。

(3)采用人工操作水泵运行时,应根据水泵运行时间按式(9-5)计算:

$$Q_b = \frac{Q_d}{T_b} \tag{9-5}$$

式中:Q_b——水泵出水量,m^3/h;

Q_d——最高日用水量,m^3;

T_b——水泵每天运行时间,h。

3. 水泵设计

(1)管网允许直接吸水时,水泵宜直接从室外管网吸水。

(2)水泵宜设计成自动运行方式。间接吸水(如从储水池)时,应设计成自灌式。在不可能设计成自灌式时,可设计成抽吸式,这时应加设引水装置,以保证水泵正常运行。

(3)每台水泵宜单独设计吸水管,若设计成共用吸水管一般至少有两条,并设连通管与每台泵吸水管连接,水泵吸水水平管变径处,应采取偏心异径管并使管顶平。吸水管应有向水泵不断上升的坡度。吸水管内水流速度一般为1.0~1.2m/s。

(4)每台水泵出水管上应装设止回阀和压力表,并宜采用放水措施,如设气囊式水锤消除器、缓闭止回阀等。出水管水流速度一般为1.2~2.0m/s。

(5)备用泵应根据隧道长度的特点以及防火的重要性、供水安全性和水泵运行可靠性等设置。一般消防系统应设备用泵。备用泵容量应与最大一台水泵相同。

(6)考虑断水可能会引起事故时,除应设备用泵外,还应有不间断电源设施;当电网不能满足要求时,应设有其他动力备用供电设备。

三、消防水泵接合器

1. 消防水泵接合器的作用

消防水泵接合器是供消防车向消防系统给水管网给水的接口。它既可用以补充消防水量，也可用于提高消防给水管网的水压。

消防系统中，消防水泵接合器的作用主要是向系统内增加水压和水量。其作用主要表现在：当消防水泵均发生故障时，消防车通过消防水泵接合器将水加压送至消防系统给水管网；当系统的实际需水量大于系统的设计流量时，通过消防水泵接合器将水加压送至消防系统给水管网。

消防水泵接合器在我国是作为临时给水设施来设置的，因此它是对消防水泵给水的补充供水。在国外，消防水泵接合器还具有对消防水池补水的功能。即当发生火灾时，在火灾延续时间内，若消防水池的储水量不足，则需要消防水泵接合器从室外补水；另外，当消防水泵的水压不足时，通过消防水泵接合器与消防车的消防水泵串联运行来提高水压。

2. 消防水泵接合器的组成及分类

消防水泵接合器是由安全阀、止回阀、栓口放水阀以及连接弯管等组成的。在室外从消防水泵接合器栓口给水时，安全阀起到保护系统的作用，以防补水的压力超过系统额定压力，为满足安全阀和止回阀的检修需要，还应设置阀门。放水阀具有泄水的作用，防冻时使用。故消防水泵接合器的组件排列次序应合理，从消防水泵接合器给水的方向，依次是止回阀、安全阀。

按其栓口的位置，消防水泵接合器可分为地上式消防水泵接合器、地下式消防水泵接合器和墙壁式消防水泵接合器。其主要区别见表9-7。

三种消防水泵接合器的主要区别　　表9-7

名　称	优　点	缺　点	适用条件
地上式消防水泵接合器	目标明显，使用方便	不利于防冻，不美观	一般情况下采用
地下式消防水泵接合器	利于防冻、隐蔽	不便使用，目标不明确	寒冷地区(可能结冰的场所)
墙壁式消防水泵接合器	有装饰作用，易于寻找、使用	难以保证与建筑物外墙的距离	一般情况下采用

消防水泵接合器应采用公安消防部门批准生产的成套产品。

3. 消防水泵接合器设置的技术要求

消防水泵接合器的接入位置与其作用有很大的关系。根据消防水泵接合器在系统中的作用，消防水泵接合器应设置在消防水泵的出水管上，且宜设在报警阀组的前面。

在公路隧道中，设有消防给水的隧道在洞口附近应设置室外消火栓和消防水泵接合器，其数量应根据隧道消防用水量计算确定。每个室外消火栓、消防水泵接合器流量均按10～15L/s计算。

消防水泵接合器的静水压力不宜大于1.2MPa。对静水压力大于1.2MPa的部分，可不设消防水泵接合器。

1)总体要求

(1)在公路隧道中，消防水泵接合器应根据其特点、总体布置、所处气象条件、系统的要求进行合理布置。

(2)当采用地下式消防水泵接合器时,在其地上部位应有明显的标志。

2)阀组的要求

(1)消防水泵接合器的连接位置按其作用和设置要求确定。

(2)消防水泵接合器的工作压力应满足系统压力的要求。

(3)其安全阀的设定压力值应略高于消防系统最不利点喷头所需的压力值,但不得大于消防水泵接合器所容许的最大工作压力。

(4)消防水泵接合器连接系统的给水管直径不应小于 DN100mm。

(5)消防水泵接合器在外形上应避免与室外消火栓雷同,以免混淆而延误灭火。

(6)各分区的消防泵接合器应有明显的区别标志。

3)位置要求

(1)消防泵接合器应布置在室外。

(2)尽可能采用地上式或墙壁式,并应有明显的指示标志。

(3)消防水泵接合器应设在便于消防车使用的地点,且不妨碍交通。

(4)离水源不宜太远,一般为 15 ~ 40m。

(5)宜分散布置,当设置数量不大于 2 个时,可适当集中布置。

第五节　消防设施与通道

一、灭火器

常用灭火器按照其灭火药剂分为泡沫灭火器、干粉灭火器、清水灭火器、二氧化碳灭火器、酸碱灭火器等;按照搬运方式可分为手提式和推车式两种,前者一般为小型,装药量较小。

灭火器是初起火灾灭火的重要器具,因其操作简单,对小规模火灾能起到一定的灭火作用,所以在公路隧道一般灭火中起着非常大的作用,它具有如下特点:

(1)公路隧道内灭火器宜选用磷酸铵盐干粉手提式灭火器,灭火剂充装量不应小于 5kg 且不应大于 8kg。

(2)单洞双车道公路隧道应在隧道一侧设置灭火器,单洞三车道公路隧道宜在隧道两侧交错设置灭火器,单洞四车道公路隧道应在隧道两侧交错设置灭火器。灭火器单侧设置间距不应大于 50m。

(3)灭火器应成组设置在灭火器箱内,每组所设灭火器宜为 2 ~ 3 具。灭火器箱门上应注明“灭火器”字样。

公路隧道内的灭火器选用与建筑灭火器不同。建筑灭火器是在已知建筑物内可能产生火灾种类的情况下选用的,而隧道由于来往车辆使用的燃料及运载货物的不同,可能产生各种类型的火灾,因此,选用灭火器须考虑其灭火性能及适用范围。灭火器一般可按下列条件选用:

(1)要针对公路隧道火灾的特殊性,尤其对 B 类火灾的灭火能力要强,并能适应其他类型火灾。

(2)搬运、操作容易。

(3)不产生有害气体。

(4)灭火剂不能因温度、湿度而变质,且存放时间长。

从国内外使用情况来看,多数选用干粉灭火器,而以磷酸铵盐干粉灭火器为首选,它适用于A、B、C类火灾。

国内近年来已开始将水成膜泡沫灭火装置用于隧道中,该装置使用方便,火灾时由使用者首先拉出喷枪(在拉出喷枪的同时,引起导向架摆动,自动打开供水阀),再将软管拉至需要的长度,对准火源即可灭火。它是一种高效泡沫固定灭火装置。目前国内生产有20L与30L两种规格,喷射时间分别为22min和30min,软管长度有25m、30m和50m。

灭火器的设置间距大小关系灭火人员能否及时地取用灭火器,为了使灭火人员在隧道内取用灭火器时可以直线到达,设置间距最大为50m。

二、消火栓

1.室内消火栓

常用室内消火栓按其出口形式分为直角单出口式、45°单出口式、直角双出口式三种。

2.室外消火栓

室外消火栓分地上式和地下式两种。

三、消防水枪

消防水枪有直流水枪、开关直流水枪、开花直流水枪及多用水枪四种。其用于与消防水龙带配套,使高压水喷射出水柱,以扑救火灾。

四、防火门

1.防火门的构造及原理

防火门由防火门锁、手动及自动环节组成。防火门锁按门的固定方式可分为两种:一种是防火门被永久磁铁吸住,处于开启状态,当发生火灾时通过自动控制或手动关闭防火门。自动控制是由感烟式火灾探测器或联运控制盘发出指令信号,从而靠弹簧将门关闭。手动操作是把防火门或永久磁铁的吸着板拉开,门即关闭。另一种是防火门被电磁锁的固定销扣住,呈开启状态,发生火灾时,由感烟式火灾探测器或联动控制盘发出指令信号使电磁锁动作,或用手拉防火门使固定销掉下,门即关闭。

2.防火门的控制要求

(1)特长隧道的防火门应在现场自动关闭。

(2)防火门两侧应设专用感烟式火灾探测器组成控制电路。

(3)防火门宜选用平时不耗电的释放器,且宜暗设。

(4)防火门关闭后,应有关闭信号反馈到消防中心控制室。

3.防火卷帘门

防火卷帘门设置在隧道人行横通道、车行横通道中,可形成门帘或防火隔离。当发生火灾时,可根据消防控制室、探测器的指令或就地手动操作使卷帘下降至一定高度,水幕同步供水(复合型卷帘可不设水幕),接收降落信号后先一步下放,经延时后再二步落地,以达到人员紧急疏散,灾区隔烟、隔火,控制火蔓延的目的。

五、消防车

1. 水罐式消防车

水罐式消防车以水消防为主,形式较多,有带水枪装置的、消防供水和消防洒水两用等类型。水罐式消防车供专业消防队用于扑灭一般物质的火灾。按消防人员坐在车内或立于车外两侧,其分为内坐式和敞开式两种。敞开式消防车的管道无保温设施,不适合在严寒地区使用。

2. 泡沫消防车

泡沫消防车有 CP10A、CP10B、CPP30 等型号,主要供专业消防队扑救油类产品等易燃液体的火灾及其他不能用水扑灭的火灾,也可用于扑救一般物质的火灾。

六、通道

通道应包括人行横通道、车行横通道、平行通道、直接通向地面的横通道、地下建筑的进出口通道。

双洞分离的公路隧道应设置人行横通道、车行横通道。单洞双向通行的特长公路隧道,宜设置平行通道、人行横通道、车行横通道等设施,有条件时可设置直接通向地面的横通道。

人行横通道设计应符合下列规定:

(1)人行横通道应有良好的防排水措施,道面应防滑。

(2)人行横通道纵坡大于 20% 时,宜设置踏步台阶,边墙两侧宜设扶手,扶手高度宜为 0.9m。

(3)人行横通道的两端应设防火门。

车行横通道设计应符合下列规定:

(1)车行横通道的纵坡不宜大于 5%,最大纵坡不应大于 10%。

(2)车行横通道应设防火卷帘,防火卷帘应具备现场和远程控制开闭功能。

本章习题

1. 公路隧道消火栓消防给水系统由哪几部分组成?消火栓的设置间距是多少?

2. 公路隧道消防水池的容量与哪些因素有关?如何计算?

3. 公路隧道消防给水系统中所说的常高压消防给水系统和临时高压消防给水系统各有什么优缺点?如何选用?

4. 公路隧道消防管网为什么要做成环形?加装伸缩器的作用是什么?

5. 公路隧道灭火器箱的间距是多少?每个箱子里放置几个什么类型的灭火器?

本章参考文献

[1] 中华人民共和国国家质量监督检验检疫总局,中国国家标准化管理委员会.火灾分类:GB/T 4968—2008[S].北京:中国标准出版社,2009.

[2] 中华人民共和国住房和城乡建设部.消防给水及消火栓系统技术规范:GB 50947—2014[S].北京:中国计划出版社,2014.

[3] 中华人民共和国交通运输部.公路隧道设计规范　第二册　交通工程与附属设施:JTG D70/2—2014[S].北京:人民交通出版社股份有限公司,2014.

[4] 赵忠杰.公路隧道机电工程[M].北京:人民交通出版社,2007.

[5] 中国建筑设计研究院有限公司.建筑给水排水设计手册[M].3版.北京:中国建筑工业出版社,2018.

第十章

公路隧道交通安全设施

第一节　公路隧道交通安全设施概述

公路隧道交通安全设施主要包含交通标志、交通标线、视线诱导设施等。通过设置明确的交通标志、交通标线及视线诱导设施，选取适宜防护等级的护栏，可以营造安全、快速、舒适的交通环境，提高隧道的通行能力，改善交通状况，节约能源消耗，这是进行隧道交通管理的有效方法。

一、交通标志

交通标志作为公路主动引导措施的重要组成部分，用图形、符号、颜色和文字向交通参与者传递特定信息，一般设置在公路两侧或道路上方，是交通法规具体化、形象化的表现形式。它能为道路使用者提供确切的交通情报，保证车辆安全、畅通、有序地运行。

交通标志文字、编号或图形化的传达方式，使道路使用者能够准确获取方向、地点、距离等信息。在高速行驶条件下，除合理设置标志、重复显示一些重要信息外，交通标志的视认性也是一个非常重要的问题。为保证交通标志的可见性和易读性，我国交通工程师和心理学家自 1986 年以来进行了大量的试验研究工作，包括对汉字字体、高宽比、笔画粗细、字频、间隔、行距等的研究，制定了以速度为选取标准确定汉字高度的基本原则，按照规范选取正确的汉字高度，能够保证驾驶员对交通标志从发现、识别、辨认至理解并完成必要操作所要求的视认距离。

考虑到交通标志黑暗状态时的视认性，目前我国普遍采用反光膜作为逆反射材料，部分高速公路试验段采用自发光光源标志。

二、交通标线

交通标线是由标画于路面上的各种线条、箭头、文字、立面标记等构成的交通安全设施。它的作用是管制和引导交通。它可以与交通标志配合使用，也可单独使用。

目前，我国的路面交通标线涂料主要以热熔涂料和双组分涂料为主。施画时在预混和面撒一定比例的放光珠，使其具备一定的反光性能。

交通标线特征如下：

(1)鲜明性。标线与路面应具有很好的对比度，标线应醒目、鲜明。

(2)反光性。路面标线无论在白天还是黑夜应具有相同的可见性。

(3)速干性。标线施工应尽量避免对交通的干扰,要求标线涂料尽可能迅速干燥成膜。

(4)附着性。要求标线涂料与路面间具有很强的附着性能,能经受日晒雨淋、风雪冰冻,抵御紫外线和自然老化作用。

(5)耐磨性。路面标线应能经受车辆的冲击磨耗,具有较长的使用寿命。

(6)防滑性。要增加路面标线的摩擦系数;

(7)施工性。施工操作性好,无毒、无污染,对人体无害。

在经历了十多年的试验研究和使用之后,经过经验总结制定了《路面标线涂料》(JT/T 280—2004)和《道路交通标线质量要求和检测方法》(GB/T 16311—2009)等标准,对标线涂料的技术指标和测试方法做了一些规定。但从使用情况来看,道路标线存在涂装率低,反光效果差,标线的完备性、规范性不够,鲜明度和美观性差等问题。

三、视线诱导设施

视线诱导设施是沿车道两侧设置,用于标明道路线形、方向、车道边界及危险路段位置,诱导驾驶员视线的设施。隧道内常用的视线诱导设施主要有轮廓标、轮廓带、突起路标线形诱导标志等。通过对隧道轮廓及车道线形进行清晰的诱导,行车更安全、更舒适。

四、交通安全管理

交通安全管理是指政府通过制定和实施相关的政策、法律法规,规范和维护道路上的交通行为,维护道路的交通秩序,保障道路的安全和畅通的行政执法管理活动的总称。

交通安全管理要利用先进的技术手段进行,处理交通事故,合理地引导组织交通流。它的基本内容包括:接受指令、信息反馈、交通巡逻、报告信息、交通执法、纠正交通违章、疏导交通、处理交通事故、紧急救护与消防、治安管理等。

交通安全管理是一项系统工程,涉及人、车、路等各个方面。通过有效的安全管理,创造良好的交通条件;通过各种有效措施和手段,确保道路的行车安全,最大限度地减少或避免人员伤亡和财产损失。

我国在交通安全管理方面缺乏经验,如何提高道路交通安全管理的科学性,协调好人、车、路的关系,建立一套符合我国道路的交通安全管理体系和管理模式,为人民群众提供更加安全的公路交通环境,是交通安全管理科学中的一个重要课题。

第二节　交 通 标 志

一、交通标志的三要素

为了获得较理想的标志设计,世界各国的交通工程师、工程心理学家长期以来进行了大量的试验和研究,包括对标志的颜色、形状、图形符号等编码成分的研究。所有这些研究工作,为标志设计提供了充分的理论依据。

1. 颜色

对人的视觉有色彩感的波长为 380 ~ 780nm，这段波长人眼是可以看见的。不同的波长引起不同的颜色感觉，如 470nm 短波产生蓝色的感觉，530nm 中波产生绿色感觉，700nm 长波产生红色感觉。此外，在各波长间还有各种中间色，如橙色、黄色、绿色等。

标志的颜色是非常重要的因素，世界各国对标志颜色的研究都很重视。因为颜色可以使标志从它所处的背景中显现出来，更能引起驾驶员对标志的注意，并可帮助驾驶员迅速识别标志的种类和含义。标志的视觉清晰度与它的颜色和背景的对比度有很大关系，为在标志板和符号之间获得最大的对比度，一般采用亮色与暗色搭配，在这种情况下标志的视认清晰度最佳。

根据视觉的规律，道路交通标志不仅要考虑上述因素对视认性的影响，还要考虑颜色所能表达的抽象概念。色彩具有直接感观作用，可以作为一种具有危险感的强刺激。因此，很早之前各国就把红色作为“禁止”“停车”信号来利用；黄色具有警戒的感觉，所以用作“注意危险”等警告信号；黑色和白色出现在大部分标志中，主要是利用其有较好的对比度；绿色作为抽象概念而言，会引发和平、安全的联想，在交通信号中作为“安全”“行进”的信号；蓝色使人产生沉静、安宁的感觉，在交通上作为“指示”的信号。

2. 形状

图形视觉的研究对道路交通标志的设计具有实际意义。什么形状的标志最容易让驾驶员迅速而清楚地识别，这是交通工程师的责任。

驾驶员在道路上认读标志是从它的形状、颜色判别开始的，因此交通标志的设计赋予形状和颜色以一定的意义。驾驶员在发现标志后首先判别其形状和颜色，也就知道该标志属于哪一类，可以提前做准备，这无疑更充分地发挥了交通标志的作用。

通过对交通标志形状可认性的研究，发现在同等面积条件下，三角形的辨认效果最好，其次是菱形、正方形、圆形、六角形、八角形等。这说明具有同等面积、不同形状的标志，其可认性是不同的。不过在决定道路交通标志的形状时，除考虑其形状对可认性的影响外，还要考虑标志牌的可利用面积（即可容纳的信息量），以及过去使用的习惯因素。根据《图形符号　安全色和安全标志　第 5 部分：安全标志使用原则与要求》（GB/T 2893.5—2020）表 1 规定，正三角形表示警告，圆形表示禁止和指令，正方形和长方形表示提示。参考联合国以及很多国家的交通标志标准，除少数国家（如美国、日本、澳大利亚、加拿大、墨西哥等）的警告标志的形状为菱形外，绝大多数国家的警告标志的形状为三角形。

3. 图形符号

研究证明，在较差的视觉条件（如低亮度、快速显示等）下，图形符号信息无论在辨认速度还是辨认距离上均比文字信息要优越。用图形符号来表征信息的另一优点是不受语言、文字的限制，只要设计的图案形象、直观，不同国家、不同民族、使用不同语言文字的驾驶人员均可认读、理解。因此，以图形符号为主的标志受到联合国的推荐，并已被世界上绝大多数国家采用。

二、交通标志的设置原则

设置交通标志时应遵循以下原则：

（1）交通标志以确保交通畅通和行车安全为目的。应结合道路线形、交通状况、沿线设施等情况，设置交通标志，以利于向驾驶员提供正确、及时的信息。

（2）交通标志设置时应进行总体布局，防止出现信息不足或过载的现象。对于重要的信息，应给予重复显示。

（3）交通标志的设置应充分考虑驾驶员的特性，即充分考虑在动态条件下发现、判读标志及采取行动的时间和前置距离。

（4）交通标志应设在车辆行进正面方向最容易看见的地方。可根据具体情况设置在道路右侧、中央分隔带或车行道上方。

（5）同一地点需要设置两种以上标志时，可以安装在一根标志柱上，但最多不应超过四种。应避免出现互相矛盾的标志内容。解除限制速度标志、解除禁止超车标志、干路先行标志、停车让行标志、减速让行标志、会车先行标志、会车让行标志应单独设置。标志牌在一根支柱上并设时，应按警告、禁令、指示的顺序，先上后下、先左后右地排列。

（6）路侧式标志应尽量减少标志板面对驾驶员产生的眩光。在装设时，应尽可能与道路中线垂直或成一定角度。

三、交通标志的分类

为完善道路功能，标志设置极为重要，尤其像隧道这样的有限空间，标志原则上设置在所需净空的剩余空间，要根据对隧道前后明亮部分的关联与交通运营的综合判断，正确设计。

（1）预告标志。

隧道入口前方应设一系列预告标志，如隧道入口距离、减速、开灯（通知驾驶员打开下倾前灯）及禁止超车、停车等标志。另外在隧道入口处，还应设有写明隧道名称和长度的标志牌，使驾驶员在通过隧道前有一定的心理准备。

①隧道标志。

在隧道内行驶与在路段行驶在条件上有些不同，主要是照明、通风、视野等的不同，有的隧道还有横断面不同。所有这些不同可能会对行驶安全产生影响。提醒驾驶员前方有隧道，驾驶员就会从心理和驾驶行为上做好准备，注意慢行。隧道标志设在隧道入口前适当位置，形状如图 10-1 所示。

②隧道名称标志。

高速公路隧道名称标志版面采用绿底白字、白图案。左边为隧道图案，右边为隧道名称。字高根据行车速度取定。隧道图案采用《道路交通标志和标线　第 2 部分：道路交通标志》（GB 5768.2—2009）第 4.22 条中的图案。高度为两倍汉字高度。隧道名称标志用以提醒驾驶员注意慢行。隧道名称标志设在隧道较长、视线不良、照明不好的隧道入口前适当位置，其形状如图 10-2 所示。

图 10-1　隧道标志

图 10-2　隧道名称标志

③组合禁令标志。

为了规范驾驶员的驾驶行为，确保隧道路段的行驶安全，一般公路隧道入口前均会设置相应的禁令标志，如限速标志、限高标志、禁止停车标志、禁止超车标志。其中在入口设置有禁止超车标志的隧道，在出口后会设置对应的结束禁止超车标志。同时在隧道路段限速低于一般路段时，在出口后应设置解除限速标志或设置新的限速标志规定道路限速值。禁令标志形状如图 10-3所示。

图 10-3 禁令标志

④立面标志。

立面标志用于提醒驾驶人员注意，在车行道内或近旁高出路面的构造物。为防止碰撞发生，在隧道洞口壁面上应设立面标志。

立面标志的颜色为黄黑相间的斜线，斜线倾角为45°，线宽及其间距均为15cm。在设置时应把向下倾斜的一边朝向车行道。立面标志如图 10-4 所示。

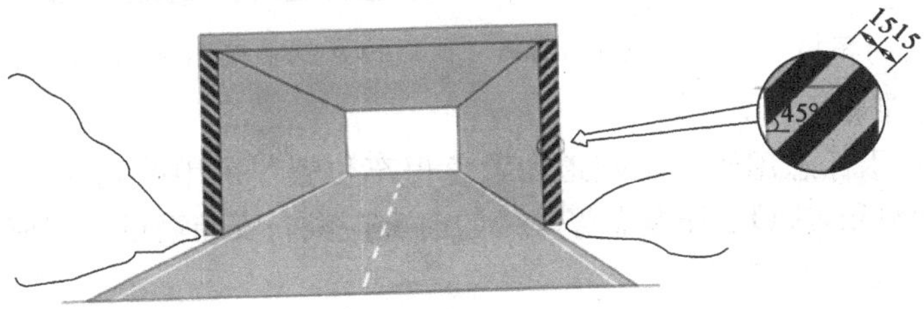

图 10-4 立面标志（单位：cm）

（2）紧急电话标志。

紧急电话标志用于指示隧道内紧急电话位置。宜采用电光标志，照明方式宜为内部照明，双面显示；应设置于紧急电话上部，安装高度净空应不小于2.5m。紧急电话标志如图 10-5 所示。

（3）消防设备指示标志。

消防设备指示标志用于指示隧道内消防设备位置。宜采用电光标志，照明方式为内部照明；应设置于消火栓上方，安装高度净空应不小于2.5m。消防设备指示标志如图 10-6 所示。

图 10-5 紧急电话标志

图 10-6 消防设备指示标志

(4)人行横通道指示标志。

人行横通道指示标志用于指示隧道人行横通道位置,在隧道发生紧急状况时指示隧道人员逃生路线。采用电光标志(内照式,绿底、白字、白图案),双面显示;应设置于人行横通道顶部,安装高度净空不小于2.5m。人行横通道指示标志如图10-7所示。

(5)车行横通道指示标志。

车行横通道指示标志用于指示隧道车行横通道位置,在隧道发生紧急状况时指示隧道车辆改行车行横通道。宜采用电光标志,照明方式为内部照明,双面显示;应设置于行车方向左侧车行横通道处,安装高度净空不小于2.5m。车行横通道指示标志如图10-8所示。

图10-7　人行横通道指示标志

图10-8　车行横通道指示标志

(6)紧急停车带指示标志。

紧急停车带指示标志用于指示隧道内紧急停车位置。采用电光标志(内照式,绿底、白字、黑图案),双面显示;应设置于紧急停车带的前5m左右,安装高度净空应不小于2.5m。紧急停车带指示标志如图10-9所示。

(7)疏散指示标志。

疏散指示标志主要用于指示该点与洞口、人行横通道、车行横通道的距离与方向,在隧道发生紧急情况时,指示行人、车辆迅速离开。宜采用电光标志,照明方式为内部照明,单面显示;应设置于隧道侧墙上,安装高度净空应不大于1.3m,间距应不大于50m。疏散指示标志如图10-10所示。

图10-9　紧急停车带指示标志

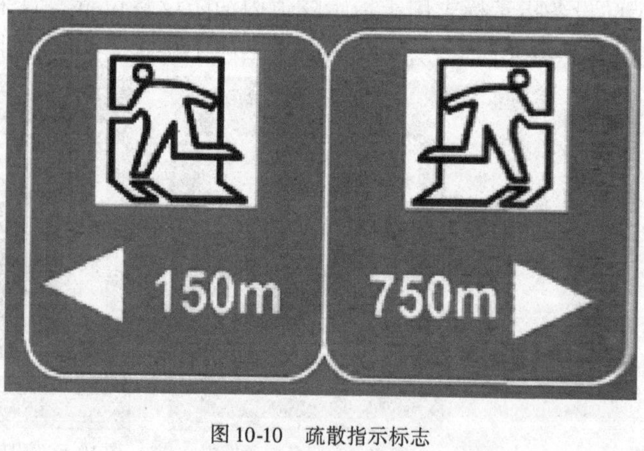

图10-10　疏散指示标志

四、交通标志照明及反光措施

为了在夜间及自然界照度低的情况下提高对标志的视认性，需要考虑标志牌的照明或反光材料及发光措施，以增加标志的亮度，保证在白天及夜间均能发挥标志的作用。

1. 电光标志

电光标志是指一种内部照明或外部照明，用于隧道内能够清楚辨认的带有一定图形、符号的标志。隧道内使用的电光标志主要包括紧急电话指示标志、消防设备指示标志、人行横通道指示标志、车行横通道指示标志、疏散指示标志、紧急停车带指示标志等。电光标志分为内部照明方式和外部照明方式，公路隧道一般采用内部照明方式。

(1)采用内部照明方式的电光标志装有照明装置，采用半透明材料制作标志板，有单面显示和双面显示两种。内部照明标志可根据标志板的大小、承受的风力进行结构设计。确保标志板面照度均匀，在夜间具有150m的视认距离。灯箱结构合理，金属构件经防腐处理，防雨、防尘，电气元件耐久可靠，检修方便。

(2)从外部光源照亮标志板面的电光标志，其外部照明的光源和安装位置应进行专门设计。照明灯具及其阴影不能影响标志认读。外部光源在标志板面上的照度不得有明显不均匀现象，均匀度(最大照度/最小照度)须在4以下，确保在夜间具有150m的视认距离。外部照明光源不能给驾驶员造成眩光。

支撑灯具的构件应进行防锈处理，照明器件应耐久可靠，性能优良，检修方便。

电光标志亮度应考虑为车辆提供诱导因素。在设计中，光源的光通量在装上透光面罩之后要进行折减。折减系数：乳白色玻璃为0.55，磨砂玻璃为0.7。电光标志为常亮灯，可以不考虑控制。

2. 反光标志

(1)反光材料的种类及性能。

用于标志板面的反光材料按其结构的不同可以分为透镜埋入型、密封胶囊型、微棱镜型等。其反光原理为射向标志板面的光线应沿入射光线的反方向返回光源。由于标志位置和车辆行驶条件不同，用于标志板面的反光材料应具有优良的广角性和逆反射性能。在不同入射角(汽车前照灯光线与标志表面法线之间的夹角)、不同观测角(汽车前照灯光线与标志反射回驾驶员眼睛的光线间的夹角)下，用于标志板面的反光膜的逆反射系数值应符合《道路交通标志板及支撑件》(GB/T 23827—2009)的规定。

(2)反光材料的选择。

公路隧道反光标志宜采用Ⅳ类或Ⅴ类反光膜，与隧道外路段所采用的反光标志反光膜级别相同。

五、交通标志的支撑方式

交通标志的支撑方式有立柱式、悬臂式、附着式和门架式。从视认性方面来看，门架式最好，悬臂式次之，双柱式和单柱式再次之；从造价方面来看，正好与上述次序相反。

关于交通标志支撑方式，关键是要满足视认性要求，应根据标志所提供信息的重要程度、标志板尺寸、交通量及车辆构成、路侧基础条件等因素确定。

1. 立柱式

立柱式标志如图 10-11a)所示,不应侵入公路建筑限界以内,标志内边缘距路面或路肩边缘不得小于 25cm,标志牌下缘距路面的高度为 150 ~ 250cm。

立柱式标志又分为单柱式和双柱式两种,前者标志牌安装在一根立柱上,适用于中、小型尺寸的标志;后者标志牌安装在两根立柱上,适用于长方形的标志。

2. 悬臂式

悬臂式标志如图 10-11b)所示,安装于悬臂上。标志下缘离地面的高度至少按该道路规定的净空高度设置。悬臂式标志适用于:

(1)立柱式安装有困难时;

(2)道路较宽、交通量较大、外侧车道大型车辆阻挡内侧车道小型车辆视线时;

(3)视距受限制时;

(4)景观上有要求时。

悬臂式标志又分为单悬臂式和双悬臂式两种,前者立柱上安装一块标志牌,后者立柱上安装两块标志牌。

3. 门架式

门架式标志如图 10-11c)所示,安装在门架上,标志下缘距路面的高度至少按该道路规定的净空高度设置。门架式标志适用于:

(1)多车道道路(同向三车道以上)需要分别指示各车道去向时;

(2)道路较宽、交通量较大、外侧车道大型车辆阻挡内侧车道小型车辆视线时;

(3)互通式立交且间隔距离较近、标志设置密集之处;

(4)受空间限制,立柱式、悬臂式安装有困难时;

(5)车道变换频繁,出口匝道为多车道者;

(6)景观上有要求时。

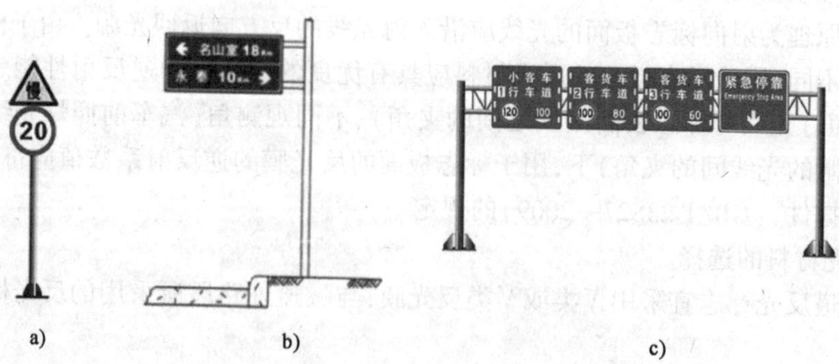

a)　b)　c)

图 10-11　标志支撑方式示意图

a)立柱式;b)单悬臂式;c)门架式

4. 附着式

附着式标志安装在上跨桥或附近的构造物上。附着式标志的安装高度也应符合上述净空的规定。

六、交通标志的结构和材料

交通标志由标志底板、支柱、基础紧固件和标志面组成。

(1)标志底板可用铝合金板、合成树脂类板材(如塑料、硬质聚氯乙烯板材或玻璃钢等)材料制作。铝合金板材的抗拉强度应不小于289.3MPa,屈服点不小于241.2MPa,延伸率不小于4%～10%。应采用牌号为3004的铝合金板。大型标志的板面结构,宜采用挤压成型的铝合金板拼装而成。标志板背面可选用美观大方的颜色,铝合金板可采用原色。一般结构的标志板,应采用滑动槽钢加固,以便于与立柱连接。

(2)交通标志支柱可选用H型钢、槽钢、钢管及钢筋混凝土管等材料制作,临时性的可用木柱制作。钢柱应进行防腐处理,钢管顶端应加柱帽。应考虑标志支柱与基础的连接方式。

钢制立柱、横梁、法兰盘及各种连接件,可采用热浸镀锌。立柱、横梁、法兰盘的镀锌量为600g/m²,紧固件为350g/m²。

各种标志支柱的断面尺寸、连接方式、基础大小等,应根据设置地点的风力、板面大小及支撑方式经计算确定。

(3)标志底板和支柱的连接应根据板面大小选用不同的连接方式。在设计连接部件时,应考虑安装方便、连接牢固、板面平整。

(4)各种标志支柱的埋设深度,取决于板面承受的外力及地基的承载力。一般应浇筑混凝土基础。支柱的金属预埋件应进行防腐处理。

七、性能验算

1.风速选择

对于路基段标志,基本风速采用当地空旷平坦地面上空10m高统计所得的30年1次的10min平均最大风速。

2.风压力计算

交通标志结构设计主要考虑风压力,风压力按式(10-1)计算:

$$p = \frac{1}{2}\rho c v^2 \tag{10-1}$$

式中:p——单位面积上的风压力,Pa;

ρ——空气密度,kg/m³,一般取1.2258kg/m³;

c——风力系数(标志板$c=1.2$,标志柱$c=0.7$);

v——风速,m/s(一般为30～60m/s)。

求出外力后,根据交通标志的不同、支撑方式的不同进行支柱、横梁、连接螺栓的强度计算及基础稳定验算,求出各部断面尺寸。

3.验算内容

标志板和支柱的连接可采用多种方法,设计标志上部结构时,应采用以概率论为基础的极限状态设计方法,按承载能力极限状态和正常使用极限状态设计,并进行强度验算、变形验算和稳定性验算。

标志基础采用不必配置受力钢筋的刚性浅基础时，应进行基底应力、基底合力偏心距、基础倾覆性和滑动性等验算；位于软基路段的大型标志，应通过方案比较确定采用柔性基础还是柱基础；位于桥梁、路肩式挡土墙上的标志，应配备必要的受力钢筋并进行验算。

采用其他材料制作标志面板和支撑杆件时，必须按规定进行设计和计算，以保证标志的基础功能和使用年限。

第三节　交通标线

道路交通标线是由标画于路面上的各种线条、箭头、文字、立面标志、突起路标、轮廓标等构成的交通安全设施。它的作用是引导驾驶员视线，管制驾驶员驾驶行为。因此，标线的可见性、耐久性、施工性等有严格的要求。车辆行驶时，无论是白天还是黑夜，都能由于光泽和色彩的反衬而清晰地识别路面标线。无论是沥青路面还是水泥混凝土路面，标线涂料必须保持与路面之间的紧密结合，在一定时期内，不会因为车辆和行人来往通行而剥落。标线涂料应具有优良的耐久性，能经受车轮长久的磨耗，不会产生明显的裂缝。标线涂料应具有很好的防滑性能，车辆驶过标线时产生较小的噪声和振动。标线涂料的原料容易获得，价格便宜，涂敷作业要安全、无毒、无污染。标线应颜色均匀，不会因气候、路面材料等作用而变色。标线涂料应具有快干性能，画出的标线边缘整齐，表面平整，不会因涂料流淌而在表面产生沟槽、气泡等缺陷。

道路交通标线可以与标志配合使用，也可单独使用。

一、交通标线的分类

(1)道路交通标线按设置方式可分为以下三类：

①纵向标线：沿道路行车方向设置的标线。

②横向标线：与道路行车方向成角度设置的标线。

③其他标线：字符标记或其他形式标线。

(2)道路交通标线按功能可分为以下三类：

①警告标线：促使驾驶员及行人了解道路上的特殊情况，提高警觉，准备防范应变措施的标线。

②指示标线：指示车行道、行车方向、路面边缘、人行道等设施的标线。

③禁止标线：告示道路交通的通行、禁止、限制等特殊规定，驾驶员及行人需严格遵守的标线。

(3)道路交通标线按形态可分为以下四类：

①线条：标画于路面、缘石或立面上的实线或虚线。

②字符标记：标画于路面上的文字、数字及各种图形符号。

③突起路标：安装于路面上，用于标示车道分界、边缘、分合流、弯道、危险路段、路宽变化、路面障碍物位置的反光体。

④路边线轮廓标：安装于道路两侧，用以指示道路方向、车行道边界轮廓的反光柱(或片)。

(4)道路交通标线的标画区分如下:

①白色虚线:画于路段中时,用以分隔同向行驶的交通流或作为行车安全距离识别线;画于路口时,用以引导车辆行进。

②白色实线:画于路段中时,用以分隔同向行驶的机动车和非机动车,或指示车行道的边缘;设于路口时,可用作导向车道线或停止线。

③黄色虚线:画于路段中时,用以分隔对向行驶的交通流;画于路侧或缘石上时,表示禁止路边长时停放车辆。

④黄色实线:画于路段中时,用以分隔对向行驶的交通流;画于路侧或缘石上时,表示禁止路边停放车辆。

⑤双白虚线:画于路口时,作为减速让行线。

⑥双黄实线:画于路段中时,用以分隔对向行驶的交通流。

⑦黄色虚实线:画于路段中时,用以分隔对向行驶的交通流。黄色实线一侧禁止车辆超车、跨越或回转,黄色虚线一侧在保证安全的情况下准许车辆超车、跨越或回转。

⑧双白实线:画于路口时,作为停车让行线。

二、标线的设计与设置原则

1. 标线的设计原则

1)标线颜色的选择

路面标线一般为白色及黄色,以白色为主。白色的单一色调容易使长途行驶的驾驶员感觉疲劳,如果增加黄色标线,则可起到调节作用,有利于行车安全。总的来说,白色为指示、控制意义,黄色为禁止、警告意义,若有特殊需要亦采用红色。缘石路标一般采用黄色、黑黄相间的条纹等;为提高夜间的视认性,标线可根据需要采用反光标线,立面标志可加设照明、闪光灯等设备。

2)标线宽度的选择

国外大量研究表明,纵向标线的宽度对交通状况和驾驶员的心理指标不产生影响,之所以要规定一个范围,一般认为宽的标线是为了强调,并不主张过分加宽,否则不但会增加费用,而且会加大打滑的危险。《道路交通标志和标线　第2部分:道路交通标志》(GB 5768.2—2009)规定,纵向标线的宽度为10~15cm,高速公路边缘线宽度规定为15~20cm,一般采用下限值,在需要强调的地方可采用上限值。

横向标线宽度应比纵向标线宽度大,因为驾驶员在行车中发现横向标线往往是由远到近,尤其是距横向标线较远的时候,其视角范围很小,加上远小近大的原理,加宽横向标线是很有必要的,一般宽度为20~40cm,斑马线为45cm。

3)标线实线与间隔距离的选择

根据心理学家的研究,虚线中的实线段和间隔距离与车辆的行驶速度直接相关。实线段与间隔距离太近,会造成闪现率过高而使虚线出现连续感,对驾驶员产生过分刺激;但实线段与间隔距离太远,闪现率太低,使驾驶员在行驶中获得的信息量太少,起不到标线应有的作用。

选择标线比例的时候,既要考虑驾驶员的心理、生理指标,也要尽量使每公里标线面积较小。在郊外公路上,闪现率不大于4次/s被认为是可以接受的,闪现率为2.5~3.0次/s时效果最好;在城市道路上闪现率在 8 次/s 以下被认为是可以接受的。根据透视原理,规定纵向标线的最小宽度为 10cm,纵向标线虚线的实线段最小长度为 3m。

4)导向箭头形式的选择

驾驶员在道路上行进过程中辨认路面上的导向箭头时,由于受视线高度的限制,箭头平面形状应与观察距离成正比地拉长,所以,漆画在路面上的箭头形状同正常的箭头形状有很大的不同。

为寻求导向箭头的最佳形式,需要对各种直行、转弯、直行和转弯组合箭头进行比较。根据认读速度和错误率试验的结果来统计分析,最终的箭头形式根据试验结果的平均值来选用。

2. 标线的设置原则

(1)高速公路上设置的标线在白天或夜间都应能清晰地识别和辨认;

(2)高速公路标线所选用的材料不得明显降低其覆盖路面的抗滑性;

(3)路面设置文字标记处,其标线覆盖路面部分不应降低该地段的摩阻力;

(4)标线所采用的涂料应符合路面标线涂料的相关规定,且无毒、无污染;

(5)标线的设置应同标志内容及其设置相互配合、相辅相成。

三、隧道交通标线设计

1. 标线设置标准

隧道应设置车行道边缘和车行道分界线。

(1)车行道边缘为白色实线,用于指示机动车道的边缘,或用于划分机动车道与非机动车道的分界,设于路侧边缘。线宽 15 ~ 20cm,每隔 10 ~ 15cm 设置一个黄色双面定向反光突起路标。车行道分界线为白色虚线,用来分隔同向行驶的交通流,设在同向行驶的车行道分界线上。线宽 10 ~ 15cm,每隔 10 ~ 15cm 设置一个黄色双面定向反光突起路标。

(2)用反光和不反光突起路标组成车道边缘时,不反光突起路标的间距为 1 ~ 1.2m,每隔 10 ~ 15cm 设置一个黄色双面定向反光突起路标。

(3)隧道内禁止停车时,组成车行道分界线的突起路标设置方式同车行道边缘线,否则,不反光突起路标的间距为 1 ~ 1.2m,设置长度为 6m 后,间隔 9m 设置一个白色双面定向反光突起路标,再重复设置。

2. 标线设计

隧道内道路标线主要为纵向指示类标线,包括双向车道路面中心线、行车道分界线和行车边缘线等,如图 10-12 二维码所示。

图10-12 隧道标线设计图

(1)隧道交通标线应符合《道路交通标志和标线　第 3 部分:道路交通标线》(GB 5768.3—2009)中的有关规定。隧道内同向两行车道之间设有白色车道分界线。车道分界线一般为实线。行车道两侧路缘带内设白色实线,为行车道边缘线。

(2)隧道内及洞口外 150m 范围内设置实线车道分界线,单向行驶为白线,双向行驶为黄线,禁止车辆超越。

(3)突起路标:固定于路面上起标线作用的突起标志块。隧道内及洞口两端一定范围内与车行道边缘线及车道分界线上设双面定向反光突起路标,其颜色与标线颜色一致。其布设间距为6～15m，入口一段其间距应减半，可根据标线情况选定。突起路标一般应设置在标线的空当中。

(4)隧道内须设置轮廓标，以便行车人员更清楚地识别公路隧道的线形及轮廓。轮廓标设于隧道壁及检修道顶部。

轮廓标柱体应采用聚乙烯树脂、玻璃纤维增强塑料、聚碳酸酯树脂、氯乙烯树脂等强度高，耐候性、耐温性、耐蚀性好，加工成型方便的材料制造。

(5)特长隧道、长隧道一般每隔500m设置一处隧道轮廓带，视距不良等特殊路段适当加密，轮廓带为白色逆反射材料粘贴于铝合金底板上。

四、路面标线涂料

1. 标线涂料的分类

路面标线涂料可分为常温溶剂型、加热溶剂型和热熔型三类。

常温溶剂型油漆可在常温条件下作业施工，对环境的要求比较宽松，适用范围较广。常温溶剂型油漆有酯胶漆、环氧漆、丙烯酸漆和氯化橡胶等品种。丙烯酸漆和氯化橡胶干燥较快，环氧漆的附着性和耐久性较好，酯胶漆由于耐磨性差，用量有限。常温溶剂型油漆的有效使用寿命为4～8个月。

加热溶剂型涂料，加热温度较低，通过溶剂挥发和树脂在空气中氧化聚合而成膜。干燥速度较快，涂膜厚，有效使用寿命可达8～15个月，反光效果好。

热熔型涂料无溶剂，施工时需要加热使粉状涂料熔化，利用专用设备涂敷于路面，冷凝后成标线。这种标线凝固快，耐磨性强，有效使用寿命可达20～36个月，反光性好，适用于繁忙的城市干道和高速公路上。

2. 涂料原料及其作用

常温溶剂型油漆由合成树脂(15%～20%)构成涂膜，并黏合其他各种原料成分。包括：着色颜料(15%～20%)，主要作用是着色及遮盖；体质颜料(15%～38%)，是充填料，用以提高机械强度和耐磨耗性能；添加剂(2%～5%)，是促进快干，防止沉降、结皮、分散，增加稳定性的成分；溶剂(30%～40%)，赋予油漆流动性，调整黏度。

加热溶剂型涂料由合成树脂、着色颜料、体质颜料、添加剂和溶剂五种成分构成。合成树脂构成涂膜，并促使各原料相互黏合。着色颜料使标线着色及遮盖。体质颜料为充填材料，提高涂料机械强度和耐磨耗性能。添加剂可促使标线涂料快干、防止沉降、防止结皮、防止分散和增加稳定性。溶剂(20%～30%)赋予油漆流动性，调整黏度。

热熔型涂料中的树脂必须是热塑性的，要求与各物质相溶性好，酸价低，色泽浅，耐热性和耐候性好。热熔型涂料添加剂有增塑剂、防沉降剂、抗污染剂和抗紫外线变色剂等。为增加标线夜间反光性，还预混玻璃微珠和面撒玻璃珠。

路面标线涂料的技术要求应符合《路面标线涂料》(JT/T 280—2004)的规定。

3. 预成型标带材料

预成型标带材料由热塑性材料构成。该热塑性材料为聚合材料，是颜料及玻璃珠的均匀混合物，在热塑性材料反光表面额外嵌入玻璃珠层。施工时，通过其背面预涂胶层或在路面另涂胶结剂，使成型标带贴附于沥青及水泥路面上。在正常路面温度条件下，借助车辆行驶的压力，该标带与路面可紧密结合。预成型标带的厚度，除胶层外不应低于1.5mm；对于有突起断面的成型标带，其未突起部分厚度应不小于0.5mm。

第四节　工 程 实 例

以某高速公路老寨隧道为例。该隧道为双洞双向四车道，设计速度为80km/h，隧道长度为1197m。

1. 交通标志

隧道入口前应设置隧道名称标志、组合禁令标志，特长隧道内应设置出口距离标志，隧道出口应设置解除禁止超车标志等。隧道名称标志包含隧道名称信息、隧道长度和请开大灯行驶警告信息，设置于隧道前200m处；组合禁令标志设置于隧道前150m处，解除禁止超车标志设置于隧道出口后100m处，如图10-13所示。

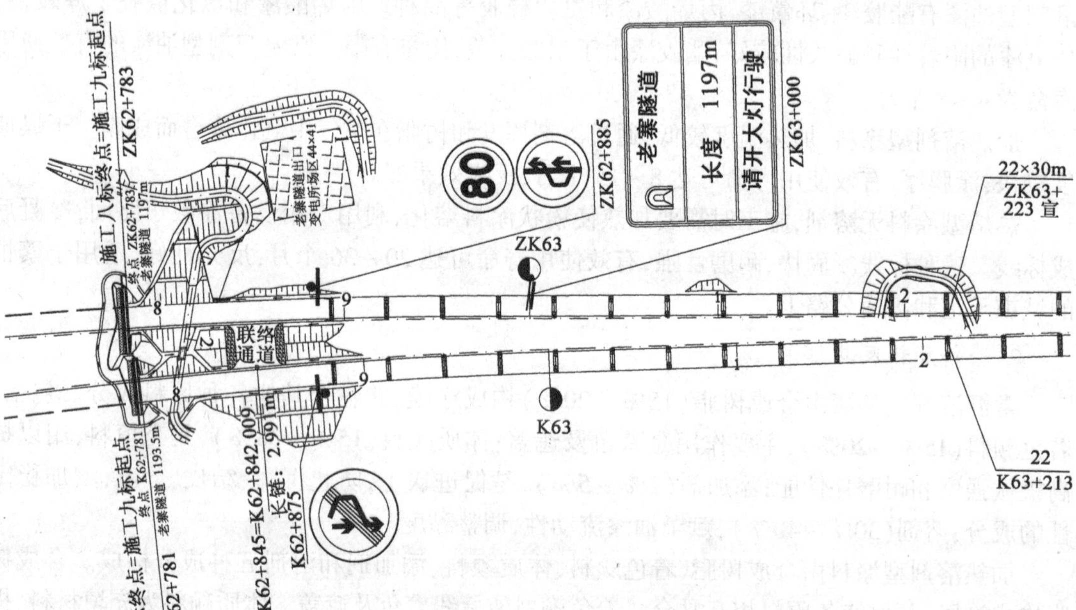

图10-13　隧道洞口标志

隧道出口距离标志设置于长度大于5km的隧道内，自距离出口3km处开始设置，间隔500m设置一处。

2. 交通标线

隧道入口前150m至出口后100m车道分界线采用实线，标线采用热熔反光标线。同时在隧道出入口设置黄色彩色铺装；隧道出入口应急车道设置斜向导流斑马线，斑马线采用热熔反光标线，标线为实线，线宽45cm，间隔1m，斜角45°。

标线采用施工快捷、寿命长、反光性好的热熔反光型标线涂料，标线采用刮涂方式施工,厚度为2mm,涂料中含25%的玻璃珠,涂布涂层后立即将玻璃珠撒布在其表面;突起型标线采用热熔反光型涂料,厚度为6mm,涂料中含25%的玻璃珠,涂布涂层后立即将玻璃珠撒布在其表面。新画反光标线需满足基本逆反射亮度系数要求,其中白色标线逆反射亮度系数不小于150mcd·m^{-2}·lx^{-1},黄色标线逆反射亮度系数不小于100mcd·m^{-2}·lx^{-1}。也可根据实际使用需求,提高标线的逆反射亮度系数标准;正常使用情况下,需满足白色标线逆反射系数不小于80mcd·m^{-2}·lx^{-1},黄色标线逆反射系数不小于50mcd·m^{-2}·lx^{-1}。标线各项指标需满足规范要求。隧道洞口标线布置如图10-14所示。隧道内标线及突起路标布置如图10-15所示。

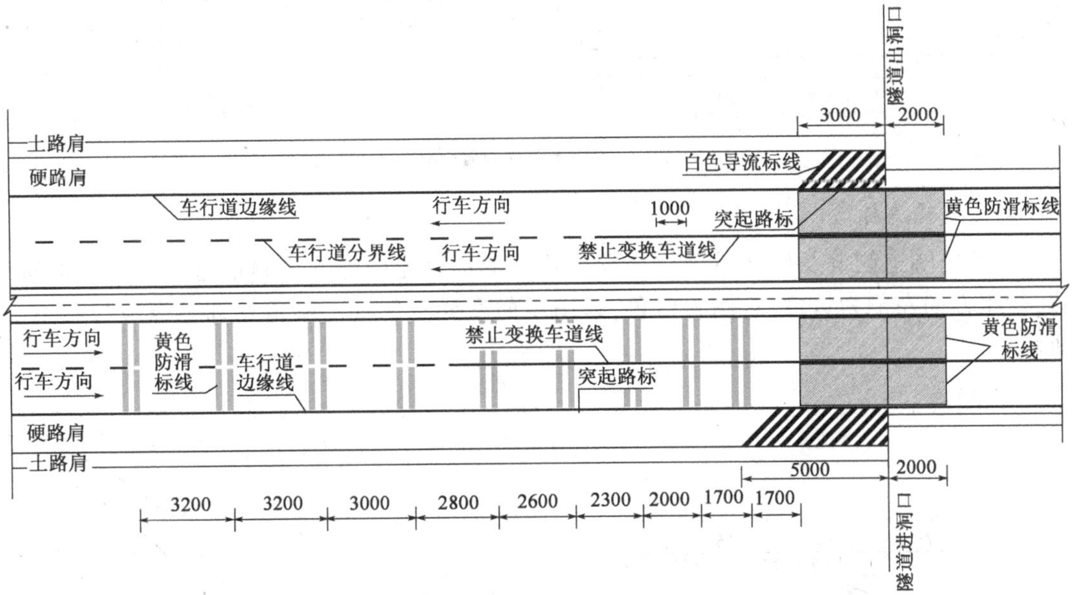

图10-14　隧道洞口标线布置(单位:cm)

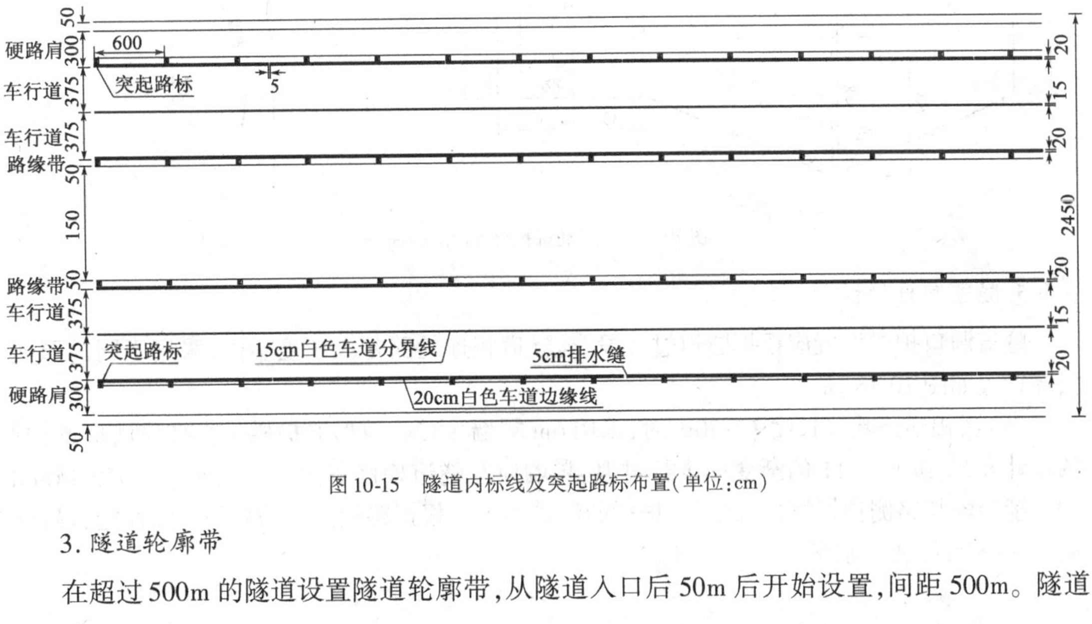

图10-15　隧道内标线及突起路标布置(单位:cm)

3. 隧道轮廓带

在超过500m的隧道设置隧道轮廓带,从隧道入口后50m后开始设置,间距500m。隧道轮廓带采用反光膜材质,反光膜粘贴于铝合金底板上。隧道轮廓带设置如图10-16所示。

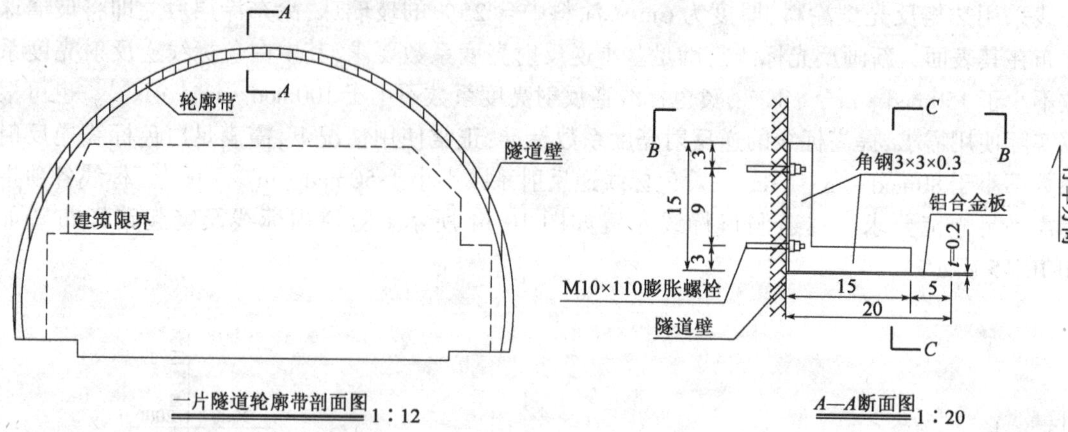

图10-16 隧道轮廓带设置(单位:cm)

4. 隧道轮廓标

隧道内隧道侧壁及检修道顶部连续设置轮廓标。轮廓标在公路前进方向左右对称设置,行车方向左侧为黄色、右侧为白色,采用双面反光轮廓标。隧道轮廓标设置如图10-17所示。

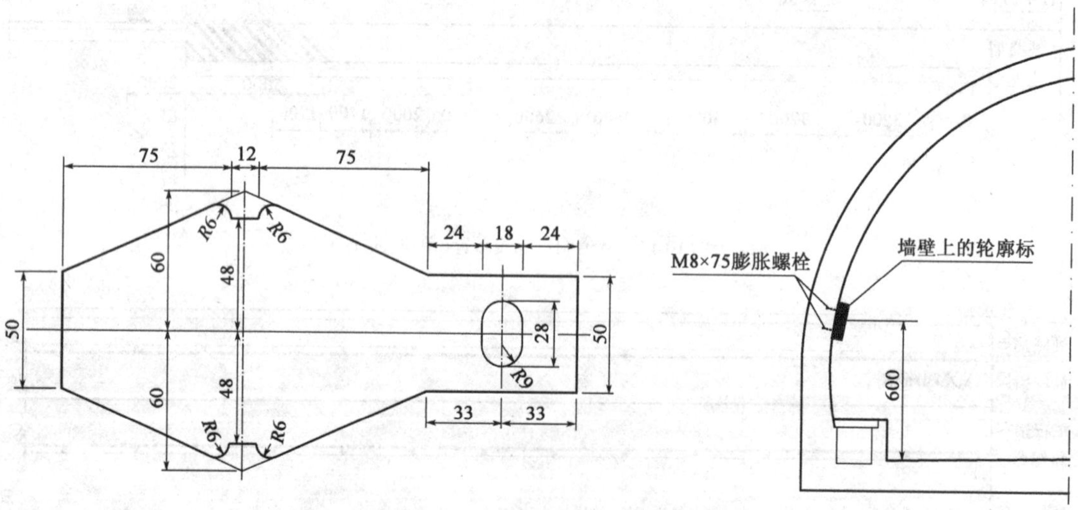

图10-17 隧道轮廓标设置(单位:cm)

5. 隧道洞口护栏

隧道洞口护栏设置应根据隧道过渡段、与隧道相连的路基段长度不同,采用不同的形式,具体设置如图10-18所示。

(1)当相连路基段长度 $L > 70m$ 时,采用6m翼墙+12m波形梁护栏+标准段波形梁护栏的设计方案,按照1:11的渐变率进行过渡,翼墙应与隧道检修道内侧立面平齐,另需14m的护栏渐变段与路侧护栏搭接,波形梁护栏的防护等级应根据路侧护栏的防护等级而定,最低应满足四(SB)级防护水平。

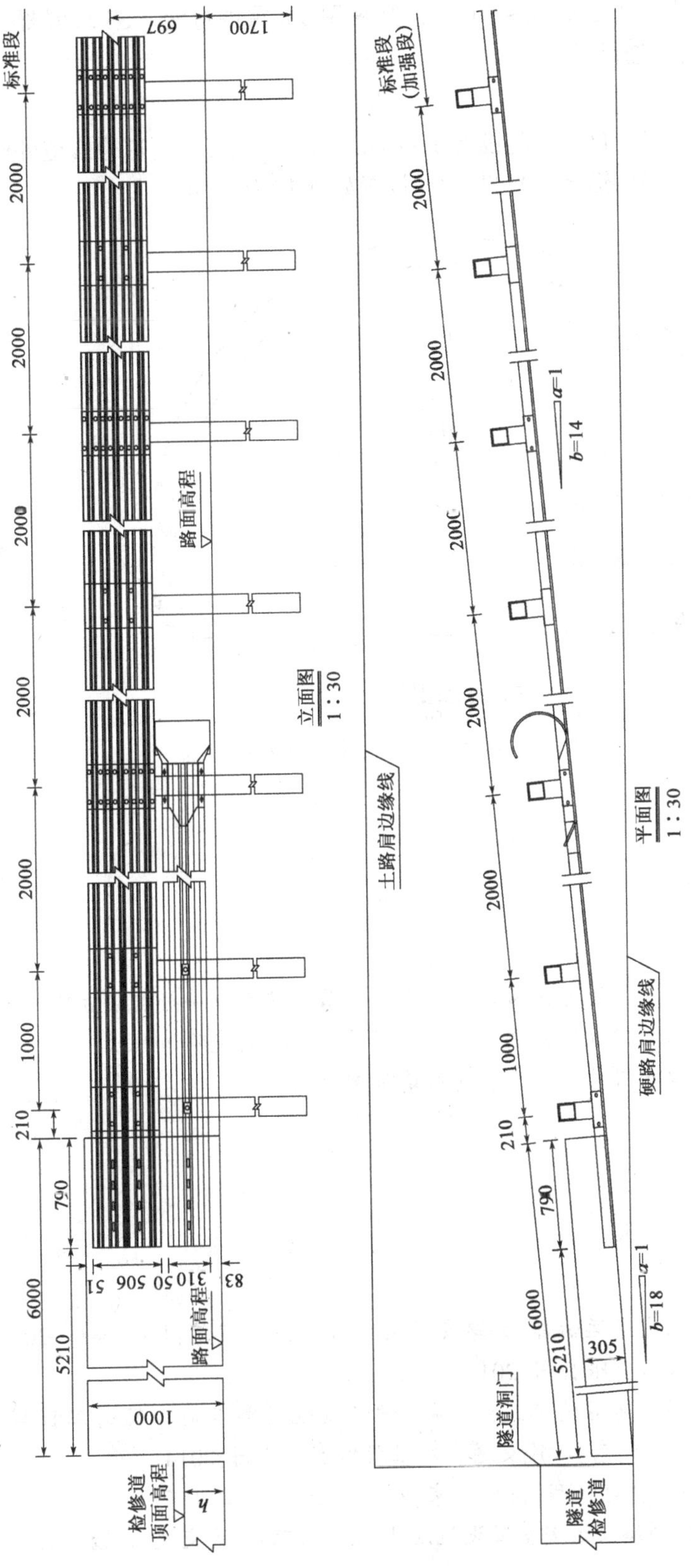

图10-18 隧道洞口护栏设置(单位：cm)

(2)当相连路基长度 $3m < L \leqslant 70m$ 时，则采用3m翼墙过渡+SS级混凝土护栏的设计方案，按照1:14渐变率进行过渡。

6. 立面标志

在隧道入口洞门处，自路面起设置3m高反光立面标志，在隧道检修道外侧采用反光油漆设置立面标志，标志采用铝基反光膜，具体设置如图10-19所示。

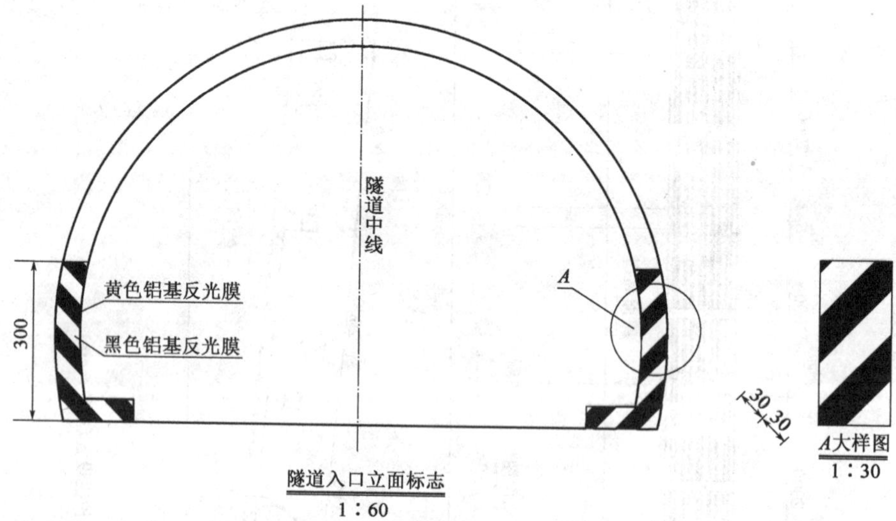

图10-19 隧道入口立面标志设置(单位:cm)

本章习题

1. 交通标志根据其功能可分为哪些标志？公路隧道洞口一般需设置哪些标志？
2. 公路隧道洞内和洞口的标线是如何设置的？请举例说明。
3. 公路隧道洞口护栏是如何设置的？请举例说明。

本章参考文献

[1] 中华人民共和国交通运输部. 公路交通安全设施设计规范:JTG D81—2017[S]. 北京:人民交通出版社股份有限公司,2017.
[2] 中华人民共和国交通运输部. 公路隧道设计规范 第二册 交通工程与附属设施:JTG D70/2—2014[S]. 北京:人民交通出版社股份有限公司,2014.
[3] 赵忠杰. 公路隧道机电工程[M]. 北京:人民交通出版社,2007.
[4] 王建军,龙雪琴. 道路交通安全及设施设计[M]. 北京:人民交通出版社股份有限公司,2018.